遂昌文獻集成

胡剛 李鋒 主編

中共遂昌縣委宣傳部 遂昌縣社會科學界聯合會 整理

乾隆遂昌縣志

〔清〕王憕 著

魏啟君 王閏吉 戍雅君 點校

西泠印社出版社

圖書在版編目（CIP）數據

乾隆遂昌縣志 / (清) 王憕著 ; 胡剛, 李鋒主編 ; 魏啟君, 王閏吉, 戍雅君點校. -- 杭州 : 西泠印社出版社, 2023.12

（遂昌文獻集成）

ISBN 978-7-5508-4408-7

Ⅰ. ①乾… Ⅱ. ①王… ②胡… ③李… ④魏… ⑤王… ⑥戍… Ⅲ. ①遂昌縣—地方志—清代 Ⅳ. ①K295.54

中國國家版本館CIP數據核字(2024)第000896號

乾隆遂昌縣志

胡　剛　李　鋒　主編

〔清〕王　憕　著　魏啟君　王閏吉　戍雅君　點校

出版發行　西泠印社出版社

（杭州市西湖文化廣場 32 號 5 樓　郵編：310014）

責任編輯　儲岱越

責任校對　應俏婷

責任出版　馮斌强

照　　排　杭州立飛圖文製作有限公司

印　　刷　浙江海虹彩色印務有限公司

開　　本　710mm × 1000mm　1/16

印　　張　36.75

字　　數　440 千字

版　　次　2023 年 12 月第 1 版

印　　次　2023 年 12 月第 1 次印刷

書　　號　ISBN　978-7-5508-4408-7

定　　價　390.00 圓

《遂昌文獻集成》編纂委員會

顧　　問：毛建國　張壯雄　沈世山

主　　編：胡　剛　李　鋒

副 主 編：潘吉文　王向榮

編委會委員：葉名頡　曹　昱　邵小根　邱根松　魯旭暉

林慶雄　巫林富　黄存貴　王朝輝　張文華

鄭水松　楊　捷　鄭月娥　朱旭明　肖陳明

王正明　章基勤　羅兆榮　陳曉霞

編纂辦公室主任：朱旭明

總序

毛建國

遂昌歷史悠久，文化積澱深厚。四千多年前，遂昌先民在這裏繁衍生息，創建了『東方文明曙光』——好川文化；自東漢建安二十三年（二一八）建縣至今，已有一千八百年歷史。

在漫長的歷史長河中，遂昌人才輩出，著述豐厚。據記載，清代以前遂昌縣考録進士七十餘名，有古籍二百八十餘部。宋代龔原哲學著作《周易新講義》和尹起莘歷史名著《資治通鑑綱目發明》，名垂千古；宋代王鎡《月洞詩集》、元代鄭元祐《僑吴集》《遂昌雜録》及尹廷高《玉井樵唱》被收入《四庫全書》；明代王養端、括蒼詩派後起之秀黄中及朱應鍾的詩作，應櫃律法專著《大明律釋義》，戲曲家湯顯祖遂昌任上寫成的《牡丹亭》，萬古流芳；清代毛桓書畫、王夢篆《窺園詩鈔》、吴世涵《又其次齋詩集》，清新脱俗……這些鴻篇巨製，傳承遂昌千古文脉。但由於年代久遠，水火摧殘，典藏古籍老化破損嚴重，且零散各地，搶救、保護和傳承這些珍貴的文化資源迫在眉睫。

『睹喬木而思故家，考文獻而愛舊邦。』這些珍貴的古籍文獻作爲遂昌的文脉所承、斯文所繫，是遂昌最寶貴的精神財富，是遂昌尋找自身歷史淵源，釐清自身發展脉絡，更好地走向未來的根和魂。現在，遂昌縣整合各方力量，邀請縣内外專家學者，分三年實施，將系統地整理、收集遂昌自宋至清十餘位先賢二十餘部典籍和四部縣志等，點校後編纂成《遂昌文獻集成》。

整理編纂《遂昌文獻集成》，在遂昌歷史上尚屬首次，工程浩大，意義深遠。《遂昌文獻集成》是遂昌歷史文化典籍的集成，具有濃鬱的地方特色，文獻價值大，對地方學術文化研究裨益甚多。同時，《遂昌文獻集成》具有獨特的城市形象宣傳價值，將這些長期束之高閣的文獻展露真容，普惠大衆，爲遂昌歷史文化的傳播與弘揚提供有效途徑，也增强海内外研究者對遂昌歷史文化的關注和興趣，可以有效提升遂昌的形象與文化影響力，并激發全縣人民熱愛家鄉、建設美麗幸福家園的自信心和自豪感。

適逢二〇一八年建縣一千八百年之際，開展《遂昌文獻集成》整理，亦爲慶祝建縣獻上一份厚禮。是爲序。

二〇一八年五月

點校説明

一、《遂昌縣志》始修於明正統前。明嘉靖、隆慶、崇禎，清順治、康熙、乾隆、道光、光緒年間以及中華人民共和國成立後多次續修。今存世《遂昌縣志》共有清康熙、乾隆、道光、光緒，及一九九六年新版五種版本。關於乾隆《遂昌縣志》，知縣王燈在《重修遂昌志自序》中云：『歲辛巳，余始莅是邑，搜訪利病，凡有便於民者，次第修舉，略有成績。獨念是志之闕，凡職司之遷歷，軌度之興改，政治之修美，行誼之芳懿，經閲綿遠，日以沉晦，後之人奚所考而質焉？是不可以不能辭。爰以暇日，徵引邑中之髦碩，相與搜討而裒輯之，以舊志爲本，証以《通志》《府志》，壬辰以後之事，則增入焉。首陳輿地，次詳賦役，標建置之迹，秩禋祀之典，序官師以徵治績，列選舉以表科名，紀人物以昭激勸，述兵戎以謹衛禦，博之以藝文，廣之以雜志，題綱以舉要，分目以致詳，疑者闕之，誤者正之。秉約簡之旨，而不敢疏漏；寓褒勵之意，而不敢濫溢。謀始於甲申之秋，告竣於乙酉（一七六五年）冬月，一邑之紀載，庶幾其爲完書。』乾隆《遂昌縣志》，日本藏乾隆内閣刻本，收入《稀見中國地方志匯刊》第十九册，一九九二年十二月由中國書店影印出版。

二、乾隆《遂昌縣志》僅乾隆内閣刻本，半頁十行，小字半頁二十行，行二十字。單黑魚尾。四周單邊。版心鐫有書名及卷次。今以此爲底本，以新式標點點校。文中一行雙字的小字用楷書字體。物名、地名或人名與介紹文字之間的空格用句號，如『鳳凰楪。大成殿正楪，紋如飛鳳，故名。《繪圖》云在明倫堂，非。』。

三、底本漫漶不清之處，據康熙《遂昌縣志》、道光《遂昌縣志》、光緒《遂昌縣志》或各版本《處州府志》《浙江通志》予以補出，確實没有可參版本，盡力據文意予以補出，但由於能力所限，恐有錯補，故以『字漫糊不清』出注説明。仍有少部分難以補出，亦不敢妄加補改，故根據字數以『□』標出，有幾個漫糊不清之字，就標出幾個『□』。

四、底本异體字、通假字、古今字、俗體字按原字型過録，不一一出校。避諱字也按原字型過録，不一一出注説明。

五、人名、地名、疑難字詞以及引用和用典之處頗多，均不一一出注説明。

六、乾隆《遂昌縣志》寫某地或某人時，常引古人詩文全文，篇幅頗大，故點校時引號多不標出。書名號後多有卷次，故亦多不標出，如『易講義十卷，續解易義十七卷，周易圖、春秋解各十卷，論語、孟子解各十卷，文集七十卷，潁川唱和集三卷』。因爲有時倘用書名號，反而不好理解。如『《論語》《孟子解》各十卷』或『《論語》《孟子》解各十卷』似乎都不妥當。

七、點校過程中，得到了雲南民族大學、遂昌縣委宣傳部、西泠印社出版社領導和同仁的支持，在此深表謝意。

魏啟君

二〇二三年六月二十日

於雲南民族大學文學與傳媒學院

遂昌縣志序

括之爲郡，在萬山中，而疆宇綿濶，邑之属者十焉。遂昌，西鄙之邑也，峰巒聳峭，岩谷迴復，溪澗縈繞，林箐深茂。其民俗質樸而淳愿，儉約而修謹。莅兹土者，有登覽之適，而無繁劇之困，從容閑暇，易以成治，故賢者往往樂之。宋元以来，代有闻人，芳猷美政，焯見簡册。歲癸未，余來守是郡，甫入境，即闻邑令王君之賢，既而稔其行事，卓卓可稱道。其大者如疏陂渠、築堤堰、興橋梁、益戍邏、廣庠塾，皆有裨於民生，有繫於教化，成績完具，余甚韙之。歲甲申，君復以縣志不修且久，慮事迹之湮没也，爰開局編纂，踵前志而增新之。書既成，請余郵言以冠諸首。余受而讀之，見夫山川之名勝，賦役之盈縮，建置之因革，典秩之增損，官師政治之循卓，人物德業之彪炳，井然其有條，粲然其有章，該備而不失之繁，簡括而不□之漏，益嘆君用心之□〔一〕，而趨事之敏也。觀斯志者，亦可以觀君爲治之略矣。遂雖僻□，不足以展君才畫，然余考之史，李文定寔嘗爲是邑，巍巍相業，於是乎基焉。君益勉之，政化日以隆，聲譽日以赫，安知他日之所立不足以上繼乎文定者？區區下邑，且倚君爲九鼎大吕。是編也，爲之兆矣。余故樂得而書之，既以美君績，又以爲屬邑之勸。

時大清乾隆三十年太簇月望日，特授中憲大夫知浙江處州府事、加三級、紀録十次遼陽李湝德題

校注

〔一〕原刻漫漶不清，疑为『勤』。

遂昌縣志序

歲在乙酉，明府王公延余開講席於平昌。始至，見峰岫峭拔，崖谷深邃，竹樹森秀，溪瀨鏘激，景趣幽夐，嘆爲勝絶。既而與諸游處，復喜其氣習之淳樸，儀節之修謹，因欲遍考其山川名勝之迹，人物英傑之概，而公所修縣志適成，余得周覽焉。蓋是邑也，疆宇遼曠，襟帶衢婺，萬嶺環合，二溪縈江，靈僊之所窟宅，儁逸之所棲憩，境僻而氣厚，俗質而風古。生其間者，或以節行立，或以勛績振，或以儒術著，或以詞藻鳴，麟麟彪彪，踵武相接矣。美哉！邑斯足傳矣。矧以公搜訪之博，研核之精而品隲之當哉！竊嘗論之政，有似緩而急者，志是也。志之成，不繫於期會，不關於考課，宜若可緩者。然夷險通塞之要，因革損益之故，勸沮旌别之義，畢備於志，善爲治者必徵焉。失時不修，後將淪滅而無所考，故曰志爲急。顧抗塵走俗之吏，往往不知其急而置之，或知其急矣，而窘於才用，竭蹶鞅掌，役役於簿書筐篋间，則又有所不暇，是故非賢且才者莫克爲之。是邑之志，盖修者三矣，若池、若徐、若繆，皆治之有聲者也。自繆以来垂六十年，未有以爲急者，而公獨急之，且其綱領昭暢，條目備具，大有過於前之爲者。記曰：觀其發而知其人之知。觀乎是志，則公之賢且才也章章矣，又豈徒山川人物之得以有考也哉！余讀既終卷，公辱以首簡見授，遂舉是説以覆公。至公治邑之政，所謂賢且才之實，余既備書於文昌山之碑矣，兹得以略。

乾隆三十年秋柒月朔日，賜進士出身、翰林院編修加一級、紀録三次魏唐章愷頓首拜譔

重修遂昌志自序

遂昌山邑也，深僻幽阻，不與外接，舟車不通四方，賓客之所不届。然而嶺嶂層叠，有險隘之固；峰岩秀聳，有攀踐之勝。其土物芳鮮而腴潤，其風俗節儉而淳謹。官於是者，有風幹惠愛之遺；生於是者，有淵粹雋傑之概。邑雖小，足以與名區奥壤争雄競烈，此志之所以不可闕也。邑之志，初創於隆慶戊辰池公裕德，續修於順治甲午徐公治國，再修於康熙壬辰繆公之弼。自繆公以來，甲子將周，而志闕焉未備，識者病焉。歲辛巳，余始莅是邑，搜訪利病，凡有便於民者，次第修舉，略有成績。獨念是志之闕，凡職司之遷歷，軌度之興改，政治之休美，行誼之芳懿，經閲綿遠，日以沉晦，後之人奚所考而質焉？是不可以不能辭。爰以暇日，徵引邑中之髦碩，相與搜討而裒輯之，以舊志爲本，証以《通志》《府志》，壬辰以後之事，則增入焉。首陳輿地，次詳賦役，標建置之迹，秩禋祀之典，序官師以徵治績，列選舉以表科名，紀人物以昭激勸，述兵戎以謹衛禦，博之以藝文，廣之以雜志，題綱以舉要，分目以致詳，疑者闕之，誤者正之。秉約簡之旨，而不敢疏漏；寓褒勵之意，而不敢濫溢。謀始於甲申之秋，告竣於乙酉冬月，一邑之紀載，庶幾其爲完書。余不敏，蓋盡心焉，抑衆君子之用力亦勤矣。夫志之名，昉於班氏，昔之論史者，恒以作志爲難，然史家之志，主於論典故，而鄉縣之志，則人物備載焉。是蓋以志而兼傳者，其難直與作史等。余譾陋，何敢言史？而遷、固實録之義，則凛乎勿之有違。矧我皇上加惠江浙，翠華屢幸，兩浙之山川民物，咸被光耀。遂雖蕞爾，亦兩浙之版圖也。陳風展義，固當不遺，宜有捃摭以備采擇，余於是編尤加慎焉。若夫恢宏藻潤，以允協乎作史之體，則敬俟之博雅君子。

文林郎、知處州府遂昌縣事、加三級、紀録十次、蜀西王𢡟平甫書

遂昌縣志舊序

余自隆慶丁卯春，以户部尚書郎來守栝郡。入其境，見峰巒聳翠，盤鬱嵯峨，民物相與環麗其間，慨然有起敝維風，與民更新之意。既而歷覽圖籍，按十邑之分封，省民俗以制治，廼知封域之寥廓，山岡之攢簇，窮厓遐谷，有人迹鮮能到者。矧遂隸西鄙，實衣冠人物之區，甲科之後先相望者，與他郡争衡，其山川形勝，甲於全省。邇年以來，礦徒出没，莫可底止，若有所恃而然者。使不有以志之，司民牧者，將何以觀風悉隱，而措之裕如哉？余用以爲懼，日思與共事者圖之。越明年戊辰，邑令池子浴德持以告，則業已就緒矣。首敘天文、地理、正制，以立三才，繼以人物，終以外志，凡若干卷。因請於余，爲之裁訂評隲，而命諸梓。余曰：善哉！此余之所欲爲者也。夫六典不作，無以考周；圖籍不收，無以知秦。郡邑之志，所以不可無也。余素知子潔己愛人，慮周而才通，不期年而庶務劾勤，邑志亦緣是以成。披而閲之，於其申施彰理，可以觀政；擴蕴揮聚，可以觀學；持例舉凡，可以觀才；摛精掞筆，可以觀文；考規承則，可以觀槩。一志而衆善備焉，子之用志亦殷矣。是志也，而豈徒哉？察三才之并立，則知法理之宜；察土産之滋生，則知畊織之本；察山川之形勝，則知文武之興；察户口之登耗，民風之淳□，仕籍之煩簡，則禮節愛養、鼓舞激勸之意，又若有燿然動者，豈徒志哉？復按圖而觀，若陟櫸山，峙流險要，舉在目中。而該縣之池郭不完，則又憮然而懼曰：是可不思患而預防乎？則是志也，余以是益嘉子用志之殷，而能成余之所欲爲者也。遂固古平昌邑，而志則自今日始。豈昔以爲無益而略之邪？抑亦以爲未暇及此而遺之邪？吾知子必滨以爲憾矣。此志之所以成也。雖然，志成矣，顧自六朝、宋以迄今，官師兹邑者，既書其名，又書其字，又書其鄉貫、履歷，將使後之人指其名而議之曰：某也廉，某也貪，某也仁，某也酷，某也正大，某也回邪。是非之公，不在董狐之筆，而在直道之人心。然則志之成也，將不爲勵世之書乎？令拜手稽首曰：浴德承命矣，敢不勉哉！請書之端以爲序。

隆慶二年秋八月，知處州府事、前南京户部郎中古潁李學禮撰

遂昌縣志舊序

邑有志，猶國有史也。粤自禹貢著於唐、虞，至成周，疆理萬國，天下之圖，職方掌之；邦國四方之志，小史、外史領之；其經制尤備焉。後世作於朝廷者曰史，於四方者曰志。明興，四方之志蓋爛然矣。法雖與史异，而備物垂軌，足爲勸戒，其大要實相類。則志四方亦史也，庸可忽乎？遂昌隸栝郡，爲名邑，故未有志而附於栝乘者。歲久多舛遺，觀者病之。丙寅冬，邑大夫池侯明洲〔一〕初入境，采故問俗，靡得而述，心竊慨焉。不期年，政行化洽，民是翰而士攸式，四境蒸蒸稱治。迺欲振一邑之墜典，俾文獻足徵也。於是集師儒，捃摭記傳之説，網羅金石之文，旁搜博采山氓宿老之談，考訂編次，爲志若干卷，凡若干萬言，亦殫厥心矣。戊辰夏，余自刑部尚書郎承乏泉南，取道歸省，適遘先君之變，杜門守制，得遍觀厥成焉。蓋首天門，次地理，次王制、人物，而三才之道已著。復附之外志，亦崇正黜邪云爾。且辭不繁而其事備矣，序不淆而其統正矣，文不侈而其體質矣。書其美則惡者戒，書其得則失者彰，而勸懲之義昭矣。後之莅兹邑者，按籍酌時，鑿鑿可見行事，上裨於國，下利於民，誠有如郡侯李亨庵公之所去者。是其所關甚大，豈徒紀述彌文已哉！若王仲淹謂陳□之書，范寧之春秋思過半者，蓋以遷、固而下，制作紛紛，率競博洽而鮮勸戒，其志寡也。池侯是志，其可傳矣夫。余辱侯命於是，僭爲之序。

隆慶二年仲秋，知泉州府事、前刑部郎中、邑人吴孔性頓首譔

校注

〔一〕洲：原刻該字損毁，據許啓洪《補遂昌縣舊志序》補之。

補遂昌縣舊志序

遂昌〔一〕，古太末地，其山巉岩而峭削，其水紆廻而漂激。仙真高隱，名卿巨儒，逬逬項背望，非有博雅君子，稽文考獻，成一家之言，何以昭示來季？甚矣，志不可以已。丹山草創於前，明洲潤色於後，有成書矣。而歷年既久，建置遂殊，科目之彦與立言立德之士，後先接武，倘非删定纂修，無以垂實録，則補志又不可已。予四載令兹土，以戎馬生郊，有志焉未逮。而成之者，朱君玉几、周君介夫兩先生，通古今，明於典故，其言炳耀，如文獻之足徵。而且一片熱心，感慨時事，思起敝扶衰，皆將於一志中寄其大意。而疑之者，或以爲志非古也，虞、夏所不經見，始於孟堅氏之方域耳。且也門有寇，廷有逋，手口交瘁，日不暇給，安用是可已而不已者？予曰：唯唯，否否。夫志固豊年玉，凶年穀也。十雨五風，銅鏞無儆，則考古之士，於焉粉飾而藻繪矣，即多壘如今日乎，然觀於天星分野，禍福可知也。梓慎望雲而知陳、鄭火，越得歲，吴勝之。史墨謂越必沼吴，天道豈迂哉！疆域形勝，運籌決策者焉，蕭相國入□收圖籍，得知天下阸塞險要，漢祖因以滅項，得地利耳。高無近旱，下無近水，管大夫所以造邑都也。守逸攻勞，城郭焉依？暵潦災祲，壇壝是禱，建豈可無稽耶？弼教成理，於是有官師之記；書升論秀，於是有選舉之詳。而貪墨無繇儆，則揚治行以箴官邪；頑儒無以興，則標人物以風來哲。至蕞爾一同，民疲役重，蘇威譬之張弓；財盡賦繁，劉晏謂如竭澤。當事君子，苟於食貨加之意焉，彫瘵其有瘳乎？乃察災祥，則師尹有省；明禋祀，則鬼神無恫；考藝文，則古獻可徵。又安在網羅今古，摭拾舊聞者之非，以靖四郊，蘇殘弊耶？故曰：兩先生之補志，是不可以已也。觀其補志諸條，如諄諄於學田之飽蠹槖，田賦之宜條鞭，至人物詩文，俱斷斷不苟收。噫！即此可以知兩先生矣。夫職方擽人，肇於周禮；封山命海，始自禹經。而土之赤埴青□，塗泥黄壤，與夫物産之爲瑶琨篠簜，怪石鉛松，夏貢一書，固輿志之祖矣。豈曰始於孟堅氏，遂今文非古哉？予故樂道之，以復兩先生之請，而并告夫後之雅意救時者。

時壬午臘日，欽江客吏許啓洪題

校注

〔一〕遂昌：原刻本漫漶不清，依文意補。

遂昌縣志舊序

今年夏秋際，余方憫旱，昕夕虔步以禱。平昌之志告成，又請序於余。余慨然曰：民生用阜，山川如故，而所以保釐兹民生，奠麗彼山川者，厥惟艱哉。平昌爲郡之西南陬，余昔之三衢道經焉，見峰岩秀巑而嵯峨，聽湍流震渫而揚波，輾然曰：將古人之磊砢而英多者，其在是乎。又閲試牘，見文風秀拔，時有傑出彦，以挺角風檐。余益信山川之靈長，歎怪其壤地褊小于蒼甌翠鳥，能以奮振若此。今閲志始知之，遂四鄉所牙制而衺延者，西與北且百數里，其人之藏修而誇好者，亦迠迠以邱壑間見奇，出而撫翼雲衢者，又多採芳窮岩，戛然而鳴，鳴則驚人，故文英焕乎振栝郡。其間奇節之善士，霜立之孤婺，真山川同不朽者，亦又比比而是。今以閩寇不靖，蹂躪庭户，昔也震隣，今且剥膚。廬舍蕩矣，財賦難問也；衿農流矣，緇黄難奠也；塲圃鞠矣，金碧無輝也。流離不減於監門圖矣，即有英多之人，烏能保雞藜之雋業，以與風檐角哉。此余以民生山川猶昔，而不能無保釐奠麗之嘆也。雖然，士民之望治，猶余今之望雨。適序成，即日天心憫兹下黎，沛然大澍，倘山中寇亦猶兹雨，不崇朝而殲滅殆盡，則謳歌太平，嬉游懷葛，直轉眼事耳。余又於斯志三致意焉。

遂昌縣志舊序

古之侯國，皆有掌記之官，以志損益沿革之政。自罷封建，置守令，郡邑遂無專官。然而稗史紀載，如周稱、虞預之郡書，樂資、王韶之編記，風土則盛宏、韋璩，都邑則潘岳、陸機，往往溢於金匱石室之藏。要以褒美彰匿，未必因革足徵；採俗詢方，或無經濟可考。方之于史，僅得一體。若夫覽一方之利弊於簡編，揖千古之賢哲於方册，小以資省觀之咨諏，大以宏撫循之化理，上經天，下緯地，而中之和人，均於志焉繫之。志如是其重且急也，是宜季核歲修，況可曠之數十年久乎？遂志剏自前明洲池先生，距今八十有餘紀矣。明季先令任宇許君，夙負三長，雅意續修。時朱君玉几、周君介夫兩廣文，慨有同心，據所睹記，編摩集録，以草創而待潤色，會未果。繼而余筮令平昌，因得寓目，耿焉有懷。顧時當鼎革，哀鴻嗷野，狺犬吠澤，千瘡百孔，杜擭斂阱〔一〕之弗遑，復有志而未逮。歲甲午，余奉璽書往返八閩，適昌令徐君偕紳衿以邑乘序請，始慶是志之今乃有成也。實係郡伯心盤王公以异才刺栝蒼，飭蠱釐新，百廢具舉，於萬冗中首重志典。既偕前司李紫垣、張公續修郡乘矣，復檄十邑共舉墜緒。而首應者則徐君，敦聘名碩，取兩廣文之草創而沿拭裒絡之。爲綱十，爲目六十有八，詳而核，信而有徵，上下八十餘年間氣化之盛衰，政治之隆替，版籍之登耗，士風民氣之淳漓，文武陰陽之張弛，剥復與夫苞桑，何以鞏綢繆，何以豫洎弭匡定，何以周薙宜拔，嬰宜撫，利待殖，蠹待櫛，莫不班班如指上螺。於都休哉！雖然，以余所聞，吾昌邑民生至今日凋瘵極矣。遂地南東迫迮，而西北廣袤，邇來西北半壁竟爲蛇豕盤踞，民游於釜，寇環於疆，空山有燐，逃亡無屋，鄭圖誰繪，周緯誰恤，是在痌瘝民瘼者。按圖披籍，鏡囊軫今，驅鼾榻而解倒，懸生死而肉骨之，庶復睹熙隆之盛乎！雖然，吾又心儀吾昌邑士紳之能，食古而生新也，發明綱目，古史也。余昔復睹重刊之役，幸厠名簡端矣。今茲邑乘新史也，余復樂觀厥成。夫以四郊多壘之際，而舉千秋不朽之典，是豈非運將傾否。邑多賢豪，必有晦庵、堯庵其人者復起，而補浴天日，粉黼休明，以彪炳史册而重光寧直續兩司馬之紿札已哉。爰忘其不斐，敬泚筆以昭文獻之徵。

順治甲午，監察御史、前遂昌令古瓦趙如瑾序

校注

〔一〕杜擭斂阱：語出《周禮·秋官·雍氏》：『春令爲阱、擭、溝瀆之利於民者，秋令塞阱杜擭。』

增修遂昌縣舊志序

松川之役未竣，平昌之局繼啟，兩載間余以小輿犇命，往復者凡四五，今秋始告厥成。凡余於途之所經，景與目會，墨之所載，事與聲通者，以遂類屬之里數十而遙，其間情俗之謬淳，與山川之轇寂，已迴乎不侔。遂之山較松減其曠遠，而峭蒨過之；水較松加其湍急，而瀠抱勝之。故□纓之傑，文學之英，盛明之時，亦纍若而較廣之。年來山烽不靖，咸用奠厥生，然與都人士無咎也。天道好旋，羹沸海寓，人歌黃鳥之章，家賦哀鴻之什，居士室而講絃誦，比比是矣。究也蒸蒸焉，英英焉，鋒雖弢而潁時脱，其揣摩風雅，以潛通四海之聲氣者，自不乏人。大抵遂之俗，君子好義而樂善，有古人風。民愚而畏法，地瘠而俗儉，鼎革之後，視昔尤甚。是在礪玉冶金者，加以鑄造之功耳。至財賦之盈詘，臺榭之興衰，則又與時消長，不足以寄幽人之慨。若夫山川層結，霞蔚雲蒸，復何异乎山陰，大有侔於桐渚。余方欲喚夢牛而叩紫，撫翔鶴而凌風，浮家來居，亦所願也。矧遂之人，都雅綢結，實有兩越上游況味哉！採風者可以得其概矣。

順治甲午七夕，荆溪伊人胡世定題於延秋亭

修遂昌縣志舊序

遄秋，即恭承上台命，督修邑史，慄慄惶懼，以不克勝爲虞。爰迓賢軌，集紳士，登父老，而榷諏之曰：膺茲役，與衆分勤，亦與衆分榮焉。闡幽顯微，括芳剔瑜，幸夙夜祗承之，毋怠。紳士父老咸躍踴唯唯，趨蹡史席，以共襄乃事。凡再易歲，八閱月而始成。成之吉，整席披鉛，展函而讀，僉曰：志較前粲然可觀，亦緯然而理也。何則？志首山川，山川則泉石烟霞爲後，而險迤遐邇爲先矣。次財賦，財賦則貨産生殖爲後，而會計庾廩爲先矣。次人物，人物則簪纓榮達爲後，而道德節義爲先矣。其前之筮仕茲土而有功於民者，則又誦之。其地理之通會閉隔與利弊一方者，則又眉列之。凡夫蠢動之草竊，與用兵之顯績，仙靈之异機，祥之驗暑雨祁寒之故，靡不擇其大端，以與我子民相係切者，再四去留之也。僉曰：都休哉！余亦曰：丕成哉！諸賢之烈也，歎不能不愀然而私慨者。明之末，靛寇即已滋種，延及於今已十餘載，日夕靡寧。余蕩茲土凡三期，介馬而馳，躬閱險阻，以與周旋橐鞬，不啻數十次。無奈山川之崇沓，與門户之雜處，兵至賊颺，兵歸賊來，一勦一興，實逼他邑，天實爲之，謂之何哉？按茲册而與昔之全盛時較，不知費若何之痌瘝，與〔一〕幾何之歲月，而始能復故時之觀也。興言及此，余又臆傷而神愴之矣。

順治甲午，知遂昌縣事遼陽徐治國序

校注

〔一〕癢、與二字原刻損毀，據道光《遂昌縣志》補。

遂昌縣志舊序

今天子統一區宇，聲教四訖，海甸徼荒，梯航而至，從古幅員，未有如此其廣也。爰詔直省，各以志書上之史官，以資修輯。兩浙風土人物，由來稱盛。至明季，山海交訌，其爲者定惠保，殆難言之矣。我國朝定鼎，經綸布濩，其風土人物，漸次復古。戊申冬，先忠貞公來撫兹土，四載之中，頗稱況瘁。浙東地多荒蕪，官民交累，不辭險阻，按縣履畝，踏勘得實，具聞於上，蒙恩豁免，浙民至今猶德之。越四十有四年，余濫叨聖恩，督視閩浙，遂昌令繆之弼重修縣志，乞弁其首。余惟文章之大者在史，其次莫如志。蓋以志也者，上考星分，下窮地理，中道人事。星分與地理，往籍可憑也。至於田賦户口有增損，學校公署有廢興，城池關梁兵防有修補，名宦之遺愛必彰往以昭來，人物之鍾秀必借賢以勵愚，官職之爵秩必敍，選舉之芳名必登，賢儁隱逸之著作必載，標孝義使人敦品行，闡貞節使人企壼德，詳物産知土地之宜，紀風俗知習尚之正，即羽化杯渡，曲□寸長，皆得以名著，其爲人事不知凡幾矣。不謂繆令捃摭編次，巨旿細旿〔一〕，如髮櫛綿貫，其殆以太平休暇，鼓吹一代之休明乎。□走筆如其請，其亦曰：思報國恩，獨有文章爾。繆令勉乎哉。

康熙壬辰一陽月，總督福浙等處地方軍務兼理糧餉、兵部右〔二〕侍郎兼都察院右副都御史奉天范時崇題

校注

〔一〕昈：原刻漫漶不清，依文意補。

〔二〕右：原刻漫漶不清，據（康熙）《漳州府志》（清康熙五十四年刻本），修志姓氏列有范時崇官職，稱『總督福浙等處地方軍務兼理糧餉兵部右侍郎兼都察院右副都御史加三級』。

遂昌縣志舊序

我國家車書一統，聲教所被。南朔東西，無遠弗屆。幅幁之廣，玉帛之盛，駕三代而軼漢唐矣。皇上既詔直省，各以郡縣志進，舘局備修輯。近復命廷臣，輶軒四出，繪薄海内外輿圖，將著爲信史。納八荒於尺幅，置九有於片幀。密勿之思慮湥長，宵旰之經營遠大。於以宏億萬年無疆之休，裕千百世有道之祚者也。兩浙星分斗牛，環山瀕海，據三吴上游。岩壑靈秀，户籍蕃庶，英賢輩出，爲東南一大都會。余於庚寅冬，恭膺特簡，來撫是邦。所轄十有一郡，察其土有肥磽，賦有多寡，民有淳頑，政有繁簡，固未可以概論。若栝蒼則僻處萬山，湥林叢箐，最易藏奸。閭閻耕鑿而外，罔識其他。遂昌一邑，又界在郡之西鄙。崇岡複嶺，詰曲逶迤。鳥道羊腸，尤稱險隘。矧地逼三衢，越僊霞關，即與閩壤犬牙相錯。其間藝麻靛者，多非土人，性不易馴。誰曰彈丸黑子，而可驟臻上理乎？故子丑間，有萑苻奔突之患。聞繆令之弼，莅事甫旬日，能躬率鄉勇，運籌捍禦，協力殲平之。年來息事清刑，地方寧謐，其無忝厥職可知矣。兹繆令修邑志既成，請序於余。按遂志從順治甲午校仇後，迄於今，幾致漫漶無可考。繆令不憚況瘁，黽勉重新，始自輿地，終於雜事，别爲十卷。每卷之下，復臚列諸條，準今酌古，綱舉目張。覽其辭，約而該，徵而信，是足以傳矣。余因之有感焉。夫作宰之道，必使一邑之山川文物，風會變遷，瞭如指掌，洞若觀火，然後施諸政事，中其肯綮，迎刃而解。苟不講求有素，胷鮮成竹，則催科何以使之不擾，訟獄何以使之無聞，田疇何以使之盡闢，學校何以使之振興，風俗何以使之敦龎，盜賊何以使之消弭，一切因革損益，興利袪弊之法，瞀然無知，其何以异於學製錦哉。今繆令之治遂也，建義學，清租田，新黌宫，備祭器，崇祀典，修橋梁，補荒課，使其民知誦詩讀書，尚禮好義，皆得爲政之要。雖然，繆令毋以此自詡，朝乾夕惕，孜孜以民瘼是求，志所稱臨川諸君，不難與之頡頏上下，而後此之執筆者，且將書其迹以勵後人，彰黼黻於今時，著循良於异代，豈不甚偉。是不徒於蠹蝕之餘，揮毫掞藻，侈文字之觀而已也。

康熙癸巳前五月，巡撫浙江等處地方提督軍務、兵部右侍郎兼都察院右副都御史王度昭撰

遂昌縣志舊序

予按舊志載，前明崇正間，闖寇流入遂之茶園，當事者命官舉兵平之。遂議析遂之石練爲練溪縣，升遂昌爲平昌州，并龍泉隸焉。已而不果。予待罪兹土十有五載，屬邑之情形風俗，皆稔見聞之□□□邑也。界接閩、豫，居多异籍，所業者藝麻□采□，故多聚徒衆，而不能無争鬬。地皆崇山邃谷，尤奸宄之所易匿。防維必嚴，洵宜急講。若如議者之説，一改易州縣間，遂足以盡防維之善歟？向己丑冬，狼豕自衢郡竄入，幸有備，不得肆其毒。事既聞，天使暨撫鎮來勘，予實滋愧。身爲十牧之倡，不能弭此小醜，上厪聖懷，尸素之責，其又奚逭？當是時，繆令莅邑事纔旬日，董率鄉勇，設策保禦，得以草薙而禽獲之，無所遺漏。又撫輯其良善，煦濡教誨，一以爲慈母，一以爲嚴師。及今三載，環邑之衆，以安以樂，户不加鑰，予之所不逮，惟繆令是賴。政既成，且修舉廢墜，入其境，耳目焕然一新，若邑之舊乘，曠不續修者六十年。妥不吝損貲設舘局，訪耆碩之見聞，蒐事迹之冐濫，華不過其實，質復著以文，自地輿迄雜事，凡十卷。其中序次攸宜，上足以揚國家之太平休暇，下足以維一方之人心風俗，前徽不泯，後型且昭。復於剞劂將竣，請序於予。余惟修志之難等於修史，今厥有成績若是，其公與斷，亦約略可睹也。繆令惟勉爲之不已，其於遂也，已安若未安，已治若未治，則災眚無侵，禎祥自發，氣運昌而人文盛，其足以爲後乘光者，不更於繆令是賴歟？予故樂得而爲之序。

康熙壬辰菊月，中憲大夫知處州府事遼海劉起龍霖庵氏撰

續修遂昌縣志舊序

志猶史也，史始於黄帝，夏、商分置左右史，周官有大史、小史、内史、外史、御史，分掌其事，至列國俱各有史官。厥後史家擅勝者，無如遷、固。若華嶠，稱曰良史；若吴兢，止稱其不假借；若李延壽，止稱其直筆。况夫學不足則取材荒略，才不足則設辭闒茸，識不足則持論乖錯，作史之難蓋如此！而志又豈易乎哉？特志與史微有分，史善惡兼舉，志則揚善而隱惡，史是非互見，志則存是以泯非。凡以示勸也，示勸則盡量而予未免，唯其文不唯其情，傳其信兼傳其疑，烏乎可？今夫峰岩聳拔，迅流震潗，輿圖之大概也。秩、統、坊、表，何以遞有變更？官、師、表、率，何以各自奮勵？人才有昔盛今非之感，何以使振興弗替？制賦有裁留增减之殊，何以使公私俱利？德功之報，何以踵舉不廢？戎兵之設，何以更置維新？其在龍韜虎符，功高於保障，循良卓茂，澤溢於寰區，以及砥行立節之概，引商刻羽之才，何以勳猷不讓曩哲，而風徽可立後型？至於蔓草荒烟，頹垣古塚，一經俯仰，感慨係焉。藪蘖叢奸，福善禍淫，一爲傳述，鑒誡以之。凡此者，必博稽往迹，殫著新猷，後先相承，變通會適。文不過情，疑不恭信，始足以傳。修志之難又如此，而以云遂志則尤難。遂有志，剏於先明浴德池公，越順治甲午，治國徐公修焉，後之計復舉者三，皆中寢。更苦於汜漲，舊志多浸没，而梨棗所載，半飫蟲鼠之腹矣。况我皇上治定功成，德教遐敷，一旦遣使者輶軒四出，搜羅掌故，有司將何以對？故予來莅兹土，芟〔一〕薙蠹訌外，即揭邑之廢墜者，以次興舉，尤□□□邑乘爲兢兢。而又喜借鑒往行前言，以飭躬率物，一切臆見師心，未敢自逞也。於是請於督撫兩憲，俱許可。乃諏吉開局於署之東園，邑紳士鄭士楨等分類而編摩之，司鐸陳君雲鍾、高君弘緒詳加討論焉。若校訂及潤色，則程子定所珥筆而成者也。其間爲綱者十，爲目者六十有六，繁不盡繁，簡不盡簡。要使觀者知遂之形勝在某山某水也，知遂之古迹在某閣某亭也，知遂之風俗則曰若者淳、若者漓也，知遂之吏治則曰某也知、某也能也，知遂之賦徭則知土田幾何、户口幾何也，知遂之以科第顯者若而人，以德行著者若而人，以忠孝節義傳者若而人，是又知其人文燦同日星也。庶幾文不過情，疑不粂信，而一邑之紀載具備，六十年之曠廢可續，自一傳再傳，而人心且共知勸歟！若後之從事兹役者，筆擅三長，舉余志所溢美、所闕略者，從而定之、增訂之，使得無舛謬，以永垂於不朽，又豈非余之所厚望也哉！

康熙壬辰，處州府知遂昌縣事崇仁繆之弼勛岳氏題

校注

〔一〕芟：原刻漫漶不清，依文意補。

遂昌縣志纂修者姓氏

捴裁

賜進士出身翰林院編修加一級紀録三次章愷

督修

處州府知府加三級紀録十次李涔德

主修

遂昌縣知縣加三級紀録五次王憕

分修

遂昌縣儒學教諭加三級詹能成

遂昌縣儒學訓導加三級王世芳

本縣貢生王之綸

本縣貢生華明樓

本縣貢生俞天珍

本縣貢生徐培

較修

本縣貢生童澍霖

府學貢生劉霞

本縣貢生徐台年

本縣貢生王之彩

本縣貢生童鋐

本縣學廩生王隆周

本縣學廩生尹國梅

本縣貢生毛儀點

督梓

遂昌縣典史紀録一次劉焜

本縣學生員俞天挺

凡例

一、志詳略繁簡，務令得宜。舊志十卷，今增至十二卷。以次聯絡，以類相從。凡爲綱十，爲目七十有奇，稽考便於繙閲。

一、志首輿地，倣職方也。則壤成賦，罰討攸關，賦役次之。體國經野，民生攸賴，建置次之。明德馨香，秩祀宜崇，禋祀次之。若主守山川，治民事神，受之以官師，由是而人才有陶冶，文章有司命，故承之以選舉。因而以人物標一邑之俊英，以兵戎作一邑之保障，以藝文聚一邑之精華，而仙釋戲异，又別爲雜志云。

一、纂編悉仿舊志，兼府志，訂其舛複，補其缺遺，魯魚亥豕，間爲考正，疑者闕之，凡以垂不易之模云爾。

一、遂邑山深土瘠，別無由出，錢穀外賦，悉載全書，既頒成額，綜核詳明矣。特户口不無登耗，土田時有墾闢〔一〕，軫念痌瘝者，按成則爲加損，寓撫字於催科，官民庶兩便乎？

一、官師之賢，見於治績。一時頌之，百世傳之。且專祠祀之，示崇報也。凡官兹土者，非輿論悉協，不敢鋪張。第爲直書姓氏，亦臨官不泯之義耳。

一、志昭勸懲之書也。挾私遺□，狥情溢美，何以傳信？兹於人物中忠孝義節，採訪必覈其真，收録不失於濫。夫亦曰公直在我，是非在人也。

一、藝文不一其體，平昌自若士、任宇兩先生分花兹土，名篇麗句，咳玉唾珠，千載流傳，山靈亦覺起舞矣。况後先倡和，名賢輩出，序記詩賦，不能備載。兹擇其有關經術政事、有裨人心風俗、有記勝迹名匾者，悉登諸志焉。

一、志以傳信。殫智瘁神，公道允協，方得成書。庋版不慎，或□□蠹之，椙杣火之，甚有匪人鑱名換姓，不免以假亂真。今於庫中另設橱櫃，什襲封識，嚴司管鑰，以垂久遠。

校注

〔一〕闕：原刻模糊，依文意補。

目次

《遂昌縣志》天支壬分牛宿圖

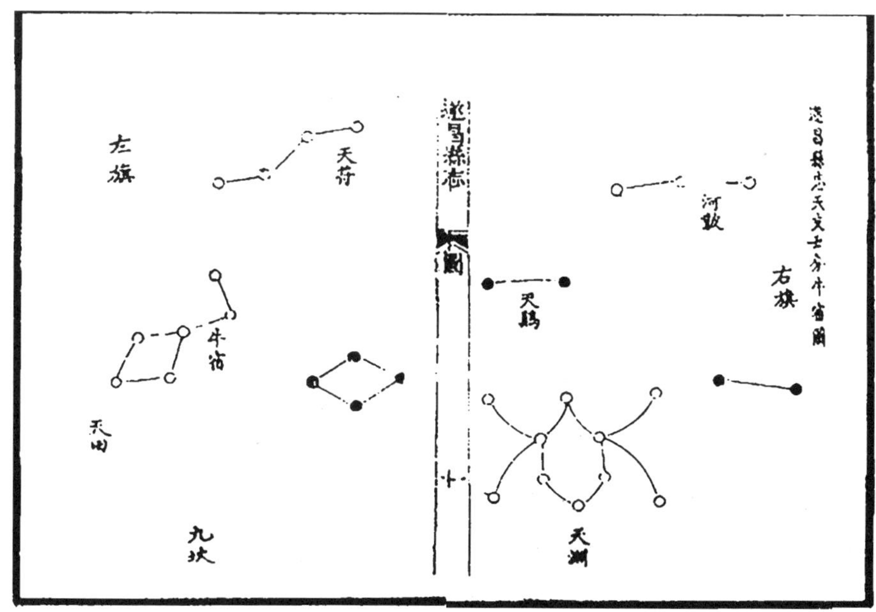

遂昌縣沿革表

唐虞	
夏	禹貢揚州要服
商	揚州之域
周	初屬揚州，春秋時屬越，戰國屬楚
秦	始皇平百越，分天下爲三十六郡，屬閩中郡
西漢	孝惠三年立越王之後摇爲東海王，屬東甌國。武帝黄龍元年徙東海王於淮，以地屬會稽郡
東漢	光武區地，入太末縣，仍屬會稽
三國	吴赤烏二年，分太末之南界置平昌縣，以去治東鄉十五里兩山前後平叠形如昌字得名也。初屬東陽郡，後分東陽置臨海，屬臨海郡
晉	分臨海置永嘉郡。大寧元年，改永嘉爲永寧。太康元年，改平昌爲遂昌縣，屬永寧郡
隋	文帝開皇八年，廢臨海、永寧二郡爲縣，且分置栝蒼縣、松陽縣。九年合四縣置處州，尋改處州爲栝州，遂屬之
唐	改栝州爲縉雲郡，以臨海縣置台州，永嘉縣置温州。改栝蒼縣爲麗水縣，升松陽縣爲松州。武德八年廢，松陽復爲縣。又省遂昌入松陽縣。景雲二年，刺史孔琮復奏栝州爲處州，復松陽以西地爲遂昌縣
五代	因唐以遂昌縣屬處州
宋	分天下爲十九路，以縉雲郡爲處州路，屬浙東道，遂昌縣隸處州路

续表

	國朝
元 改處州路爲總管府，屬浙東道。遂昌縣隸總管府	遂昌縣隸處州府
明 改總管府爲處州府，隸浙江布政使司，仍屬浙東道。成化八年，析遂昌縣北鄉八都九都地，合置湯溪縣	

遂昌全境圖

遂昌城地圖

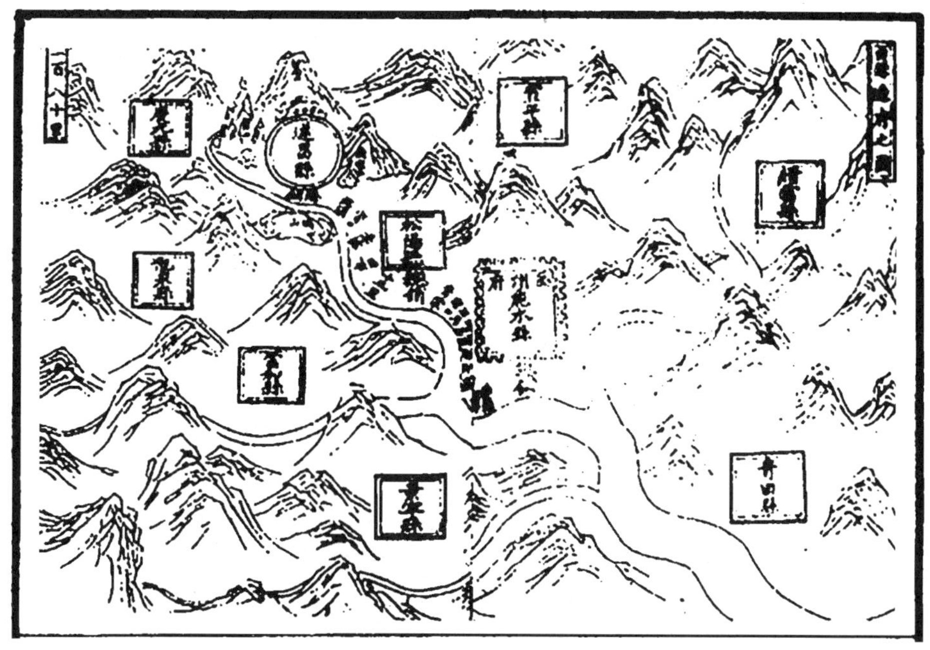

由縣達府之圖

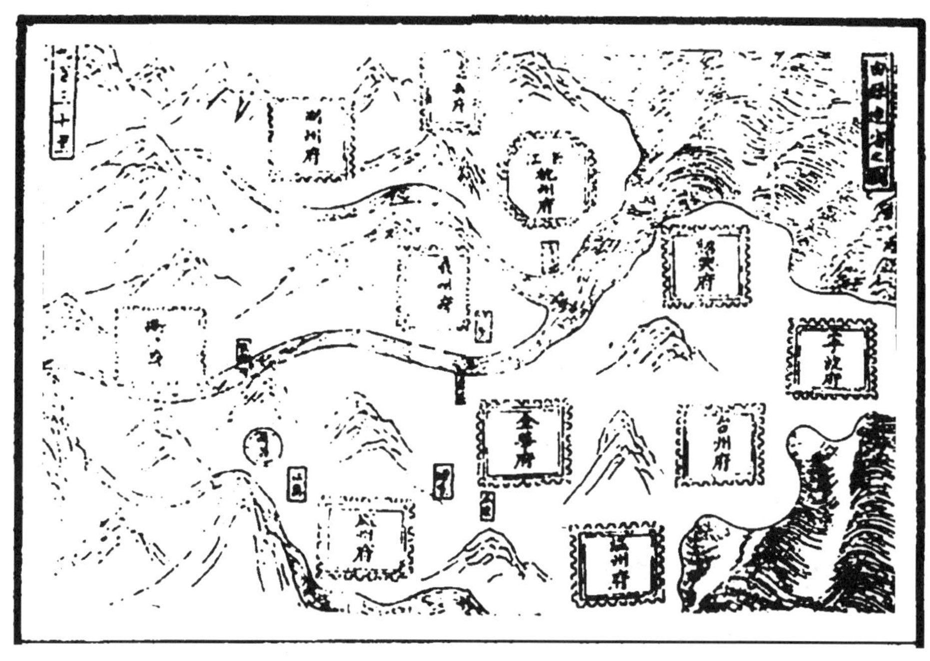

由縣達省之圖

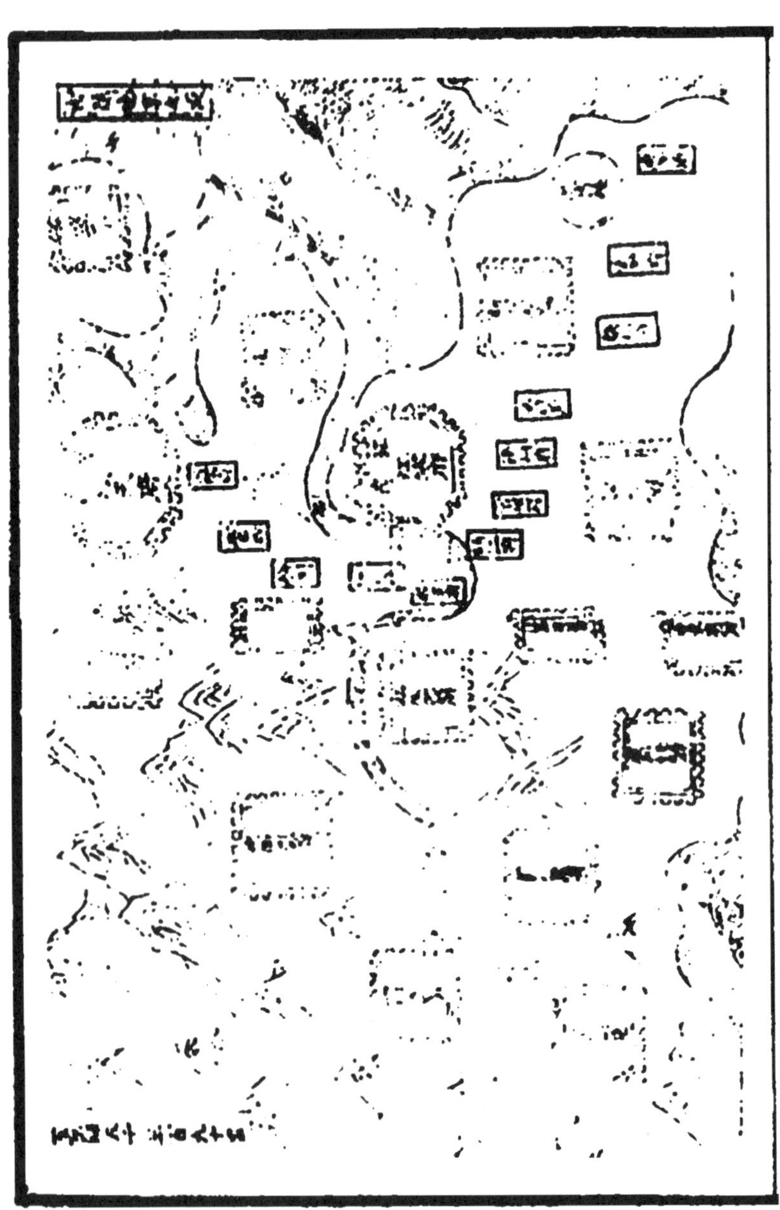

由縣達京之圖

携手林泉芝不孤拊

上影毛雖多偏而亡

君子岑峰毛榮游山

名有立聲

廣漢王悰

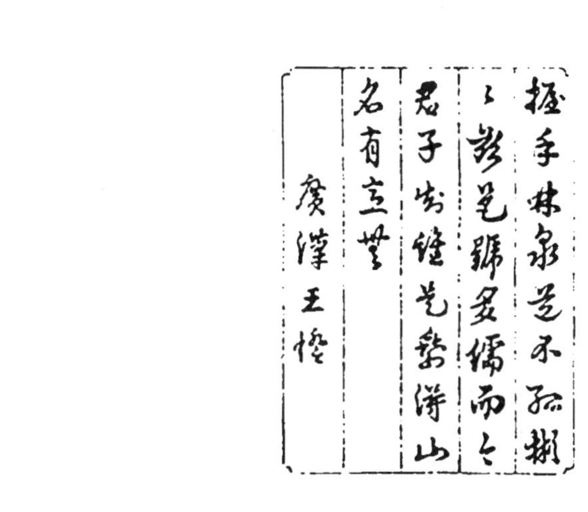

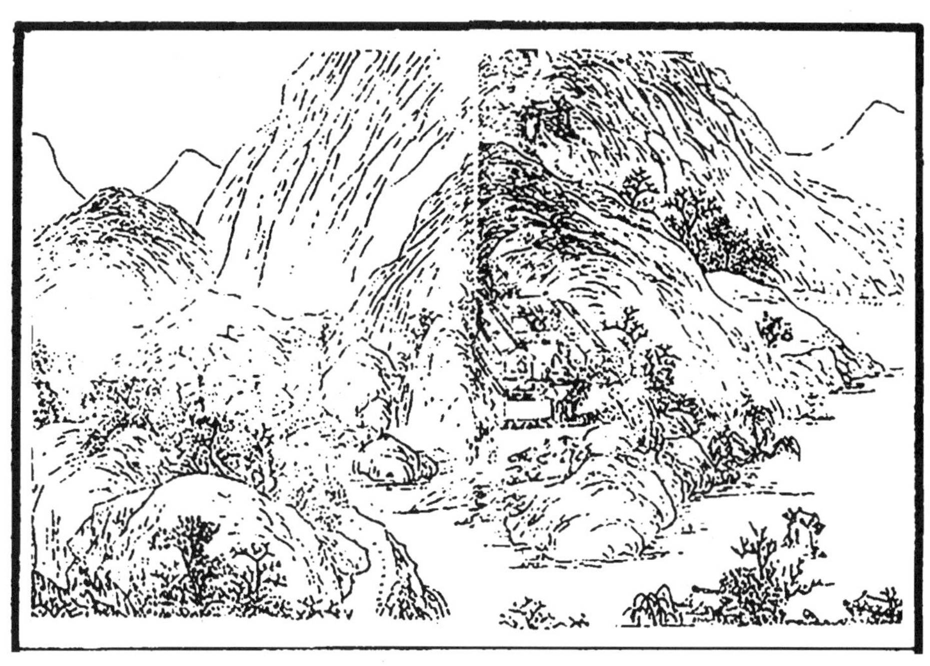

君子儒叢圖

壽光仙蹟圖

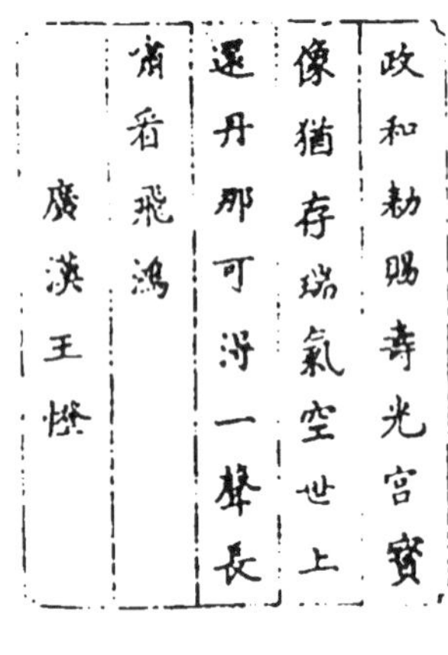
政和勅賜壽光宮寶
像猶存瑞氣空世上
還丹那可淂一舉長
肖看飛鴻
廣漢王惔

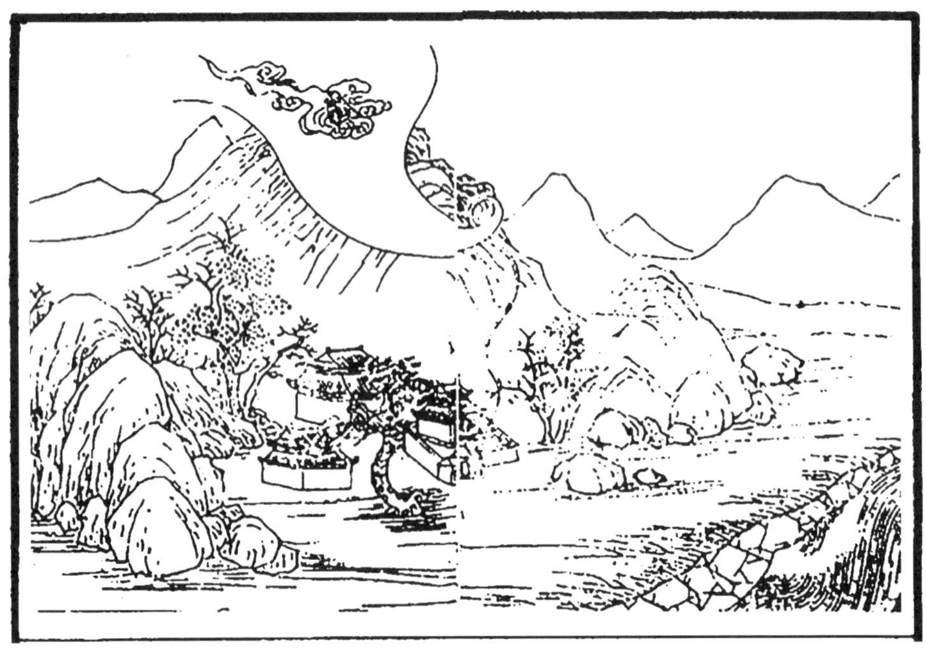

壽光仙迹圖

妙高晨鐘圖

霧柯終住曉鐘呼何
處鐘聲帶露敲遙起
巖扉容子攜上痕涼
々挂松梢

廣漢王[illegible]

妙高晨鐘圖

清華夜月圖

西明舊閣已蒿萊，祗有璿光照水隈。識得清華真境界，溪山何處不瑶臺。

廣漢王憕

清華夜月圖

眠牛積翠圖

鼎化丹空散紫煙陽
溪嵐翠尚依然不須
更覓於菟跡
牛自在眠

廣漢王愷

眠牛積翠圖

飛鶴籠嵐圖

峯影迴翔去復留
羽衣常帶碧嵐浮
千年城郭頻依舊
莫學丁仙感慨休

廣漢王憕

飛鶴籠嵐圖

梅溪春意圖

暗香疏影絕埃塵
踏雪沿尋到水濱
折得一枝傳驛使
報君今冬已先春

廣濟王憐

梅溪春意圖

文筆雲峰圖

健筆凌雲更挾霜筆
尖畫破曉天蒼何當
之與諸生去一陣横
揮翰墨塲

廣漢王憕

文筆雲峰圖

土鼓含音圖

巖壇古蘊古音多
千載伊耆韻未訛
何用雲韶傳法曲
數聲齊叶太平歌
廣漢王燈

土鼓含音圖

幞頭應運圖

巍〻巨石立溪湍欲
驗文明屢探看見說
今年沙勢合地靈應
喜近儒冠

廣漢王憕

幞頭應運圖

月山樵唱圖

伐木丁丁向翠微
[illegible]然森家[illegible]鳥機
由來手解宅青譜
信口閑[illegible]趁月歸
廣漢王燈

月山樵唱圖

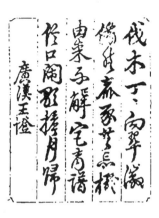

兑谷書聲

城北山深結小樓書聲隱隱出林邱須知廉讓方成允講習當求第一流

廣漢王愷

兑谷書聲圖

卷之一

輿地志

分野、沿革、疆域、形勝、山川、風俗、古迹

自大禹敷主奠川，以宅四隩，而地理畫矣。漢《月令》〔一〕云：總邱陵原隰阪險曰地。地者，百物之所生，萬物之所養也。周官以大司徒掌邦土，使民知地域廣輪之數。故山林川澤，隨適不迷，物曲土宜，各有攸利。用是而政可舉，民可阜，禮樂可興矣。志輿地。

分野

《隋書·地理志》：於辰在丑，吴越之分野。

清類天文分野之書，《禹貢》：楊州之域，斗分吴地。

《天文志》：起斗南十二度，至須女七度，爲星紀。

崇禎《處州府志》：處州，古括蒼地，於天文屬楊州。斗分爲牛女之女，上直少微星，應處士。

《内緯秘言》：斗十七度，遂昌與鹿水、青田、縉雲、松陽入三分之七。

《宋史·天文志》：南星，魁也；北星，杓也。石申曰：魁第一星主吴，二星主會稽。遂，會稽之支邑也。

《史記·天官書》：吴之疆候在熒惑，占於鳥衡。熒惑、鳥衡，南方星也。觀斗魁之度，則遂邑之休徵、咎徵舉足□矣。

校注

〔一〕《月令》，指漢蔡邕《月令章句》。

沿革

《禹貢》：繫要荒服。春秋属越，戰國屬楚。

秦始皇五年滅楚，以其地屬閩中郡。

漢初，從諸侯滅秦，又佐漢擊楚。孝惠三年，立瑶爲東海王，屬東甌國。武帝黄龍元年，徙東海王於淮，以地屬會稽郡。

東漢，光武區地入太末，仍屬會稽。

三國吴赤烏二年，分太末之南界置平昌縣，以去治東鄉十五里，兩山前後平疊如昌字得名。初屬會稽郡，實鼎時屬東陽郡，後分東陽置臨海，屬臨海郡。

《晉書·濟南王遂傳》：遂字千但，宣帝弟，仕魏，封平昌亭侯。

晉分臨海置永嘉郡，太寧元年改永嘉爲永寧，太康元年改平昌爲遂昌，屬永寧郡。

南北朝宋、齊、梁、陳并屬永寧郡。

隋文帝開皇八年，廢臨海、永寧二郡爲縣，復分置栝蒼縣、松陽縣，九年合四縣置處州，尋改處州爲栝州，遂屬之。

唐改栝州爲縉雲郡，以臨海縣置台州，永嘉縣置溫州，改栝蒼縣爲麗水縣，升松陽縣爲松州。武德八年，廢松州復爲縣，又省遂昌入松陽縣。景雲二年，刺史孔琮奏復栝州爲處州，復松陽以西地爲遂昌縣。

五代因唐屬處州。

宋分天下爲十九路，以處州屬浙東路，遂昌縣隸處州。

元以處州爲處州路總管府，屬浙東，遂昌縣隸處州路總管府。

明改總管府爲處州府，隸浙江布政使司。成化八年，北鄉八九二都地入湯溪縣，都止二十有二，仍編舊額浮稅於各都，至今爲累。

國朝仍屬處州府。通省志編户七十四里，今編順庄二百九十庄。

疆域

舊《縣志》：縣爲里七十有九，東距西，南距北，皆一百里。東南距西北一百二十里，東北距西南二百六十里。距松陽縣界二十里，距縣六十里；南距龍泉縣界九十里，距縣一百八十里；西距江山縣界一百里，距縣二百三十里；北距龍游縣界四十里（《舊志》：六十里），距縣一百二十里。

《栝蒼彙紀》：東南至松陽縣七十五里，東北至金華縣二百里，至湯溪縣一百五十里，西南至龍泉縣二百四十里，西北至西安縣一百七十里。由縣達處州府一百八十里，由縣達浙省九百三十里，達江南一千八百九十里，達京師五千三百九十里。

形勝

舊《縣志》：按遂之山，自閩浦跨龍泉、貴義嶺而下百餘里，發爲妙高，五龍出焉。中則君子，左則兑谷，右則屏月、吴皋，南有拜山爲案，東有塔山爲内關，其下則西明鎖爲重關，此邑會諸山之大略也。若由三衢仙霞關而來者，則伏爲奕山、湖山，歷大小坪田爲白馬山，度侵雲嶺入湯溪，爲婺絡之祖龍也。極東則尹公、覆螺，極西則大樓、九峰，皆山之最秀峻者。邑之水凡二派，發源於南者，自龍泉分脉北行八十里，至邑南瑞山之前，達河頭、塔垵，與後溪合。於西者，自雞鳴峰蜿蜒瀠紆，歷大定三峰至梅溪，東行至吕川下，與前溪合。峰岩嶺隘，井泉橋渡，廻環□揖，碁置星羅，斯一邑之大觀乎。

舊《府志》：環邑山倍於水，左有土鼓之异，右有文筆之奇。瑞山屹其前，兑谷擁其後，白馬蜿蜒，飛鶴廻翔，兩溪夾流，一水東會，乃栝西名區也。

古《縣志》：襟帶龍泉，聯續麗水，景寧星峰錯落於前，松陽喬阜環翠於後，紆徐秀峙，隱然形勝之美。

舊《縣志》：西接建寧，北連衢、婺，岩巒聳秀，溪澗澄澈，爲一邑冠。

《通省志》云：《湯顯祖土城碑記》：遂昌治萬山溪壑，中介長松、龍泉，猶毘境也。西北而南走衢、嚴、婺、郭，犬牙信州，以達於閩，綿迤奥絶。

張貴謨云：聯巒層溪，有山水之勝。

程敏政記：山明水秀，爲文獻巨邑。環邑十有二景：詩載藝文。妙高晨鐘，清華夜月，眠牛積翠，飛鶴籠嵐，君子儒叢，壽光仙迹，梅溪春意，文筆雲峰，土鼓含音，幞頭應運，月山樵唱，兑谷書聲。

山

瑞山 在邑東隔溪。昔有异人乘白虎至山，創庵煉丹，紫雲呈瑞，故名。有井曰煉丹井，丹成而去。又以形似曰眠牛山。詩載藝文。

塔山 在瑞山東，上有土鼓□。宋縣令朱元成因西有尖山，建塔於上，曰雙峰塔。與尖山對峙，增高捍門，爲邑治屏障。

飛鶴山　在邑東一里。山形如鶴，張翅廻翔，逆水直上，爲縣東合流護沙云。

文昌山　原名妙高山，在邑西。秀麗峻拔，蓋山之近而尊者。半麓建松隱禪院。乾隆二十八年，邑令王公惿鼎建文昌閣、魁星樓及望遠亭、朝暉亭、留憩亭、引亭於山巔，因改今名。舊詩及新記并載藝文。

西明山　在邑東五里。山麓舊有清華古閣。山在二都則居西，在邑中則東也。自葉坦塔山而外，第二重水口，青烏家謂於此築浮屠，則科第可蟬聯矣。詩載藝文。

拜山　在邑南隔溪。林巒奮伏，體勢廻擁，若俯拜於邑。

屏風山　在邑西里許。狀如玉桌，爲邑西屏幛。舊詩載藝文。

琴山　在邑西。

月山　在屏風山右。圓聳如滿月，説者謂眠牛在東，若犀牛望月。

五龍山　在邑西。峰巒蜿蜒而下，形如五龍翔集，故名。昔僧無高構茅屋，募建般若庵，幽深寥閑，允稱禪定佳勝。詩載藝文。

君子山　在縣治西南百步。山麓多士大夫家，故名。又名城山。詩載藝文。

平昌山　在邑東十五里孟山頭。兩山前後如昌字，因以名縣。又宋王象之所著《輿地紀勝》，謂昌山一名大君子、小君子山。

馬鞍山　在邑東二十里長濂。山勢環抱，東鄉之望也。狀如馬鞍，相傳有五株松同根而生。詩載藝文。

尹公山　在邑東三十里，與百丈岩相連。隋大業中，有尹姓者煉丹於此，因名。

牛頭山　在邑東四十五里。峰巒層叠有九，又名九雲峰，與松陽接境。世傳正人葉法善騎虎，創庵於頂，至今遇旱，禱之有應。詩載藝文。

吴皋山　在邑西二里。山峻臨溪，舊以吴姓居此得名。

曾山　在邑西十里。尖鋭聳拔，一名尖山，又號文筆峰。爲西南秀聳，寺名廣仁院。詩載藝文。

白馬山　在邑西三十里，又名丁公山。相傳昔有丁公家山下，喜跨白馬，殁爲神，故嶺曰丁嶺，村曰丁村，水下流曰丁口。其山峰巒秀聳，天日晶朗，遠見衢、婺。上有叢祠，曾著靈异，是爲縣之鎮山。今祠圮基存。詩載藝文。

湖山　在邑西七十里越王峰下。溪流縈遶，分夾復合，室居壯麗，文物殷盛，西阻名區也。

黄山　即湖山西岸，俗名檳榔尖，以邑令黄養蒙登眺改名。上建廓然亭。記、詩并載藝文。

奕山　在邑西，踰湖山五里許。形勢高峻，中多平曠，朱姓世居，文物繁盛。詩載藝文。

獨山　在邑西八十里。上下山皆不相續，又名天馬山。前臨大溪，地狹居稠，文物富盛。詩載藝文。

小赤壁山　在天馬山右□。下臨深潭，石壁如削。有樓靈岩、石樓、石户、石天窗、巑雲磴，南有武夷洞、仙梯、石碁盤、仙人濯足石及青霞岡釣臺，勝絶萬狀。詩載藝文。

魚袋山　在邑南溪滸。象雙魚袋，故名。有神，屢著靈异，與拜山相連。

青城山　在邑西八十里。石壁萬仞，瀑布飛瀉如練。初不通人，迹惟樵者，捫崖而上，有廣谷、龍井、三泓及相公岩、玉女峰、芙蓉峰。〔一〕詩載藝文。

蔡山　在邑西九十里。相傳五代時〔二〕蔡姓兄弟居此，故名。

大方山、小方山　在邑西一百二十里。高萬餘丈，絶頂平曠，數百畝可廬，外望之如方石。〔三〕又號玉屏風。

兑谷山　在邑北龍脉豐擁而下。

梅山　在邑北一里濟用橋上游。峰巒聳特，爲邑北障。

唐山　在邑北十八里。五代時，僧貫休望氣登山，即其地創翠峰院以居。院北有澗，廣五畝，虎跑出泉，澄澈甘冽，歲旱不竭，號虎跑邱。邱東有山，盤陀而下，蓋蜀王女尼目擊金刹浮圖。成化之後，院圮基存。有温州僧惠宰夢神人導至一所，既覺，景象宛在目中。乃西游抵遂，至峰頂，則皆夢中所見也。廼募緣創建堂宇，莊嚴佛相，竪山門，闢池亭，名勝爲一邑冠。山北二峰卓峙，一名觀音峰，一名羅漢峰，嘗有尊者行其上。山下爲東梅嶺。入一統志。記、詩并載藝文。

大平田山、小平田山　二山在邑西百丈坑上。

朝暾山　在東關橋頭。知縣王憕所築，以作水口羅星。

茶山　在邑東二十里長濂隔溪。

葉町凈居山　在邑北五里。崇禎五年，僧貫一創造卉隱庵、莊嚴閣，棲隱習静，居然一梵刹云。

校注

〔一〕原刻漫漶，據光緒《遂昌縣志》補。

〔二〕原刻漫漶，據光緒《遂昌縣志》補。

〔三〕『絶頂平曠，數百畝可廬，外望之如方石。』光緒《遂昌縣志》作『絶頂平曠，可數百畝，廬外望之如方石。』

岩

東閬岩　在邑東十里。峻壁若列屏，頂壖平曠，亦縣東之勝。

百丈岩　在邑東四十里。削石凌空，數百丈特聳，與尹公山相對。

覆螺岩　在邑東四十里。岩下土皆白，惟絶頂黑磁〔一〕，狀如覆螺，登眺則金衢恍見。邑西奕山亦有此岩，名狀俱同。相傳有白鶴仙人處其上，里人遇旱，登岩雩禱，甘澍立應。

相公岩　在邑西八十里蔡溪前。石壁若削，僅一徑可側足入，岩中可藏數百人。相傳里人避寇者多隱於此云。

石姥岩　在邑西八十里。穹窿硉矹，上插雲霄，人迹罕到。間有樵者捫蘿而上，言絶頂出泉爲池，有二金色鯉魚，或隱或見。又有花一枝，青紅兩色，殊爲奇絶。

九峰岩　在邑西一百里。其峰秀拔有九，每岩約廣三丈許，石壁險峻，罕有至者。相傳元至正間，有道人處其上，修道煉丹數十年，後莫測所之。今存丹井，狀如甕，亦名龍井，爲奕山屏障。遇旱登峰，雩雨立應。詩載藝文。

大樓岩　在邑西一百五十里。岩崇十仞，廣五尋，春夏飛瀑不絶，冬則凝結倒懸，如玉浮圖。其下灌木叢篠，積雪堅壯，若瑤林崑岫相聯屬。春半暄暖，水〔二〕柱墜叢薄，聲震澗谷。净空禪師嘗結屋棲止。東百步有梵宇名保興，面西爲龍湫者三十有六。山下之溪爲周公源，上流踰岩南二十里有楊溪，源通三衢。遂邑岩絶勝者，推唐山與此爲冠。記、詩并載藝文。

金石岩　在邑北二十五里。唐末巢寇至，邑簿張軻倡義，率民駐其上以禦之。其巔可容萬馬，出泉成池，歲常不竭。

棲靈岩　在獨山上。有需濟亭、仁風亭諸仙迹。詳天馬山下。

仙姑岩一名石巫岩。　在邑西北五十里。

高坪岩　廣數十丈。岩前石壁千仞，無徑可達，土人攀蘿附壁而上。有石門、石香爐等迹。

金鐘岩　與仙姑岩近。形似金鐘，故名。山腹有洞，深廣可坐數十人。洞頂有微隙如珠，四時滴泉不竭。

石母岩　與金鐘岩近。内産圓石，大者如丸，小者如珠，圓滑可愛。

校注

〔一〕砿：光緒《遂昌縣志》『覆螺岩』條該字脱文。

〔二〕水：光緒《遂昌縣志》作『氷』。

峰

玉井峰　在邑西二十里。元尹六峰築會一堂而隱焉。著有《玉井樵唱》。

五雲峰　在邑南二十里複岫盤嶺。上建葉法善廟。旁有石龜洞、試劍石。

花峰　在邑西四十里。山勢奇秀如花，故名。

南樓峰　在邑四十里。

雞鳴峰　在邑西大柘四十里。宋初，常有雞聲達於鄉井，牧人迹之，至巔，獲一石，紺青而潔，挈以歸。後雞聲寂然，而登仕者衆，因以名峰。

蓮花峰 在雞鳴峰西。三峰秀峙似蓮花。宋待制周綰之居面此，因號蓮峰居士。

九雲峰 在邑東三十里。

筆峰 在邑西八十里。獨山與石梯相連，天馬相對。

石梯峰 峰巒尤卓絶，登之，衢、栝隱約可見。

東峰 在邑北十里十三都。

金溪十峰 在邑西一百四十里坑西。詩載藝文。

嶺

湖嶺 在邑東二十里。居民隨地形高下構廬。

九蟠嶺 在邑南隅。溪屈曲九折，最爲鍾秀。

貴義嶺 在邑南八十里。

樟樹嶺 在邑西十里。一名上壽嶺。

百丈坑嶺 在邑西四十里。叠嶂凌空，石壁如削，至有攀援莫能登者。

梭溪嶺 在邑西五十里。

石飛嶺 在邑西六十里。

百步嶺 在邑西六十餘里。詩載藝文。

三歸嶺　在邑西七十里。

朱坳嶺　在邑西七十五里奕山。

碧秀嶺　在邑西八十里，今稱爲盤溪云。

洞峰嶺　在邑西百里，孤峰峻聳，自下望之，如插青天，陟巔俯瞰一村，恍然身在物外。詩載藝文。

龍門嶺　在邑西百里，石磴嵬峨，行者甚艱，若登龍門。

門頭嶺　在邑西八十里，閩浙通衢。詩載藝文。

石馬嶺　在邑西百十里。

侵雲嶺　在邑北十五里。下有馬埠巡檢司。今裁。

東峰嶺　在邑北十里。

東梅嶺　在邑北二十里。嶺上有三十六曲，盤繞險阻，下嶺不百十步，又有夏旦嶺，亦然。

天塘嶺　在邑東四十里。

蒙淤嶺　在邑南十里。

馬戍嶺　在邑北三十里，高峻崎嶇。

大穀嶺　在邑北四十里。

小穀嶺　越大穀嶺里許，蜓長崒嵂，數倍於大穀嶺，路通龍游。

銀嶺　在邑北八十里。

斗米嶺　在邑東二十里。

林頭嶺　在邑東二十里。

滂嶺　在邑東三十里七都。

錢村嶺　在邑西三十里。

逆嶺　在邑西八十里奕山。

隘

貴義嶺隘　在邑南七十里，接壤龍泉，流賊抵龍泉，每由此道入寇。正德間，知縣張鉞設寨守之。

龍鼻頭隘　在邑西一百三十里奕山，爲衢信盜賊出没之所。正德間，知縣張鉞設寨守之。有龍鼻頭渡、出風洞，四時風出如扇。下一里許，則西安界，有嚴剥巡檢司索木排常例，人甚苦之。萬曆六年，知縣鍾宇淳請院司立石禁之。自爲《記略》曰：通商惠民，王政首務。睦隣修好，古昔休風。嚴剥界連北壤，乃指稱盤詰，索取分例，越界藥魚，肆行鬪毆，積蠹殃民，莫此爲甚。會同西安，明揭弊端，刻石禁諭，往者不究，來者可追。而今後敢有稔惡怙終，故違憲條者，法紀具在，其孰敢私。嗟嗟，山兮永峙，水兮常東。勒石以示，永永無窮。金石可泐，我碑不滅。所不悛者，其視此石。

新嶺隘即赤津嶺。今屬龍游界，在邑北六十里。山勢峻絶，兩山如門。正德間，知縣張鉞以西江姚源之變，設寨守之。釋正可〔一〕有留題《湯臨川謡》：湯遂昌，湯遂昌，不住平川住山鄉。賺我千岩萬壑來，幾回熱汗沾衣裳。

坑西隘　在邑西一百四十里，路通江浦，廼要害之區。嘉靖間，因礦賊起，知縣池浴德設寨守之。

礱口隘　在邑西一百四十里，界連龍浦。嘉靖間，礦徒竊發，每烏合於此。知縣池浴德設寨以守。

高坪隘　在邑北七十里，萬山之巔。中寬平，方十餘里，四圍崒嵂，嶺通一線。康熙四十八年，流匪盤踞，知縣繆之弼請兵守之。

關堂隘　在邑西一百二十里，界接龍泉，咽喉之地。康熙四十八年，知縣繆之弼設兵守之。北界。在邑北四十里，京省通衢。知縣繆之弼詳請增兵守之。康熙五十五年建門，題曰平昌鎖鑰。按：平昌環溪爲池，依山爲城，郡西僻壤也。苟設險以固，教民以守，暴亦可弭。

校注

〔一〕釋正可：光緒《遂昌縣志》作『釋真可』。

礓

龍礓 在邑東，昔時民居稠密。

印石礓 在邑東十里，華使君廟西南隅。其石巨而方如印，下有飲馬池。

黿礓 在邑南拜山下溪中，似黿浮水面。

上水龍礓 在邑西石門灘大溪中，水激之澎湃潰湧，如龍上水，故名。

出風礓 在邑西一百十里，礓下有小洞，從巔通麓深邃，常有風出如扇。

石鼓礓 在邑北四十里，有石高丈許，擊之聲如鼓。

界石礓 在邑東二十里松陽界上，礓如鏡。詩載藝文。

荷花礓 在邑西羅公堤外，形似荷花。

幞頭礓 在邑東五里大溪中，狀如幞頭，水涸則見。諺云：幞頭礓上岸，遂昌官一半。宋時溪南漲沙與山麓等，登桂籍者相望，亦一驗歟。

仙礓一名仙岩。 在邑南三十里。壬午岱崇山峻嶺，至礓忽平衍，舊建梵宇，有田十餘畝。旁有一礓，宛然獅子蹲踞，張口中可容數百人，祀神曰仙聖，雩雨立應。礓背有仙女、虎掌、鎖匙諸迹，痕深四五寸許。旁插一峰，上嶮下嶄，高可數十丈，土人稱爲凉傘峰。

石印礓 在邑西七十里湖山水口，方如印，溪水四面洄漩。

唐巾礌、紗帽礌　俱在邑西五十里麻陽溪中，形狀宛然。

天師礌　在邑北桐樹源口。舊傳天師從源頭驅石至此，適聞雞鳴，舍石而去，至今源口大石盈畝。

昇仙礌　在邑東清水源，爲仙女飛昇處。其石上分下合，履迹宛然。

仙人石　在邑西八十里尹宅磊，石高數丈，上大下小，巉岩可畏。舊傳仙人過此，疊石爲戲，故又名仙人疊石。石旁有寺，名仙峰庵，爲尹堯庵讀書處。

洞

含輝洞　在邑東十里。初號章仙洞，以章思廉常住此，又傳爲宋高宗避敵之所。紹興間，邑令劉邦光易今名，刻於石壁。寺宇二進，石門顔曰洞中天，中有亭曰覽勝。寺後有三台岩，四時游覽者不絶。詩載藝文。

靈泉洞　在含輝之上。形如船屋，有泉出其間，下可坐數十人。昔時嘗爲曲水流觴，有石碁盤遺迹。邑人王養端有《記略》曰：按《一統志》，遂去縣治東十里有石洞二，傴僂而入，不數武，高盈丈，下可坐數十人。中有溜響如鳴琴，多竅，上出晶晶，映日若天窗。近北缘塹而躡，有洞側出，蟠屈深廣，石間微泉脉脉婉轉，堪爲流觴曲水。石壁少偏，刻『靈泉洞』三大字，太末十八年瑞山道士所書。

豹隱洞　在邑西五里竹坑。

青龍洞　在邑西二十五里好義里。踰洞十里有何相公廟，有禱輒應。

石門洞　在蔡山之源。石門高廣丈餘，深不可測。昔浮圖氏秉燭入，經一晝夜，倏聞風聲寒凛而止。洞外有竹，冬夏一色，風起則枝梢鼓舞掃地，洞前潔净無塵。

仙鵝洞　在邑西九十里。兩井上飛瀑如布，旁皆石壁，深邃危險，龍常蟄焉。禱雨者見白鵝出井，方得雨。

龍安洞即洛浯洞。　在邑西一百五十里。洞崇十五丈，廣一尋半，穴深莫知其極。南對大樓岩，岩頂飛瀑流湔，下爲三十六泓。第四泓號龍井，廣延皆二尺，三面石壁如削，旁有龕。昔净空禪師嘗戒定其中，見泓有黄龍，背金色晃耀，受其戒，俾應鄉人雨暘之禱。受紙獻，無得踰三百。至今禱者投紙於泓，過數則紙浮而出。

川

呂川　在邑雙溪橋東，俗名呂郕。昔時民居頗衆。

航川一名航頭。　在邑東十里。前有深潭澄澈，宋時科第相續。詩載藝文。

好川　在邑西二十里。川流環好，舊有攀桂橋。

關川　在邑西一百二十里。其水西流，毛氏世居。

祥川　在邑東四十里六都。

東川　在邑西一百三十里。

溪

雙溪　在邑東。前後兩溪至此合流而東下，故名。

後溪　在雙溪上游。

梅溪　在邑北梅山之陽。二水環滙，植梅茂盛，故名。

梧桐溪　在邑東三十里。永嘉《志》云：梧桐溪有兩源。

湯溪　在邑西大田巡門山下深潭之側，水温如湯。

柘溪　在邑西四十里雞鳴峰側。居民比密，地夷田腴。宋時仕宦甚盛。

梭溪　在邑西六十里丁嶺下。詩載藝文。

官溪　在邑北三十里。京省必由。

桃溪　在邑北四十里。應氏世居，昔時科甲爲一邑冠。

練溪　在邑西五十里。詩載藝文。

金溪　在邑西一百四十里，上有十峰。詩載藝文。

盤溪　在碧秀嶺下。

按：遂溪水悉澗壑支流，滙爲一川。源淺流迅，頑石磥砢，不可通舟，俱從陸驅馳爲艱。

潭

塔潭　在邑東塔山之下。

幞頭潭　在邑東幞頭硋下。

泗洲潭　在邑西三墩橋上流。

石倉潭　在邑北二十里馬埠。

千人潭　在邑東三里。正統間，民兵與鮑村寇陶得二戰於此，兵敗，溺死者甚衆，故名。

杭川潭　在邑東十里西明山下。凝藍流碧，與日影争光，臨眺者甚衆。

官潭　在邑南拜山下壽光宫前。又名射圃潭。

銅鉢潭　在邑南二十五里。有泉三泓，形圓如鉢。舊傳有翁氏兄弟結庵採藥於此。

緑廻潭　在邑西七十里。一村皆灘，惟此緑波廻旋，深不可測。

龍聰潭　在邑北四十里。中有一竅，四圍水旋入焉，莫知去流之處，常有龍浮於上。

鐵爐潭　在邑西五里許。

井

玉泉井　在邑西南三十五步。其水清冽，爲一邑最。

玉井　在邑西二十里吴潙井中。石色如玉。

天師井　在西鄉二十三都昇溪泉。冬煖夏寒，鄉傳天師所浚，飲此可以療疾。

九井　在邑西一百二十里黄堨礤頭。形勢最高，有龍井九口，趨地下流，龍居其中。烈風雷雨時作，人至盛暑覺寒。如旱，禱之多應。

三井龍湫　在邑北三十里深山複岫中。石壁高數仞，瀑布中流爲三泓。最上一泓，水緑色，深邃不可測，盛暑寒氣逼人。旱歲禱者，投茗醴果物於其下，如不潔，即浮上。取其水而獲魚蟲，雨即驟至。

泉

虎跑泉　在唐山翠峰庵北。澗廣五畝，因虎跑出泉，歲旱不竭，亦名虎跑邱。

墨泉　在坑西。

源

梧桐源　在邑東五十里。東流至松陽正念寺入大溪。

赤葉源　在邑東六十里。經五都、四都、二都高路入大溪。

上通源　在邑南一百二十里。自龍泉分水，北行八十里至縣，又東合於後溪。

後溪源　在邑西四十里。以上源之東行至松陽栝甌者。

柘上源　在邑西八十里。上接浦城罟網源，西流會蔡源，至蔡口與洋溪會於周公源，西行龍鼻頭至衢。

桃溪源 在邑北一百里。合白水源、馬埠、官溪、大小侯入大溪，歷靈山北行。以上源之西北行至衢州者。

馬戍源 在邑北八十里。

輔倉源 在邑東一百里。發於大高嶺，北行。成化八年，改屬湯溪縣。以上源之北行至金華者。

風俗

古栝遺芳 遂雖山邑，詩書之族，後先相望，其間或以名節著，或以經學聞。在山澤有韜晦，而閭閻有孝義。

舊志載：遂俗崇禮節儉，不尚浮屠，從無女僧，各建家祠，有古立宗法崇祭祀之意。

張根記稱：遂文物之盛，彬彬郁郁，與他郡争衡。

《彙紀》云：俗微汰侈，生事殊少，若人文蔚起，禮讓成俗，而好氣威習稍衰。

舊志載：山稠田狹，甘儉約而勤耕種，崇禮義而尚儒雅。以上氣習。

府志載：唐魏之風，儉嗇而褊急，聖人删詩，猶有取焉。處十屬男鮮羅紈，婦少盛飾，崇節儉而務樸誠，風最近古。其秀者廉隅自飭，樸者栖身農畝，即其間不無游民，而巨奸大慝罕有聞者。

古稱：山國之民，氣剛以勁。處遂介萬山，人尚氣節，蓋亦禀山川之氣而然，故不問城鄉編户，即飢寒切膚，不肯鬻其子女。本土傭作，苟使之肩輿執蓋，啗以厚利，斷不屑從。克其羞惡，可以端

所好矣。以上好尚

府志云：在昔聖人以五禮防民，而吉凶二者，尤不憚委曲繁重。垂之訓典，非故峻其防閑，實倫類之所以立，而率從有不得不然者乎？

冠禮久不舉行，遂俗婚禮特重。兩姓之好，必憑媒妁訂定，而後以紅箋書名姓，偕氷人踵門晉謁，餽以禮物。有納采而無問名，相沿不用庚帖。及笄，行聘禮。合巹之日，行廟見，拜翁姑，備筵宴，迎親朋相餉。至更闌燭炧，飲酬盡歡而散。

喪祭之儀，豐約隨分。三日内殯殮，親屬慰唁。至七日，來復設祭。男女往吊，衰絰苴杖，一如古制。凡有姻戚祭奠，以七七爲期。浮屠法事，近今漸弛。獨葬期不拘久暫，或遲之數月數載，則形家風水之説誤之也。

四時皆祭，而俗各不同。如掃墓多用新正、寒食兩期，然亦有用冬至者。其餘時節祀事，各祖廟皆有成規，無祠者祭於家。以上禮制。

府志：補時以作事，記歲功也。家弦户誦，東作西成，普天一轍。而九功八蜡之中，民俗各有所尚。如古之蘭亭修禊，則以上巳；楚江競渡，惟在端陽。歲時不异，而歲時所尚，因乎俗也。

履端之始　民俗肅衣冠，禮神祀祖先，而後互相慶賀。除夜預輝燈照耗，祀門祭竈，折栢枝繫柿橘，俗呼百事吉，懸之中庭，以示嘉兆。爆竹喧天，以祓不祥。

立春　先一日迎春於東郊，祭芒神，鞭春牛，民廼興事，士庶出觀，以受生氣。

上元　各神祠家廟設祭，結綵張燈，沿街相續，鼓吹喧闐，爆竹烟火，踏歌燭龍。或巧裝藏燈鰲山，自十三試燈，至既望夜而止。

社日　鄉社各祭先農，祈穀報賽。

社後　卜吉設醮，呼擁鼓吹，肩輿温元帥周巡四隅，扮臺閣前導，拖船於市以逐疫。城鄉男女，雲集競觀，彷彿古儺遺意。

清明　門户插柳，掃墓掛紙。近者挈家人婦子，攜雞黍酒殽，奠於邱隴山麓間，杜鵑輝映灼如也。

四月八日　浴佛之辰，鄉俗取楓葉等汁漬米，名曰烏飯。

重午　以蒲艾插户，裹角黍，親友互相餽遺，兒童繫縷佩香囊，舉家飲菖蒲雄黄酒。當午競採藥，并取百草煮湯以浴。

七夕　女子間有備蔬果、香燭乞巧者。

中元　祀先，爲蘭盆勝會，插香燭，化紙於道。

中秋　祀先，延賓玩月。

重陽　祀先，泛茱萸酒，噉新菽，登高。

冬至　官行賀禮，民祀先祖。

臘月　掃舍索逋，多有嫁娶安厝者。

除夕　先數日謝神，當夕奉祀先祖，坐夜守歲，爆竹達旦。

以上歲時。按：處十屬，山多田少，地瘠人貧，穰歲不及中年，富家不及中户，男兼耕讀，女務蠶績，尊禮祖廟，安土重遷，雖極貧不鬻子女。自唐李鄴侯興學以來，儒業文風，漸盛於東南。近今科名寥寂，其地之未靈歟？抑人之不傑歟？是在後此加意振刷者。

古迹

鳳凰樑　大成殿正樑，紋如飛鳳，故名。《繪圖》云在明倫堂。非。

孔雀臺　在邑北兑谷山麓。邑人吴孔性築。

蓮花漏堂　在縣治側。宋隆興中知縣王綜建。《省志》「綜」作「琮」。

嘉瑞堂　在縣廳之西。宋嘉定中左藏司馬掀因嘉蓮呈瑞，乃建是堂。記載藝文。

會一堂　在邑西玉井峰。

相圃書院　在眠牛山麓。内有如蘭亭。

對吟軒　在治側。宋紹興中縣丞韓允寅建。記載藝文。

得月亭　舊址在拜山下。

舉春亭　在縣東一百步。

結駟亭　在縣東二百步。

緑玉亭　在兑谷包山下。舊名緑漪，因縣令湯詩更今名。詩載藝文。

半山亭　在妙高山之半。詩載藝文。

翠微亭　在邑西黄山。

廓然亭　在邑西黄山。邑令黄養蒙建。詩載藝文。

鑑漪亭　在瑞仙橋頭。

南觀亭　在盤溪。

東望亭　在盤溪。

疑雷亭　在盤溪。

放生池　在儒學東隄間。西接官塘，北有亭。宋知縣林采創開。

蔣公湖　在邑東二十里，廣袤四千八百步。世傳五代時蔣都鎮居其地，一夕陷爲湖，舉家溺焉。鄉人祈禱有應。紹興初湖淺，民請爲田以贍學，存其中之深者五畝爲靈迹，猶有柱端在水底。今不可見矣。

煉丹井　在瑞山。六朝時有异人煉丹於此，丹成而去。

古學基　在邑西屏山前，向曾山筆峰。徙學後，廢爲民居。邑令張鉞改置社學，後圮。

鎮守司　在縣東畔，基址尚存。

木城址　在邑西城門外木城一帶。邑令張鉞建，址存。

登瀛閣　在縣學。宋乾道中，邑令李大正修學，建登瀛閣。慶元間，遷是閣於講堂後，拓地、鑿池、立橋，如泮之制。撤講堂後直舍，增卑培薄，移閣其上，名曰雙峰，以增文筆之秀。縣尉朱大正建，邑人張貴謨有記。

雙峰閣　在縣學，宋時建。

尊經閣舊名敬一亭。　今爲御書亭，在明倫堂後。詩載藝文。

雙清閣　在四都長濂。

文昌閣　舊基在泮池左。即今忠孝祠。

奎星閣　舊基在泮池右。

芙蓉亭　在西門外東嶽宫前。

牛頭庵　在九雲峰頂，葉法善所創。詳見靈异。

祝妃墓　在二都落塢。宋高宗避敵難，駐蹕靈泉洞，册妃祝氏。未幾而卒，隨葬此。妃世居二都祝村，御道至今猶在。

潘鐵匱墓　世代爵里無考。相傳勅葬三十六壙，墓道石柱，東北二鄉在在有之。教諭陳世修《平昌雜咏》有『鐵匱人疑上相墳』之句。

東社學 古基在貞烈坊下。

南社學 古基在黄塘廟巷内。

西社學 古基在羅公堤上。

北社學 古基在北隅街外。

宋道君御碑 在壽〔一〕光宫。

校注

〔一〕壽：原刻模糊，據道光《遂昌縣志》補。

卷之二

賦役志

户口、田糧、賑恤、賦税、積穀、物産、坑冶

民爲邦本，國有正供，故則壤成賦，積貯宜籌。上有常經，斯下有法守也。遂邑僻處萬山，氣陰地瘠，物力之艱難可知。然經邦理財，自古皆然。欲考其詳，今昔須載，寧可略諸志賦役。

户口

明初無可考。

景泰三年，户一萬三千四百四十五，口三萬二百三十。

天順六年，户一萬二千九百七十五，口三萬一百三十四。

成化八年，分八都、九都入湯溪縣。户一萬一千八百二十九，口二萬五千一百三。

成化十八，户一萬一千六百一十八，口二萬四千四百七十。

宏治五年，户九千五百六十七，口二萬四千五百八十。

宏治十五年，户九千一百三十五，口二萬四千六百九十五。
正德七年，户八千八百九十，口二萬四千六百九十一。
嘉靖元年，户八千八百六十二，口二萬四千七百二十。
嘉靖十一年，户八千八百六十，口二萬四千七百二十。
嘉靖二十一年，户九千一百六十，口二萬四千七百二十二。
嘉靖三十一年，户九千一百六十，口二萬四千七百二十三。
嘉靖四十一年，户九千一百六十九，口二萬四千七百二十三。
隆慶二年，户口人丁一萬一千四百七丁口五分。

國朝

順治□年，户口人丁一萬一千四百七丁口五分。
康熙六年，奉行清查十年，編審户口人丁額如舊。
康熙五十年，編審户口人丁額如舊。每丁徵銀六分六釐四毫，實征銀七百五十七兩四錢五分八釐。

田糧

隆慶二年，田二千二十一頃七十六畝九分五釐三毫，地一百二十五頃三十四畝七分四釐，官山二十五頃七十七畝二分，民山七百七十頃一十一畝四分，塘五頃六十四畝七分一釐。

國朝

順治□年，田、地、山、塘一如原額。

康熙三年，清丈。

康熙六年，明白回奏案内，題准豁免積荒田七百七十二頃七分三釐三毫九絲二忽八塵，豁免積荒地一十九頃八十一畝五分七釐六絲五忽六微五塵，山、塘額如舊。

康熙九年，開墾積荒田七頃二十五畝。

康熙十年，無徵荒逋案内，題蠲田三十八頃八十三畝八分三釐二毫八絲四忽三微。

康熙十二年，開墾積荒田六十二頃五十三畝三釐。

康熙二十一年，開墾積荒田四十一頃五十四畝。

康熙二十二年，開墾積荒田一十頃一十八畝五分六釐。

康熙二十四年，開墾積荒田一頃一十五畝四分。

康熙二十九年，開墾積荒田五頃五十九畝六分七釐。

雍正十二年，開墾積荒田五十六頃一畝。

乾隆十一年，開墾積荒田五十七頃一十七畝七分四釐八毫。

乾隆十五年，開墾積荒田五頃畝五分七釐七毫，實在田一千四百七十七頃三十八畝二分六釐二毫二絲三忽二微六塵，每畝徵銀八分八毫四絲，每畝徵米七合三勺三抄，實徵銀一萬一千九百四十三兩一錢六分一釐一毫一絲九忽一微七塵四渺四漠八纖，實徵米一千八十二石九斗二升一合四勺六抄二撮一圭九粟一粒三黍四粞六糠。

實在地於雍正七年請定各省案内，除耕耤壇基二畝九分外，實存地一百五頃五十畝二分六釐九毫三絲四忽三微五塵，每畝徵銀一分七釐五毫，每畝徵米一合五勺，實徵銀一百八十四兩六錢二分九釐七毫一絲三忽五微一塵一渺二漠五埃，實徵米一十五石八斗二升五合四勺四撮一粟五粒二黍五粞。

原額官山二十五頃七十七畝二分，每畝徵銀八釐四毫，該銀二十一兩六錢四分八釐四毫八絲。

原額民山七百七十頃一十一畝四分，每畝徵銀六絲，該銀四兩六錢二分六毫八絲四忽。

原額塘五頃六十四畝七分一釐，每畝徵銀一分五釐一毫，每畝徵米一合五勺，該銀八兩五錢二分七釐一毫二絲一忽，該米八斗四升七合六抄五撮。

田地山塘人丁共實徵銀一萬二千九百二十兩四分五釐一毫一絲七忽六微八塵五渺六漠五埃八纖。

一、加顔料新加銀一百一兩二錢二分四釐五毫六絲二忽五微。一、加□茶新加銀一十兩三錢二分六釐七絲一忽八塵三塵五渺。一、加顔料□時銀二十三兩八錢七分八釐一毫七絲四忽三微七塵五渺。一、加□□時價銀一兩九錢八分八釐七毫五絲九忽□□。□□□材時價銀四錢五分七釐八毫五絲一忽九微八塵二渺一漠四埃二纖九沙。一、加匠班銀二十一兩八錢一分六釐。六款於地丁項□□年每兩□□，一加收零積餘米一石六斗□□□四圭九粟，每石改徵銀一兩，該銀一兩□錢□分□釐□毫四絲□忽□微。

以上田地山塘人丁□□，則通共實徵一萬三千八十一兩四分二釐七毫七絲七忽八微六塵七渺八漠九沙。

遇閏年加徵閏銀四百五十九兩六錢八分五釐九毫四絲五忽四微二塵六渺二埃七纖二沙。

田地塘共實徵米一千九十九石五斗九升三合九勺三抄一撮三圭六粒五黍九粞六糠。一除收零積餘米一四抄四圭九粟。

實徵米一千九十七石九斗八升七合六勺六抄七圭三粟六粒五黍九粞六糠。每石折徵解銀一兩二錢。共折徵銀一千一百九十六兩二分七釐八毫二絲八忽九微二塵三渺九漠一埃五纖二沙。

遇閏年加徵閏米七十三石六斗五升三合。每石折徵解銀一兩二錢。共折徵銀八十八兩三錢八分三釐六毫。

附載外賦入地丁編，徵本縣課鈔銀三十一兩四錢一分一釐三毫八絲，內均□□□銀一十六兩，抵裁冗兵□。又里甲出辦銀一十五兩四錢一分一釐三毫八絲，歸經費用。外賦不入地丁科徵。薦新芽茶三斤。每斤價銀一錢六分，其徵銀四錢八分，茶户出辦。

賑恤

康熙十五年，大赦僞耿所陷郡縣，遂邑錢糧全免一年。

康熙十六年，皇恩大賑所陷郡縣難民，遂邑賑銀八百兩。

康熙二十五年，彙報水災，遂邑免銀八百八十一兩九錢四分七釐七毫二絲。

康熙二十八年，聖駕南巡，大赦浙省錢糧。

康熙四十四年，皇恩大赦全省錢糧。

康熙四十七年，皇恩大赦浙省丁銀，遂邑免銀七百五十七兩四錢五分八釐。

康熙四十八年，皇恩大赦浙省錢糧。

康熙五十年，皇恩浩蕩，將天下四十七年以前積逋及本年正供概行蠲免。

雍正十三年，皇恩大赦浙省十年、十二年以前積欠，概行豁免。

乾隆十二年，皇恩大赦浙省錢糧，全行蠲免。

乾隆十六年，聖駕南巡，蠲免遂邑地丁銀一千三百八十兩三分，又被災各庄蠲免銀六十七兩一錢九分六釐。

乾隆十七年，爲秋禾被旱，按照災屬撫恤一月口糧，給銀四百三十二兩四錢五分，隨□蠲疏内報銷。

乾隆二十七年，聖駕南巡，浙省二十六年以前積逋概行蠲免。

賦税 起運

户部項下

銀硃。三十一斤六兩六錢六分。該銀一十四兩四錢五分一釐四毫七絲五忽，補墊損解路費共銀五兩一錢八分九釐九毫六絲四忽五微。

膩硃。一十五斤九兩五錢二分。該銀二兩三錢三分九釐二毫五絲，補損路費共銀一兩九錢九分六釐一毫六絲。

黑鉛。六十三斤三兩九錢二分。該銀二兩二錢一分三釐五毫七絲五忽，補損路費共銀九錢六分一釐三毫二絲四忽。

烏梅。二十四斤一兩一分。該銀四錢八分一釐二毫六絲二忽五微，補損路費共銀三錢二分二釐四毫四絲五忽八微七塵。

五棓子。六斤五兩二錢四分。該銀二錢二分一釐四毫六絲二忽五微，補損路費共銀九分六釐一毫七絲八忽。

黃蠟。三十斤九兩一錢五分。該銀四兩八錢九分一釐五毫，補損路費共銀一兩七分六釐一毫三絲。

黃熟銅。二十九斤四兩二錢二分。該銀三兩三錢六釐八毫三忽七微五塵，補損路費共銀八錢六分五釐三絲六忽微五塵。

桐油。一百八十斤九兩三錢二分。該銀五兩四錢一分七釐四毫七絲五忽，補損路費共銀二兩九分四釐七毫五絲七忽。

本色黃蠟。五十五斤二兩五錢五分六毫。該銀一十一兩三錢二分一釐一毫二絲二微五塵。

芽茶。四十二斤五兩三分九釐。該銀二兩五錢三分八釐八毫九絲六忽二微五塵。

以上顏料本色及本色蠟茶，每年二月間，確估時價，具題造報，徵銀解府，委官辦料解部。

顏料改折。折銀硃三十六斤五兩八錢四分，該銀十六兩七錢二分七釐九毫。膩硃五斤十兩三錢二分，該銀八錢四分六釐七毫五絲。烏梅二十一斤一兩九錢一分，該銀四錢二分二釐三毫八絲七忽五微。黃熟銅三十八斤八兩二錢，該銀四兩三錢五分一釐九毫一絲二忽五微。桐油二百三十斤九兩五錢二分，該銀六兩九錢一分七釐八毫五絲。全折生漆五十一斤一十一兩一錢五分六釐，該銀五兩一錢六分九釐七毫二絲五忽。全折嚴漆二十九斤一十兩一錢五分，該銀三兩五錢五分六釐一毫二絲五忽。七項補損路費，共銀一十三兩一錢七分四釐七毫九絲七忽一微二塵一渺。

黄蠟改折一百三十斤十五兩七錢四分五釐四毫。該銀四十四兩五錢三分四釐五毫八絲九忽七微五塵，路費銀四錢七分七釐三毫六絲四忽四微三塵七渺五漠。

芽茶改折四十一斤十三兩六錢六分一釐。該銀四兩三錢三分六釐二毫七絲一忽二微五塵，路費銀四分三釐三毫六絲二忽七微一塵二渺五漠。

葉茶改折五十八斤三兩九錢。該銀二兩三錢二分九釐七毫五絲，路費銀二分三釐二毫九絲七忽五微。

以上徵銀解府，隨府解部，共銀一百二兩九錢一分二釐八絲二忽七微七塵五渺。

顏料改折加增時價。銀硃〔一〕每斤加銀二兩一錢，烏梅每斤加銀六分，熟銅每斤加銀三分七釐，桐油每斤加銀四分五釐，生漆每斤加銀一錢，嚴漆每斤加銀一錢八分，䑕硃每斤減銀三分。加減合算，共該一百一兩二錢二分四釐五毫六絲一忽五微。

黄蠟加增時價。每斤加銀四分，該銀九錢一分四釐八毫三絲三忽五微，路費銀九釐一毫四絲八忽三微三塵五渺。

芽茶加增時價。分别二則加價，該銀五兩八錢九釐六毫八絲七忽五微，路費銀五分八釐九絲六忽八微七塵五渺。

葉茶加增時價。每斤加銀九分，該銀三兩四錢九分九釐三毫一絲二忽五微，路費銀三分四釐九毫九絲三忽一微二塵五渺。

以上不入科則，每年於地丁項下每兩科加徵銀解司，另欵解部，共銀一百一十一兩五錢五分六毫三絲四忽三微三塵五渺。

農桑絹折銀。除荒逋，實徵銀一十一兩五分六氂二毫八絲一忽六微四塵。路費，除荒逋，實徵銀一錢一分五毫六絲二忽八微八塵三渺一漠。

折色蠟價。除荒逋，實徵銀一百一十六兩一錢五分二氂四毫二忽七微二塵。路費，除荒逋，實徵銀一兩一錢六分五毫二絲四忽一微六塵。

富户。除荒逋，實徵銀六兩九錢二分七氂八毫五絲四忽一微六塵。路費，除荒逋，實徵銀六分九氂二毫七絲八忽五微四塵。

昌平州。除荒逋，實徵銀二兩三錢五分五氂四毫七絲四微三塵。路費，除荒逋，實徵銀二分三氂五毫五絲四忽七微一塵。

江南藥價。除荒逋，實徵銀三分三毫四絲八忽九微五塵。路費，除荒逋，實徵銀七氂七毫六絲二微四塵。

柴直。除荒逋，實徵銀二十五兩五錢六分三氂七毫八絲一忽八微二塵。路費，除荒逋，實徵銀二錢五分五氂六毫三絲七忽八微三塵，遇閏加柴直及路費共三兩三分。

顔料改折價墊損解。除荒逋，實徵銀五百一十一兩九錢一分七氂三毫六絲八微二渺五漠。路費，除荒逋，實徵銀五兩一錢一分九氂一毫七絲三忽七微五渺三漠二埃五纖。

鹽鈔。除荒逋，實徵銀一十四兩八錢四分八氂三毫一絲五忽四微一塵八渺六漠。路費，除荒逋，實徵銀一錢七分八氂一毫六絲四忽六微六塵五渺一漠四埃三纖三沙。遇閏加銀鹽鈔及路費一兩八錢七氂四毫九絲六忽五微五塵一渺二埃七纖二沙。

九氂。除荒逋，實徵銀一千八百四十五兩九錢三分四毫八忽二微二塵。路費，除荒逋，實徵銀一十二兩九錢二分五氂三毫六絲五忽。

雍正十年，新升銀三兩五錢二分三釐七忽二微。

雍正十一年，新升銀二兩九錢九分一釐九毫六絲九忽二微四塵。

雍正十三年，新升銀一百五十五兩六錢三分三釐一毫六絲八忽。

以上地丁，除積荒荒逋，共實徵銀二千七百一十六兩七錢八分三毫九絲三微三塵四渺六漠六埃八纖三沙。

禮部項下

薦新芽茶。三斤。奉文折徵，每斤價銀一錢六分，共銀四錢八分。黄絹袋、□旗、號篓、擯路，費銀二兩。

茯苓。一斤一十兩七錢八分四釐七毫九絲五忽二微三塵八渺九埃五纖三沙。每斤價銀七分，奉文折二解一，該實辦銀一錢一分七釐一毫八絲三忽四微七塵九渺一漠六埃七纖七沙，津貼路費一錢一分二釐九毫一絲八忽四微五塵二漠二埃五纖一沙。徵銀解司，另欵解部充餉。

藥材改折。奉文改折茯苓三斤五兩五錢六分九釐五毫九絲四微七塵六渺一漠九埃五沙，每斤價銀七分，該銀二錢三分四釐三毫六絲六忽九微五塵八渺三漠三埃三纖三沙。甜葶藶一十三兩三錢九分一釐，每斤價銀二分三釐，該銀一分九釐二毫四絲九忽五微六塵二渺五漠。共津貼路費，該銀二錢四分四釐二毫八絲一忽五微四塵九渺七漠七埃四纖九沙。徵銀解司，另欵解部充餉。

藥材加增時價銀四錢五分七釐八毫五絲一忽九微八塵二渺一漠四埃二纖九沙。乾隆三年頒發徵輸，另欽解司，彙充餉用。

以上本色及改折又及絹、袱、簍、損、津貼路費，共地丁銀二兩七錢二分八釐，外□□茶折色銀四錢八分，藥材時價銀四錢五分七釐零。

牲口。除荒逋，實徵銀六十兩九錢六分五釐一毫一絲六忽五微五塵。路費，除荒逋，實徵銀六錢九釐六毫五絲一忽一微七塵。

藥材折色。除荒逋，實徵銀八錢二分九釐四毫七絲一忽九微。津貼路費，除荒逋，實徵銀五錢一分八釐四毫一絲一忽三微三塵。

光禄寺菓品。除荒逋，實徵銀二十九兩九分六釐九毫八絲七忽四微五塵。路費，除荒逋，實徵銀二錢九分九毫六絲九忽八微九塵。

光禄寺箓筍。除荒逋，實徵銀九兩六錢一分七釐一毫八忽六微四塵。路費，除荒逋，實徵銀九分六釐一毫七絲一忽六塵。

以上折色及津貼路費，共地丁銀一百二兩二分三釐作毫八絲七忽九微九塵。

工部項下

白硝麂皮。除荒逋，實徵銀一十四兩八錢一分八釐四毫七絲二忽二微。

雕填匠役。除荒逋，實徵銀二兩四錢四分八釐六毫七絲七忽七微七塵。路費，除荒逋，實徵銀二分四釐四毫八絲六忽七微八塵。閏加銀匠役及路費，共二錢九分七釐四毫四絲五忽。

漆木料。除荒逋，實徵銀二兩一分八釐七毫一忽八微九塵。

桐木水脚。除荒逋，實徵銀一十三兩八錢五分五釐七毫八忽三微。

弓改牛角。除荒逋，實徵錢五百三十六兩二錢一分五釐九毫一絲一忽四微一塵。路費，除荒逋，實徵銀五兩三錢六分二釐一毫五絲九忽一微二塵。

箭。除荒逋，實徵銀一百四十七兩二錢五分五忽七塵。

弦。除荒逋，實徵銀八十九兩三錢四絲四忽。

胖襖褲鞋。除荒逋，實徵銀一十八兩七錢五釐二毫六忽二微二塵。

四司工料。除荒逋，實徵銀一百四十八兩四錢三分五釐八毫三絲六忽八微七塵。

軍器民七。除荒逋，實徵銀八十七兩二錢六分五釐八毫三絲二忽二微三塵。

軍器路費。除荒逋，實徵銀一十二兩四錢八釐七毫五絲一忽四微六渺。

班匠銀。二十一兩八錢一分六釐。

以上折色及路費共地丁銀一千九十三兩四分八毫九忽九微四塵六渺。不入田畝帶徵班匠銀二十一兩八錢一分六釐正。

裁改存留解部

順治九年，舊編裁剩解部并米，折銀四百二十二兩五分七釐三毫八絲三忽九微一塵九渺三漠三埃一纖七沙。內本府巡鹽應捕抵課并滴珠銀三兩八錢二分二釐二毫四絲四忽，本縣捕盗銀四十三兩二錢，上司按臨并府縣朔望行香講書筆墨香燭銀三兩，外省馬價銀二百四十三兩六錢四分八釐八毫，本府預備倉經費銀一十二兩八錢，本縣預備倉經費銀二十一兩六錢，預備本府雜用銀一十一兩，預備本縣雜用銀五十三兩二錢一分六釐二毫二絲，馬步巡司弓兵銀一十四兩四錢，收零積餘銀一十三兩七錢六分三釐八毫七絲九忽四微二塵九渺三漠三埃一纖七沙，收零積餘柒銀一兩六錢六釐二毫四絲四微九塵。前項除荒逋，共實徵銀二百九十二兩八錢九分二釐三毫一絲五忽四一塵四渺九漠八埃九纖七沙。馬價路費，除荒逋，實徵銀一兩六錢八分七釐九毫五絲一忽八微。閏加銀一兩五錢一分八釐五毫二絲。

順治九年，裁扣銀二百六十兩。內本府通判步快皂隸、燈夫、轎傘扇夫銀三十四兩八錢，馬步巡司書皂銀三兩六錢，本縣知縣修宅家伙銀二十兩，吏書、門皂、馬快、民壯、燈夫、禁卒、轎□、禹夫、庫子、斗級、倉書，銀一百九十三兩二錢，典史、書門、皂馬銀八兩四錢。前項除荒逋，共實徵銀一百八十兩一錢二分四釐二毫七忽九微七塵。閏加銀二十兩。

順治十二年，裁知縣迎送上司傘扇銀八兩。除荒逋，實徵銀五兩五錢四分二釐二毫八絲三忽三微三塵。

順治十三年，漕運月糧三分撥還軍儲銀七百六十六兩一錢六分二釐三毫九絲二微三塵。除荒逋，實徵銀五百三十兩七錢八分六釐一毫二絲八忽九微三塵。閏加銀二十二兩九分五釐九毫。

順治十四年，裁扣銀二百二十三兩六錢八毫五絲。內本府進表委官鹽纏銀五錢五分一釐八毫五絲，本縣知縣薪、油、燭、傘扇銀三十兩四錢九分，生員廩糧銀一百二十八兩，上司經過公幹官員下程油、燭、柴、炭銀八兩，門神桃符銀六錢，鄉飲酒禮銀六兩五錢，提學道考試心紅紙扎、油、燭、柴、炭、吏書廩糧、皂隸米菜銀二錢九分，提學道考試搭蓋篷廠銀七錢五分，歲考生員試卷、果餅、激賞花紅紙扎、筆墨并童生果餅、進學花紅銀七兩九錢一分九釐，季考生員試卷、果餅、激賞花紅紙扎、筆墨銀八兩五錢，馬步巡司弓兵銀二十八兩八錢，括蒼渡渡夫銀六錢，周公、龍鼻二渡渡夫銀二兩，預備銀内扣按察司進表水手銀六錢。前項除荒逋，共實徵銀一百五十四兩九錢七釐四毫二絲二忽二塵。閏加銀二兩六錢一分六釐六毫六絲五忽。

順治十四年，裁膳夫銀四十兩。除荒逋，實徵銀二十七兩七錢一分一釐四毫一絲六忽六微一塵，閏加銀三兩三錢三分三釐三毫。

順治十五年，裁優免銀四百七十兩四錢九分一毫。除荒逋，實徵銀三百二十五兩九錢四分八釐六毫七絲九忽三微一塵。

順治十六年，裁官經費銀一百五十兩六錢四分。内教諭俸銀三十一兩五錢二分，喂馬草料銀一十二兩，門子銀一十四兩四錢，馬步巡司俸銀三十一兩五錢二分，書皂銀一十八兩，弓兵銀四十三兩二錢。前項除荒逋，共實徵銀一百四兩三錢六分六釐七毫五絲五忽六微閏加銀二十兩五錢五分六釐三毫。

康熙元年，裁歲考心紅銀八兩九錢五分九釐。原編提學道歲考心紅紙扎、油、燭、柴、炭、吏書、門皂米菜銀五錢八分，提學道考試搭蓋蓬廠工料銀一兩五錢，歲考生員合用試卷、果餅、激賞花紅紙扎、筆墨并童生果餅、進學花紅銀一十五兩八錢三分八釐。除順治十四年裁半外，今裁前項除荒逋，共實徵銀六兩二錢六釐六毫六絲三忽八微二塵。

康熙元年，裁吏書工食銀七十八兩。本縣知縣、吏書銀七十二兩，典史、書辦銀六兩。前項除荒逋，共實徵銀五十四兩三分七釐二毫六絲二忽四微。閏加銀六兩五錢。

康熙二年，裁倉庫學書工食銀一十九兩二錢。倉書銀六兩，庫書銀六兩，學書銀七兩二錢。前項除荒逋，共實徵銀一十三兩三錢一釐四毫七絲九忽九微八塵。閏加銀一兩六錢。

康熙三年，裁教職門子銀七兩二錢。除荒逋，實徵銀四兩九錢八分八釐五絲五忽。閏加銀六錢。

康熙三年，裁齋夫銀三十六兩。除荒逋，實徵銀二十四兩九錢四分二毫七絲四忽九微五塵。閏加銀三兩。

康熙八年，裁驛站上司中伙宿食銀三兩五錢。除荒逋，實徵銀二兩四錢二分四釐七毫四絲八忽九微七塵。

康熙十四年，裁扣銀一百三十五兩三錢六分九釐八毫三絲六忽。知縣心紅銀二十兩，修理倉監銀二十兩，喂馬草料裁半銀六兩，季考生員試卷、果餅、花紅紙扎、筆墨裁半府銀一兩二錢五分，縣銀三兩，修理府縣鄉飲棹椅什物銀一兩，司備用銀八十四兩一錢一分九釐八毫二絲六忽。前項除荒逋，共實徵銀九十三兩七錢七分二釐二毫四絲一忽八塵。

康熙十四年，裁扣銀四十六兩二錢四分七釐六毫五絲四忽。季考生員試卷、果餅、花紅紙扎、筆墨裁半府銀一兩二錢五分，縣銀三兩，修城民七料銀五兩九錢四分六釐三毫，縣備用銀三十六兩五分一釐三毫五絲四忽。前項除荒逋，共實徵銀三十二兩三分九釐六毫九絲八忽五微一塵。

康熙十五年，裁扣銀二十一兩七錢九分二釐八毫。各院觀風季考生員試卷、果餅、花紅紙扎、筆墨府銀二兩八錢，府縣新任祭門府銀四錢一分六釐七毫，縣銀一兩六錢六分六釐七毫，府縣應朝起程復任公宴祭門府銀二錢，縣銀一兩一錢三分三釐四毫，優免銀一十五兩五錢七分六釐。前項除荒逋，共實徵銀一十九兩八錢八分二釐九毫八忽三微七塵。

康熙十□年，裁扣銀一十一兩三錢六分。喂馬草料裁半銀六兩，迎□□□□□□□□銀二兩，府縣升遷給山□□□□□□錢六分，縣銀二兩八錢。前項除荒逋，共實徵銀七兩八錢□□□□二忽三微四塵。

康熙二十三年，裁督院彬字號座船水手銀一十五兩。除荒逋，實徵銀十兩三錢九分一釐七毫八絲一忽二微四塵。閏加銀一兩二錢五分。

康熙二十七年，裁歲貢生員赴京路費銀三十五兩一錢一分。府銀五兩一錢一分，縣銀三十兩。除荒逋，實徵銀二十四兩三錢二九微三塵。

康熙二十七年，裁扣銀一百九兩二錢六分四釐九毫八絲三忽。科舉禮幣進士、舉人牌坊銀三十八兩五錢六分九釐四毫五絲，會試舉人水手銀二十三兩，武舉筵宴銀五錢，僱稅家伙并□夫銀一兩六錢，迎宴新舉人旗匾、花紅、旗帳、酒禮府銀一兩五錢五分五釐五毫六絲，縣銀二兩三錢三分三釐三毫四絲，起送會試舉人酒席、路費、卷資府銀三兩五錢，縣銀二兩八錢六分，賀新進士、旗匾、花紅酒禮銀三兩三錢三分三釐三毫，起送科舉生員花紅卷資、路費、酒禮府銀五兩，縣銀二十七兩一分三釐三毫三絲三忽。前項除荒逋，共實徵銀七十五兩六錢九分七釐一毫八絲六忽六微三塵。

康熙三十一年，裁驛站本府各驛銀二百八十六兩四錢一分六釐九毫一絲三忽八微八塵。除荒逋，實徵銀一百九十八兩四錢二分五釐四忽二微三塵。閏加銀八兩六錢三分一釐七毫。

康熙三十九年，裁官經費銀一百七十四兩，内通判、步快銀四十八兩，皂隸銀七十二兩，燈夫銀一十二兩，轎傘扇夫銀四十二兩。前項除荒逋，共實徵銀一百二十一兩七錢六釐七毫一絲五忽六微。閏加銀一十四兩五錢。

康熙五十六年，裁本府進表箋綾函紙扎寫表生員工食銀一兩八錢三分八釐一毫五絲。除荒逋，實徵銀一兩二錢八分七釐八毫四絲五微一塵。

雍正三年，裁憲書紙料銀九兩八錢三分四釐八毫三絲三忽。除荒逋，實徵銀六兩九錢八毫七絲三忽一微三塵。閏加銀一錢四分三釐一毫四絲七忽。

雍正六年，裁本縣燈夫工食銀二十四兩。除荒逋，實徵銀一十六兩七錢八分七釐七毫九絲四忽四微四塵。閏加銀二兩。

雍正十二年，裁扣民壯工食銀一百五十六兩。除荒逋，實徵銀一百九兩七分八毫四忽九塵。閏加銀一十三兩。

乾隆八年，裁扣民壯工食銀四十二兩。除荒逋實徵銀二十九兩三錢六分五釐二毫一絲六忽四微九塵。閏加銀三兩五錢。

乾隆十二年，裁扣民壯工食銀一十八兩。除荒逋，實徵銀一十二兩五錢八分五釐九絲二忽七微八塵。閏加銀一兩五錢。

以上共地丁銀二千四百八十八兩三錢六分六釐二毫六絲四忽九微八塵四渺九漠八埃九纖七沙，積餘米改徵銀一兩六錢六釐二毫四絲四微九塵。

留充兵餉改起運

田地山。銀一千四百二十六兩九錢五分七釐九毫二絲六忽五微六塵，除荒逋，實徵銀九百五十三兩二錢六分八釐三毫四絲七忽六微三塵。

均徭充餉。銀八十四兩九錢，除荒逋，實銀五十八兩八錢一分七釐四毫八絲一忽七微四塵。

民壯充餉。銀一千三百七十六兩四錢三分，除荒逋，實銀九百五十三兩五錢七分六毫一絲九忽一微三塵。閏加銀一百三十三兩五錢。

預備鹽米折。銀七十七兩三錢，除荒逋，實銀五十三兩五錢五分三釐三毫一絲二忽六微一釐。閏加銀二十五兩七錢三分三釐四絲六忽八微七塵五渺。

撥補軍儲充餉。銀六百三十兩八錢六分一釐九毫一絲一忽，除荒逋，實銀四百三十七兩五分一釐九毫三絲一忽六微九塵。

軍儲餘米充餉。銀二百七十二兩七錢，除荒逋，實銀一百八十八兩九錢二分二釐六毫六絲四忽五微一塵。

憲書充餉。銀四兩二錢，除荒逋，實銀二兩九錢九釐六毫九絲八忽七微六塵。

會裁冗役充餉。銀七百三十九兩四分三釐四毫，除荒逋，實銀五百一十一兩九錢九分八釐四毫八絲八忽七微七塵。閏加銀四十九兩九錢一分一釐七毫。

協濟西安縣夫馬抵解兵餉。銀三十兩，除荒逋，實銀二十兩七錢八分三釐五毫六絲二忽四微六塵。閏加銀二兩五錢。

以上共地丁銀三千一百八十兩八錢七分五釐一毫一絲七忽三微。

鹽課 解歸藩司充餉。

馬步巡司弓兵抵課。銀一十二兩，滴珠路費銀一錢二分。閏加銀一兩一分。

以上共地丁銀一十二兩一錢二分。

漕運 糧儲道專轄。

隨漕本色月糧給軍。米一千四百九十九石九斗五升九合七勺三抄三撮，原糧米一千五百石，除置賣藉田壇基免徵及荒逋，實徵米一千八十三石二斗八升五合二勺四抄二撮六圭八粟六粒五黍九粞六糠。閏加米七十三石六斗五升三合。

隨漕折色。淺船料銀二百六十七兩二分二釐四毫，原編解船政同知支銷，後同知奉裁仍行□□。□□□五十五兩七錢三分二釐六毫二絲八忽，原編解船政同知支銷，後同知奉裁仍行解道。月糧七分，給軍銀一千七百八十七兩七錢一分二釐二毫五絲八微。閏加銀五十五兩五錢五分七釐一毫。

以上本色月糧外折色地丁銀共二千一百一十兩四錢六分七釐二毫七絲八忽八微。

驛站 驛傳道專轄。

本府各驛。銀五十一兩，係地丁編徵，各驛支銷，細欵註本府項下。閏加銀六兩二釐，係驛站新加地丁編徵。

司存留項下

憲書紙料。除荒逋，實徵銀六兩二錢八分六釐一毫。閏加銀一錢四分三釐一毫四絲七忽。今裁。

戰船民六料。除荒逋，實徵銀二十四兩六錢二分五釐七毫二絲七忽九微八塵。

以上共地丁銀實徵二十四兩六錢二分五釐七毫二絲七忽九微八塵。

府存留項下

本府拜□表箋綾□紙扎寫表生員工食銀。除荒逋，實銀一兩一錢七分釐四毫，今裁。

本縣拜賀習儀香燭銀四錢八分。除荒逋，實銀三錢三分五釐二毫七絲六忽一塵。

本縣祭祀銀原額一百三十七兩四錢五分，内文廟二祭銀五十九兩五錢七分。

啓聖公祠二祭銀一十二兩。

社稷山川二祭銀三十二兩。

邑厲壇三祭銀二十四兩。

主地廟二祭銀一兩八錢八分。

鄉賢名宦祠二祭銀八兩。

以上六條除荒逋，實徵銀九十五兩二分七釐八毫八絲七忽九微五塵。其不敷銀兩，每年在於司庫各屬解收，餘剩祭祀銀内撥補。

文廟香燭銀一兩六錢。除荒逋，實銀一兩一錢一分九釐五毫一絲三忽三微四塵。

武廟祭祀銀六十兩。係動支地丁，題銷册内，仍於起運項下造報。

致祭厲壇米折銀六兩。係動支地丁，起運項下造報。

迎春芒神土牛春酒銀二兩。除荒逋，實銀一兩三錢九分八釐九毫三絲七忽二微八塵。

本縣知縣員下編給

知縣俸銀四十五兩。除荒逋，實銀三十一兩四錢七分六釐一毫四絲五忽九微九塵。其匀攤荒缺不敷□銀，每年在於地丁項下□補。

門子二名工食銀一十二兩。除荒逋，實銀八兩三錢九分三釐八毫二絲四忽八微九塵。閏加銀一兩。

皂隸一十六名工食銀九十六兩。除荒逋，實銀六十七兩一錢五分一釐二毫九絲七忽二微四塵。閏加銀八兩。

馬快八名。工食銀每名六兩，馬械巡船銀每名一十兩八錢，共銀一百三十四兩四錢。除荒逋，實銀九十五兩六錢六釐五絲一忽一微五塵。閏加銀一十一兩二錢。

民壯。舊五十名，今裁止存十四名工食銀八十四兩。除荒逋，實銀五十八兩七錢三分四毫三絲二忽九微六塵。閏舊加銀二十五兩。

燈夫四名工食銀二十四兩。除荒逋，實銀一十五兩二錢七分六釐。閏加銀二兩。今裁。

禁卒八名工食銀四十八兩。除荒逋，實銀三十三兩五錢七分五釐八毫五絲三忽二塵。閏加銀四兩。

轎傘扇夫七名工食銀四十二兩。除荒逋，實銀二十九兩三錢七分四釐三毫七絲二忽一微三塵。閏加銀三兩五錢。

庫子四名工食銀二十四兩。除荒逋，實銀一十六兩七錢八分七釐七毫九絲四忽四微四塵。閏加銀二兩。

斗級四名工食銀二十四兩。除荒逋，實銀一十六兩七錢八分七釐七毫九絲四忽四微四塵。閏加銀二兩。

以上各役工食荒缺銀兩，地丁項下撥補。

知縣員下共編給實徵銀三百五十七兩八錢八分三釐五毫六絲五忽二微六塵。

典史員下編給

典史俸銀三十一兩五錢二分。除荒逋，實銀二十一兩四分七釐二毫一絲三忽四微八塵。

門子一名工食銀六兩。除荒逋，實銀四兩一錢九分六釐八毫三絲六微八塵。閏加銀五錢。

皂隸四名工食銀二十四兩。除荒逋，實銀一十六兩七錢八分七釐七毫九絲四忽四微四塵。閏加銀二兩。

馬夫一名工食銀六兩。除荒逋，實銀四兩一錢九分六釐八毫三絲六微八塵。閏加銀五錢。

典史員下共編給實徵銀四十七兩二錢二分八釐六毫七絲九忽二微八塵。以上官俸役食荒缺銀兩，地丁項下撥補。

儒學教職員下編給

儒學訓導俸銀三十一兩五錢二分。除荒逋，實銀二十二兩四分七釐二毫二絲三忽四微八塵。康熙十年復設〔一〕教諭兩官，同食一俸。

齋夫三名工食銀，每名一十二兩，共三十六兩。除荒逋實銀二十五兩一錢八分一釐二毫五絲二忽二微二塵。閏加銀三兩。

廩膳生員廩糧銀六十四兩。除荒逋，實銀四十四兩七錢六分七釐七絲三忽二微八塵。

膳夫八名共工食銀四十兩。除荒逋，實銀二十八兩三釐九毫五絲九忽四微一塵。閏加銀三兩三錢三分三釐三毫。

門斗二名工食，每名七兩二錢，共銀一十四兩四錢。除荒逋，實銀一十兩七錢二分三釐八毫四絲一微九塵。閏加銀一兩二錢。

儒學員下共編給實徵銀一百三十兩七分三釐三毫四絲八忽五微八塵。以上學俸廩膳役食荒缺銀兩，地丁項下撥補。

乾隆元年儒學加俸銀四十八兩四錢八分。係動支地丁，題銷冊內，仍於起運項下造報。合原編俸銀歲共給銀八十兩。諭訓二員，對半分支。

鄉飲酒禮二次銀六兩五錢。除荒逋，實銀四兩五錢六分一釐一毫四絲一忽三微。

本府歲貢路費旗匾花紅酒禮銀九錢。除荒逋，實銀六錢二分九釐六毫三忽六微九塵。

縣歲貢旗匾花紅酒禮銀四兩五錢。除荒逋，實銀三兩七錢七分七釐二毫九絲五忽九塵。地丁項下撥給。

巡鹽應捕府一名、縣四名共五名，共工食銀每名七兩二錢二十六兩。除荒逋實銀二十五兩一分七釐七毫二絲九忽三微四塵。閏加銀三兩。其荒缺銀兩，地丁項下撥補。

本府解户役銀三十兩。除荒逋，實銀二十一兩三釐三毫五絲七忽九微二塵。

看守布按二分司公署門子二名，共工食銀四兩。除荒逋，實銀二兩七錢九分八釐四毫六絲五忽七敵四塵。閏加銀三錢三分三釐三毫三絲。

偏僻三舖司兵工食銀三十七兩五錢。縣前舖三名，每名四兩五錢，共十三兩五錢。杭頭舖、資口舖各三名，每名四兩，共二十四兩。除荒逋，實銀二十六兩二錢二分六釐四毫三絲四忽七微一塵。其荒缺銀兩，地丁項下撥補。閏加銀縣前舖一兩一錢二分五釐，杭頭、資口二舖一兩九錢九分九釐九毫九絲八忽。

通濟橋夫五名，每名銀四兩，修□銀一兩。共工食銀二十五兩。除荒逋，實銀一十七兩五錢三釐一毫七絲三微九塵。

其荒缺錢兩，地丁項下撥補。閏加銀二兩八分三釐三毫三絲。

各渡渡夫工食銀二兩六錢。周公、龍鼻二渡夫二名，每名一兩，共二兩。除荒逋，實銀一兩三錢九分八釐七毫四絲六忽六微九塵。括蒼渡夫一名，銀六錢。除荒逋，實銀四錢一分九釐七毫四絲六忽六微九塵。三渡共一兩八錢一分八釐四毫五絲五忽二微三塵。其荒缺銀兩，地丁項下撥補。閏加銀：周公、龍鼻二渡一錢六分六釐六毫六絲五忽，括蒼渡五分。

孤貧三十四名布花木柴銀，每名六錢，二十兩四錢。除荒逋，實銀一十四兩二錢六分九釐九毫四忽一微六塵。

孤貧三十四名口糧，每名三兩六錢，銀一百二十二兩四錢。除荒逋，實銀八十五兩六錢一分六釐三毫二絲九忽六微六塵。二項荒缺銀兩，地丁項下撥補。

縣獄重囚口糧銀三十六兩。除荒逋實銀二十五兩一錢八分一釐二毫一絲五微三塵。

以上府縣存留，共實徵銀九百七十五兩三錢一分七毫一忽五微。

存留升科米一十四石七斗二合四勺四抄八撮三粟。內：

雍正十年升三斗一升九合四勺四抄一撮四圭。

雍正十一年升二斗七升一合二勺九抄六圭三粟。

雍正十三年升一十六石一斗一升一合七勺一抄六撮。

外賦

學租銀三十七兩六分二釐五毫。每年照數徵輸解司，轉解學院，賑給貧生膏火之用。

鐵爐稅銀七兩二錢。上則爐户一十二名，每名徵銀六錢，另欵解司。

砂坑稅銀一十八兩八錢。上則坑户一名，徵銀一兩六錢；中則坑户三名，每名徵銀一兩二錢；下則坑户十七名，每名徵銀八錢。另欵解司。又堆金銀每户四錢，共八兩四錢，存庫。

牙稅銀四兩六錢。上則牙户二名，每名徵銀八錢；中則牙户三名，每名徵銀六錢；下則牙户三名；每名徵銀四錢。另欵解司。

契稅。每買産銀一兩，徵銀三分。

牛稅。每兩徵銀三分。

鐵稅。每百斤徵銀一分。

以上□牛鐵稅三欵，歲無常額，每年儘一收儘解，造報題銷，另欵解司充餉。

附録前明賦稅事例於左，以備条考。舊志

夏稅。麥七百六十三石二斗六升二合八勺。

秋稅。米五千九百四十三石六斗九升六勺。

本府永豐倉。秋米四千一百二十四石七斗八升三合七勺二抄五撮。

本縣存留倉。秋米二百四十石。

温州府平定倉。秋米五百五石。

樂清縣廣豐五倉。秋米五百九十五石。

顔料。秋米四百一十九石三斗六合八勺七抄五撮。

預備。秋米五十九石六斗。

本府儒學倉。麥一百石，聽給師生俸銀。

際留倉。麥一百石。

温州府樂清縣廣豐五倉。麥五百七十三石二斗六升二合八勺。

前明按院龐公尚鵬請蘇里甲疏。爲節冗費，定法守，以蘇里甲事。竊惟爲政以愛民爲本，而愛民以節用爲先。蓋財用不節，則横歛交征，公私坐困矣。兩浙自兵燹以來，公家之賦税日繁，閭閻之困苦已極，若非督察郡縣良有司愛養樽節，其何以堪乎？臣自入境以來，周咨博訪，凡可以仰濟時艱，少蘇民力者，莫不隨宜酌處，悉已見諸施行。其他積弊萬端，有難概舉，惟里甲爲甚。如供給買辦，支應私衙，餽使客禮儀，撥鄉宦夫皂，與夫私燕會酒食席下程，無一不取給焉。有一日用銀二三十兩者。甚有貪鄙官員，計其日費不足償數，即令折乾入己。因而吏書等役，亦各乘機誆索，株求萬狀，在在有之。臣即查舉一應弊端，開立欵目，案行布政司、糧儲道、按察司、清軍道，會同各該守巡等道，就事劑量，從宜酌處。通行會稽各府州縣，每年合用一應起存額坐雜三辦錢糧數目，仍量編備用銀兩，以給不虞之費，俱與丁田一體派徵，名曰均平銀。其所以定數目，固有或於此而縮於彼，未必事事皆中，一一周詳。若損有餘而補不足，因時酌裁，隨事通融，自足以供周歲之用。其餘催徵出納之法，供給支應之規，凡一切損益因革事宜，俱有成議，已經纂刻成書，刊布通行。臣巡歷所至，進邑之父老於庭而面質之，萬口同詞，率皆稱便。惟有司官吏，多視爲厲己，而欲去其籍。若非題奉欽依，著爲成法，竊恐時异勢殊，不無朝令而夕改矣。伏望皇上勅下該部，將臣後開欵目，再加酌議。如果有裨節愛，通行浙江及南北直隸各省等衙門，一體查照，永爲遵守。庶乎節財用而事有畫一之規，清弊源而民被愛養之惠矣。緣係節冗費冗法，守蘇里甲事理，未敢擅便，謹具奏聞。

邑人鄭秉厚議賦役疏。

爲議賦役以齊一國法事。查得洪武元年定賦役法，至十四年編定賦役黃册，今已二百年于兹。賦法尚仍其舊，而役法更張已非一處。蓋繇法行之久弊難必無，而行法之人又不皆善。審均徭也，則責富差貧，如斗級庫子之苦差，動費數百兩。其用里長也，則輪班值日，如供應夫馬等項，日糜幾十金。民不聊生，閭閻愁嘆。而後當事易爲一條編之法，會計正辦雜從各項糧差而已。實在丁糧總派之内，徵之於民，惟有銀差而無力差；用之於官，惟有僱役而無差役。貪官墨吏無隙可害於民，富户大家有賴以保其産，不可謂非一時救弊之良法矣。但天下事勢，此重則彼輕，有利則在害。一法之立者，一弊之生也；舊弊之革者，新沴之滋也。唐臣陸贄有言：凡欲救其積弊，須窮致弊之繇。時弊則但理其時，法弊則全革其法。臣謂今日之賦役，非祖宗之法不善，乃行法之人不肖。是亦時之弊，非法之弊也。則賦役之舊法未可盡非，而條編之新規未爲全是。揆度事體，叅酌人情，所當損益而議處者，有四説焉。

舊法：夏税秋糧，隨時徵納；均徭里役，十年一輪。此先臣邱濬所謂取法遠而用意深者也。今條編合税糧差役盡作一年徵派，則平頭直算，淺近易知。我聖宗立法之初，豈智不及此，其不如此而如彼者，所以均節民力而寓休息之仁也。今一旦舉其法而盡更之，臣誠有所不忍。且舊法於民，用之一年，寬之九年，用之者暫，不用之者久也。條編則年年有派，無一日之停矣。舊法徵一年之人户，纔九年之人户，所徵者寡，所不徵者衆也。條編則户户有徵，無一人之遺矣。是在富饒之户，或每歲支持有餘，在中平之家，則逐日追求甚苦。如臣原任南豐縣，在江右亦稱淳邑，未行條編之先，錢糧不待催比。自行條編之後，催比亦難盡完。蓋條編無力差，而徵銀於民者，既倍其數於前，則民窮於徵煩，而輸銀於官者，漸虧其數於後，亦勢使然也。爲民父母者，何能日操鞭箠，而使凍父餓子剜肉以完官哉。即臣一縣如此，餘縣可知。此其徵煩而錢糧難完，所當調定者。一説也。

舊法均徭，有司先審貧富，而後以次挨編，如富户則編以重差，貧户則編以輕差，此陸贄所謂度産以徵差，徵損有餘，稍優不足，損不失富，優可賑貧之術也。迹若不均，而實則甚均也。今日之條編，惟江南北則審丁有三等九則之分，其餘浙江等省則無論貧富一體徵派。藉如富户一丁，終日安坐，貲進千百；貧户一丁，終歲勤動，累止銖兩。乃略無低昂，是富丁昔日之重差，今以攤出而反輕，貧丁昔日之輕差，今以攤入而轉重，相去不平。奚啻倍蓰，迹若均而實甚不均者也。故條編之稱便者，皆上户以至上中之户富貴之人，言易於達上。稱不便者，皆中户以至下户窮弱之人，泣止於向隅。臣竊恐天下之民貧富恒相半，貧者安則富者亦安，貧者不安則易於爲亂，此則民貧而追徵之不堪，所當議爲酌量者。二説也。

舊法綱領條欵，皆我聖祖經晝曲當，故法一定而可守。若條編則起於原日，撫按各以己意制於一隅。立意之初，既未慮遠圖難，而失之潦草。設法之際，又不条此互彼，而過於疏略。如均一經費也，此縣則編，彼縣不編者有之。如縣有大小，而所費有多寡，則所編彼此同數。或大縣反少，小縣反多者亦有之。如縣雖有大小，而所費無多寡，若鄉飲祭祀之數，則彼縣多編，而此縣少編，以至一倍者亦有之。此皆立法之日，縣各爲議。本府不及會查各縣之詳，本道又不會各府之詳，本布政司又不會查各道之詳，而重加訂正，使之歸一。故濫編多，編者易起貪污之垂涎；漏編寡，編者以致官司之掣肘。此則節日之未詳，所當議爲釐正者。三説也。

舊法用民之力，其流不節，故條編易之而徵銀。凡上司使客，下程中伙，及各項額例公費，皆另編有銀兩。在浙江則曰均平銀，在江西則曰公費銀，在福建則曰剛銀，在南直隸則曰直日銀。遇有所費，官自支用，正欲其不復干預乎民，以防其漸也。今中間守己愛民，循規不擾之官，固不盡無。然亦有不責該吏分科掌□，乃給直與里長買辦，分外責其豐腆者。亦有該吏員辦，而責里長以賃用家伙，聽其多方需索者。夫既徵民之銀，則不當用民之力。若復絶之不清，杜之不嚴，則弊孔未塞，釁根猶在，亦何取於條編之徵銀哉。甚有僻遠縣分，上司耳目所不及，凡百支應，公然取之坊里，而編銀儲庫，盡歸私囊。是條編不能減民之累，而反增累於民者，又甚可憐。此則約束之未嚴，所當議爲關防者。四説也。

臣細加參酌，舊法之善者，在於十年一編，調停貧富。而其不善者，在於行法之人，賣富差貧，濫用害民。條編之善者，在於革庫子斗級，里長支應。而其不善者，在於盡數徵銀，貧富無等。品式法制之未備，苟於二者之中，斟酌通融，取其善而更其不善，既不失祖宗之良法，又兼得革弊之美意矣。臣愚，竊謂驛傳銀數不多，似可隨糧徵收。機兵以力差爲便，不必徵銀歸官。若均徭、里役二者，仍當十年一輪，以循祖宗之舊。均徭則於本年徭户，里長則於本年里户，照依條編實費銀數徵派，固不必攤之通縣。但於均徭項内，凡起運及實在支用，仍隸入銀差。如舖兵、渡子、應捕、獄卒等項工食，仍隸入力差。先審丁户，定爲等則。銀差則先編上户，漸至於上中者，徵銀爲易。力差則先編下户，漸至於中下者，出力不難。如下户不願出力，而願納銀者，官亦聽之，而代爲僱役。此雖未能如舊法之損富優貧，然於均派之中，亦稍寓分别之意矣。里長既徵銀在官支用，則一絲一草，不得復取諸民。一應合用，俱官銀措辦，申報查盤。當年里長，不過催徵錢糧，勾攝人犯而已。此外復有需索，官吏俱以贓論。至於各省原日條編書册，多寡無論，且未經部覆議題請頒布，豈可遵守。相應通行各撫按官，曾行條編之處，悉將書册發下各縣，查照再議。本府會齊各縣，本道會齊各府，本布政司會齊各道，各彼此參對，必事體畫一而後呈之撫按。撫按復細心熟計，苟編數太多，則徵派倍增於舊法，是便於官而不便於民，其法不可行也。如編數太刻，則支用不足於新條，雖便於民而不便於官，其行亦不可久也。必酌新揆舊，損盈益虚，合於人情，宜於土俗，方彙成一册。仍將派徵輕重數目，及上下俱便，經久可行緣繇，具本題進，候户部覆議頒。其未行條編之處，法有弊竇，所當酌處，亦一體查議。如地方相安，不必更議，則遵用舊典，實爲至善，并候聖裁。

按：鄭公此疏，萬歷初年在吏垣時條議中一事也。細閲之，其所議銀、力二差，甚爲有見。貧民措銀難，而出力易。如舖兵、渡子、應捕、獄卒等項，審户承應，既可以代輸銀之苦，且更番接役，又可除積猾衙蠹之弊。自條編行，而占戀衙門者，坐糜公錢。小民受魚肉，而又括民脂膏，爲彼工食，使有力者不得自効，反代鬻以償之，是扒平爲真不平也。且一年力役，九年息肩，勞逸相因，張弛甚善。今每役皆有頂頭錢，每役初承皆有使費錢，相傳若家業，而敝生焉。敲撲貧民以供輸，民安得不日貧，世安得不日亂乎？爲今之計，似宜凡庫子、斗級、里長支應，該因條編之法，但於均徭項内，凡起運及實在支用者，仍隸入銀差。既合民輸銀，則一切不得擾民。如舖兵、渡子、應捕、獄卒等項工食，仍隸入力差，聽民酌便應役，省其徵銀。如下户不願出力，聽其納銀傭募，似亦無碍於條編，而變通以宜民者也。至用里甲，屢奉嚴禁，無容贅矣。

鄭公此疏，統論天下利弊，有關於治道民生不少，應入藝文。以其論賦役，故附載於此。

邑令李翔詳革現里碑文。

康熙十一年，爲凛遵憲法，落甲分催，滚单實可行，現里實可革，絶無窮之積弊，立便民之良法，懇請勒石，以利徵輸，以垂永久事。據通縣士民、里老、鄉紳等呈稱：遂昌積弊，較他日而倍甚。一困於荒額之未豁，一困於熟田之不清，一困於現里之爲累，一困於同户之不分，一困於丁口之不均。此五弊者，相爲終始，而遂昌之積弊，竟至於不可解。幸蒙各憲軫恤地方，得沐一豁、再豁之皇仁，而遂昌之荒額不爲累矣。蒙臺下車之初，首急歸户。幸而歸户告成，而熟田已立清矣。丁額現蒙請照田定丁，而丁額允無不公、不均之弊矣。獨是現里之爲累，例以一甲催十甲，革雖立革；同户之不分，每以此户累彼户，清未易清。

又幸歸户之後，即逢定圖之年，蒙臺遵奉憲行，照田定里，焦心苦思，親自酌定，日夜不遑，一以至公無私，分毫不爽。且遠近各别，親疏各分，既無追呼不應之類，又無同户混淆之憂。編審一成，適荷撫憲落甲分催一示到縣，蒙恩凛遵憲示，落田分催，每圖置滚籤一枝，隨置滚簿一本。近者相去未幾，十甲輪領輪繳；遠者勢難統催，分甲自領自繳。此甲之糧不累彼甲，此户之糧不累彼户，野不睹追呼之擾，堂不聞箠楚之聲。開徵近一月，而漕運幾完十之四。較之往年之用現里，其難易美惡，相去霄壤矣。現里同户之累，一朝除之，上可便公，下可便私，此誠徵輸之良法，而永可遵行者也。竊幸法良弊去，又慮法久弊生，乞臺爲遂昌救一日，尤爲遂昌救百年，恩詳各憲，批示勒石，永革現里，各甲完各甲，各户完各户，遂昌子民永沾恩於無既矣。等情前來。

據此，切查遂昌彈丸小邑，自兵寇之後，諸弊叢生，莫可救藥，誠有如所陳者，幸而仰藉各憲加意軫恤，曰：今荒額已豁，熟田已清，現里已革，同户已分，丁額請均，此誠遂昌死而復蘇之日也。但荒熟之田已定，奸猾無所施其巧，户丁之册若均，里胥何由挾其詐，獨是現里之弊，職遵憲示，落甲分催，每圖用滚籤一枝，遵照編定田地山塘里役分數，置滚簿一本，某某田地山塘折實里役共若干，某某應徵銀米若干俱分列簿内。令其自查自投，近者相去不遠，定在一圖一籤一簿，輪領輪繳，完者竟不赴比，遠者相其地勢，遠鄉傳催，各籤各簿，分領分繳，欠者方行提比。此職開徵十一年漕糧，已閲户餘滚單實可行，現里實可革，而已有效者。惟是一甲二甲，編審在前之里民，無不共樂法良弊去，皆喜無現里之苦。三甲四甲，編審在後之里户，又無不共慮法久弊生，切憂後有現里之累。且包當現里之人，苦於無技可逞，固不敢顯抗法，亦未始不隱撓法。所以當編審之初，現里未革，里户惟恐定入一甲二甲，及開徵之日，現里不用，里户又悔不定入一甲二甲，此所以切切焉，有勒石永革之請也。

職念繫國課民命攸關，未經詳明，職何敢擅便。合亟具由申詳，批允勒石，以絶弊竇，以垂永遠。職與遂昌子民，共頂戴高深於無量矣。蒙巡撫都院范批：據詳落甲分催，革去現里，足見該縣力於奉行，既稱有效，民困獲蘇。仰勒石垂久，永絶積弊。

邑令李翔准行公費呈。

康熙十一年，闔邑士民爲恩從民便，循行公費，永除里弊，以保殘疆事。蕞爾遂昌，土瘠民貧，屢遭寇害，慘苦异常。更有現里一事，爲害最烈，弊竇百出，使費浩繁，輕則破家，重則喪命。曾經條陳三院酌議，每田一畝，輸糧七釐，以資公需。奈後加派濫觴，無所底止，以致逃亡相繼，田土抛荒，額賦口虧，官民交困。幸我朝鼎新，仁攻覃敷，荷清丈蠲荒之恩，革現年積陋之弊，良法美意，曠世一遇。但現里之民，雖蒙憲革，每歲里費，勢難盡除。如遞年解糧解餉水脚有費，顔料蠟茶水脚有費，聖廟雨壇春秋貼祭有費，收糧簿串流水官簿有費，各憲壽誕錦屏餽儀有費，學道歲科供應花紅送考路費有費，司道府差承催糧餉飯供有費，包封節禮表箋紙扎輪值請領歷日有費，赴省貼比日結月單有費，年終奏銷年禮炭價有費，生員科舉貢生進京例給盤纏有費，上司按臨中伙下馬下程公宴夫價有費，立春霜降考試觀風酒飯有費，如三年之内朝覲路費，坐縣修理糧縣有費，十年之内如黄册路費，芽茶藥材輪值木脚有費，歲有不得不用之費，用有萬難盡革之條。支應不一，欵難枚備，凡遇動用，呼應莫措。是以合邑紳衿鄉耆里老揆情度勢，從長酌議，每圖每甲每田一畝輸銀九釐，其衿户每各免銀八錢，以别士庶。其紳户公議坐田不派，以勵後起，分作四季輸納，衆擎易舉，便民省財，此至公至當，極平極均，申請舉行。遞年收支公費，現議在城里排有公直能幹者，每季簽用四人經收動支，官無染指，民無重累，自此投糧完費之外，雖窮源老叟，三尺孤童，無擾無患，可登袵席。兹幸逢仁臺，莅政伊始，霖雨隨車，和風不喦，敢陳公費成規，如行則便民省財，不行則患深害重，仰干俯從民便，循例力行，庶上下無累，里弊永杜，則士民幸甚，殘疆幸甚。

邑令丁宗益詳革樂輸碑文。

康熙四十七年，爲詳明從前陋弊，請憲嚴禁，以垂永久事。切查遂昌自遭兵火以來，山縣荒凉，民生凋敝，糧額無多，而正耗較他邑爲最減。前任以各項公捐支應，毫無所出，當準里民公議，每田一畝輸銀九釐，令里户公收，以爲地方公用。其所由來，已非一日。卑縣念此山邑窮民，正賦尚在不給，何堪此額外之輸徵？故自抵任之後，即嚴行禁革。但日久必至法弛，而圖終必先善始，誠恐陽奉陰違，私相指派，合行通詳，勒石永禁，毋許陽奉陰違，致干察究，取具碑刻繳查。等情。奉總督部院梁批：仰布政司查明檄行，勒石永禁，檄遵行。奉浙江温處道高批：據詳禁革私派，具見實心任事，仰處州府查議通詳。奉巡撫都察院王批：如詳勒石永禁，取墨刻呈驗。等因。奉浙江布政使司批：仰照另有每畝輸銀九釐之陋規，如詳勒石永禁。各等因到縣，合行勒石永禁。爲此，仰闔邑士民人等知悉：嗣後毋許指樂輸名色，私派里户，擾累士民。敢有陽奉陰違，致被察出，定行立拿究解。各宜永遠遵守。須至碑記者。

校注

〔一〕銀硃：原刻本漫漶，依文意補。

〔二〕設：原刻本漫漶，依文意補。

積穀

一、各省州縣案内官紳商賈捐穀四百四十六斗七升。

一、照畝捐貯案内里户捐穀一千一十一石二斗五升三合五勺四撮。

一、請照江南案内生俊捐監穀一萬六百四十一石五斗七升一合三勺二抄。

一、仰體聖衷案内捐納監生穀一千四十八石一斗六升分勺七抄六撮七圭六粟三粒一黍一糲七糠三粃。

一、請酌定直省案内雍正五年支領司庫捐監補漕銀兩買存穀二千四百七十一石一升七合九勺七抄六撮。

一、協撥米穀案内乾隆二十年買補額穀三百六石四斗八升七合二勺。

常平倉共八所。

在城東隅，倉二十間。知縣韓武建十間，知縣繆之弼建三間。共貯穀三千六百四十一石一斗九升。

東鄉大務庄，倉七間。共貯穀二千五百二十五石二斗。

東鄉湖邊庄，倉八間。共貯穀一千九百三十四石。

東鄉馬頭庄，倉六間。知縣繆之弼建，知縣苛培任加建一間。共貯穀一千一百二十六石三斗。

西鄉大柘庄，十四間。知縣陳思溶建五間，知縣繆之弼建五間。共貯穀二千八百二十六石。

西鄉石練庄，倉十二間。知縣韓武建三間，知縣繆之弼建三間，知縣黄塘任建二間。共貯穀二千七百六十二石。

西鄉五坦庄，倉三間。知縣繆之弼置房一所，倉三間，及基隙地。共貯穀二百一十三石五斗。

北鄉馬步庄，倉六間。知縣韓武建一間，知縣繆之弼建二間。共貯穀九百一十三石。

以上實存倉額穀共一萬五千八百八十三石一斗六升零。

一、積貯原以備荒案内乾隆三年捐輸社穀五十五石三升。

一、飛飭查議案内乾隆二十三年捐輸社穀七石。

以上共捐社穀五十八石三升。附常平倉。遂昌高山細流，不通舟楫，搬運維艱，故於各鄉就近置倉，民甚便之。

物産志珍异者

穀類。香粳、白芒稻、可日早、松花糯、大菽、觀音粟。

果類。雪梨、紫桃、大栗、櫧子可作粉、榛子。

蔬類。冬筍、觀音筍、羊尾筍、薯、蕨根可作粉、芹。

竹類。方竹、孝順竹、鳳尾竹、茅竹。

木類。桐、椿、杉、白檀、垂柳、松、樟、楠。

花類。蘭、玉芙蓉、丹桂、海紅、虞美人〔一〕、石菊。

卉類〔二〕。岩松、芭蕉老結甘露。

藥類。山茨菰、何首烏、茯苓、黄連、黄精、七葉一枝花、山查。

禽類。畫眉、青翠、海青、白鷳、錦雞、鴛鴦、黄鸝、拖白練、鴟梟、鶺鴒。

獸類。虎、豹、熊、猴、鹿、麂、玉面貍、竹鼦、穿山甲。

鱗類。鯉、鱓、鯽、鯖、鰄。

介類。鼈、蚌。

蟲類。蘄蛇、石鱗、蟬、斑蝥、蜈蚣。

校注

〔一〕虞美人：原刻本脱文，據道光《遂昌縣志》補。

〔二〕卉類：原刻本脱文，據道光《遂昌縣志》補。

坑冶

梭溪坑。在二十三都，去邑八十里，巓崖峻絶，人迹罕通。鑛脉微細，盗採者一朝無十文之利，徒罹法網，卒以散止。

櫸樹欄坑。在十一都外源，去邑五十里。今絶。

金雞石下坑。在十一都雞鳴坳，去邑五十里。今絶。

黄岩坑。在四都梧桐口，去邑四十里，今絶。

卷之三

建置志

城池、秩統、公署、儒學、廟壇、學田、義學、都里、坊塔、亭閣、橋渡、隄堰、寺觀、邱墓

夫量地制邑，定邑居民，地邑民居，必總之官聯，頒之法紀，俾民知所守，而教化興焉。所爲承上莅下，懸法布令，斐著有位，官師有宇。至於旗亭舖舍，存貯收恤，上下公私，各有奠麗。志建置。

城池

縣境傍山環水，向無城墉，僅築四關門，東曰迎恩，南曰南明，西曰鎮西，北曰朝天，圍以土垣。萬曆丁未，知府鄭懷魁移文本縣辜志會重加修葺，以爲保障。前令湯顯祖有記，載藝文。其後門垣盡圮。康熙五十六年，知縣何其偉建造四門城樓，改名東曰來紫，南曰鹿正，西曰阜成，北曰拱極，俱設營房以守之。

秩統

六朝。古志知縣題名自南北朝宋文帝元嘉年間始，故秩統亦始此。縣長一人，部尉一人，元嘉十五年省。孝經師一人。

梁。縣長一人，丞一人，尉一人。

唐。縣令一員，丞一員，主簿一員，尉一員。

宋。知縣一員，丞一員，崇寧二年後置，嘉定後省，以簿兼丞事。簿一員，咸平四年增置。尉一員，建隆三年後置，至和二年除簿職，以尉兼之。主學一員，景定三年初置，以本處舉克未隸秩，熙寧六年始命於朝。后罷，又復。巡檢一員。中興后置。

元。達魯花赤一員，以蒙古人爲之，監尹事，秩如尹。縣尹一員，丞一員，簿一員，尉一員，主學一員，巡檢一員，典史一員。

明。知縣一員，縣丞一員，隆慶元年裁。主簿一員，典史一員，教諭一員，訓導二員。嘉靖年間省一員，數年後復置。

國朝。本縣知縣一員，典史一員，司吏七名，裁。典吏十四名，里長七十四名，康熙十年奉革。老人每都一名，今廢。門子二名，庫子一名，斗級四名，民壯一百二十名，今裁存十四名。皂隸二十二名，今裁存十四名。獄卒二名，舖兵九名，木鐸老人四名，馬步司巡檢一員，裁。司吏一名，裁。弓兵十五名，儒學教諭一員，訓導二員，裁存一員。司吏一員，廩膳生二十員，增廣生二十員，附學生，每歲科考取十二名，武生每歲者取八名。教讀四名，齋夫二名，膳夫八名，門子四名，庫子二名，掃殿夫三名，陰陽學訓述一員，缺。醫學訓科一員，缺。僧會司僧會一員，在報願寺。道會司道會一員。缺。

縣署

縣治。在君子山麓。嘉靖《浙江通志》：吴赤烏二年建。宋熙寧間，令錢長侯重建。元末毁。明洪武三年，知縣魏良忠重建。天順元年〔一〕，知縣王貴修葺。《栝蒼彙記》：弘治末毁，知縣趙文忠、張鉞相繼成之。正德十三年又毁，知縣張淵復建。舊志：歲久傾圮，知縣胡順化重建。自爲記，載藝文。正廳爲親民堂。舊額『居敬臨民』，又額『廉平』。左贊政廳，右鑾駕庫。堂前甬道爲露告亭。知縣池浴德建，今廢。爲戒石亭，爲儀門。明知縣鍾宇淳建。乾隆十七年圮。署縣雷廷鉽重建。東西廊爲六房。乾隆二十六年知縣王憕重修。東曹下爲際留倉。今廢，建蕭王祠。後爲川堂，爲君子堂。萬曆十七年知縣萬邦獻建，湯顯祖有詩載藝文。左爲耳房庫，又左爲貯册庫。萬曆七年知縣鍾宇淳建，十七年知縣萬邦獻重修。庫後爲澹泊齋。知縣池浴德建。右爲知縣宅，東左爲縣丞宅。裁廢。右爲主簿宅。裁廢。前爲典史宅，又前爲吏廨。今廢。儀門外左爲土地祠，爲寅賓館，知縣鍾宇淳建。今圮。爲申明亭，爲監房。右爲總舖，爲旌善亭。二亭在鄉者三十一所，湮没無存。前爲大門，門之上爲譙樓。嘉靖二十六年知縣黄養蒙撤故易新，制度軒敞，額曰『西栝雄睹』。乾隆二十七年知縣王憕重新之。東南墻外爲火巷。知縣鍾宇淳闢。署内有空嘯閣。知縣許啓洪建，詩載藝文。内省齋。知縣繆之弼建。梅舫。知縣許啓洪建。代庫樓。知縣繆之弼創建。今圮。
常平倉。在邑東隅。詳載賦役。
啓明樓。在邑東報願寺前。萬曆二十二年知縣湯顯祖重建。詩載藝文。

附紀

馬步巡檢司。在十二都馬步，歲久就圮，駐城理事今裁汰，基亦廢。
陰陽學。今廢。
醫學。今廢。
僧會司。在報願寺。
道會司。在壽光宫。
按察分司。在邑東，元大德七年縣尉衛琮建。
續改察院司。崇禎八年知縣何廷棟重建大堂，康熙十三年廢，三十四年知縣韓武建爲常平倉。
布政分司。在報願寺右。今廢。
府公館。在報願寺内。今廢。
瞻華公署。在邑北四十里。界接龍游，知縣鍾宇淳創建，推官易騰雲重修。
飯堂公館。在十四都，去治九十里。

鼓樓公館。在十四都，去縣九十里。二館俱界接龍泉。今廢，基存。

預備倉。在報願寺東，明初有東倉，在二都東間，南倉在十六都葉塢，西倉在二十都外源，北倉在十二都馬步，洪武二十四年領鈔價糴穀存貯四處，以備荒旱。明末圮，順治十年邑令徐治國重建。今廢。

社倉。在報願寺内預備倉之左，萬曆二十七年知縣段洪璧建置。今廢。改貯社穀於常平倉中。

義倉。在報願寺預備倉之前，崇禎元年知縣胡順化建置。今廢。

惠民藥局。在縣治東。今廢。

校注

〔一〕原刻本作『天順二年』，嘉靖《浙江通志》、雍正《浙江通志》、道光《遂昌縣志》等均作『天順元年』，據改。

儒學

儒學。在縣東南隅。初學在西郭。宋雍熙二年邑簿房從善創建，郡丞梁鼎有記，載藝文。慶曆間李令、王令修之，龔原有記，載藝文。皇祐中邑令何辟非始遷今址，後令施肅成之。宣和三年毁於寇，邑令鄭必明重建。邑人周綰有記，載藝文。二十八年邑令李大正重修，淳熙丁酉邑令林采增修，移向曾山。邑人鄭俅、鄭琳有記，載藝文。慶元己未，復徙南向，建重門。明成化七年毁。通判郭鼎始建明倫堂。十年推官趙巡建大成殿，塑神像，置祭器。未既，代去。二十年知縣俞黼成之，戟門、兩廡、齋舍，悉爲創建。主簿文英建櫺星門。弘治八年知縣黄芳重修。邑人吴志有記，載藝文。正德丁丑，又毁。教諭載鑾請於知府林富重建。縉雲周南有記，載藝文。嘉靖間知縣黄養蒙開拓學前基地，鑿泮池〔一〕。知縣洪先志修葺，置石檻。武林高僎有記，載藝文。萬曆六年知縣鍾宇淳一新之。郡人何鏜曾有記，載藝文。十六年毁，知縣王有功清括民間，欺隱官田，易價爲再建資。未幾，行取去。十八年知縣萬邦獻成之，并徙建啓祠於禮門内，體統適宜，於櫺星門内建名宦、鄉賢二祠舊在櫺星門外月池左右，因毁，移建於此。及土地祠。二十五年知縣湯顯祖興學重修。縉雲鄭汝壁有記，載藝文。國朝康熙五十年，知縣繆之弼重修。陽城鄭定有記，入藝文。雍正十年，教諭陳世修鼎新之，大成殿、兩廡、土地祠、戟門、名宦鄉賢祠，巍焕有加焉。學憲帥念祖有記，載藝文。

文廟正中爲大成殿，前爲露臺，東西列兩廡，前爲戟門，又前爲泮池，跨以石橋。左爲致齋所，爲名宦祠；右爲土地祠，爲鄉賢祠，爲崇學祠。舊主龔原配以張根華岳，今主遷。又前爲櫺星門，爲下馬石，外臨半月池，環以石欄，廟後爲明倫堂。順治七年教諭鍾天錫修，乾隆二年教諭張錫理拆建。東西列兩齋，博文約禮。東齋而下爲號舍，外爲禮門堂，後爲敬一亭。隆慶元年知縣池浴德建，知縣湯顯祖重修尊經閣，今建御書亭。右爲教諭宅，爲樂育堂，此君亭。左爲崇聖宫，禮門左爲省牲所，外爲訓導宅。今在東隅街，係合庠公置業□□。乾隆壬午，知縣王憕捐俸重修。

文昌閣。舊在儒學門左，名宦祠遺址。萬曆十二年知縣王有功建。縉雲鄭汝壁有記，載藝文。順治七年教諭鍾天錫重修。雍正二年毁，教諭陳世修創建義學，奉像於樓〔二〕。

魁星閣。舊名聚奎亭，在泮池右。萬曆七年知縣鍾宇淳建，有詩載藝文。主簿張自新重修，改今名。順治七年教諭鍾天錫加修。後圮。乾隆二十年合庠改建於東學前。

忠孝祠。在津池左，文昌閣舊址。雍正□年知縣□□□奉旨建。

節孝祠。在忠孝祠左。雍正□年知縣□□□奉旨建於西隅。西義學舊址。乾隆十四年教諭趙金簡遷焉。

尹起莘祠。在忠孝祠後。明萬曆初年學道蘇公濬建，二十七年知縣段宏璧捐修。有記，載藝文。國朝順治十五年知府周茂源重修，祠竪《去思碑》，載藝文。康熙三十一年，訓導朱永翼倡捐〔三〕重修，乾隆九年教諭趙金簡重修，二十七年知縣王憕、訓導王世芳創建後楹。

校注

〔一〕泮池：道光《遂昌縣志》作『半月池』。古代學宫前的泮池，形狀如半月，故又稱半月池。

〔二〕該條原刻損毀甚，據道光《遂昌縣志》補。

〔三〕倡捐：原刻作『捐倡』，據道光《遂昌縣志》改。

廟壇

武廟。舊在瑞山麓。乾隆二十一年知縣熊钃鼎建於西隅，中爲大殿，旁列兩廊，前爲儀門，又前爲大門，後堂五楹，爲三公廟。原廟在關廟後，乾隆七年署知縣譚肇基鼎建，今并遷此。

城隍廟。在邑東，明洪武年建，嘉靖二十八年知縣洪先志重建兩廊，立六曹，土地祠旁建齋所□□，主事張敦復有記。四十五年夏澇盜起，分守道勞堪遣官致祭。有文，載藝文。隆慶元年知縣池浴德修葺，萬曆十八年知縣萬邦獻重建。康熙丙寅大水，有錦現於袍之异。四十二年知縣蘇宴重建。〔一〕

山川壇。在邑南瑞山麓，舊有門四架，神厨三間，齋所一間。

社稷壇。在北門外一里，舊有門厨、齋所。

先農壇。在邑東鶴山麓，雍正五年建於城東北隅，七年遷今址。正殿三間，齋房并貯田器二所，大門三間。乾隆二十七年知縣王憕重修。

邑厲壇。在邑北門外一里。

校注

〔一〕該條原刻損毁甚，據道光《遂昌縣志》補。

學田

宋有田膳學，後廢。萬曆七年，知縣鍾宇淳申請撥寺租貳百石充入，立碑明倫堂，紀其田畝土名，就學舍立倉一所，每年僉選公正二人，并德行生員二人，眼同徵收存貯，以給本學月課，及資助貧生之費。邑人吴孔性有記，載藝文。至後八年，將租折價歸縣，不復由學收存，半爲胥役占耕。今每年收學租銀三十七兩六分二釐五毫，歸入外賦解納司庫，而月課堂饌之禮廢，貧士不以時給，有名無實，美意虚矣。

附養士田

明萬曆三十七年，邑人項應祥置田三百碩養士，自爲《學田權輿記》。又温陵洪啓濬記。俱載藝文。

土名列後。

東鄉三都大橋門下邱田一邱，計租拾碩。

庄前田四邱，計租拾貳碩。

角口田一邱，計租拾碩。

鹿葱田一邱，計租柒碩。

鹿葱田二邱，計租捌碩。

朱坑田六邱，計租柒碩。

布袋邱田七邱，計租玖碩。

黄坳田一段，計租拾伍碩。

協下田一段，計租捌碩。
坑塢田一段，計租伍碩。
東横殿下秧田二邱，計租肆碩。
黄重頭田一邱，計租肆碩。
突光田一邱，計租拾碩。
馬潭田一邱，計租陸碩，内合叁碩。
馬潭田一邱，計租捌碩。
車下田一邱，計租伍碩。
社壇前一邱，計租陸碩，内合貳碩。
石橋上田四邱，計租伍碩。
河頭後坳田一段，計租拾伍碩，内合伍碩。
南鄉小溪挾下田一邱，計租捌碩。
爐頭田一段，計租拾玖碩。
鳥橋田一邱，計租壹碩。
西鄉楓楠〔一〕坪大墺田三邱，計租伍碩。

暗下田一邱，計租叁碩伍斗。
芝芋邱田一邱，計租肆碩。
吴突頭隴内田一邱，計租伍碩。
古院前山塢田一段，計租捌碩。
北鄉觀庄田一段，計租拾捌碩。
觀庄東青樹邊田一段，計租拾壹碩。
木扭黄瓜塢田一段，計租伍碩。
野味塢田一段，計租玖碩。
東梅龍王殿前田一段，計租柒碩。
小唐山田二邱，計租陸碩。
翁村頭田二邱，計租伍碩。
官尖下田一段，計租叁碩伍斗。
嶺根漆榴下田一段，計租九碩。
嶺根石柱下田三邱，計租陸碩。
樓棚突頭田，計租叁碩。

大蔭周八塢田，計租肆碩。

大蔭殿下西塢口田一段，計租柒碩内合叁碩。

大蔭處上長邱下田叁邱，計租叁碩。

大蔭處上壇頭邱後田一段，計租貳碩，内合壹碩。

大蔭吴塢臺口田一段，計租壹碩柒斗。

大蔭曲厄邱田一段，計租叁碩伍斗。

大蔭曲厄邱下田一段，計租壹石伍斗。

大蔭坳下田，計租叁碩。

黄坑橋頭田，計租肆碩。

官溪仁石埠頭三畝田一邱，計租拾貳碩，内合陸碩。

門前埠頭，租壹碩。

按：項中丞養士田，俸緡所置，送入黌宫。當時朝請夕給，士蒙實惠。中間胥吏爲政，半入私橐。今舉正直八人掌其事，公同赴學，印票給發，司出納者，可不顧名思義歟？

萬曆四十七年，邑人徐志雄捐田壹百碩養士。有序跋，俱載藝文。

士名列後。

水閣秧田，租叁碩。
北門外高極，租叁碩。
北門葉坳，租肆碩。
烏里垵，租伍碩。
梯齒，租拾貳碩。
水路町，租拾碩。
苦宣畈，租伍碩。
上畈吴畝，租肆碩。
内山畈，租拾壹碩。
苦宣畈，租陸碩。
柘度，租柒碩。
學爐，租捌碩。
柘度，租陸碩。
鄭塢，租肆碩。
上田，租捌碩。

項材頭，租肆碩。

按：徐佐尹繼項中丞之美行，薄俸置田，送學養士。然奉行不實，終等具文。至乾隆九年，始以租爲科舉路費，合庠蒙惠焉。後之經理者，幸毋忽。

校注

〔一〕爲『樹』的方言記音用字。

義學

邑舊有社學四所，樊獻科有記，載藝文。始於前明正德六年，知縣張鉞撤慈仁廟、安樂王廟，創東西二社學，東名素教，西名預養，各置田七十畝，共計租三百六十籮。嘉靖二十九年，知縣洪先志增置南北二社學，將前租分給四社，以資教讀。厥後社館圮壞，租供迎送。

國朝以來，知縣徐治國、韓武先後查覈，旋又湮廢。康熙五十年，知縣繆之弼清釐田租，復建義學四處：東義學在儒學前；南義學在南城門；戴姓所便。西義學在王巷；北義學在文明巷後溪城邊，童姓所助。延師教讀，自有記。予莅平昌，甫下車，即詢邑義學諸生，舉韓公武所建不息樓告。是時禦寇不遑，越明年，各憲駕臨，供給奔走，未暇及此。至五十年，始得捐薄俸延師，令邑之貧而有志者胥來學焉。時將舊有不息樓改建東義學，因於西南北三隅各置義學，置田一百二十畝零，每年每學各完編銀二兩九錢二分零，令司教者主之，額糧春夏秋免徵，俟收租後完納。但遂俗有典佃之弊，日久不無侵漁。曾經詳明立案，載藝文。今將四義學分田土名號段開列於後，庶田可永照，而教可長施矣。繆之弼謹識。

東義學田租四處，共穀六十四籮一斗。内：道堂下田六邱，租捌碩；計二畝一分五釐五毫九絲四忽。胡石田二邱，租肆碩；計一畝二分二毫二絲一忽。崇光口田五邱，租肆碩。計八分二釐二毫。以上田坐洋澳坦，共收穀一十四籮。方門前田一邱，租叁石；計一畝七絲九忽。前車門田四邱，租五石；計一畝六分四釐七毫九絲二忽。白墓下及三格田二邱，租陸石；計一畝八分三釐三毫五絲四忽。屋邊即泒三畝田二邱，租陸石；計一畝七分八釐六毫。石亭下田一邱，租壹石。計二分三釐五絲四忽。以上田坐社後坦，共收穀一十四籮。官路邊田三邱，租貳拾石；計六畝九分二釐五毫四絲六忽。師姑畈田一邱，穀租壹石；計四分四釐五毫六絲三忽。小屏風田一邱，租陸石。計一畝四分八釐一毫五絲三忽。以上田坐二都坦，共收穀二十九籮。舊小屏風堰水漂没，除二籮。舞獅山下田一邱，租陸石；計一畝七分一釐四毫五絲。占村大路前田一邱；計一畝三釐一毫三絲七忽五微。沙田兒田一邱。計九分三毫八絲三忽，二項即内湖七石。以上田坐東門外，共收穀九籮一斗。

南義學田租五處，共穀六十二籮二斗。内：烏里即爐頭社禮前田十三邱，租拾伍石；計四畝二釐九忽。以上田坐烏里，收穀十籮。路頭畈田三邱，租陸石；計一畝八分四釐一絲八忽。吴岑田一邱，租叁石；計八分二釐七絲五忽。十王殿前即路下田一邱，租肆石；計九分六釐六毫六絲七忽。大垵前即雙坑口田七邱，租肆石。計一畝六分六釐二毫九絲二忽。以上田坐南門外共收穀十籮五斗。吴突頭門前下畈田三邱及殿頭山下田一邱，二項共租拾石；共計二畝四分一釐一毫七絲四忽。後江田五邱租玖石。計三畝一分一絲三忽。以上田坐北門外，共收穀十八籮。蕭岑田一邱，租玖石，計二畝九分八釐八毫八絲九忽。此處收穀七籮七斗；東岸即殿頂田四邱，租十陸石。計五畝四分一釐二毫一絲三忽。以上田坐金岸，收穀十四籮。後潘社頭田四邱，租陸石。計一畝九分五釐一毫七絲八忽八微。以上田坐古亭，收米十六桶，作穀二籮。原係壽光宮學租。

西義學田租五處，共穀六十二籮二斗。內：泗洲堂下田九邱，租貳拾石；計六畝四分八釐七毫八絲一忽。代穗田十四邱，租拾捌石；計五畝三分四釐三毫九絲一忽。水碓邊田三邱，租叁石；計一畝九釐三毫九絲六忽。唐塢口田二邱，租肆石；計一畝一分九釐三毫四忽。官山下田十八邱，租伍石。計四畝三分八釐九毫一絲八忽五微。以上田坐丁口，共收穀三十六籮。原係壽光宮税租。石臼兒田八邱，租玖石；計三畝一分六毫八絲九忽四微。爐頭田一邱，租叁石；計九分六釐九毫七絲九忽二微。考里殿前田五邱，租伍石。計一畝四分四釐六毫六絲六忽五微。以上田坐好川，共收米二十四桶，作穀三籮。石角田九邱，租陸石；計一畝九分三釐八毫九絲六忽。石江畈及排土田八邱，租捌石。計三畝一分三釐一毫五絲四忽。以上田坐西門外收穀八籮八斗。舞獅山下田三邱，租壹石陸斗；計七分八釐四毫七絲四忽。舞獅山下即葉坦庵前庵後田三邱，租陸石；計一畝二分五釐一毫四絲五忽。葉上田三邱，租柒斗；計一分九釐。禁塢即社公橋田三邱，租叁石。計八分一釐七毫二絲六忽。以上田坐東門外，共收穀五籮二斗。蕭岑田二邱，租陸石，收穀四籮五斗；計二畝一分一釐三毫零。東峰江下畈田一邱，租貳石，收穀一籮二斗；計五分一釐五毫六絲三忽。周家畈田二邱，租陸石，收穀三籮五斗；計一畝九分四釐四毫一絲七忽。又周家畈田一邱，租伍石，收穀四籮，計一畝四分二釐一毫。歷來無收。以上田坐北門外，共收穀一十三籮二斗。

北義學田租五處，共穀六十二籮二斗。內：東梅寺下田十邱，租貳拾石；計六畝八分七釐一毫四絲六忽。西塢田十一邱，租玖石；計二畝九分八釐六毫四絲六忽。羅漢橋頭田十一邱，租拾貳石；計四畝三釐五毫四絲二忽。沙墩田十三邱，租玖石。計二畝八分五釐九毫四絲二忽。以上田坐北門外，共收穀二十六籮。原係資壽院稅租。葉坳口頭田三邱，租伍石；計一畝三分二釐三絲三忽。姜山下田一邱，租捌石；計二畝一分八釐八毫九絲二忽。古院門前即尹村田一邱，租貳石；計四分四釐二毫五絲八忽。古塘口及官陂堰頭田一邱，租陸石；計一畝二分三釐九絲。水閣碓後即陂頭田一邱，計租肆石。計八分一釐七絲五忽。以上田坐北門外共收穀十五籮。西角塢田三邱，租貳石。計四分七釐三毫七絲一忽。以上田坐北門外，收穀一籮二斗。項村頭田三邱，租拾伍石；計五畝二分八毫七絲九忽。大覺畈田二邱，租肆石。計一畝二分八毫一絲三忽。以上田坐北門外，共收穀十二籮。烏川源田二十六邱，租肆石；計一畝二分六釐四毫六絲八忽五微。橫江源頭及大畈田十一邱，租拾石。計三畝三分八釐七絲七忽八微。以上田坐北門外，共收穀八籮。以上四義學共租二百五十二籮七斗，今并歸東學收租完糧。

古社學有四，明末皆廢。康熙三十五年，知縣韓武建公塾於泮池左，顏曰不息樓。五十年，知縣繆之弼改不息樓爲東義學，加建南西北三義學，以復古社學遺意。其時清釐社學租田一百二十餘畝，分給義學，以佐館師教讀。繆解組歸，既而東學毀，今節孝祠基。西學圮。北學於康熙丁酉，知縣何其偉借防守弁兵駐扎。南學僅存屋宇，絃誦無人，四學田租悉爲縣胥所踞。雍正二年，教諭陳世修於學左別建義塾，計屋二十八間，追四學之田并歸儒學，按年報銷。乾隆二十五年，教諭沈德榮、訓導王世芳。添建六門一間，屋三間，即今之東學焉。又自乾隆十四年，教諭趙金簡請興北學。十五年，知縣黃培任動公項建營署，遷弁員。十九年，知縣宋世恒重修齋房，添構講〔一〕堂五間，延師訓迪，撥天寧、精進等寺瘠田九十畝六分，每畝僅收租銀三錢，歸縣經理。除完糧外，餘租充北義學館師修脯。案未定，以外艱去，署縣劉復仁成之。南學講席雖存，膏火無資，既不能同北學之薄脯，又不可分東學之餘光，因是子弟寥寥，名有實廢。乾隆二十六年，余莅兹土，徘徊瞻顧之際，適有盤坑無主田三畝五分，三寶山廢寺田二十九畝一分，撥入南學，聽館師自收其租。且念北學束修甚菲，撥心定庵田十三畝零，添給館師以自食。若西學文澤坵墟，僅留基址於荒烟蔓草中，舉目蕭然，未復舊績。余非敢弃也，蓋將有待也。嗚呼！古今事業，興廢靡常，然廢之易而興之難。遂之四學，由雍正二年至於今，幾及四十載，歷任備極經營，僅復其三，後學者宜守之勿失。乾隆二十八年，知縣王燈識，并將添撥田畝土名號段開載於後。

東義學。四學舊田租并歸東學，土名坵段悉載於前，不復重贅。

南義學。撥田租七十一籮，館師自收完糧。內：土名盤坑田十段，計租叁拾貳籮；計額三畝五分。又土名爐頭田一邱，租肆籮；又土名台根田二□，□□伍籮；又土名桑坑口桑□□二十七邱，租拾貳籮；又土名嶺頭田二邱，租叁籮；又土名三寶山寺邊及竹根坪田□邱，租拾籮；又土名徐突頭田四邱，租伍籮。

西義學。今廢。

北義學。共撥田一百三畝六分零。内：前縣宋世恒撥天寧、精進等寺瘠田九十畝六分，每畝收租銀叁錢，每年共收銀貳拾柒兩壹錢，分歸縣經理，除完糧外，餘送館師以作修脯。知縣王熸撥心定庵土名前町田一邱，租伍籮。計一畝七分四釐一毫。又土名殿下田一邱，租叁籮。計五分七釐六毫。又土名塘溪及梘頭共田二十二邱，租貳拾肆籮，計八畝六分。又土名大畈田三邱，租柒籮。計二畝一分六釐九毫。共田一十三畝零，館師自收完糧。

相圃。在瑞山之麓。萬曆七年，知縣鍾宇淳創屋三間。二十三年，知縣湯顯祖加創大堂，顏曰象德，左右列舍二十八間，自二門至大門有橋架於池，爲習射誦讀之處。并置租一百石。有移文詩記，入藝文。湯令去後，士民恩之，尸祝於堂。萬曆二十六年，知府鄭懷魁有記，載藝文。天啓四年，提學吳之甲移文建祠祀之。堂後建亭堂，以前租備祭，餘則備修理。年久，租侵於役。崇禎十三年，知縣許洪據邑人朱九綸、周士廉、時可諫、徐朝偉、周應鶴具呈，查追復還。迨後圃既圮，田歸湮没。

相圃租石創於湯令，恐垂久侵漁，開載勒石。公議六人輪流收租，向以田租所入分給諸生膏火，自尸祝湯侯於堂，遞年租價備供祭祀，餘則交盤積貯，用資修葺，庶幾此堂可永。但年久月湮，學租不無借端，而果腹仙令烝嘗幾於中斷，象德之堂構亦半傾頹，咎將誰歸？蓋前田委學查覈，非委學掌理，乃有攬收前租者，恬然爲橐中物也。許君啓洪清查侵冒，嚴追歸學，而報享復隆，堂構聿新，從此永永勿替。宜興之作人也，寧後於臨川哉？邑令徐治國識。

相圃創於前令鍾公，至湯公莅遂，擴充堂舍，撥租資給，籌畫盡善。不意射堂既圮，而此田不知歸於誰氏。世遠年湮，故老無存，冊籍罔稽，真有負於湯公作人之盛舉也。悲夫！邑令繆之弼識。

遺愛祠。在報願寺左。臨川湯公諱顯祖，海内名士也。其詩歌文詞，卓冠藝林。即莅平昌，善政善教，軼越凡吏，專祠祀之，宜矣。舊祀之射堂，詎堂圮而祭典亦廢。予與湯公生同鄉，仕同地，入境即草創專祠，以棲其肖像，且以名宦段公宏璧附焉。舊祀於報願寺右。每朔望必躬詣以肅瞻拜，無非是則而是傚也。壬辰冬，捐資建大堂以壯觀，且置田三十九畝零，立官遺愛户。其租每年派禮生一名，誠實禮房一名收管。其糧春夏秋免徵，十月完納。每名除艱二兩修葺祠宇，餘資供春秋兩祭。有司每年稽查，以杜侵漁之漸。祭畢，送主祭胙十斤，兩學各三斤，防守、典史各二斤，廩生與祭者各一斤。禮生每名二斤，收租者倍之。禮房各一斤半，與收租者加一斤。其陳設餚饌，司事者共領神惠。原段公祠，賴首事周吉人、周欽瑞、華世采、徐幸、華發祥五人匡維。今祠廢，奉段公與湯公同享。每祭每名頒胙一斤，以酬其勩。鄉老遇公事竭力効勞者，每祭亦頒胙六斤，均沾神惠。乾隆二十一年，因前田爲吏胥乾没，久已失祭，署縣劉復仁、僉生員葉蓁、毛榮芳等經理收租，承垂勿替。平昌令繆之弼識。

今開祭田號段租額於後：

雙坑路田一邱，租肆籮肆斗。額一畝九釐七毫六絲七忽。

又田二邱，租叁籮陸斗。額九分八釐。

又田一邱，租伍籮。額一畝二分二釐九毫二絲五忽。

又田二邱，租肆籮捌斗。額一畝一分八釐七毫九絲六忽。

又田三邱，租肆籮肆斗。額一畝一分一釐六毫八絲三忽。

又田二邱，租捌斗。額二分六毫一絲。

又田二邱，租叁籮陸斗。額八分九釐四毫五絲四忽。

又田一邱，租貳籮捌斗。額六分九釐。

米缸坵田一邱，租貳籮肆斗。額六分五毫三絲二忽。

又溪邊田一邱，租壹籮叁斗。額三分二釐九毫五絲八忽。

又上原挖靛塘田二邱，租叁籮。額原八分八釐七毫四絲二忽，今九分一釐。

高邱田二邱，租壹籮捌斗。額四分四釐八毫七絲五忽。

又田一邱，租壹籮陸斗。額四分一釐三絲三忽。

又田一邱，租貳籮。額五分九釐七毫三絲八毫。

又田一坵，租叁籮壹斗。額七分八釐四毫八絲八忽。
高邱下田二坵，租貳籮貳斗。額五分五釐三毫二絲三忽。
又田一坵，租貳籮。額六分七毫七絲一忽。
高邱田一坵，租柒籮貳斗。額一畝七分八釐四毫八絲八忽。
高邱上田一坵，租叁籮玖斗。額九分六釐九毫三絲八忽。
魚山脚溪邊田三坵，租壹籮肆斗。額三分四釐一毫三絲八忽。
魚山下田四坵，內荒三坵。租肆斗。額一分一毫六忽。
魚山脚碬頭田一坵，租貳籮。額四分八釐六毫八忽。
魚山脚過坑田二坵，租貳籮。額五分二毫。
又田一坵，租肆籮肆斗。額一畝一分五毫。
雙坑路頭墾田三坵，租壹籮陸斗。額四分一釐一毫六絲七忽。
又墾田二坵，租貳籮捌斗。額六分九釐三毫七絲九忽。
又墾田二坵，租叁籮伍斗。額八分七釐三毫七絲五忽。
又墾田一坵，租壹籮。額二分四釐四毫八絲。
米缸邱溪邊墾田四坵，租壹籮玖斗。額四分一釐。

高邱下溪邊墾田二邱，租壹籮貳斗。額二分九釐。

魚山下田五邱，租貳斗。額五釐三毫二絲九忽。

魚山脚田三邱，租伍籮叁斗。額一畝三分四釐七毫九絲二忽。

又田二邱，租柒籮。額一畝七分五釐一毫三絲八忽。

又田二邱，租捌斗。額一分九釐五毫七絲九忽。

又田二邱，租貳籮貳斗。額五分五釐九絲六忽。

又田二邱，租□□。額三分四釐，荒。

又田二邱，租壹籮。額二分五釐四毫一絲七忽。

魚山下墾田二邱，租壹籮伍斗。額六分四釐四毫八絲三忽。

嶺後田二邱，租壹籮陸斗。額四分二釐一毫六絲七忽。

又田一邱，租柒籮。額一畝七分六釐三毫三絲三忽。

嶺後七畝田一邱，租伍籮柒斗。額一畝四分二釐九毫九絲二忽。

又田一邱，租捌籮肆斗。額二畝八釐六毫六絲七忽。

又田一邱，租捌籮。額二畝二釐一毫二絲五忽。

又田一邱，租貳籮。額四分七釐五毫。

又田一邱，租貳籮肆斗。額六分一釐九毫五絲。

又田一邱，租壹籮肆斗。額六分八釐七毫八絲六忽。

又田一邱，租叁籮貳斗。額三畝三分一釐二絲五忽。

嶺後寮前溪邊田一邱，租陸籮捌斗。額一畝七分七釐一毫一絲三忽。

又田一邱，租肆籮陸斗。額一畝一分五釐三毫□絲三忽。

嶺後七畝同處墾田一邱，租壹籮肆斗。額三分六釐三絲五忽。

嶺後寮前溪□同處墾田二邱，租壹籮。額二分六釐□毫□絲三忽。

又墾田一邱，租陸斗。額一分五釐。

雙坑荒處下，租陸籮，額一畝五分四釐。收實穀叁籮。

以上共租一百六十籮六斗，實收七十八籮六斗。

附磐溪義塾。在二十都獨山，邑人朱子巍建。

項氏義塾。在北隅，邑人項應祥建，名觀瀾亭。

鳳池書院。在湖山，有明作堂、説干樓、歸咏橋，知縣池浴德建，何鏜記。萬曆六年知縣鍾宇淳重修，建光霽亭於歸咏橋前，橋易以石。

兑谷書院。在北郊，邑人包萬有建，新建伯王承勳記。載藝文。

奕山書院。離治八十里，邑令繆之弼撥土名長塘田一十九畝零，以作膳田，遞年公舉文行兼優者爲塾師，收租以作修脯，其糧派在塾肄業諸生完納。計租五十七籮，實二十三籮。田係閩人楊輝升開墾，升爲彭寇脱逃，余丙壽竊種四載。五十年，朱姓首發令，因朱姓書禮之家，撥田管焉，亦冀教化永久云。

校注

〔一〕講：原刻本奪字，據道光《遂昌縣志》補。

都里

縣治統四隅。自縣前横街轉直街爲南，有呂巷、胡巷、車巷、黄塘巷、去堤街、興賢巷。治後枕君子山爲北隅，有文明巷、君子巷、范仙巷。治左東爲東隅，有碧□巷、司巷、慕恩巷。由南達西曰西隅，有西寺巷、王巷。城外爲附郭。

東附郭。葉坦、龍礓、池林、塢内、吕川。

南附郭。小溪、蔭章、台根、鑪頭、孟嶺、烏尖。

西附郭。缸窑畈、石門溪灘、謝山頭、張坪頭。

北附郭。尹川、吴突頭、古院、東梅村、東門、木旦。

郭外向分都爲二十四，亦統以東南西北，其都圖即從城内起例，由東而北而南而西，古有建德、資忠、保義、桃源四鄉名，今則由城東門出者爲東鄉，城北門出者爲北鄉，南西亦然。至編户庄甲，始自前明均定，國朝因之。康熙□年丈量豁荒，雍正□年順庄改甲爲圖，詳載賦役全書。

在城東南西北四隅俱屬一都。東一圖，南六圖，西二圖，北二圖。

東鄉

二都金岸庄。離城十里，轄航川、亭根、上江、黄庄、鐔山、陰路、陽條、棟丈、高路、資口、界首十一庄，共一圖。

三都大橋庄。離城十五里，轄孟山頭、潘石、川塢、湖嶺、周嶺、西源頭、高坪、大坪、連頭九庄，共一圖。

四都一圖二圖長濂庄，本坦去城二十里。三圖梧桐庄〔一〕，去城二十五里，轄葉村、朱杭、塘硤、下町、隴下、嶺脚六庄。四圖劉塢庄，去城四十里，轄梧桐口、蘇村、雉嶺頭、横砿〔二〕、潘村、劉坑、小岱、大竹、柘坑、垵門、瓦窑崗、横阡、裏坑、外畈、田崗、隴嶺脚、岩頭十七庄。五都湖邊庄，去城二十里，轄樟州、洋墺、沙崗、米背、社後、寶山、石步下、後葛、古亭九庄，共一圖。六都一圖寺後庄，去城三十里，轄龍口、後磻、大務、沙川、旱畈、黄塢、處塢、蘇山、荷上嶺、木岱、鐄坑、劉大塢、徐坳、崗後、崗前、墩前，共十六庄。二圖上市庄，去城三十五里，轄東菰、下岩、牛頭山、上畈外、岱外、寶東、源裏潭、張村、祥川、礦坑、下馬、村前、大按、桑突、嶺根、纏滐、門陣，共十七庄。七都馬頭庄。去城三十里，轄柘渡、旦里、資塢、潘塢、塘根、砿上、山前、源谷、鄭坳、下淤十庄，共一圖。

北鄉

八都，九都，成化八年析入湯溪。十都白水庄，去城五十里，轄北界、荷塘、坑裏、山後、黄塢、嶺上、小官塘、茂家里、華村源、雙坑十庄，共一圖。十一都一圖應村庄，去城四十里，轄大侯、小侯、溪淤、白益塢、茶圩、茗野、遠路口、山井、東源、黄家源、高山、大官塘、南塘、署頭、半嶺頭、下旦源、桐樹〔三〕源、天師硋、花巒〔四〕二十庄。二圖高坪庄，去城七十里，轄麻陽、大處、上村、黄硋、榅樹塢、小金竹、丁溪、交塘、白岩、定村、高需、塘嶺、梭溪、潘坑、洋溪、李村、雙溪口、碩樹、甘坑、初坑、連頭、石門塘、石嶺下、淡竹、官坑二十五庄。十二都一圖馬埠庄，去城二十里，轄雞樹窟、侵雲嶺、大源坑、車馬巒、新路垵、溪西畈、印村畈、雙黄坑、弟源、内塢、蕉川、嶺後、山岸、上侯，共十四庄。二圖礓頭背庄。去城四十五里，轄登埠、黄塢、乾溪、棋盤山、蘇村、黄雀橋，共六庄。

西北鄉

十三都葉塢庄。去城二十里，轄源口、曾山寺、魁川、上篁、三墩橋、内外庄、潘村、章塢、高陂街、大定橋、丁口、陰路、楊門口、大覺、中村、葉塢、上高、木岱、坑口，以上十九處屬西；東峰、葉村、嶺頭、項村、塝頭、紙坊，以上六處屬北。總二十五庄，共一圖。

南鄉

十四都大山庄。去城五十里，轄吴樂、楓樹坪、旋坑、湯山頭、蔴洋、陰坑、大舖、周山頭、壬午岱、溪淤、駱村、應岱、庫要、垵口、根竹口、師公硋、鋸陽、葛坪、東塢、東需、坡頭、土坑、前村、古樓、横坑、黄硋、西岱、石柱、倉口、朱坑、稍岱、札要、小岩、岩下、溪口，共三十五庄。

西鄉

十五都沙口庄。去城二十五里，轄大東、好川、滐上、沙里、高橋、方嶺、吴塢、龍藏、小忠、錢村、源内、前庄、車床十三庄，共一圖。

十六都上旦庄。去城三十里，轄横町、住前、派前、後村、長坦、後山、陳村、黄垵、全塢、大坪十庄，共一圖。

十七都溪東庄。去城四十里，轄後隴、大田、後象、大畈、射坑、柘上、塘根、高山、石步頭、太虚觀、横嶺頭、黄墩十二庄，共一圖。

十八都大柘庄。去城四十里，轄横岡、五坦、象崗、停村、柳村五庄，共一圖。

十九都一圖石練庄。去城五十里，轄章師一庄。二圖獨山庄。去城八十里，轄前山、厺上、竹上、瞻樓、磡會、蔡源、葉村、台峰、蔡口、焦灘十庄。

二十都黄村口庄。去城八十里，轄戴進、前庵頭、後湖、山後、高巒、上壽頭、山前、樓梯坪、小塢宅、饅頭嶺、大路後、早田頭、西山、磨岑、冷水、半嶺、垵上、大坑、沉坑、石笋山、錦闗川、坳頭、黄庄、獨口、碗下、楓楠坪、木槐坑、庄根、山棗坪、洋岑、下遙、楓西、坑口、黄塔、流槽、赤枝、黄塌硋卅八庄，共一圖。

二十一都周公口庄。去城一百里，轄烏溝、新佐肩、洋山頭、燈盞架、苧埠、翁架、山前、上塘、後垵、福羅圩、龍門、對碯、邵村、木瓜洋、横坑、大樓寺、冷水坑、大峒源、鐵爐嶺、大蟠嶺、高洋、吊口、小峒源、半山、石馬嶺、上町洋、茂源、普坑口、焦山、小洋坑、黄突坑、硋後隴、仙人硋、黄沙要、金山殿、郎許口、大熟、半岑、嶺根、黄山、黄旗畈、後坳、范山尖、添坪、彭村、坑西、黄家庄、山後、北洋、柘岱口、鎖匙坑、山棗洋、聳谷源、朱馬闌、吴嶺、毛洋、球源、尹宅、柳下、陰坑口、游家墩、仙峰庵、黄師坑、楊梅崗、烏崗、漈下、洋溪源、舉圩、渡口、大忠圩、鄭村、葉村、西畈、長要〔五〕、獨坑、湖台、遶山七十七庄，共一圖。

二十二都湖山庄。去城八十里，轄前溪、後溪、山歸、犁石、毛洋、梭溪橋、周邱、崆庄、丁家地、洋塢、獨石、淤下坪、大坪、鐘山、姚嶺、塲後、黄市、梗上、青石坑、石柱、内方、黄羅、金雞砿、塘下二十四庄，共一圖。

二十三都金竹庄。去城八十里，轄長坑、高步頭、雲溪、翁村、西岸、新溪、官塢、彙村、石硯、華溪、任坑、苧塢、溪口局、挾下十四庄，共一圖。

二十四都一圖奕山庄。去城八十里，轄名塢一庄。二圖龍鼻頭庄。去城一百里，轄赤山、大溪邊、塲前、雙坑、小翁源、塘岸、將軍塢、砿頭庄、大坑口、都亭、王川、大亭、棗塢、嶺上、隴内、陰嶺、古樓、大派、大崗、包村、内部源、逆溪、小逆、楓塘、汙頭二十五庄。

按邑舊志載：建德鄉，一都二都十三都十四都十五都十六都十七都十八都。資忠鄉，三都四都五都六都七都。桃源鄉，八都九都十都十一都十二都。保義鄉。十九都二十都二十一都二十二都二十三都二十四都。

校注

〔一〕三圖梧桐庄：光緒《處州府志》卷一作「三圖梧桐口庄」。

〔二〕横砿：光緒《處州府志》卷一作「黄礓」，可證「砿」猶「礓」。

〔三〕樹：光緒《處州府志》卷一作「楠」，二者義同。

〔四〕本處僅十九庄，據光緒《處州府志》卷一，無『茗野』，有『丙庄、月下』二庄。

〔五〕長要：光緒《處州府志》卷一作『長西』。

郵傳

縣前舖。

航頭舖。在邑東五里。

資口舖。在邑東二十里。

坊塔〔一〕

坊

太平坊，在邑左。今廢。

宣化坊，在儀門外，主簿文英立。今廢。

與賢坊，在學左。今廢。

育才坊，在學右。今廢。

進士坊，爲蘇民立，在城隍廟下。今廢。

泮宫坊，知縣胡熙立。今廢。

澄清坊，在東隅。今廢。

仁壽坊，在邑東壽光宫。今廢。

安定坊，在南隅，知縣黄芳立。今廢。

通遠坊，在西隅。今廢。

公正坊，在西隅。今廢。

君子坊，在北隅。

春桂坊，在北隅。今廢。

范仙坊，在北隅。

義民里坊，在二都，明初知縣魏良忠立，知縣池浴德重修。今廢。

攀桂坊，爲舉人毛翼立，在南隅。今廢。

登雲坊，爲舉人吴紹生立，在北隅。今廢。

晝錦坊，爲進士周德琳立，在十一都。

青雲坊，爲舉人蘇祥遂立，在南隅。今廢。

登第坊，爲舉人張瓚立，在東隅。今廢。

步蟾坊，爲舉人王永中立，在南隅。今廢。

凌雲坊，爲舉人吴文慶立，在南隅。今廢。
應麟坊，爲舉人徐景明立，在北隅。今廢。
擢英坊，爲舉人俞宗進立，在西隅。
應奎坊，爲舉人張誠立，在東隅。今廢。
時英坊，爲舉人鄭傑立，在二都。
父子進士坊，爲吴紹生、吴志立，在北隅。
冲宵坊，爲舉人朱仲忻立，在二十都。
進士坊，爲朱仲忻立，在二十都。
翔鳳坊，爲舉人董晟立，在西隅。今廢。
騰霄坊，爲舉人王玘立，在東梅口。
進士坊，爲王玘立，在東梅口。
尚書坊，爲進士蘇民立，在東隅。
昂霄坊，爲舉人黄公標立，在縣前。今廢。
大司馬坊，爲蘇民立，在迎恩門内。今廢。
世科坊，爲舉人王煵立，在東梅口。今廢。

進士坊，爲應棐立，在十一都桃溪。
五馬坊，爲進士應果立，在東隅。
大文宗坊，爲進士應櫝立，在學左。
總督重臣坊，爲兵部侍郎應櫝立，在縣左。今廢。
獨持憲節坊，爲御史黄中立，在縣右。今廢。
丹鳳坊，爲進士翁學淵立，在南隅。今廢。
大總憲坊，爲進士吴孔性立，在學右。
天垣諫議坊，爲進士鄭秉厚立，在司左。
天垣都諫坊，爲吏科都給事中項應祥立，在縣前。
文昌坊，在君子山，乾隆二十八年知縣王燈建。
貞烈坊，爲徐懋厚妻王氏立，在東隅徐祠門右。今廢。
節孝坊，爲毛檠妻周氏立，在南隅。
節孝坊，爲童巽妻朱氏立，在北隅。
節孝坊，爲劉光謙妻朱氏立，在石練。
節孝坊，爲王紹華妻朱氏立，在湖山。

節孝坊，爲葉嗣俊妻鄭氏立，在獨山。

塔

雙峰塔，宋紹興壬子縣尉葉木、知縣朱元成建，堂名曾雲，以西有曾山。亭名知津，以臨大溪。有塔院以供洒掃。元成□□張貴謨有詩〔二〕，載藝文。

鍾秀塔，在奕山，嘉靖十四年朱姓建。

元魁塔，在湖山，萬曆十三年王姓建。知縣辛志會有詩，載藝文。

校注

〔一〕原刻本無，據『目次』及該卷體例補。

〔二〕詩：據道光《遂昌縣志》卷三，當作『記』。

亭閣

御書亭，在北義學左，康熙庚辰知縣蘇寀建。碑載朱子詩：兩岸蒼峭石，護此碧泓寒。秋月來窺影，驪珠吐玉盤。

省氣亭，在縣前屏墻外，知縣繆之弼建。

熙暭亭，在濂溪三台山下。

平政亭，在東隅平政橋頭。今圮。
百歲亭，在高林。
一息亭，在奕山，朱宗瀛建。
明秀亭，在湖山。
西亭，在湖山。
偕樂亭，在高林。
來翠亭，在西隅。
泠水亭，在赤山下。
少憩亭，在東峰。
憑虚亭、咏歸亭，俱在關川。
得月亭，在邑南臨溪，有十八景。詩載藝文。
壽域亭，在邑西二里，嘉靖邑人周慶養建。
嗣服亭，在石飛嶺。
凌雲亭，在邑西八十里。
仁風亭、需濟亭，俱在獨山。

覽勝亭，在邑西百里。
尚義亭，在邑西百里。
侵雲亭，在邑北二十里。
芳碧亭，在碧瀾橋側。今圮。
種德亭，在邑東三里。
恩市亭，在奕山。
留淳亭，在尹祠後，葉姓建。
擁樹亭，在南門外，王宗瀛建。
清碧亭，在金岸，里人建。
平吁亭，在小谷嶺，俞滋建。
積翠亭，在邑北五里，俞長輝建。
德性亭，在關川，毛儀壽建。
且亭，在西嶺脚，陳天錫建。
應運亭，在邑東三里，俞長淮建。
望遠亭，在文昌山前，乾隆二十七年知縣王燈捐建。

朝暉亭，在文昌山水口，乾隆二十七年知縣王燈。
引亭、留憩亭，俱在文昌山，乾隆二十八年知縣王燈捐建。
聽泉亭，在文昌山，乾隆二十九年邑人徐台年建。
四照亭，在文昌山，乾隆二十九年貢生王鋆建。
文昌閣，在文昌山，乾隆二十八年知縣王燈鼎建。自有記，載藝文。并撥心定庵寺田六十籮收租，以作香燈、完糧、修理之資，遞年交首事八人管理。附田畝土名於後：
角町田一邱，烏塘田一邱，大碓邱田一邱，官山脚田一邱，社壇後田一邱，焦坑口田二邱，黄泥春田一邱，上横口田一邱，橙下田二邱，上横田五邱，長亭下田二邱，水碓後田一邱，楓樹下田一邱。共田十四畝五分七釐八毫。
魁星閣，在文閣對照，乾隆二十八年知縣王燈鼎建。有記，載藝文。
清華古閣，在二都西明山麓，基存。有詩，載藝文。
擁青閣，在城東惠濟堂前。今廢。
文昌并附田畝土名於後：
葉坳租拾石，前山租肆石，吉上塢拾石，樟榃嶺柒石，西門路内租肆石，磨石壇租肆石，墓蓬下租陸石。

橋渡〔一〕

北固橋，一名河橋，即東梅橋。古名永安，邑北一里。宋嘉定間，知縣陳逵因水橋易圮，募民叠石爲址，改書濟川之梁。萬曆十年，知縣王有功修築，用板，上覆以屋。四十一年，知縣林剛中重修。崇禎丁丑，磡圮橋壞，知縣何廷棟重修。康熙十年，邑令韓武增修。五十五年，知縣何其偉重修。乾隆二十九年，知縣王僜重修，改今名。

平政橋，在碧瀾橋下。隆慶元年，知縣池浴德以橋圮病涉，改卜成之，前令蘇寔重建。四十九年，知縣繆之弼倡修。今廢。

瑞仙橋，在治南七十步，近東義學，因名登瀛，又名坡仙。元至大三年，達魯花赤暗打剌建。康熙辛卯，知縣繆之弼重修。今廢。

安定橋，在治南半里。正德間里人創造建亭，匾曰清趣，復構小亭以憩行旅。久廢。康熙庚寅，知縣繆之弼重建。

蓮華橋，在治西羅公堤上。

碧瀾橋，在治東前溪，即河頭。橋圮。

東泉橋，在南門外。

惠通橋，即碧瀾舊址。萬曆七年，知縣鍾宇淳因平政橋圮，值冬涸，見舊址下有石脚，遂募民創築。石梁下有洞門五，上有石欄，功垂永賴。舊有鐘鳴橋成之讖，果驗。康熙丙寅，洪水漂没。

衆安橋，在邑北五十步，今廢。

董店橋，在邑北一里。

東鄉

鎮東橋，在二都靈泉洞口。

杭川橋，在二都。

濟明橋，在二都，離治七里，舊名長川。

金岸橋，在二都，離治十里。今浮小橋。

銀坑橋，在二都，貢生鄭家淳建。

上崗橋，在二都，康熙間知縣繆之弼重建。今改小橋。

車頭橋，在治東十五里。

大橋，在三都治東十五里，凡二，皆建瓦屋。

太和橋，在二都，離治二十里。

連頭橋，在二都，離治三十里，康熙辛卯知縣繆重建。

上市橋，在六都，離治三十五里，乾隆間里人創建，覆以瓦屋。

赫靈橋，在四都，離治二十里。

湖邊橋，在五都，離治三十里，知縣繆重修。

三溪橋，在五都古亭，離治三十里，知縣繆重修。

後潘橋。

張村橋。

塴下橋。

大務橋，凡二。一爲大橋，下有洞門，上覆瓦屋。

石西橋。

知里橋，俱在六都，離治三十餘里。康熙辛卯水推，知縣繆之弼督修。

滂嶺橋，在七都，離治三十五里，今蘇姓易之以石。

北鄉

楓橋，在邑北，離治十里。

鄭陂橋，在十二都，離治二十里，係石橋。

馬埠橋，在十二都，離治二十里，監生俞咨禹捐砌石墩架板。康熙辛卯，水漲衝没，知縣繆之弼重修。

大小頭坑二橋，在十二都，離治二十五里。

新路垵橋，在十二都，離治二十五里，知縣繆重修。

石鐘橋，在十二都，離新路垵二里，離治二十三里。原係木橋，康熙辛卯，木漲推去，里民李日茂捐金修砌石墩。知縣繆之弼捐俸贊襄，茂又募緣成之，架木板焉。

黄坑橋。

公赤橋，俱在十二都，離治三十餘里。里民李日茂易木墩以石，架以木板。

西鄉

三峰橋，在十三都，離治七里。俗名三墩，橋上架屋，橋東有亭。雍正年間，僧宜明募緣重新之。

大定橋，在十三都，離治十里。

丁口橋，在十三都，離治十里。

嶺下高橋，在十五都，離治十五里。

好川橋，在十五都，離治二十里。

沙口橋，在十五都，離治二十里。

脾前橋，在十五都，離治三十里。

萬石橋，上下各一。在十八都，離治四十里。
大田橋，在十八都，離治四十里。
湯溪橋，在十八都，離治四十里，橋上有屋。
濟衆橋，在十九都，離治六十里。
壽星橋，在十九都石練，離治五十里。墩七座，屋二十九間，乾隆二十六年里人公建。有記，入藝文。
蔡口橋，在十九都，離治八十里。
唐坑橋，在十九都，離治一百里。
永濟橋，在十九都，離治一百里。
磐溪石橋，在二十都，離治一百里。
濟川石橋，在二十都，離治一百里。磐溪朱之挺，關川毛經道、毛彬損資倡首重建。
關川橋，在二十都，離治一百二十里。原經毛姓重建，橋上有屋，復圮。貢生毛儀燾、儀點重建石橋。
源水橋，在二十都，離治一百二十里。
文昌橋，在二十都，離治一百四十里。
晝錦橋，在二十都，離治一百四十里。

垂虹橋，在二十都，離治一百四十里。

梭溪橋，在二十二都，離治八十里，橋上有屋。

小溪橋，在二十二都，離治八十里。

石印橋，在湖山，離治八十里，溪石如印。

朱村橋，在二十二都，離治一百里。

大坑口橋，在二十二都，離治一百五里。

金竹橋，在二十三都，離治一百十里。康熙辛卯，僧通明募築墩蓋屋，知縣繆之弼捐建。

思市橋，在二十四都，離治一百十里。

吴樂橋，在西門外一里。

王橋，在邑西。

東關橋，在東門外，乾隆二十九年知縣王燈鼎建。

渡

平昌渡，在治東城外，乾隆十八年署縣雷廷鉽率紳士將前任黄培任造橋不成、餘資建渡舟二隻，并築兩岸二閣，渡夫住屋一所。復置田二十四畝七分零，每年給渡夫二名穀叁拾籮，餘貯司事以作完糧修船之費。立冬日開算，餘則公□貯用，并將田畝土名附後：葉坦李祠後左過地一片并塘一口，養濟院租陸石，上石馬十二石，水碓後肆蘿，吴欒并觀音堂後租玖石，雙澳租柒蘿，魚塘墩租拾籮，大店前柒籮，水漂僅存叁籮。水竹垵租陸籮，此項入觀音閣。大覺、大覺畈二土名租拾柒籮。

杭頭渡，在邑東十里。今設義渡，里人置田以垂永久。土名附後：姜塢田叁畝，水閣園田三畝，安和院下租叁籮。

金岸渡，在邑東十五里妙法院前，舊名今溪，今改橋。

界首渡，在邑東二十里松陽界。廢。

蚚蛟渡，在邑東一里。舊易木橋，名碧瀾，復架石梁。廢。

梭溪渡，在邑北六十里。

北界渡，在邑北四十五里龍游界。

焦灘渡，在邑西八十里。

龍鼻頭渡，在邑西一百里奕山西安縣界。

周公口渡，在邑西九十里。

定溪渡，在邑西一百里長定。

校注

〔一〕原刻本無，據『目次』及該卷體例補。

隄堰〔一〕

堤

胡公堤，在治南五十步，今名大堤街，宋縣丞胡涓所築。
羅公堤，在西南隅界，雍正三年知縣羅秉禮築，一邑賴保障焉。有碑亭，顔曰羅公遺澤。
王公堤，在邑北後溪，乾隆二十八年知縣王燈捐建。共三十餘丈，爲北之屏翰。

堰

大堤堰，在邑南學前，水通儒學泮池。近圮。
葉坦堰，在邑東，亘四十四丈，灌田二百五十餘畝。
龍礓堰，在邑東，亘三十一丈，灌田一百五十餘畝。嘉靖間圮於水，隆慶元年知縣池浴德捐築。久圮，近復再築。
吴皋堰，在東嶽廟上，亘三十餘丈，灌田一百餘畝。通西郭南隅官溝，至縣前及儒學前。
官潭堰，在邑南，爲學前護砂。
獨山堰，在邑西，亘二十八丈，灌田五百餘畝。
尹村堰，在邑北，亘一十八丈，灌田一百餘畝。

官陂堰，在邑北，亘一十八丈，灌田一百餘畝。乾隆一十八年，知縣王燈開渠引泉入城，以禦火患。

長安堰，在二都，亘五十丈，灌田六百五十餘畝。

高路堰，在二都，亘二十六丈，灌田六十餘畝。

野航堰，在二都。

雙港口直堰，在北隅上坦，原童志禹築。

石頭堰，在三都，亘二十丈，灌田二百五十餘畝。

蕭嶺堰，在十三都，亘十六丈，灌田六十餘畝。

石郭堰，在十四都，亘三十二丈，灌田三百五十餘畝。

楓屏堰，在十四都，亘三十丈，灌田一百一十餘畝。

礌安堰，在十四都，亘十丈，灌田一百五十餘畝。

窑頭堰，在五都，亘二十一丈，灌田五百餘畝。

梧桐堰，在四都，亘一十三丈，灌田三千七百畝。

鄭墓口堰，在五都，亘二十二丈，灌田二千五十餘畝。

查渡堰，在七都，亘二十三丈，灌田一百五十餘畝。

石柄堰，在七都，亘二十六丈，灌田二百五十餘畝。
河頭堰，在十都，亘二十八丈，灌田三十餘畝。
外磅堰，在十都，亘二十六丈，灌田二十餘畝。
欄頭堰，在十都，亘十八丈，灌田二十餘畝。
周坂堰，在十都，亘十五丈，灌田二十五畝。
溪冷堰，在十一都，亘十五丈，灌田二十五畝。
岩進堰，在十二都，亘六丈，灌田八十餘畝。
石髓堰，在六都，亘十五丈，灌田三千七百餘畝。
嵩伯堰，在十六都，灌田八十餘畝。
舊溪堰，在十七都，亘十六丈，灌田四百餘畝。
馬夫人廟前堰，在十八都，亘七十五丈，灌田三百五十餘畝。
船埠頭堰，在二十都。
石纓堰，在三都。
六峰堰，在八都，析入湯溪。
日食嶺脚堰，在八都，析入湯溪。

峰上堰，在八都，析入湯溪。
磨石堰，在三都。今廢。
鄭家堰，在二十一都，亘六丈，灌田一十餘畝。
大路堰，在十九都。
石倉堰，在十八都。
宏山殿前堰，在十八都湯溪，灌田一百餘畝。
釋下堰，在湖山，長三十餘丈，灌田一百餘畝。
陳村畈堰，在二十四都王川，灌田一百餘畝。
江溪戀堰，在二十四都，亘三十餘丈，灌田九十畝。
升口堰，在二十三都，灌田一百畝。
塌碹堰，在二十三都金竹，灌田一百餘畝。
湖山堰，在二十二都，亘五十餘丈。
山歸堰，在二十二都，亘四十餘丈，灌田一百餘畝。
超潭堰，在二十四都。
十畝堰，在金竹。

壩

繆公壩，今圮。

校注

〔一〕隄堰：刻本無，據卷三目次補。

寺觀

寺院

報願寺在邑東，陳天建元年建。宋大中初賜額。慶元間，僧清心重建，扁曰釋迦殿。後僧惠新建彌勒殿。元初圮。至正二年，僧文惠重建。正德間，山門西廊毀。嘉靖初，知縣蕭質令僧募建後殿。萬曆間，知縣辜志會命僧募建，詩入藝文。康熙間，僧森明重建，并建山門。雍正間，建造三官堂。乾隆間僧永準仝徒〔一〕志立重修鐘樓，又建後客堂，并建山門。

崇教寺，在邑東三十里。唐會昌年間僧野雲建，名重光。宋治平二年改今名，後改名。俱係在治平二年。

定光寺，在邑西一百里。先名清林，唐乾元二年建。

興覺寺，在邑北五十里。先名圓覺，唐長興二年建於絶頂。宋紹興丁巳，僧明慧改卜山麓，僧曇佽繼建。今廢。

安福寺，紹興改名，在邑西五十里。五代里人吴宗義建。釋彦俅持戒行，越王錫光福額。宋祥符改先福。乾隆間，僧碧岩募緣造。

净明寺，在邑西四十里。先名香城，宋紹興僧惠肇重建。

廣仁院，在邑西曾山下。先名報恩。唐清泰元年僧道琦建。詩入藝文。乾隆間，僧貫璧、貫益同重建。

妙法院，在邑東十五里。唐乾符二年，僧紹雲建。

隆因院，在邑東十五里。唐乾寧元年建。今廢。

禪宗院，在邑東二十五里。先名禪林，唐咸通二年建。今廢。

勝居院，在邑東二十里。先名東岩，咸通二年建。今廢。

禪定院，在邑北六十里。先名恩德，唐長興二年建。

勝果院，在邑西七十里黄羅。唐乾寧二年建。今廢。

金田院，在邑北一百二十里。唐長興二年建。

寶光院，在邑西二十里。唐乾寧元年建。

妙靖院，即安靖院，在邑北一百二十里。唐咸通八年建，龔原爲之記。入藝文。

惠衆院，在邑東二十里。先名佛隴，梁大同元年建。後圮。唐乾寧元年，僧紹惠建。翁高有詩入藝文。

延壽院，在邑北二十五里。梁大同元年建。乾隆間僧指千募建。

白佛院，在邑北三十里。梁大同元年建。今廢。

慈濟院，在邑東二十里。晉天福元年建。今廢。

净梵院，在邑北一百里。晉天福二年建，名崇福。宋治平二年，改今名。今廢。

悟性院，在邑東七里。周顯德元年建。

保寧院，在邑南五里。寶正二年東泉錢氏建。元毁。明永樂元年邑人翁高重建。鄭還有詩入藝文。

崇梵院，在邑北十餘里。周顯德五年建。今廢。

光教院，在邑北二十五里。先名三衛，周顯德五年建。

香嚴院，在邑西四十里。周顯德五年建。王景夔有詩，入藝文。

翠峰院，在唐山。五代時貫休建。後圮。嘉靖間。僧惠宰重建。詩入藝文。

崇孝院，在邑東三十里龍口。

普澤院，在邑東三十里。宋乾德三年建。今廢。

勝因院，在邑東三十五里七都。僧文瑞建，即尹氏故宅，舊稱騰仙大殿。龔原有記。乾隆間僧勝儒募緣重建。

冥陽巷，在邑東四十里。九雲峰半山令公堂，乾隆二十七年，僧志立、徒文鐘建造。

妙高院，在邑西五里。即以山名，元大德間僧可守建。隆慶二年賜額。中廢，僅存小庵。今存基址，有詩入藝文。

寶嚴院，在邑西二十里。先名多寶，宋乾符二年建。法堂後有羅漢閣，北有彌勒殿，甚偉。後圮。崇禎九年僧性元募建，未就。額係理宗御筆。

永福院，在邑東二十里。宋延祐二年建。今廢。

精進院，在邑西二十五里。先名白馬，宋咸平二年建。毀。康熙年間僧青雲重建。乾隆間僧泳準徒係文建造五聖殿。

安和院，在邑東七里。元乾祐三年僧智元建。自有記。

金仙院，在邑西一百四十里。先名金堂，咸平二年建。今廢。

元通庵，在邑西二十里丁公山。

無相院，在邑西一百一十里。宋延平三年建。詩載藝文。

資壽院，在邑北十里，又名東梅。宋治平中賜額。紹興甲子圮于水，僧智積復建。鄭還詩載藝文。

妙智禪堂，在邑河橋頭，釋真可訪知縣湯顯祖寓此。有《大悲像贊》，載藝文。

清修庵，在邑西十里。康熙年間建，雍正辛亥建前堂。

蓮臺山，在清修庵後山頂。明崇禎年間建。

西林庵，在邑西八里。崇禎年間建。康熙二年僧十如重建。

菩提庵，在三峰橋頭。崇禎年間僧傳秀建。

静修庵，在縣治後。雍正十年僧森明建造。乾隆四年僧泳準建造後殿。

雙溪庵，在北門外河橋中。康熙三十二年僧森明建。

梅溪庵，在治北三里。康熙三十二年僧法照建造。

卉隱庵，在治北五里。雍正元年建造。康熙二十五年僧法照重建。

吉祥庵，在治北五里。順治十年僧隆智建造。

永樂庵，在治北十里。順治十五年僧傳見建造。

定觀堂，在治北十里。順治二年僧海藏建造。

龍華庵，在治西四十里。康熙八年僧青雲建造。乾隆十七年僧崑林重建。

瑞蓮堂，在邑南君子山麓。乾隆十六年里人重建。

法華庵，在治西二十里。順治元年僧成信建造。乾隆九年僧指乾重建。

聖覺庵，在治西二十里。順治年間建。乾隆十年僧雲修重建。

普濟庵，在邑東二十里。斗米嶺邑人項天慶題額。

宫觀

紫極壽光宫，在瑞山麓。唐葉法善煉丹之地。宋元符三年，老君塑像眉端神光現，郡邑表聞。徽廟政和三年，降御容於宫，宸翰天書『紫極壽光之宫』額賜之。宣和辛丑經寇，紹興甲子圮水，後重建。宫中道士章思廉、范子珉、項舉之俱登僊籍。舊爲道會司。有詩載藝文。

太虚觀，在邑西象崗東樓山下。唐乾寧二年建。詩載藝文。

慈福觀，在邑北二十五里章思廉故居。元至正間創。

普濟院，在東隅末溪邊。祀十四夫人之神，前擁青閣。今廢。

延福觀，在邑西二十五里。元至正十八年建。

校注

〔一〕乾隆間僧泳準仝徒：原刻本作『乾隆仝徒間僧泳準』，語義扞格難通，據道光《遂昌縣志》卷四補。道光《遂昌縣志》『泳』作『永』，誤，據『精進院』條改。

邱墓

宋

開國男張貴謨墓，在縣治西門外鳳山之陽。

太常寺丞周述墓，在十七都香嚴院後。

侍郎周綰墓，在十七都香嚴院後。敕葬。

處士尹起莘墓，在邑西四十里大柘西翠。

明

叅議周德琳墓，在十二都上馬突山。

處士朱子堯墓，在磐溪碧秀嶺。

處士朱應鐘墓，在湖山蓮塘。詩載藝文。

封南城兵馬指揮朱可汪墓，在香嚴院後。左有澹庵先生祠。

贈尚書兩廣總督應檟墓，在邑北四十里。敕葬。

叅政吴孔性墓，在十八都麻陽。

叅政鄭秉厚墓，在五都寶山口。

贈太常寺少卿項森墓，在邑北五里東梅村。

處士包志伊墓，在唐山。

中丞項應祥墓，附父森公墓側。

左糸議翁學淵墓，在南門外新庵。

處士包萬有墓，在十六都紫川。

徐節婦王氏墓，在邑南君子山。

養濟院，在邑東城外。

漏澤園，在邑北朝天門外。邑人潘思本捐地。

義冢，在碧瀾橋南蘇塢東隅。徐文肇捐置。弘治間，知縣胡熙爲建門以表，立碑於門，以禁火葬。肇又搜邑中不能葬者百餘喪，爲廣穴於東門外後嶺，悉與而瘞之。

繆公義冢，在二都上塘垵，離治五里。東至周荒田，南至山脚，西至山路，北至降路。原係歙民王重所買徐舜齡業，康熙辛卯知縣繆之弼捐價五兩置作義冢。

俞氏義冢，南隅俞滋捐山一處，在十二都小馬埠麻車巒，四面俱至路爲界。侄俞天珍捐山一處，在麻車巒後。東至坑，南至石板橋頭人行小路，西至田後塝直上小垵脇直上降，北至本山平降後爲界。

卷之四

禋祀志

文廟附祭樂圖章、武廟、祠壇、愛祠、群祀

邑之大事，厥惟秩祀，所以崇德報功，非徒效駿奔、供故事而已。先聖先賢，垂教萬世，次或有關社稷民生，捍禦災患，理幽治明，功不可没，并宜詳稽典故，以昭肸蠁云。志禋祀。

文廟，在縣治東南，典制詳儒學。明嘉靖九年，改稱大成殿爲先師廟，撤塑像，以木爲主。邑未撤。稱孔子曰至聖先師孔子，四配曰復聖顔子、宗聖曾子、述聖子思子、亞聖孟子。十哲以下稱先賢，其子左邱明以下稱先儒某子。歲以春秋二仲上丁日致祭。明嘉靖九年，改定禮制，較成化間籩豆各損其四，樂用六佾。國朝用天子禮，增爲八佾，祭器、樂器、部頒俱有定式。然祭器未全，樂舞不行。至雍正九年，學憲李清植始頒發祭、樂二器，一時禮舉樂作，焕然維新。

殿廡位次。附歷代封號。

正位

至聖先師孔子。周敬王四十二年，魯哀公誄稱尼父。西漢平帝元年，追謚褒成宣尼公。東漢和帝四年，封爲褒尊侯。後魏孝文帝十六年，改謚文宣尼父。後周宣帝二年，追封鄒國公。隋文帝贈爲先師尼父。唐太宗二年，尊爲先聖，以顔子配。高宗永徽中，改周公爲先聖，孔子爲先師。顯慶二年，以周公配武王，定孔子爲先聖。乾封元年，追贈爲太師。天授元年，封爲隆道公。元宗二十七年，追謚文宣王。宋真宗三年，追謚元聖文宣王。大中五年，以聖祖諱，改謚至聖文宣王。元武宗元年，加號大成至聖文宣王。明洪武三年，封號如故。嘉靖九年，輔臣張璁請正祀典，始定今稱，罷封爵。

四配

復聖顔子。唐總章贈太子少師，太極贈太子太師，開元贈兖公。宋大中祥符進封兖國公。元至順贈兖國復聖公。明嘉靖九年去封爵，改今稱。後同。

宗聖曾子。唐總章贈太子少師，太極贈太子太保，開元追封郕伯。宋大中祥符加封瑕邱侯，政和改封武城侯，咸淳加封郕國公。元至順加封郕國宗聖公。

述聖子思子。宋徽宗崇寧封爲沂水侯，大觀二年從祀，端平升列十哲，咸淳加封沂國公。元至順加贈沂國述聖公。明正德以衍聖公次子世襲五經博士奉子思子祀。

亞聖孟子。宋元豐封鄒國公，七年詔配享位次顔子。元至順加贈亞聖公。

東西哲

先賢閔子損。唐開元從祀，又追贈費侯。宋大中祥符加封瑯琊公，咸淳改封費公。

先賢冉子耕。唐開元從祀，封鄆侯。宋大中祥符改封東平侯，咸淳加封鄆公。

先賢冉子雍。唐開元從祀，封薛侯。宋大中祥符加封下邳公，咸淳改封薛公。

先賢宰子予。唐開元從祀，封齊侯。宋大中祥符加封臨淄公，咸淳改封齊公。

先賢端木子賜。唐開元從祀，封黎侯。宋大中祥符加封黎陽公，咸淳改封黎公。

先賢冉子求。唐開元從祀，贈徐侯。宋大中祥符加封彭城公，咸淳改封徐公。

先賢仲子由。唐開元從祀，贈衛侯。宋大中祥符加封河内侯，咸淳加封衛公。

先賢言子偃。唐開元從祀，封吴侯。宋大中祥符加封丹陽公，咸淳改封吴公。

先賢卜子商。唐貞觀從祀，開元贈魏侯。宋大中祥符加封河東公，咸淳改封魏公。

先賢顓孫子師。唐開元從祀，贈陳伯。宋大中祥符封宛邱侯，政和改潁川侯，咸淳加陳國公，升十哲。

先賢有子若。唐開元從祀，封汴伯。宋咸平加封平陰侯。今制特升十哲。

先賢朱子熹。宋慶元謚曰文，寶慶追封信國公，紹定改封徽國公，淳祐從祀。元至正改封齊國公。國朝康熙五十一年以道承先聖功冠諸儒，特升主十哲。

東廡先賢　嘉靖九年改稱先賢某子。

先賢蘧子瑗。唐開元從祀，追封衛伯。宋大中祥符加封内黄侯。明嘉靖以孔子所嚴，事不當在弟子列，改祀於鄉。今制仍從祀。

先賢澹臺子滅明。唐開元從祀，追封江伯。宋咸平加封金鄉侯。

先賢原子憲。唐開元從祀，封原伯。宋咸平加任城侯。

先賢南宮子适。唐開元從祀，封郯伯。宋咸平加龔邱侯，政和改封汝陽侯。

先賢商子瞿。唐開元從祀，封蒙伯。宋咸平加須昌侯。

先賢漆雕子開。唐開元從祀，封滕伯。宋咸平加平輿侯。

先賢司馬子耕。唐開元從祀，封向伯。宋咸平加楚邱侯，政和改封綏陽侯。

先賢巫馬子施。唐開元從祀，封鄫伯。宋咸平加東阿侯。

先賢顔子辛。唐開元從祀，封蕭伯。宋咸平加陽穀侯。

先賢曹子卹。唐開元從祀，封曹伯。宋咸平加上蔡侯。

先賢公孫子龍。唐開元從祀，封黄伯。宋咸平加枝江侯。

先賢秦子商。唐開元從祀，封上洛伯。宋咸平加鄄城侯。

先賢顔子高。唐開元從祀，封琅琊伯。宋咸平加雷澤侯。

先賢壤子駟赤〔一〕。唐開元從祀，封北徵伯。宋咸平加上邽侯。

先賢石子作蜀〔二〕。唐開元從祀，封郈邑伯。宋咸平加成紀侯。

先賢公夏子首。唐開元從祀，封元父伯。宋咸平加鉅平侯。

先賢后子處。唐開元從祀，封營邱伯。宋咸平加膠東侯。

先賢奚子容蔵。唐開元從祀，封下邳伯。宋咸平加濟陽侯。

先賢顔子祖。唐開元從祀，封臨邑伯。宋咸平加富陽侯。

先賢句子井疆。唐開元從祀，封洪陽伯。宋咸平加滏陽侯。

先賢秦子祖。唐開元從祀，封少梁伯。宋咸平加鄄城侯。

先賢縣子成。唐開元從祀，封鉅野伯。宋咸平加武城侯。

先賢公祖子句兹。唐開元從祀，封期思伯。宋咸平加即墨侯。

先賢燕子伋。唐開元從祀，封漁陽伯。宋咸平加沂源侯。

先賢樂子欬。唐開元從祀，封昌平伯。宋咸平加建城侯。

先賢狄子黑。唐開元從祀，封臨濟伯。宋咸平加林慮侯。

先賢孔子忠。唐開元從祀，封汶陽伯。宋咸平加鄆城侯。

先賢公西子蒧。唐開元從祀，封祝〔三〕阿伯。宋咸平加徐城侯。

先賢顔子僕。唐開元從祀，封東武伯。宋咸平加宛句侯。

先賢施子之常。唐開元從祀，封乘氏伯。宋咸平加臨濮侯。

先賢申子棖。唐開元從祀，封魯伯。宋咸平加文登侯。唐與黨并祀。明嘉靖以重名去黨存棖。

先賢左子邱明。唐貞觀從祀。宋祥符追封瑕邱伯，政和改中都伯。

先賢秦子冉。唐總章封彭衛伯。宋咸平加新息侯。明嘉靖罷祀。雍正三年復祀。

先賢牧子皮。雍正三年增祀。

先賢公都子。宋政和追封平陰伯，從祀。

先賢公孫子丑。宋政和追封壽光伯，從祀。

先賢張子載。宋嘉定賜謚曰明，淳祐追封郿伯，從祀。

先賢程子頤。宋嘉定賜謚曰正，淳祐追封伊陽伯，從祀。元至順加封洛國公。

西廡先賢　嘉靖九年改稱先賢某子。

先賢林子放。唐開元從祀，封清河伯。宋祥符加長山侯，明嘉靖以《家語》《史記》不列弟子，改祀於鄉，今制仍從祀。

先賢宓子不齊。唐開元從祀，封單父伯。宋咸平加單父侯。

先賢公冶子長。唐開元從祀，封莒伯。宋咸平加高密侯。

先賢公晳子哀。唐開元從祀，封郳伯。宋咸平加北海侯。

先賢高子柴。唐開元從祀，封共成伯。宋咸平加共成侯。

先賢樊子須。唐開元從祀，封樊伯。宋咸平加邑都侯。

先賢商子澤。唐開元從祀，封睢陽伯。宋咸平加鄒平侯。

先賢梁子鱣。唐開元從祀，封梁伯。宋咸平加千乘侯。

先賢冉子孺。唐開元從祀，封紀伯。宋咸平加臨沂侯。

先賢伯子虔。唐開元從祀，封聊伯。宋咸平加沭陽侯。

先賢冉子季。唐開元從祀，封東平伯。宋咸平加渚城侯。

先賢漆雕子徒父。唐開元從祀，封須句伯。宋咸平加高苑侯。

先賢漆雕子哆。唐開元從祀，封武城伯。宋咸平加濮阳侯。

先賢公西子赤。唐開元從祀，封郜伯。宋咸平加鉅野侯。

先賢任子不齊。唐開元從祀，封任城伯。宋咸平加當陽侯。

先賢公良子孺。唐開元從祀，封東牟伯。宋咸平加牟平侯。

先賢公子肩定。唐開元從祀，封新田伯。宋咸平加梁父侯。

先賢鄡子單。唐開元從祀，封銅鞮伯〔四〕。宋咸平加聊城侯。

先賢罕父子黑。唐開元從祀，封乘邱伯。宋咸平加祁鄉侯。

先賢榮子旂。唐開元從祀，封雩婁伯。宋咸平加厭次侯。

先賢左子人郢。唐開元從祀，封臨淄伯。宋咸平加南華侯。

先賢鄭子國。唐開元從祀，封滎陽伯。宋咸平加朐山侯。

先賢原子亢。唐開元從祀，封萊蕪伯。宋咸平加樂平侯。

先賢廉子潔。唐開元從祀，封莒父伯。宋咸平加胙城侯。

先賢叔仲子會。唐開元從祀，封瑕邱伯。宋咸平加博平侯。

先賢公西子輿如。唐開元從祀，封重邱伯。宋咸平加臨朐侯。

先賢邽子巽。唐開元從祀，封元陸伯。宋咸平加高唐侯。

先賢陳子亢。唐開元從祀，封潁伯。宋咸平加南潁侯。

先賢琴子張。唐開元從祀，封南陵伯。宋咸平加頓邱侯。唐與琴牢并列。宋撤重祀，政和改平陽侯。

先賢步子叔乘。唐開元從祀，封淳于伯。宋咸平加博昌侯。

先賢秦子非。唐開元從祀，封汧陽伯。宋咸平加華亭侯。

先賢顔子噲。唐開元從祀，封朱虚伯。宋咸平加濟陰侯。

先賢顔子何。唐總章封開陽伯。宋咸平加封唐邑侯。明嘉靖罷祀。今制復祀。

先賢縣子亶。唐開元從祀，封鉅野伯。

先賢樂正子克。宋政和配享孟廟，追封利國公，從祀。

先賢萬子章。宋政和封博興伯，從祀。

先賢周子敦頤。宋嘉定謚元公，淳祐封汝南伯，從祀。元至順加封道國公。

先賢程子顥。宋嘉定賜謚曰純，淳祐封河南伯，從祀。元至順加封豫國公。

先賢邵子雍。宋元祐謚康節，咸淳從祀，追封新安伯。

東廡先儒

嘉靖九年改稱先儒某子。

先儒公羊子高。唐貞觀從祀。宋咸平追封臨淄伯。

先儒子國子安國。唐貞觀從祀。宋咸平追封曲阜伯。

先儒毛子萇。唐貞觀從祀。宋咸平追封樂壽伯。

先儒高堂子生。唐貞觀從祀。宋咸平追封萊蕪伯。

先儒鄭子康成。唐貞觀從祀。宋咸平追封高密伯。明嘉靖改祀於鄉。今制復祀。

先儒諸葛子亮。雍正元年從祀。

先儒王子通。明嘉靖九年從祀。

先儒司馬子光。宋哲宗追封温國公，謚文正，咸淳三年從祀。

先儒歐陽子修。宋熙寧五年賜謚文忠。明嘉靖九年從祀。

先儒胡子安國。宋紹興謚文定。明洪武以其春秋列於學宮，正統從祀，成化封建寧伯。

先儒尹子焞。雍正三年從祀。

先儒吕子祖謙。宋嘉泰賜謚成，嘉熙改謚忠亮，景定追封開封伯，從祀。

先儒蔡子沈。明正統元年從祀，謚文正，成化三年追封崇安伯。

先儒陸子九。明嘉靖九年從祀，謚文安。

先儒陳子淳。雍正三年從祀。

先儒魏子了翁。雍正三年從祀。

先儒王子栢。雍正三年從祀。

先儒許子衡。元大德謚文正，至大追封魏國公，皇慶詔從祀。

先儒許子謙。雍正三年從祀。

先儒吴子澄。嘉靖九年罷祀。今制復祀。

先儒王子守仁。明萬曆十二年從祀，謚文成。

先儒薛子瑄。明弘治九年祀於鄉，隆慶五年從祀。

先儒羅子欽順。雍正三年從祀。

西廡先儒　嘉靖九年改稱先儒某子。

先儒穀梁子赤。唐貞觀從祀。宋咸平追封龔邱伯，政和改封睢陽伯。

先儒伏子勝。唐貞觀從祀。宋祥符追封乘氏伯。

先儒后子蒼。明嘉靖考古求禮，以蒼爲禮宗，詔令從祀。

先儒董子仲舒。元至順從祀。明洪武追封江都伯，成化改封廣川伯。

先儒杜子春。唐貞觀從祀。宋咸平追封緱氏伯。

先儒范子寧。唐貞觀從祀。宋咸平封鉅野伯。明嘉靖罷祀。今制復祀。

先儒韓子愈。唐長慶謚曰文，宋元豐從祀，封昌黎伯。

先儒范子仲淹。康熙五十五年從祀，謚文正。

先儒胡子瑗。明嘉靖九年謚文昭，從祀。

先儒楊子時。宋紹興謚文靖。明弘治封將樂伯，從祀。

先儒羅子從彦。宋淳祐謚文質。明萬曆間從祀。

先儒李子侗。宋淳祐謚文靖。元順帝追封越國公。明萬曆間從祀。

先儒張子栻。宋嘉泰賜謚宣，景定追封華陽伯，從祀。

先儒黄子榦。雍正三年從祀。

先儒真子德秀。宋端平謚文忠。明正統從祀，成化封浦城伯。

先儒何子基。舊祀於鄉，雍正三年從祀。

先儒趙子復。雍正三年從祀。

先儒金子履祥。雍正三年從祀。

先儒陳子澔。明弘治十七年從祀。

先儒陳子獻章。明萬曆十二年從祀，謚文恭。

先儒胡子居仁。明萬曆十二年從祀。

先儒蔡子清。雍正三年從祀。

先儒陸子隴其。雍正元年增入從祀。

崇聖宫　明倫堂左。原爲啓聖祠，雍正二年增封改建，中祀：

五王　孔子前五世祖。以四氏配，從祀五人，歲以春秋二仲上丁日子夜致祭。

中位

肇聖王木金父公。

裕聖王祈父公。

詒聖王防叔公。

昌聖王伯夏公。

啓聖王叔梁公。

四配

先賢顔氏無繇。

先賢曾氏點。
先賢孔氏鯉。
先賢孟孫氏激。
從祀
先儒周氏輔成。
先儒張氏迪。
先儒程氏珦。
先儒朱氏松。
先儒蔡氏元定。
名宦祠祀
梁
縣令江子。
宋
縣令張根。
縣令李大正。

縣丞胡涓。

明

知縣何鉞。

知縣顧岩。

知縣張鉞。

縣丞周恂。以上八位，嘉靖三十四年，知縣洪先志申請學道阮入祀。

知縣段宏璧。萬曆四十五年，知縣林剛中申請學道周入祀。

知縣池浴德。

知縣湯顯祖。二位俱萬曆四十六年，士民公請學道蔡入祀。

知縣胡順化。崇禎十年，知縣何廷棟申請學道劉入祀。

國朝

知縣趙如瑾。順治十二年，知縣徐治國申請學道張入祀。

知縣李翔。康熙二十八年，士民公請知縣柳滋溥申請學道王入祀。

訓導朱永翼。康熙三十六年，合庠呈請學院張入祀。

巡撫范承謨。謚忠貞，康熙三十年公請增祀。

督撫李之芳。康熙四十年公請入祀。

巡撫朱昌祚。謚勤愍，康熙三十年公請增祀。

提督李塞理白。康熙三十年公請增祀。

總督郭世隆。

總督王騭。

按察使楊宗仁。

鄉賢祠祀

宋

龔原。正德七年，知縣張錢立祠以祀。

華岳。乾隆十三年，知縣黄培任申請撫院方入祀。

尹起莘。與龔原同日祀。

周縉。

周南。

元

鄭元祐。以上三位，嘉靖三十四年，知縣洪先志申請學道阮入祀。

明

應櫝。

朱應鐘。以上二位，嘉靖三十八年，署縣湯玠申請學道畢入祀。

鄭還。嘉靖四十一年，知縣黄德裕申請學道范入祀。

項淼。萬曆三十四年，知縣蔣履申請學道李入祀。

項應祥。萬曆四十六年，知縣林剛中申請學道洪入祀。

朱景和。萬曆四十八年，知縣林剛中申請學道洪入祀。

國朝

包萬有。康熙元年，知府周茂源申請學道胡入祀。

按：名宦鄉賢二祀，標往哲之芳徽，垂後人之楷範，甚盛典也。張東沙云：衮舄於一時易，俎豆於百世難。宜何如慎重者？乃或高賢而湮没，或凉德而濫竽，循名覈實，幸無爲識者扼腕也。

殿廡牌位主式

先師主。身高二尺三寸七分，廣四寸，厚七分，硃地金書。座高四寸，長七寸，厚三寸四分。木用栗。先賢、先儒同。

配主。身高一尺五寸，廣三寸二分，厚五分，赤地金書。座高四寸，長六寸，厚二十八分。

哲廡先賢主。身高一尺四寸，廣二寸六分，厚五分，赤地緑書。座高二寸六分，長四寸，厚二寸。

兩廡先儒主。身高一尺三寸四分，廣二寸三分，厚四分五釐，赤地墨書。座高二寸六分，長四寸，厚二寸。

崇聖祠五代主同先師。

配主同四配。

從祀主同先儒。

名宦鄉賢主，身悉同先儒，惟座止厚一寸。

祭樂圖章

文廟。用幣三、羊二、豕二、犢一。東西二配各用幣二、羊一、豕一。十哲共用幣二、豕二。兩廡各用羊一、豕一。廡各三壇，祭器詳左。

正位。坐爵三，獻爵三，登一，鉶二，簠二，簋二，籩十，豆十，俎三，篚一，祝版一，雲雷尊一，香鼎一，大燭臺二，大花瓶二，小香爐一，小燭臺二，檠，廟門廟内各六。挂燈，廟門四。庭燎。階下四門四。

配位。坐爵四，東西各二。獻爵六，東西各三。簠四，東西各二。簋四，東西各二。籩十六，東西各八。豆十六，東西各八。牲盤四，東西各二。篚二，東西各一。壺尊一，東西與哲共一。中香爐二，東西各一。中燭臺四。東西各二。

哲位。坐爵十二，東西各六。獻爵六，東西各三。鉶十二，東西各六，缺一。簠二，東西各一。簋二，東西各一。籩十六，東西各八。豆十六，東西各八。牲盤四，東西各二。篚二，東西各一。中香爐二，東西各一。中燭臺四。東西各二。

兩廡。坐爵一百二十四，獻爵六，東西各三。簠二，東西各一。簋二，東西各一。籩八，東西各四。豆八，東西各四，俱中壇用。籩壇，東西各二壇，每壇籩三。共十二。豆三，共十二。小香爐小灼臺共六副，東西各三。壺尊二。東西各一。

崇聖宫。正位用幣五、羊一、豕一，餘各用幣一、豕一。

正位。坐爵五，獻爵三，鉶五，簠二，簋二，籩八，豆八，牲盤二，篚一，祝版一，尊一，花瓶二，中香爐一，中燭臺二，小香爐一，檠四，小灼臺二，挂燈四，庭燎。階下四。

配位。坐爵四，東西各半，下同。獻爵六，鉶二，簠二，簋二，籩八，豆八，牲盤四，篚二，小香爐二，小灼臺四，壺尊一。

從祀。坐爵五，東三西二。獻爵六，東西各半。簠二，簋二，籩六，豆六，牲盤四，小香爐、小灼臺四，篚二。

附舊祭器

鐵香爐二個，石香爐二個，銅爵，原一百十一個，今存九十六個。籩豆、鉶、登等俱無存，錫香爐、花瓶。

名宦祠祭，用春秋二仲上丁日，祭儀：羊一、今省。豕一、籩豆各四。

鄉賢祠儀同名宦祠。

土地祠，學宫戟門西。祀學土地之神。丁祭畢，即日致祭。祭儀：羊一、今省。豕一、籩豆各四。

校注

〔一〕道光《遂昌縣志》卷四作「壤駟子赤」。

〔二〕道光《遂昌縣志》卷四作「石作子蜀」。

〔三〕原刻本作「祧」，道光《遂昌縣志》卷四作「朓」，據同治《韶州府志》卷十六改。

〔四〕該條原刻本漫漶不清，據嘉慶《漢州志》卷十四補。

文廟正位陳設圖

先師

坐爵　獻爵　口和羹

坐爵　獻爵　口太羹

坐爵　獻爵　口和羹

黑餅　白餅

十導

梁　榛　茭　芡　花　羊

形鹽　槀魚　鹿脯　棗

黍　稷　燭　燭

簠二　簋二　帛香　祝香　犢

稻　梁　燭　燭

韭菹　芹菹　菁菹　笋菹　花　豕

口醢　鹿醢　兔醢　魚醢

脾肵　豚肵

縣學配位陳設圖 較府學省籩二豆二

配位　配位

坐爵　坐爵

獻爵　獻爵　獻爵

和羹　和羹

芡　棗　形鹽　黍　黍　韭菹　笋菹　兔醢

□　栗　槀魚　稻　稻　芹菹　醓醢　魚醢

榛　鹿脯　菁菹　鹿醢

帛

灼　香　灼

羊肉　豕肉

文廟正哲位陳設圖府縣學同

哲　哲　哲　哲　哲

坐爵　坐爵　坐爵　坐爵　坐爵

獻爵　獻爵　獻爵

和羹　和羹　□□　和羹　和羹

芡　棗　形鹽　黍　稻　韭菹　笋菹　兔醢

芡　栗　槀魚　芹菹　醓醢　魚醢

榛　鹿脯　菁菹　鹿醢

灼　帛香　灼

羊肉　豕肉

按例每位一壇，但多案，陳設不開，今擬合爲一。○兩哲應增坐爵一鉶一。

文廟兩廡陳設圖

邊壇　中壇　邊壇

坐爵　坐爵　坐爵

棗　形鹽　韮菹　獻爵　獻爵　獻爵　棗　形鹽　韮菹

和羹

醢□　鹿脯　芹菹　棗　形鹽　黍　稻　韮菹　醢醢　醢醢　鹿脯　芹菹

栗　鹿脯　芹菹　魚醢

灼　香　灼　　　　灼　香　灼

帛

灼　香　灼

羊肉　豕肉

崇聖宮正位陳設圖

五代　三代　一代　二代　四代

坐爵　坐爵　坐爵　坐爵　坐爵

獻爵　獻爵　獻爵

和羹　和羹　和羹　和羹　和羹　和羹

羹　棗　形鹽　黍　稻　韮菹　笋菹　兔醢

芡　栗　槀魚　稷　粱　芹菹　醓醢　魚醢

榛　鹿脯　箐菹　鹿醢

灼　帛香　灼

羊肉　豕肉

配位陳設圖

配位　配位

坐爵　坐爵

獻爵　獻爵　獻爵

和羹

鹿脯　形鹽　黍　稻　韭菹　醓醢

棗　槀魚　芹菹　兔醢

帛

灼　香　灼

羊肉　豕肉

從祀陳設圖

儒　儒

坐爵　坐爵

獻爵　獻爵　獻爵

和羹

棗　形鹽　黍　稻　韮菹　鹿脯

稾魚　菁菹

灼　帛香　灼

羊肉　豕肉

文廟樂舞人數：麾一人，歌工六人，搏拊二人，琴四人，瑟二人，柷一人，敔一人，笙四人，簫四人，排簫二人，笛四人，塤二人，篪二人，編鐘一人，編磬一人，楹鼓一人，節二人，舞二十四人，合共六十四人。

先師位

□

歌歌歌排

工工工簫

琴　琴

瑟　柷

簫　簫　笙　笙

篪　塤　笛　笛　排簫

編鐘

楹鼓

節

舞　舞　舞
舞　舞　舞
舞　舞　舞
舞　舞　舞

陛

簫工工工

排歌歌歌

琴　琴

敔　瑟

笙　笙　簫　簫

排簫　笛　笛　塤　篪

編磬

節

舞　舞　舞
舞　舞　舞
舞　舞　舞
舞　舞　舞

樂章

迎神，咸和之曲。

大哉孔聖，道德尊崇。維持王化，斯民是宗。典祀有常，精純并隆。神其來格，於昭聖容。

初獻，寧和之曲。

自生民來，誰底其盛。維師神明，度越前聖。粢帛具成，禮容斯稱。黍稷非馨，惟神之聽。

亞獻，安和之曲。

大哉聖師，實天生德。作樂以崇，時祀無斁。清酤惟馨，嘉牲孔碩。薦羞神明，庶幾昭格。

終獻，景和之曲。

百王宗師，生民物軌。瞻之洋洋，神其寧止。酌彼金罍，惟清且旨。登獻惟三，於嘻威禮。

徹饌，咸和之曲。

犧象在前，豆籩在列。以享以薦，既芬既潔。禮成樂備，人和神悦。祭則受福，率履無越。

送神，咸和之曲。

有嚴學宫，四方來崇。恪恭視事，威儀雝雝。歆兹惟馨，神馭還復。明禋斯畢，咸膺百福。

望瘞，樂章同送神。

丁祭禮儀。祭前一日，執事者設香案牲房外，獻官常服詣省牲所，省牲膳夫宰牲，盛毛血少許於盤。是日，觀樂、習儀、齋宿。及期黎明，鼓三嚴，樂舞生就位，執事者各執其事。正獻官、分獻官與祭官各以次就位，瘞毛血。樂舞生執羽籥，迎神麾生舉麾擊柷，樂奏咸和之曲。奏畢，四拜。今行九叩禮。樂盡，麾生偃麾，櫟梧樂止。奠帛，行初獻禮。詣盥洗所，盥洗畢，詣酒尊所。司尊者酌酒詣至聖前，麾生舉麾擊柷，樂奏寧和之曲，跪。獻帛、獻爵，俯伏，興，平身。詣讀祝位，麾生偃麾，樂暫止，跪。衆官皆跪。讀祝文畢，俯伏，興，平身。麾生舉麾，樂舞生接舞，奏先未終之曲。詣顔子位前，跪。奠帛、獻爵畢，俯伏，興，平身。詣曾子、子思、孟子位前，俱同前儀。獻畢，行分獻禮。各分獻官詣盥洗所，盥洗畢，詣酒尊所。司尊者酌酒。詣東西哲、今增朱子位前。東西廡神位前，俱跪。奠帛、獻爵畢，俱府伏，興，平身，復位，樂盡。麾生偃麾，櫟梧樂止。行亞獻禮，儀如初獻，不盥洗，不司尊，不讀祝，樂奏安和之曲，儀同初獻。行終獻禮，樂奏景和之曲，無迎尸以下諸事，故禮止。三獻，樂止，跪飲福受胙畢，俯伏，興，平身，復位，鞠躬，興，四拜，興，平身，各官俱拜訖。徹饌，麾生舉麾擊柷，樂再奏咸和之曲，執事者稍動籩豆，司節引舞生序立，樂盡，麾生偃麾，櫟敔樂止。送神，麾生舉麾擊柷，奏咸和之曲，鞠躬，興，四拜，興，平身，各官俱同拜訖。樂盡，麾生偃麾，櫟敔樂止。讀祝者捧祝，進帛者捧帛，各詣望所，望麾生舉麾擊柷，樂再奏咸和之曲，捧祝帛詣望位，正獻官、分獻與祭各官俱至所，祝版一、帛一，數至九，焚訖。樂盡，麾生偃麾，樂止，禮畢。

祝文。至聖先師孔子：配以四配。德隆千聖，道冠百王。揭日月以常行，自生民所未有。屬文教昌明之會，正禮和樂節之時。辟雍鐘鼓，咸恪薦于馨香；泮水膠序，益致嚴于籩豆。茲屆春秋仲，祗率彝章，肅展微忱，聿將祀典。

附舊祝文。德配天地，道冠古今。删述六經，垂憲萬世。

崇聖宮祝文。配以東西配。奕葉鍾祥，光開聖緒。盛德之後，積久彌昌。凡聲教所覃敷，率循源而溯本。宜肅明禋之典，用伸守土之忱。茲屆仲春秋，聿修祀事。

附舊祝文。誕生至聖，爲萬世王者之師，功德顯著。

武廟

關帝廟〔一〕　舊在邑東瑞山麓，乾隆二十一年，知縣熊鐫改建西隅，祀忠義開聖帝君，歲於二月、八月吉日，五月誕辰致祭。祭品用羊一、豕一、犢一，簠簋籩豆之數，略與文廟同。三獻用北禮。

祝文。神武淩霄，丹心貫日。扶正統而彰信義，威震九州；完大節以篤忠貞，名高三國。神明如在，徧祠宇於寰區；靈應丕昭，薦馨香於歷代。屢徵异迹，顯佑群生。恭值嘉辰，遵行祀典。筵陳籩豆，几奠牲醪。

三公廟在武廟後殿。　祀關帝之曾祖光昭公，祖裕昌公，父成忠公。歲於二八五月同日，先行致祭。祭用三壇，羊一、豕一，簠簋籩豆之數略與崇聖宫同。

祝文。世澤貽休，靈源積慶。德能昌後，篤生神武之英；善則歸親，宜享尊崇之報。列上公之封爵，錫命攸隆；合三世以肇禋，祀章明備。恭逢諏吉，祗事薦馨。

校注

〔一〕關帝廟：原刻本無，據道光《遂昌縣志》補。

祠壇

文昌祠。舊祀於義學，知縣王燈創建於文昌山。祀文昌、梓潼帝君，春秋二祭，用羊一、豕一、爵三、蔬果脯醢各四。

奎閣。舊在義學前，知縣王燈創建於文昌山。祀武曲奎極星君，祭儀同文昌祠。

社稷壇。在北郊。祀縣社之神、縣稷之神，設主北鄉，右社左稷。歲以春秋二仲上戊日，陳主而祭。用羊一、豕一、爵三、登一、鉶二、簠二、簋二、籩四、豆四。無樂。

祝文。奠安九土，粒食萬邦。分五色以表封圻，育三農而蕃稼穡。恭承守土，肅展明禋。時屆仲春秋，敬修祀典。庶丸丸松柏，鞏磐石於無疆；翼翼黍苗，佑神倉於不匱。

風雲雷雨山川壇。在南郊。祀風、雲、雷、雨之神，右山川之神、左城隍之神。設主南向，歲用春秋二仲上丁第三日陳主而祭，今亦用上戊日。用幣七，牲視社稷加二之一，爵與鉶、登、簠、簋、籩、豆亦如之。無樂。

祝文。贊襄天澤，福祐蒼黎。靈化流形，生成永賴。憑依鞏固，實資捍禦之功；磅礴高深，長保安貞之吉。幸民俗之殷盈，仰神明之庇護。恭修歲祀，正值良辰。敬潔豆籩，祇陳牲幣。

先農壇。在東門外呂川。祀先農厲山氏，配以炎帝、神農氏、后稷氏。祭期，每年用三月亥日。祭品：羊一、豕一、帛三、鉶一、簠二、簋二、爵三、籩四、豆四，儀如他祭。祭畢，午時行耕藉禮。

祝文。創修穡事，奠厥寰宇。播時百穀，垂法萬古。功同覆載，澤遍黎庶。

忠孝祠。在泮池左。祀忠義孝弟之靈，歲於春秋二仲上丁日致祭。祭品用羊一、豕一、爵三、蔬果脯醢各四。

祝文。賦性貞純，躬行篤實。忠誠奮發，貫金石而不渝；義聞昭宣，表鄉閭而共式。祇事懋彝倫之叙，性摯莪蒿；克恭念天顯之親，情殷棣萼。模楷咸推夫懿德，綸恩特闡其幽光。祠宇維隆，歲時式祀。用陳尊簋，來格几筵。

節孝祠。在忠孝祠南。祀節孝之靈，歲於春秋二仲上吉日致祭，儀禮略如忠孝祠。

祝文。純心皎潔，令德柔嘉。矢志完貞，全閨中之亮節；竭誠致敬，彰閫内之芳型。茹冰蘖而彌堅，清操自勵；捧盤匜而匪懈，篤孝傳徽。絲綸特沛，孚殊恩於祠宇；歲祀祇循，昭永垂於令典。謹修粢盛，式薦牲醪。

尹祠。在學宮之東。祀堯庵尹先生，歲於春秋二仲上丁日致祭，祭品用羊一、豕一、帛一、爵三、籩豆各四。

邑厲壇。規制詳建置。每歲清明、中元、十月朔，先期二日，縣以告於城隍。至期，導城隍於壇，榜無祀鬼神列於壇下。每祭用羊二、豕二、蔬果各四、飯各數石，酒亦如之。

愛祠

遺愛祠。詳建置。歲於春秋二仲上戊日，合祀湯、段二公。祭用羊一、豕一、爵三、籩豆各四。

池公祠。在二都清華閣，士民建，祀知縣池公浴德。今廢。

黃公祠。在碧瀾橋南，士民建，祀知縣黃公道瞻。今廢。

段公祠。在報願寺西，士民建，祀知縣段公宏璧。康熙五十一年改造守備衙署，遷祠於寺東，合祀知縣湯公顯祖。邑人項應祥有記，入藝文。

辛公祠。在報願寺東，祀知縣辛公志會。邑人項天慶題額『風抗雲垂』。

林公祠。在濟川橋北，祀知縣林公剛中。邑人項應瑞有記，入藝文。

傅公祠。在碧潤橋南，祀知縣傅公恪。郡人王一中有記，入藝文。

李公祠。在湖山槐亭，里人建，祀知縣李公翔。

高公祠。在十八都柘溪，里人建，祀温處道高公其佩。

羅公祠。在邑西南堤内，邑人建，祀知縣羅公乘禮。

群祠

廣福堂。在北隅縣治右。祀元帝。原廟狹小，萬曆年間士庶鼎新拓建。

東嶽廟。舊在邑南百餘步。重建於西門外二里，祀東嶽之神。前有芙蓉亭。

滅虎祠。在報願寺法堂東。知縣湯顯祖建。自有記，入藝文。今圮。

黄塘廟。在邑南君子山麓。祀五聖靈官。先廟狹小，神亦靈异，被壞木壓倒而神像依然。萬曆甲申，士庶樂輸，恢拓重建。崇禎丙子，前濬池蒔荷東建横樓二十四間。知縣湯顯祖有詩，入藝文。近圮。乾隆十一年士庶重建。

天師廟。在邑東五十里牛頭山。九雲峰縣南、東泉、葉家田三都、鄭村十一都，天師壇皆立廟。祀葉法善真人，鄉人稱爲天師。凡遇災旱，祈禱輒應。本縣四方，争相迎賽。每遂秋冬，牛頭山進香酬願者，男女接踵，松陽尤甚。順治己丑，僧寂德、大閏師徒，于山麓建冥陽庵，顯應尤著。

曾雲堂。在邑東塔山下。今廢。有詩，入藝文。

明善堂。即吴皋道堂。在西門外。邑人鄭還有詩，入藝文。

白馬廟。在邑西二十里丁公山下項村，因廟圮基侵，移建山巔。祀白馬之神。萬曆初年，靈應如響，四方祈禱絡繹，松陽尤甚。男女徒步至寺，一時廟宇鼎盛，四圍叠石如垣然。晝則雲繞足下，夜則嚴風颼颼，即盛暑亦寒甚，後被雷擊，遂成荒坵。

元通庵。又名功厚。在邑西二十里丁公山。

天妃宫。在溪南壽光宫右。祀天妃娘娘。嘉靖四十年，縣丞翁琚建。萬曆二十年募建前堂、兩翼、大門。

馬夫人廟。在邑南五龍山麓。祀馬氏夫人，舊廟在十八都柘上，萬曆己酉，僧募化創建。下有袚麟橋，祈嗣者禱無虚日。

麗陽行祠。在邑北官陂。今廢。

四大王殿。一在邑南隔溪，一在北隅山麓。祀金鐘洞主之神。

魚袋山殿。在得月亭上五十步。祀五聖之神。崇禎元年知縣胡順化建。見靈异。康熙丙寅，洪水漂没，居民復建祀焉。乾隆壬申，大木壓廟，神像依然。里人鼎新之，又前建得月亭以留勝迹。

蔡相公廟。在邑西九十里。世傳蔡氏兄弟二十四人五代時避地居此，殁而爲神，至今血食一方。

溥濟廟。在邑北二十里。即三井龍湫之祠，自宋以來禱雨響應，紹興己未賜額。至今靈异如昔。

陳府君廟。在邑北五十里。神名備，唐處州刺史。文德初，與盜盧約争州不克，殁而靈异，鄉人建廟祀之。今廢。

慈仁廟。在邑東百餘步。知縣顧寧建，後改爲東社學。今廢。

徐偃王廟。在邑東城外百步。今廢。

華使君廟。在邑東十餘里。神名造，唐景福間處州刺史，死於賊，鄉人立祠祀之。當時居民嘗見馬飲於池，未知來踪，及觀廟門塑馬，蹄吻皆濕，因名飲馬池。

安樂王廟。在邑西三百步。後改爲西社學。亦廢。

何相公廟。在邑西二十五里。唐末有永嘉何氏兄弟以道術居其地，歿而爲神。紹興間鄉人建祠，祈禱輒應，民爭祀之。近，廟毁而祀不絶。

吴僕射廟。在十八都象崗。神名珂，唐末爲保義鎮遏使。黄巢倡亂，盗與盧約攻處州，董昌攻越。珂集義勇，積餱糧，守禦一方，以功拜檢校工部尚書。歿爲神，禱之立應。武林張翼有詩，入藝文。

卷之五

官師志

職官、政績

邑有令，職親民牧，總以弼成化理。至於佐以僚幕，聯以師儒，共宏政教，士習民風所由繫也。前志遺逸未載者，無考。後隨世代臚列姓氏，若政績茂著，別有傳。志官師。

職官

縣令

六朝 宋梁。

元嘉潘綜。烏程人，見傳。

江子一。考城人，見傳。

唐 無考。

宋

雍熙侯慶，劉文紀。

天聖李迪，濮州人，見傳。郭知新，趙端，彭有隣，江日宣，蕭大有，李希逸，劉賦，徐昭回，劉單，袁道成，鞠佾，吴德，王仲思。

皇祐何辟非，建安人，見傳。施肅，毘陵人。李喬，毘陵人。鄧舜卿。

嘉祐李宗孟，毘陵人。朱祐之，吴卞。

熙寧王淵，海陵人。錢長侯，長城人，見傳。丁琬，許通，陸若思，王瑗，錢仲侯。長侯弟。

元祐張根，清河人，見傳。錢康侯，長侯弟，見傳。尹復臻，方佩，丁禧，葛先，包永年，韓古，李偕。

靖康徐幾，愈先，何繼。

建炎董伋，德陽人，見傳。曹仙，李剛中，王傅，晁公耄。

紹興鄭必明，閩人，見傳。胡仲文，朱兢，李宗質，見傳。趙善示，見傳。劉邦光，高公挺，王宗，魏興邦。

乾道李大正，建安人，見傳。木昇，莊藴。

淳熙林采，閩人，見傳。向濡，吴柟，李逌，章濤。

慶元朱元成，平江人，見傳。富嘉猷，趙仲立，陳武卿，司馬巡，楊與立，蒲城人，見傳。趙汝濬，胡巘，林士宗，葉莫，葉知剛。

嘉定陳逵，三山人，見傳。司馬掀，見傳。吴壆，趙宗譽，曹黼，黄華，趙與廉，徐申，何堂，趙汝楷，薛從龍，龔宗尹，趙椅夫，趙必采，陳晟。

景定趙旴夫，寶婺人，見傳。趙必靖，徐天驥，章湜，馬子南，陳恭。

元

達魯花赤

克釋密尔哈班，交住，暗都剌

縣尹

樊璋，王極，郭義道，完顔從中，孔楷，郄衡，毛勝。

至元石谷。南陽人，見傳。

至正杜伯思，見傳。季任安，司時舉。

明

知縣

龍鳳魏良忠，李訥。通許人，見傳。

洪武馬玉，見傳。郭貞，青州人，見傳。鄭肇，許忠，秦孟和，姚澤，榜清，周淵。

正統顧寧，張翔。大興人。

景泰趙因，王貴。

天順何錢，臨清人，見傳。蔣達，張汝華。

成化李瓚，鳳陽人，見傳。胡熙，李璉，顧岩，常熟人，見傳。俞鏞，李緒，歐陽理，泰和人。胡綬。貴溪人。

弘治黃芳，見傳。趙結，嘉定人。邵文忠。閩縣人。

正德張鉞，安仁人，見傳。曹環，顧榧，常熟人。楊世賢，當塗人。張淵。江浦人。

嘉靖黃金，莆田，進士，二年。蕭質，清江人，見傳，五年。徐九經，江寧人，八年。賴璋，十二年。江宇，番禺人，十四年。曹守貞，江都，進士，十九年。黃養蒙，南安，進士，見傳，二十二年。鄭澤，二十四年，平賊有功。王一貫，莆田人，二十六年。洪先志，海陽人，見傳，二十九年。李章，亳州人，三十四年。施霖，長洲人，三十六年。黃德裕，浮梁人，三十九年。楊郁，無爲州人，四十三年。池浴德。同安，進士，見傳，四十五年。

隆慶黃應霖，延平人，四年。鄭惇典。宜黃人，六年。

萬曆方亮采，莆田人，見傳，元年。黃道瞻，晉江，進士，見傳，四年。鍾宇淳，華亭，進士，見傳，五年。王有功，吴縣，進士，見傳，十二年。萬邦獻，南城，舉人，十七年。湯顯祖，臨川，進士，見傳，二十三年。段宏壁，金壇，舉人，見傳，二十七年。王焯，懷寧，舉人，二十八年。辜志會，晉江，舉人，見傳，三十一年。蔣履，武進，舉人，三十五年。史可傳，□□，貢士，三十九年。黎來亨，順德人，見傳，四十二年。林剛中。莆田人，見傳，四十四年。

天啓傅恪，江陵人，見傳，元年。胡順花。景陵人，見傳，三年。

崇禎康晉，合州人，見傳，二年。何廷楝，廣西，舉人，六年。許啓洪，宜興人，見傳，十二年。劉曰鎰，南昌人，見傳，十五年。張建高。遼東人，十七年。

國朝

順治趙如瑾，雄縣人，見傳，三年。胡然翰，安東衛，貢士，見傳，六年。徐治國，遼東，恩貢，見傳，八年。李時能，尤溪，舉人，十四年。劉景栢，遼東，恩貢，十七年。董景范。華亭，歲貢，十七年。

康熙楊楫，寧夏，選貢，元年。王道震，順天，廕生，三年。王獻明，潁川，歲貢，四年。馬豸，真定，進士，六年。李翔，漢中，進士，見傳，八年。諶紹洪，南昌，進士，十三年。徐越，遼東，恩監，見傳，十五年。柳滋溥，蓋平，蔭生，見傳，二十年。韓武，大興，監生，見傳，三十一年。蘇爰，遼東，監生，三十九年。陳思溶，奉天，監生，見傳，四十四年。王毓德，遼陽，監生，四十六年。丁宗益，通州監生，四十六年。繆之弼，崇仁，舉人，見傳，四十八年。楊春芳，融縣，奉人，五十三年任。戴世禄，監生，五十四年署。何其偉，石屏，舉人，五十五年任。任世泰，五十八年署。姚啓文。淳化，舉人，五十九年任。

雍正王維紀，黄旗，貢生，元年署。羅秉禮，正白旗，舉人，二年任。趙仕，寧海〔一〕州，進士，五年任。許鼎，侯官，舉人，五年。許藎臣，鼎子，舉人，六年署任。向牧，衛山，舉人，七年任。許藎臣，八年復署。陳如錫。南海，歲貢，十年任。

乾隆王夢弼，商邱，恩拔副貢，元年署。路覲，宜興，進士，元年任。耿址，慶都，舉人，三年任。譚肇基，廣東，進士，七年署。杜棟，山西，舉人，七年任。張士標，江南，監生，八年署。王履坦，蓬萊，舉人，八年任。戴鈞，順天，監生，十年署。王翊，河南鄭州，進士，十一年任。李升階，四川，舉人，十二年署。黄培任，江西新城，進士，十二年任。紀從樸，北直，附監，十六年署。戴椿，江南，監生，十六年署。李肯文，廣東，進士，十七年署。雷廷鉽，順天，監生，十七年署。何元鼎，福建，貢生，十七年署。宋世恒，四川，舉人，十八年任。劉復仁，貴筑，舉人，二十年署。熊鐫，湖北，貢生，二十一年任。李元，寧國，進士，二十三年任。李林桂，直隸，舉人，二十三年署。范楣，河南，舉人，二十四年任。王憕。四川，舉人，二十六年任。

縣丞

宋

元祐史才。

靖康胡涓。鄱陽人，見傳。

乾道韓允寅。山陰人。

景定余允懷，丁舉，陳黼，張咸，趙南夫。

明

洪武劉振，蕭庸，劉驛，駱叔文，周彦英，張智，與指揮弓禮同死陶得二之難。王玠，常敬。

正統周恂。見傳。

景泰謝教。舒城人。

弘治萬顯，李光祖，耿怡。

正德迮宇，馮守仁，袁鉞，丁愷，楊春。舒城人。

嘉靖林北，當塗人。朱鵬，華亭人。魏重，江都人。劉鑰，大城人。張銀，曹相，通州人。俞叔櫝，江都人。

汪諭，休寧人。盧植，黄岡人。翁琚，將樂人。芮汝備。旌德人。

主簿

唐

張軻。

宋

雍熙房從善。清和人，見傳。

淳熙常濬孫。

景定葉禹，鄭昷，鹿昌運。

元

齊福榮，李居中，侯宗圭，張輔。

至元徐思道，馮德秀，楊廷瑞，明文德。

明

龍鳳潘雍。

洪武李惟孝，見傳。黄道俊。見傳，邑人。

宣德何宗海。

成化文英，楊彦旭，王彬，陳錢，吴延，陳保。

弘治李昇，陸任通，李祥。

正德劉俊，李仁，陳述，楊正立。六安州人。

嘉靖劉拳，陳州人。陳聰，張鎬，南陵人。范鑛，泰和人。劉希哲，新城人。容璘，新會人。余芳，楊炳，豐城人。張尚義，劉闠，陳璫，武寧人。杜時達，上海人，見傳。辜輝。南昌人。

隆慶邢守轍，吴橋人。毛彩。枝江人。

萬曆曾備，吉水人。李嘉賓，陽山人。揭暘，建昌人，見傳。陳文明，南昌人。郭公襄，冠縣人。江景邦，旌德人。張自新，華亭人。張大化，江西人。江朝宗，江西人。金楝，謝朝宰，龍南人。汪士賓，歙縣人。程先登。宣城人。

天啓吴日昇，南城人。程士熙，歙縣人。吴正樞。巢縣人。

崇禎韓鳴治，惠州人。吴顯忠，雲南，貢士。朱可久，福州人。胡端肅，歙縣人。朱毓俊。江寧人。

縣丞、主簿今裁。

縣尉

宋

朱大正，孟猷，馬驤，葉禾。

典史

元

刁翰，馬進，陳景春，韓惟忠，衛琮，馬安〔一〕。

至元夏宗，周源，張光祖，李元紀。

明

洪武余夢昭，三十四年。趙寧，胡本宗，陳堡，李仲器。

弘治王安，蔣益，劉通。

正德黄九成，産鐘，英賢，潘定，楊楚。

嘉靖曹珙，姜裕，鄧奇環，澧州人。嚴伯遠，嚴録，龍溪人。鄧萬斌，彭溪，安福人。吴廣，徽州人。何京，邵武人。易準，南海人。林文明，莆田人。丁時雍。黄崗人。

隆慶王汝平。鎮縣人。

萬曆潘鎰，當塗人。劉侃，靖安人。楊世夔，福建人。姚清，閩清人。王應科，當塗人。何志沂，莆田人。嚴見麒，韶州人。徐雲程，枝江人。韓應期，廣東人。李本照，江西人。周應選，湖廣人。張汝容，桐城人。顧諟明，南直人。熊汝良，江西人。夏一鳳，當塗人。劉一讓，閩縣人。黄穀。莆田人。

崇禎丁應宿，古田人。焦思達，宣城人。李世華，莆田人。戴德潤。丹徒人。

國朝

順治朱冀，武進人。邵允文，北京人。田産玉，三原人。蕭國輔。大興人。

康熙楊廷芳，陝西人。竇昭孔，富平人。陶振琳，宛平人。龐瑾，陽曲人。劉日章，順天神武左衛人。李方區，山西人。余國鼒，順天騰驤衛人。陳元亮，大興人。汪兆尹，直隷通州人。易大有，江南江都人。胡明德。順天宛平人。

雍正耿珩，真定人。張昉，順天霸州保定人。姚祖樞，順天宛平人，署。張極。寧國旌德人。

乾隆林豐澤，順天宛平人，署。楊文佐，順天宛平人。曾士琮，湖南長沙善化人。高芝，鑲黄旗人。劉焜。順天大興人。

教諭

宋

鄭欽若，邑人，居西隅。周晢，華成。

元

葉立里，潘初，葉繼祖，劉周士，劉爚，詹原恭，應雄。

至元陳補，林棨。

至正余在兹，宋奎崇，王因孫，王正甫，張國寶，袁炳如。

明

洪武蘇天奇，白俞。

永樂李榮，七年。齊宣，十五年。邊繼善。

宣德林渭，七年。邱福，何清，朱旭，魏莪。

天順劉世傑，見傳，六年。林智，華夫。無錫人。

正德藍英，江寧人。戴鑾，見傳。孫瑤。丹徒人。

嘉靖歐涇，巢縣人。紀穆，見傳。劉瓛。廖鶚，臨川人。邢屺，當塗人。鄭器，寶應人，見傳。丁鶴，句容人。

康雲程，莆田，舉人。譚孔。樂安人。

隆慶毛銳，武昌人。陳一厚，程鄉，舉人。林若桂。南安人。

萬曆洪一鵬，壽昌人。虞廷高，臨海人。徐朝陽，建德人。朱龍，定海人。于可成，仁和，舉人，見傳。楊士偉，天台，舉人，見傳。朱允若，上海人。鄭維嶽，南安，舉人，見傳。孫懋昭，烏程，舉人，見傳。沈思相，杭州人。徐應箕，淳安人。趙成宣，太平人。馬希曾，餘姚，舉人。陳元暉。諸暨，壬戌進士。天啓葛應秋，績溪，舉人，見傳。章大行，蘭溪人。王士倫。永嘉，舉人，見傳。崇禎黄九功，遂安人。程啓祚，廣西人。陳士瓚，餘姚，丁丑，進士。沈金鑑，德清，舉人，見傳。劉啓賢，分水人。孫振圖。東平，舉人，見傳。

國朝

順治戴雪程，遼東人。鍾天錫，德清，舉人，見傳。張期振，會稽，舉人，見傳。葉朝忠。嵊縣，歲貢。康熙蔡遵生，蕭山，歲貢。趙凝濬，諸暨，拔貢，見傳。陳灝，仁和，歲貢，見傳。陳雲鍾，永康，壬子，拔貢，見傳。方衢。壽昌，拔貢，五十七年任。

雍正陳世修。海寧，舉人，二年任，有傳。

乾隆徐宏坦，臨安，恩拔副貢，元年署。張錫理，慈谿，恩貢，二年任，有傳。趙金簡，上虞，己未進士，四年任。平奇新，會稽，舉人，十四年任，有傳。邵人傑，錢塘，舉人，十六年署。趙金簡，瑞安，拔貢，十七年任，有傳。周履培，仁和，舉人，十八年任。沈德榮，桐鄉，副貢，二十三年任，有傳。沈越凡，仁和，舉人，二十七年任。沈夢龍，湖州，舉人，二十八年署。詹能成。遂安，恩貢，二十九年任。

訓導

宋元俱不設。

明

洪武蕭保，翁得昇，邑人，居西隅。劉錫用，邑人。趙汝德，邑人。梅熙，縉雲人。程賜。

永樂湯新。

宣德汪寅，汪繼宗，游悌，葉璣，董瑢。

天順卓越，陳福，唐嵩，孫敬，池陽人。蕭玉，莆田人。陳鏊，段瑶。盧陵人。

正德徐朝儀，黄珊，浮梁人。江大倫，宣城人。周文昌，光澤人。邱志廣。徐州人。

嘉靖施志廣，廣德州人。陸銘，長州人。吴潔，南昌人。邱鳳，崇安人。陳永昌，高安人。盛繼，見傳。李師曾，見傳。徐鑑，惠安人。張秉齡，古田人。黄國順，順德人。馮邦瑞，襄陽人。夏璧，建平人。毛鍔，馮持衡，茌平人，見傳。李溢，和州人，見傳。李上達，玉山人。葛侗，溧陽人。林瓚。莆田人。

隆慶王惠，丹徒人。陳良誠，羅源人。宗洪造。嘉興人。

萬曆林朝列，福清人。趙廷信，隨州人。王廷俊，江西舉人。傅恕，慈溪人。金彬，金華人。周思問，餘干人。黄繼先，壽昌人。夏蓟，平陽人。吴從善，淳安人。馮雅言，仁和人。周士麟，嵊縣人。程大亨，高明人。洪有觀，南安人，見傳。董用威，桐鄉人。蘇復生，陽江人，見傳。李思謹，汀洲人。稽汝洪，德清人。楊應迪。宣城人。

天啓田養純，湖廣人。蔣治，永嘉人。朱子華，偏橋人。周官，會稽人，見傳。周鼎臣，樂清人。張淑載，興隆衛人，見傳。葉九秩。西安人，見傳。

崇禎劉生春，河南人。黄玉璜，豐城人。李崇德，臨湘人。毛國祥，遂安人。陳一新，侯官人。王家臣，分水人。傅光日，鄞縣人，見傳。錢輔國，永嘉人。沈士麟，黄岩人。王希乾。相廬人，見傳。

國朝

順治馬世正，紹興人。童一相，義烏人。王士義，淳安人。沈大詹，秀水，歲貢。王愷之，新昌人。朱永翼，嘉興人，祀名宦，見傳。高宏緒，仁和，歲貢，見傳。計天植。嘉興，捐貢，五十七年任。

雍正朱廷荃，永嘉，歲貢，四年任。周逢吉，海寧，歲貢，七年任。王逢泰，遂安，歲貢，九年任。李俊良。東陽，歲貢，九年任。

乾隆陳士恂，石門，歲貢，元年任。洪德颺，浦江，歲貢，五年任。方兆鷺，開化，歲貢，八年任。吴浭，湖州，舉人，十一年署。王宗衍，樂清，歲貢，十一年任。卜廷榮，秀水，歲貢，十七年任。王世芳，臨海，歲貢，二十年任。乾隆二十六年，一百三歲。奉文引見，留京恭祝皇太后七旬萬壽，欽賜六品頂帶，賞賚有加。

校注

〔一〕寧海：道光、光緒《遂昌縣志》均作『南寧』。

〔二〕馬安：道光、光緒《遂昌縣志》均作『馬宗』。

名宦

南北朝

潘綜，吴興烏程人，宋元嘉中以孝行除遂昌長。見《宋書·孝義傳》。

江子一，字元亮，濟陽考城人，晉散騎常侍統之七世孫。少忼慨有大志，以家貧缺養，蔬食終身。仕梁，自尚書儀曹郎出爲令，著美績。後爲侍郎，啓求觀書秘閣，武帝許之，有勑直華林省，復爲南津校尉。侯景攻陷歷陽，子一赴建鄴，及弟子四、子五并力戰死。祀名宦。《南史》，本傳入《通志》。

宋

房從善，清河人。雍熙二年任主簿，建文廟、設聖像、興教化、正風俗。通判梁鼎嘉其能，立石記之。入《通志》。

李迪，字復古，其先趙人，後家濮州。天禧四年拜相，謚文定。先，嘗宰邑。陳逵《永安橋記》有云：若李文定公爲世名相，此其開端之地。公有《龍潭秋月》詩。見藝文。

何辟非，建安人，皇祐中宰邑。興學立教，得爲政大體。初，邑未有學，而夫子廟在西郭。至是，乃於邑之東南隅創立殿堂齊序，後令施肅、李喬、李宗、孟玉淵相繼成之。入《通志》。

錢長倈，字元之，長城人。熙寧中爲邑令，迎母就養。初政尚威嚴，及奉母教飭，濟以慈恕，獄多平反，全活者衆，吏民畏而愛之。又周諏前爲邑者姓名，記於石。

張根，字知常，饒州德興人。清〔一〕河舊志云：甫冠，第進士。元祐四年，調臨江司理条軍，來知邑事。下車初，積案數十，不閱旬而決，曲直情僞，無不曲中。由是猾吏革心，獄訟衰息。既又築二堤，創三橋，立四門，興利除害，治績顯著。及去，邑人相率立石頌德，建祠於學。晚条大政，入名宦。子燾，誕於令舍，登進士第，爲時聞人。入《通志》。

錢康侯，字晉之，長侯弟。元祐中，後兄二十五年知縣事。博學洽聞，議論施設，弗違禮義，廉平不苛，民獲安養。

胡涓，字霖卿，鄱陽人。靖康中應神童科，後登進士第。來丞縣事，以生民利弊爲念。縣治距溪不數武，而儒學切近於其側，每霖雨，溪流漲溢，則堤湍齧害叵測。公因仿舊龍圖張公根所築堤址而修甃之，身自董役。堤成，百姓蒙其利。祀名宦。入《通志》。

董伋，饒陽人。建炎中任知縣。爲人豪邁尚氣節，處事舉當情法。時苗傅叛，亡奔七閩，朝廷遣觀察使張以兵追，道於邑，倉卒供餉不給。張怒，驅伋軍前，行不易服，神色自若，張莫能沮。逮龍泉境，釋之。邑民夏賦輪綢，舊用絹絲，伋不忍重困民，曰：是給諸卒，雖麻何傷？論輸綢者悉以麻。郡從例責吏亟易，伋即詣郡白其故，郡不能强。後守至，諸邑宰畢条，率獻無名金，伋稟命而旋，力陳已之。其庇民以身如此。入《通志》。

鄭必明，字南仲，閩人。紹興中宰邑。以儒雅飭吏事，好賢下士，爲政以名教爲先。修學宮，謹課試，風動四境。入《通志》。

李宗質，字文叔，文字公之後。紹興中知縣事，善裁斷。甲戌，芝溪餘寇竊發，有奸民乘隙倡亂，騷動一邑。公遣人擒至，杖殺之，合邑帖然。

李大正，字正之，建安人。乾道中始爲邑尉，去爲會稽令。念遂民不忘，求知邑事。既至，得滯案數十，判決如流，無不快人心。先是，丁役不均，科折違法，丁産與税乘除不以時，公盡革其弊。凡學之宫室器用廢壞者，悉整新之。見張左史《雙峰記》，入《通志》。

林采，字伯玉，閩人。淳熙中知縣事。始至，一新學舍，請還贍學金於郡，括匿税田於鄉以廩士。旬有課，季有考，靡不如式，學者翕然向風。核隱户，定税名，置都籍，事無不舉。去後，民思之，立祠學宫。閭邱景憲爲記，入《通志》。

趙善士，字君舉，寶婺人。紹興中知縣事。公嚴介潔，有异政，致物産之祥。去之日，民爲立德政碑。

朱元成，字少翁，平江人。慶元中知縣事，練達吏治。縣之役錢累至，積壓預借及三科計一萬三千五百緡，乃根括舊逋，撙節浮費，補填其數，自後邑無預借之擾。創常平倉，儲粟米以備凶荒，皆利民經久之計。建雙峰塔以培風氣。見《雙峰塔記》，入《通志》。

楊與立，字子權，潘城人。受業朱子之門，來知邑事，因家蘭溪。學者多宗之，稱爲船山先生。

所輯有《朱子語略》二十卷。

司馬揔，字仲舉。嘉定初，自左藏出宰，撫字教化，上格于天。是年有嘉蓮一柄雙花，粟一本十八莖，莖生八九穗，觀者如堵。民爲立堂，匾曰嘉瑞。既去，民思慕之。見《一統志》。

陳逵，三山人。嘉定間知縣事，首謁學宫，引試士子，一時士風丕變，囹圄空虚。既去，民繪像立祠祀之。入《通志》。

趙旴夫，婺州人。景定間知縣事。政教兼舉，籍奸吏之田，歸學養士，民感化焉。

元

石谷，南陽人。至元二十年知縣事。興學校，施善政，有訟者輒諭以理，民感化之。入《通志》。

杜伯思，至正十七年知縣事。歲大旱，箬川盗杜仲光聚衆殺人，公率弓兵禦之，爲賊所執，罵不絶口，遂死于難。入《通志》。

明

李訥，字近仁，汴梁通許縣人。明初知縣事，時值元季山寇陸梁，官莫能制。公下車興利除害，討賊安民，以恩信感化山砦七十餘所，招復離民萬有餘家，政績爲最。甫二年，徵知蘄陽府，民懷其德，作去思碑。齊志冲爲之記。入《通志》。

李惟孝，山東青州人。洪武初主簿。狷介不汙，恒甘淡泊。有材幹，勤政事，凡聽宇廨舍，皆其創造。後秩滿去，民咸感之。

馬玉，鳳陽人，洪武間知縣事。有幹略，善經畫，廉以自持，惠以及下，邑人稱之。

郭真，青州人，洪武間知縣事。卓有風力，鋤擊强梗，時有絶户鹽糧雜於追納，覈實除之，民頌其德。

周恂，正統間縣丞。先是，閩寇作耗，騷動本邑。公來慰安，統率民快，勦絶其害，百姓安業。教授毛翼爲撰《去思碑》。

劉世傑，泰和人，天順間教諭。待士公恕，教有成規，寒暑不易，士子景仰之，嘗立《鄉貢進士題名記》。

何鉞，臨清人。天順間舉人，知縣事。專尚德教，不事刑罰，有父母心。以疾卒。郡守周祺惜之，遣官致祭。邑人祀于東泉葉真人祠。

李瓚，鳳陽人。成化間舉人，知縣事。廉能果斷，擿奸鋤强，訟不越宿而決，豪横懾伏，囹圄空虚。以疾卒，人皆稱之。

顧岩，常熟人。成化間舉人，知縣事。先是，俗尚争鬭，自公莅政，民漸屏息。未久，以憂去。

黄芳，字士英，莆田人。弘治舉人，以雲和令調邑。才識通敏，决獄如流，凡學校、城門皆其創建。督民葬埋，禁作佛事，清理田糧，罷征商税。爲政知大體，綜理之周，小事亦不遺焉。擢太僕寺丞，庠士鄭還掇《十政詩》歌之，景寧潘琴爲之序，永嘉王瓚爲撰《去思碑》。入《通志》。

張鉞，字文黼，安仁人。正德進士，知縣事。剛明果斷，鋤强扶弱，毁淫祠，興社學，禁絶左道，創築城堞。時科第不振，公獨加意振興。江西窑源盗發，四境騷動，公捧檄率兵進討，寇遁，設寨守險，爲久遠計。累擢至南京工部侍部。

戴鑾，字時鳴，馬平人。正德舉人，任教諭。身率諸生，教誨不倦。修葺學宫始竣，值火患，公力救，不能，遂抱先聖先賢廟主及祭器而出，私舍器物罄毁弗顧，復力請郡守重建。士子追思立石，鄭還爲之記。見藝文，入《通志》。

蕭質，《省志》作萬質。字宜文，清江人。嘉靖舉人，知縣事。性行靖方，人不敢干以私。節用愛民，省刑薄斂，民有争者，諭而遣之。五月，政通事簡，日惟書札而已。時按察副使行邑，見其獄中草長過膝，深加嘆賞。三年，境無盗賊，豪猾屏息，庶幾刑措。入《通志》。

盛繼，字朝善，福寧州人。嘉靖間選貢，任訓導。禔〔二〕身務學，訓迪不倦，嘗以尊賢匾其堂，銘勇克軒以自省。升廣東興寧教諭，將行，民餽金爲道路費，竟謝却之。後升太平府教授、國子監助教。

黄養蒙，字存一，福建南安人。進士第二，嘉靖間知縣事。寬厚誠慤，見學前湫隘，鑿隙地爲外泮，濬官溝通活水。縣譙樓卑陋且壞，樓之前紆曲而逼，次第開闢，偉然壯觀。造次無疾言遽色，人擬其量爲劉寬焉。在任六載，升吏部稽勳司主事，累官至户部右侍郎。

紀穆，字希文，永豐人。嘉靖舉人，任教諭。年富才敏，修飭學政，諸生材質可進者，加意作成。或有事，必扶持全安之，不許輕至公府。士風揚厲，有司取重。升奉化知縣。

李師曾，字元魯，從化人。嘉靖歲貢，任訓導。性資温雅，敦樸無僞，言如不出口，孜孜以講學爲務。弟子有事求直者，餽金，事解，竟弗受。升麗水教諭、國子監學正。

容瑺，字廷圭，廣東新會人。嘉□□貢，任主簿。公勤廉，愛民禮士，動遵古道。去任，囊無餘資，父老攀送不忍舍，多至垂涕者。居家事親以孝，喪偶不再娶，朝廷旌其閭。見《新會志》，入《通志》。

洪先志，字克肖，海陽人。嘉靖舉人，知縣事。嚴謹明決，修政勤民。黄册均徭，舊多猾弊，悉心釐革，人服其公。時巨盗搆黨剽竊，緝而殲之，民始安。修治儒學，建名宦、鄉賢二祠，闢西北社學，修城隍廟，規畫整然。見各碑記。升南京工部屯田主事。

鄭器，竇應人。嘉靖歲貢，任教諭。悃愊坦易，飲人以和。諸生優於學行者，輒津津奬借不置口。不受貧士餽，且助之。升登州教授，未赴，卒於遂，士醵金葬之瑞山。

馮持衡，字平仲，茌平人。嘉靖歲貢，任訓導。剛方不阿，質任自然。教學必先器識，揚善勸俗，亹亹不倦。却貧士脯，語及利，羞形於色，其義概類如此。升雄縣教諭。

李溢，《府志》作鎰。和州人。嘉靖歲貢，任訓導。平易恬静，勤學好禮，講論必本道義。凡利欲嗜好，未嘗出諸口。升深州學正。

杜時達，上海人。嘉靖間吏員，授主簿。廉謹節愛，一毫不取。初，邑多積逋，以漸追徵。攝邑篆期月，聲稱大起。餘俸悉以新衙舍，築垣宇。去任，囊篋蕭然，士民攀留涕泣，歷久尚有餘思。入《通志》。

方亮采，莆田人。隆慶舉人，知縣事。實心實政，表裏如一。雅重學校，日課諸生，躬爲品題，寒暑弗輟。乘量田後，行扒平新法，歸額定里，手自裁定。折獄，每諭以人倫大義，聞者感悦。官舍蕭條，長子病滯，下括囊金市參术不得。萬曆二年入覲，麾笎庫羨餘弗納。先是以哭子遘疾，至京轉劇，遂卒。訃聞，士民哭臨，賻奠無虚日。入《通志》。

池浴德，同安人。嘉靖丙寅進士，知縣事。志操循卓，多异政，如清丈量、設防守、置木皂、澤枯骨等事，未可殫述。擢銓部，士民送至龍游，依依不忍舍，貿地置曳舟亭，尸祝於邑東西明山。祀名宦。入《通志》。

黄道瞻，字對兹，晉江人。萬曆進士，知縣事。賦性廉貞，丰裁英毅，斷獄明决，黠胥讋懾。值歲荒，發粟賑饑，規處得宜。時苦兇盗，廉其實殲之，四封安堵。課諸生，評隲詳敏，識拔得人。甫一載，以憂去。士民立石志愛，三十年後復建祠河頭橋東。

鍾宇淳，華亭人。萬曆進士，知縣事。廉明剛斷，庭無滯牘。築通惠石橋，創寅賓館、貯册庫、瞻華公館。尤鋭精造士，修學宫，建聚奎亭，置學田以贍貧生。又立石西安縣界，革巡檢司木排常例，夙弊頓除。擢南兵垣給諫。入《通志》。

王有功，吴縣人，萬曆進士，知縣事。渾厚練達，砥節開誠，雅意振作士風。建文昌閣，六載治平，擢監察御史。

湯顯祖，臨川人。萬曆癸未進士，授博士，升南儀郎。建言謫尉徐聞，升縣令。才名節概，海内想望丰采。下車惟較文賦詩，訟獄庶務，迎刃立解。創尊經閣於學中，建象德堂於射圃，置滅虎祠、啓明樓，種種美政，士民就射堂而尸祝焉。督學吴公飭建祠於堂後，以建言追曾光禄寺丞，祀名宦，復祀遺愛祠。入《通志》。

段宏璧，金壇人。萬曆舉人，知縣事。才猷敏達，以德化民。開採内監，至調度有方，不爲民害。課士置饌，月三試之。創小亭直指堂後，革火耗，清衙蠹。奉母至孝，以内艱去，士民哀慟，如失所生。祀名宦，又祀遺愛祠。入《通志》。

辜志會，晋江會昌人。萬曆舉人，知縣事。醇雅有介操，釐弊剔奸，刑清政舉。會山賊劫掠，修葺城垣，爲民防禦，邑有保障。前任臨川湯公聞之，爲作《土城記》。升萬州守。記載藝文，入《通志》。

揭暘，廣昌人。萬曆監生，任主簿。精幹練達，識大體，善决獄。署篆剛介無染，支費悉均平，不復科派，寬省里役。升縣丞，去。厥後按院李守道、馮廉知節省事，移檄江右行獎，以風勵邑佐。子振昌，生於遂，舉于鄉。

王希乾，桐廬人，崇禎訓導。坦易謙和，不妄交謁，介節翛然。踰年，弃職歸。

于可成，字林鶴，仁和人。萬曆舉人，任教諭。器度軒豁，才思優長，集譽髦課藝，并坐共搆，爲多士楷模，人競思奮。郤饋周貧，德施尤渥。先是，學宫火，公至，督新聖廟，徙啓聖、名宦、鄉賢三祠，創祀土地，恢廓舍宇，規畫適宜，擢彭澤令。

楊士偉，字循齋，天台人。萬曆舉人，任教諭。悃愊坦夷，推誠接物，會課諸生時，出嫺義式之。丁酉，聘典廣西分試，減膳堂除例，厚贈貧生之壯年不能婚者，寒暑延接不倦，厚施而不責報，俸餘增置學田，多士德之。擢令電白。

鄭維岩，南安人。萬曆舉人，任教諭。夙學負重名，生徒執經受業，開導盡誠，脱略形迹，所著《知新日録》，則在遂庠時，與諸生問難者也。升五河縣令。

孫懋昭，烏程人。萬曆舉人，任教諭。雅意造士，置饘堂設會，課士較文。又廣闢泮池，通引巽水，以毓秀氣。升南雍學正，士慕其德，建亭於文昌閣右，勒碑志思。官至楚雄郡守。

洪有觀，晉江人。萬曆訓導。儒雅質朴，待人以誠。諸生修脯不計，惟以德行道藝相勖。久之，以内艱去，士多思之。升定南縣令。

蘇復生，陽江人。萬曆訓導。品行端純，賦性和惠，訓士以身爲則，得敬敷之道。署邑篆，豈弟宜民，行所無事，訟庭無人，園草常青。任滿，士民同切攀轅，匪直良師傳云。

黎來亨，順德人。萬曆舉人，知縣事。醇樸端厚，加意愛士。舊制生員免差徭，因積棍混呈概派，公力持申文除之。攝篆郡丞，曾免長解外，餘差一應免半。士類戴德，勒碑戟門之右。

林剛中，莆田人。萬曆經魁，來知縣事。器度端嚴，才猷練達，愛士右文，釐奸祛蠹。五載間，利興弊革，邑人立祠梅溪之畔尸祝焉。

周官，會稽人。恩貢，任訓導。雅意好修，實心訓士，砥礪者嘉獎，不率者督懲。升雲夢教諭，臨行，紳衿送者載道，依依不忍舍去，爲立石文昌閣，以志去思。

葛應秋，績溪人。萬曆舉人，任教諭。器度軒昂，才猷曠達。文名久噪兩都，而誘掖後進，飲人以和，講學論道，娓娓不倦。惜未竟教澤，以疾隕于官。

傅恪，字仲執，江陵人。天啓舉人，知縣事。慈祥愷弟，潔己字民，禮賢好士，賞奇析疑，間復唱咏爲樂，晉接無倦色，於世味淡如也。問民疾苦，時加噢咻。在任四載，刑清訟簡，贖鍰不足額，佐以俸緡，有『無驚鄉外犬，敢集案邊蠅』之句。升東昌府同知，去日，行李蕭然。士民尸祝，建遺愛祠於通惠橋東，郡人王一中記。載藝文。

胡順化，景陵人。天啓歲貢，知縣事。歷練博雅，教士愛民。捐俸鼎新縣堂，民不知勞。考滿，升慶陽府同知。祀名宦。

王士倫，字培竹，永嘉人。萬曆舉人，任教諭。學富才敏，能肅士範，談文論藝，如坐春風。與胡邑令同心作人，考課無倦，一時人文蔚起，慶得所宗焉。子萬珏，隨任入平昌籍。孫錫，因家於遂。

張淑載，字一渠，興隆衛人。萬曆訓導。博學宏才，性行倜儻，而謙以自牧。與及門學行相資，成道義之交。遇貧士，非惟不責修脯，且損〔三〕資賑濟之。有貸不能償，悉焚券以贈。署宣平篆，亦廉惠有聲。

葉九秩，字會虞，西安人。萬曆訓導。慷慨磊落，視諸生若家人父子。飲食教誨，孜孜不怠，士林一時稱得師云。

康晉，合州人。崇禎思貢，知縣事。清貞絶俗，儉約自甘，訟牒以原告勾攝，緩於催科，民間寧謐。待士若子弟，僅二載，以艱去。入《通志》。

許啓洪，字任宇，南直宜興人，崇禎舉人，知縣事，襟懷磊落，才智過人，值攢造編里，聽民自相朋便，以府差擾害，申請府廳各撥縣役聽差，村落無擾，民甚便之。時值閩寇據西鄉，申文撫臺，題命主政熊人霖、司理陳子龍日夜謀勦撫，得靖且不廢，與諸生談文咏詩。考滿，升欽州知州。入《通志》。

傅光日，字復旦，鄞縣人。崇禎訓導。腹笥博洽，才致伉爽，落筆即灑灑千萬言。許邑令啓洪極心折之，時相過從。問奇者屨滿户外，悉心啓牖。著述甚富，惜未行世。

劉曰鎰，南昌人。崇禎舉人，知縣事。心慈政簡，初下車，釐剔一二弊，後一意與民休息。時值國變，文武鼎沸，驛路酬應，以静鎮囂，民用不擾。調松陽，士民攀轅塞道。子一經等，僑居松陽，甘貧守道，不愧父風。

沈金鑑，德清人。崇禎舉人，任教諭。體貌魁梧，居心廉静。課士外，不與民間一事。且精元學，善調攝。庚辰會試，復中乙榜，擢寧國府同知。

孫振圖，東平州人。崇禎舉人，任教諭。端方正直，雅意振作。其子光祀，亦舉於鄉，出與諸士教藝，恂恂若處子，弗率教者，則懲而示之。值香江弗守，拂袖而歸。

國朝

趙如瑾，字卧齋，直隸雄縣人。順治三年舉人，知縣事。學窮典墳，才優經濟，慈腸偉略，兼而有之。下車集士民，博詢利弊，逮一二巨憝置之法，豪强斂迹。時初鼎革，群不逞嘯聚遍城，竭力堵禦。遣役從閑道走婺，請出奇兵殲擊蕩平，不動聲色，黎民晏然。歲饑，設策賑救，全活萬計。尤隆禮學校，鼓舞多士，蒸蒸向風。征賦不加纖耗，訟獄不事桁楊，以循卓聞。擢西臺御史，歷巡西江、三河、兩陜、八閩，誦聲馳萬里焉。入《通志》。

鍾天錫，字予可，德清人。順治舉人，任教諭。端静和易，廉隅自飭，不以賢書自滿，寒暑伊吾不輟。兵燹之餘，宫墻蓁蕪，課士不懈。上臺廉其學識，聘修郡乘，重修明倫堂、文昌閣、奎星亭，焕然一新。壬辰，以内艱去。

胡然翰，安樂衛人。順治歲貢，知縣事。時值草昧，群寇蜂起，修城垣，築敵樓，晝嚴盤詰，夜密巡警，勦撫互用，動應機宜，保障居多。

徐治國，號輔聖，遼陽人。戊子恩貢，知縣事。武毅果敢，山寇不靖，得警即奮勇撲勦，賊不敢近境。桑土綢繆，民得安堵。又續修《縣志》，功亦不小云。

張期振，字文起，紹興人。丙戌經魁，任教諭。資性純潔，行誼敦篤，以興文造士爲己任，遇有用之才與貧而有志者，更破格優恤之。

李翔，字天羽，號漢鳳，陜西城固人。順治辛丑進士，康熙八年知縣事。課士愛民，實心實政。邑遭兵燹，人逋田荒，官民胥困。公申請中丞范公履勘，題咨豁荒徵熟。時苦現年賠累，又申請革除。因田定里，滚籤挨催，積害盡捐。至今業無混淆，家鮮逋負，皆公賜也。没於任，囊槖蕭然，遠近哀慕，如失怙恃，醵錢助櫬，始得歸里。祀名宦，有崇祀録。入《通志》。

徐越，遼東人。恩監知縣事。精明果斷，人莫敢奸。胥役稍玩愒，輒置之法，弊絶風清。與士民接，豈弟慈祥，以艱去。

柳滋溥，字廣生，蓋平人。廩生，任知縣。廉静篤實。邑遭洪水，權宜發廪，生活甚衆。在任十載，涵濡優裕，貧民逋賦千餘，悉爲貸填，民困得蘇。後升六安州，士民爲之攀轅。

趙凝濬，諸暨人。歲貢，授教諭。年富才敏，所廉隅，重然諾，常推解以周貧士。不久，以外艱去。

朱永翼，字亮肱，號吕辰，嘉興人。任訓導，博雅名宿。值洪水，泮宫傾圮，竭力捐修。暨啓聖祠、文昌閣、奎星亭咸葺焉。重建鄉賢尹堯庵先生祠，補梓《綱目發明》。勤月課，設辨難，啓發不倦，卒於任。

陳灝，字滙公，仁和人。歲貢，任教諭。所學得濂洛正傳，教諸生以實學實行爲務，且勤講性理諸書，多所發明。遵朱子白鹿洞條規，爲諸生訓。以疾去，有《去思記》。

繆之弼，字勷一，號劻岳，江西撫州崇仁人。庚午舉人，知縣事。甫莅任，流匪猖獗，居民驚怖，親統鄉勇，且守且敵，奮不顧身，多所擒獲，邑無城垣，賴保障焉。官兵至則措置有方，欽差臨則供億得體，雞犬無驚，貼如也。既平寧，首飭學宫，備祭器，設義學，復鐘樓，嚴季課，編審均圖，以蘇積困，三載内功績懋著云。

陳雲鍾，字道吕，號淳夫，永康人。壬子拔貢，任教諭。敦謹温雅，諸生受教，如坐春風。言行動静，罔非矩矱。月課論文，廣爲啓發，晰疑辨難，備極精詳，寒暑不輟。

高宏緒，字泰凝，號魯峙，仁和人。歲貢，任訓導。豪邁雋爽，秉性簡易，不事紛華。學有本源，不尋章句。與諸生講論，先德行而後文章。有問難者，詳晰開導，娓娓不倦，多士咸景從焉。

高其佩，字韋之，號且圓，謚曲謹公，奉天鐵嶺衛人。由難廕官至刑部侍郎。康熙四十八年，公爲温處道時，閩賊温顯靈等嘯聚衛龍，潛入遂境。都司張朝臣奉檄追勦，至十八都高山遇害。欽命撫軍巡視，當事者擬統兵至，公慮擾民，隻身諫阻，請先勘而後議兵。當事按兵境外，命公先往。時民心惶惶，咸思逃竄。公至，遍訪得悉張都司被害情由，與民無涉，極意撫綏。及各憲親臨，復力爲剖晰，事隨寢。當事咸器重公。邑人德公，立祠於栢西，尸祝弗替。公善書，蒼古瘦勁，有顔魯公筆意。間作指頭丹青，亦生動可喜。蓋本其忠君愛民之氣，鬱鬱芊芊，發於楮墨閑，故爲世所珍云。

何其偉，字天民，石屏州人。由舉人知縣事，性嚴而鷙，鋤奸去盗，不遺餘力。日理詞訟，數案立決，由是四境以靖。公餘之暇，惟誦讀簡篇而已。舊治倚山爲墉，關禁不設，且三面距河，民皆病涉。自前令韋志會築土爲垣，架木爲橋，日久復毁。公爲之重建城樓，築橋樑，一邑咸利賴焉。以親老，拂袖歸。

羅秉禮，字學夫，松山人。由舉人知縣事，清修絶俗，苞苴不入其門。甫期，囹圄一空。治之西南舊堤坍毁，每遇霪雨，水勢洶涌，震及民居。公爲築堤百餘丈，號羅公堤，至今猶稱保障。三年，調永嘉令。

趙仕，南寧州人。由進士授永嘉令，改知縣事。廉明威重，御下以禮，綱紀肅然，讞定如山，人頌神明。期年，惠義并行。以秩滿去。

陳世修，字勉之，石門人〔四〕。由舉人任教諭。家富藏書，胸復敏博，遂邑故家文獻，無不搜羅考訂。諸生晉謁，接以禮貌。而校課極嚴，甲乙不稍假借，至若除劣行，振单静，鎮不繁，以故政有餘閑。與趙教諭延師課士，評定甲乙，一時士氣蒸蒸。時有盜劫近郊，捕獲盜至，公疑詰問，旋即放釋。時皆以縱盜爲公危，公曉之曰：三木之下，何求弗得？若以假爲真，已可責塞，如人命何？不數日，遂獲真盜，人咸服其明恕。再期，以瞽廢。

張錫理，字少范，慈谿人。由恩貢任教諭。家世清寒，素性恬静。諸生挾册燕見者，相與講論不輟。暇則爲言立身行己之要，聽者忘倦，外此一無所與。明倫堂敝壞，前任議修未果。公至，即捐俸修葺，工畢期年，遂解組去。

杜棟，山西人，由舉人知縣事。莅任三日，洪水衝没田廬。公聞報，躬親往勘，山陬村落，無不周歷。遇濘淖即跣足行，雖勞瘁弗恤。未久，以疾卒。

趙金簡，字玉書，號石函，上虞人。己未進士。先由明通銓授教諭，時文風未振，詩學失傳。公至親爲訓迪，諸生質疑，自經史及稗乘，凡可引証曲喻者，兼舉靡遺。聽之滔滔若江河，一時士風丕變，爲十屬冠。暇則搜名山之藏，訪金石之遺，流覽憑吊，一寄於詩，以抒其浩瀚磊落之氣。大約公取材極富，運腕極靈，文才詩品，各臻其妙，而書法遒勁，尤爲時所重。後升授河南通許令，復改杭州教授。

王翊，字子相，河南鄭州人。由進士知縣事，學醇養邃，動必以正，處私室無异大庭。與同官燕集，或語涉詼諧，則正襟危坐若弗聞。間與紳士接，務勖以道義。然外嚴内寬，爲政簡而不苛政，故吏民相安無事。丁外艱，囊橐蕭然，步行以歸。時兼綰松篆，兩邑人士追赗於百里之外，皆却弗受。

平奇新，字瑶圃，會稽人。由舉人任教諭，恬淡清介，不以家累自隨。諸生請業，歡然相接，稍干非分，拒弗納。或有過當戒飭者，亦婉諭使之愧悔，未嘗輕加詈辱。後以縣累削職，士林咸惜之。

金豫，永嘉人。由選貢任教諭。時年已周甲，猶手攜一編，閉門誦習。大約學研朱陸，教宗蘇湖，而制藝則以慶曆爲法。歲科之期，向有陋規相沿，公悉裁革。或諸生言及，惟勉其加厚訓導而已。

沈德榮，號朴庵，桐鄉人。由副榜銓授教諭。爲人温厚和雅，不露圭角，取與絲毫不苟。接見諸生，課文之外，務勖以敦品，情誼最爲肫切。至如修書院、清學租、除陋規，美舉咸可稱述。未滿任，以疾卒。

王世芳，字徽德，號南亭，台州人。由歲貢授邑訓，年逾期，□□□□□，教學不倦。乾隆辛巳引見，欽賜六品頂帶回任。乙酉春，聖駕南巡，□□免跪，時年一百七歲。御書賚席期頤額賜之，

□□復蒙召□□□□□□，命侍臣送歸。盖上有□□□□□□□□□小臣洵曠世。

官師志節略

事有因時而成者，亦有因地而成者，是皆行之在我，無□于人可也。余本西蜀儒生，叨登賢書，筮仕山左，旋來浙東。當聖天子在上，時和年豐，化行俗美，彈丸之地，似可卧理其間。然一邑有一邑之民，不民□□，而教養可疏；一日有一日之□，因已治已安，而可□□歲月也。余乾隆辛巳，下車平昌，□□洎絶苞苴□□□而囹圄空，正賦完而倉□□□，爲民牧者，分所當爲，亦奚足道也。他如勵開墾□民食也；□□□□勤女紅也；築北堤，衛民廬也；□□□□□思也；引溪流入城，資灌溉也；建營署□□鎮憲添弁兵駐扎於北界王村口，所以弭盗防奸也。若夫葺頭門，修六房，以壯觀瞻也；清廢寺□田南□□□□□息，以尊師傳也；創文昌閣、魁星樓於妙高山巔，以鼓舞陶鎔多士也；纂輯志乘，亦以追往事而昭來許也。此余臨政三年，因地因時，行所無事之事，皆勿違於人情，而功成易易者也。至若城東里許，二水環抱合流之所，余方擬建石樑，爲邑中鎖鑰，且通行旅往來，當在歲十一月以成之。兹因志書付梓，而并載及之。王燈自記。

校注

〔一〕清：原刻本奪字，據道光、光緒《遂昌縣志》補。

〔二〕禔：刻本作『禔』，形近訛字，據文意改。

〔三〕損：疑原刻本形訛，當作『捐』。參光緒《遂昌縣志》卷六。

〔四〕石門人：光緒、道光《遂昌縣志》卷六均作『海甯人』，當從。

卷之六

選舉志

進士、舉人、徵辟、監生、仕宦、甲科歲選、武科、封廕、鄉飲禮、賓興禮

國莫重於得人，選舉人材所自出也。時异世殊，年科云邈，晉唐無考，宋明彬彬輩出。理學文章，勳猷節義，後先輝映，可謂盛矣。邇者少遜前徽，豈榮路不廣，抑文運偶阨耶？然華户繙經，芸窗讀史，窮二酉，對三策，乘運而興，以踵宋明之盛，匪异人任。志選舉。

進士

宋

嘉祐龔原。癸卯科許將榜。

治平周沃。乙巳科彭汝礪榜。

熙寧孟閎，庚戌科葉祖洽榜。周池，庚戌科沃兄。葉之恕，庚戌科。葉遵，癸丑科余中榜。周述，癸丑科。鄭乂，

丙辰科徐鐸榜。吴實。丙辰科。

元豐劉賁。己未科時彦榜。

元祐吴嘉成。戊辰科李常寧榜。

紹聖趙顒。甲戌科畢漸榜。

元符尹暉。庚辰科李釜榜。

崇寧周綰。丙戌科蔡嶷榜。

大觀周涣，己丑科薛〔一〕安宅榜。劉伯憲，賁之子，壬辰科莫儔榜。鄭遼。壬辰科。

宣和周贇，辛丑科何涣榜。毛世顒。辛丑科。

建炎吴芑。戊申科李易榜。

紹興周繂，贇之叔，壬子科張九成榜。周炤，戊午科黄公度榜。鄭榮年，戊午科。畢宰，壬戌科陳誠之榜。王汝翼，壬戌科。鄭俅，甲戌科張孝祥榜。周仲昌，池子甲戌科。翁方中。庚辰科梁克家榜。

乾道王政，丙戌科蕭國梁榜。張貴謨，己丑科鄭僑榜。劉鼎，己丑科。葉先。壬辰科黄定榜。

淳熙華延年，辛丑科黄由榜。翁伯貴，辛丑科。周若思，贇子，甲辰科衛涇榜。鄭師尹。俅侄，甲辰科。

紹熙王文，庚戌科余復榜。鄭企。庚戌科。

慶元葉梓。己未科曾從龍榜。

開禧鄭克寬。師尹子，乙丑科毛自知榜。

嘉定葉克，甲戌科袁甫榜。葉賁，克弟，甲戌科。葉宗大，丁丑科吴潛榜。潘材。庚辰科劉渭榜。

淳祐潘起岩，材之子，辛丑科徐儼夫榜。葉實，先之孫，甲辰科夢炎榜。劉瑄，丁未科張淵微榜。董榆。丁未科。

寶祐陳厚，癸丑科姚勉榜。尹楝。癸丑科。

元

至正〔一〕翁道久，乙酉科。鄭元祐。年科□考見學行。

明

永樂吴紹生，乙未科陳循榜。周德琳，戊戌科李騏榜。吴文慶。辛丑科曾鶴齡榜。

成化吴志，紹生子，丙戌科羅倫榜。朱仲忻，壬辰科吴寬榜。王玘。辛丑科王華榜。

弘治蘇民。乙丑科顧鼎臣榜。

正德應棐，辛巳科楊維聰榜。周綜。辛巳科。

嘉靖應果，癸未科姚來榜。應檟，丙戌科龔用卿榜。翁學淵，壬辰科林大欽榜。葉以蕃，壬戌科申時行榜。吴孔性。壬戌科。

隆慶鄭秉厚。辛未科張元忭榜。

萬曆項應祥。庚辰科張懋修榜。

校注

〔一〕薛：光緒、道光《遂昌縣志》均作「賈」。

〔二〕至正：光緒、道光《遂昌縣志》均作「至元」。

舉人

明

永樂毛翼，乙酉科。吴紹生，戊子科。周德琳，甲午科。蘇祥遂，甲午科。謝處貴，丁酉科。張璿，丁酉科。王永中，庚子科。吴文慶，庚子科，順天中。王原復，癸卯科。徐景明。癸卯科。

宣德俞宗進，己酉科。張誠。乙卯科。

正統鄭傑。丁卯科。

成化吴志，乙酉科。朱仲忻，戊子科。董晟，辛卯科。王玘，辛卯科，順天中。朱海。甲午科。

弘治蘇民，乙卯科，陝西籍。黄公標。戊午科。

正德王烳，丁卯科。應棐，庚午科。周綜，庚午科，順天中。應果，丙子科。王翰，丙子科。潘九齡，丙子科。黄公校。己卯科。

嘉靖戴憲，壬午科。黄公梅，壬午科。應櫝，乙酉科。翁學淵，辛卯科。黄中，辛卯科。周應宿，丙午科，順天中。王養端，乙卯科，順天中。吳孔性，戊午科。葉以蕃，戊午科，順天中。鄭秉厚，辛酉科。黄一琮。丁卯科，順天中。

萬曆黄九鼎，癸酉科。項應祥，己卯科。朱景和，壬午科。黄國廉，戊子科。項應瑞，戊子科。葉澳，甲午科。尹樂堯，甲午科，順天中。鄭九炯，壬子科。王一麒，戊午科，西安籍中。項天慶。辛酉科。

徵辟

宋

華岳，見理學。吳沂，周憲，王晉，王仲傑，鄭高，潘景山，閭邱景憲，尹韶，張霄周，劉贊，王景夔，尹楠，范洪禧，劉員，董鵬，吳大有，蘇如淮，周應龍，王用之，劉芳發，葉亮，俱特奏名。王鎡，選舉。周仕賢。詩賦科。

紹興翁遇，丙午科。鄭欽若，朱作霖。

元

尹廷高，茂才。徐良，朱仲暘，王鉉翁，朱得寧，朱惠。

明〔一〕

王濬，徐伯良，王景善，葉以濟，郭紀，徐濟翔，劉錫用，趙汝德，畢浩然，潘彥真，王寧，劉則濟，俞榮中，翁德昇，祝子成，潘允祥，楊伯潤，徐伯貞，俞得濟，葉則仁，趙汝賢。

校注

〔一〕刻本該頁漫漶不清，姑從道光《遂昌縣志》抄録人名。

恩拔副歲優貢

明

洪武潘允武，鄭桂，十二年。董岐生，十七年。潘伯成，十九年。葉溱，二十年。潘守謹，二十四年。潘留，二十六年。王明登，二十七年。傅景原，二十八年。徐瀾，二十九年。丁子濟，三十年。

永樂翁□得，二年。周汝賢，三年。鄭與進，四年。徐志達，五年。戴仲，六年。蘇用，七年。蘇原浩，八年。鄭德著，九年。應景亮，十年。吴正齊，十一年。沈廷壽，十二年。王祀增，十三年。董景鷺，十四年。鄭德順，十五年。徐文，十六年。華希浩，十七年。吴文慶，十八年，永樂辛丑進士。王永甫，十九年。劉原洪。二十年。

宣德潘立敬，元年。董景鳳，三年。華文輝，六年。徐昌齡，鄭憲宗，九年。王思清。十年。

正統鄭如蘭，三年。張昭，四年。蘇瑛，七年。劉慶，九年。翁守文，十一年。張文盛。十三年。

景泰張武，元年。周賢，二年。徐泰，三年。潘賢，四年。俞晟，五年。葉玘。七年。

天順王塤，二年。王銘，四年。尹馨，六年。宋文鋭，時謚，朱彪，周魯，潘圭，潘贊，王哲，俱開貢。王斌。八年。

成化劉循，二年。徐昭，徐璧，四年。王玘，六年，成化辛丑進士。葉蓁，八年。俞珏，十年。蘇謙，潘明，十二年。駱巽，十四年。劉麟，十六年。鄭璧，十八年。項明，二十年。葉清。二十二年。

弘治周佐，元年。章錫，三年。周庠，四年。劉芳，五年。趙纘，六年。王鏢，七年。華宗武，八年。蘇義，九年。鄭還，十年，見理學。王理，十二年。華緯，十四年。朱璿，十六年。朱珙[一]。十八年。

正德葉參，二年。王炬，四年。朱復，六年。王和，八年。王繡，十年。朱烓，十二年。尹椿，十四年。葉雲，十五年。應第。十六年。

嘉靖王庠，元年。葉楝，二年。劉良貴，四年。周卿，六年。蘇滿，八年。應概，十年。應檣，十一年。華鼎，十二年。徐棠，十四年。王一元，十六年。華鼐，十七年。華鎰，十八年。朱自强，十九年。潘晟，二十年。潘環，徐棣，二十二年。華紡，二十四年。徐潮，二十六年。葉大有，二十八年。王守中，三十年。應李，三十二年。王養端，三十三年，嘉靖乙卯舉人。翁桔，三十四年。蘇廷栗，三十六年。周慶養，三十八年。華天民，四十年。應恩，四十二年。黄一琮，隆慶丁卯舉人。葉香。四十四年。

隆慶葉德恭，元年。朱公諫，二年。王僑，三年。翁選，五年。王鳴鳳。六年。

萬曆周秉制，元年。鄭秉鍊，三年，選貢。葉一經，府貢。葉仁民，五年。黄九章，七年。應紹普，九年。黄明傳，府貢。鄭秉鐸，十一年。王鳴佩，十三年。王季同，十五年。王之臣，十七年。鄭一舉，府貢。應德進，十九年。黄一陽，二十一年，選貢，見傳。潘文穆，二十二年，府貢。王之翰，二十三年。鄭一點，二十五年，選貢。鄭秉券，二十四年，府貢。周大業，二十七年。徐榮，二十九年。徐應乾，三十年，見傳。李春富，三十一年。葉克應，三十四年。吴孔雍，三十五年，見傳。吴廷鎰，三十六年。包志道，三十七年。黄九方，三十八年。鄭一第，四十年，見傳。王季瑋，四十年，府貢。葉繼康，四十二年。周士彦，四十四年。王文中，四十六年，見傳。徐應亢。四十八年。

泰昌葉一櫝。元年，選貢。

天啓鄭一豹，二年，恩選。翁之恩，二年。黄德懋，四年。朱九綸。六年，見傳。

崇禎葉長坤，元年。朱家瓚，二年，恩貢。徐朝偉，三年，見傳。王文雅，三年，府貢，見傳，《府志》作天啓。朱民藩，五年。時可諫，五年，府貢，見傳。葉伯俊，七年。周士廉，七年，府貢，見傳。黄德徽，九年。周應鶴，十一年。包經文，十三年。王國鼎，十五年。包經邦，十七年。王敏教，恩貢，復學。包蒙吉，恩貢，復學。黄懋學。府恩貢，復學。

國朝

順治包經都，四年，恩貢。華知京，四年。鄭元偉，六年，選貢。鄭元幹，六年，選貢，見傳。鄭之騄，六年，見傳。包宇平，六年，選貢。李仕道，八年，恩貢，見傳。鄭元聘，八年。翁大經，八年，府貢。周士鰲，九年，府貢，見傳。劉應時，九年，見傳。王輝祖，九年，選貢，見傳。包蒙吉，十一年，恩選，見傳。周旋，十二年。王震世，十四年。黄德遜。十六年。

康熙王紹鼎，元年，恩貢。華國儀，元年。王敏教，九年，見傳。鄭元量，十一年。周自豐，十一年，拔貢，考授縣丞。鄭九恪，十三年。鄭九楫，十五年，府貢。王正化，十七年。鄭九祝，十九年。童任大，二十一年。王錫，二十三年，見傳。朱敞，二十五年。毛以澳，二十五年，拔貢。鄭登宏，二十七年。毛以濬，二十九年。周翰，三十一年。王日瑞，三十二年，府貢。俞咨舜，三十三年。鄭元玾，三十五年。鄭元珊，三十七年。華啓童，三十六年，拔貢。鄭元漼，三十七年，府貢。鄭士楨，三十九年。朱得舉，四十一年。翁濤，四十三年。毛棐，四十五年。華文津，四十七年，恩貢。鄭士儼，四十七年。鄭逢辰，四十九年。鄭士璣，五十一年。朱宗濂，五十三年。鄭元燿，五十五年。葉培蘭〔二〕，府貢。朱炯敬，五十七年。王日匡，五十九年。毛儀燧。六十一年。

雍正王啓緒，元年，恩貢。童國柱，二年。鄭國林〔三〕，拔貢。戴廷俊，四年。毛桓，拔貢。徐龍，六年。華文濂，八年。鄭國光，十年。王業，優貢。朱元球，陳天錫。十二年。

乾隆朱立，拔貢。徐來學，恩貢。徐來章，元年。毛儀壽，三年。周欽隣，五年。葉起，拔貢。朱宗基，七年。毛梓，九年。王之綸，十一年。葉有瑛，府貢。王蛟，十三年。鄭德彰，恩貢。童汝舟，十五年。毛儀點，恩貢。葉連鶯，十七年。董澍霖，拔貢。華明樓，十九年。徐台年，二十一年。鄭家燕，二十三年。王隆相，二十五年。王隆友，恩貢。蘇錦雲，二十七年。毛儀熿。二十九年。

校注

〔一〕珙：原刻本及道光《遂昌縣志》卷六均作『瑛』，誤。據光緒《遂昌縣志》卷七改。下文『仕宦』里正作『珙』，亦可證。

〔二〕該人在光緒、道光《遂昌縣志》中被替換爲『鄭國林，五十六年，拔貢。』當據改。

〔三〕該人在光緒、道光《遂昌縣志》中被替換爲『葉培蘭，府貢。』當據改。

例貢

國朝

康熙王錫衮，例貢。朱宗瀛，例貢。王隆夏。廪貢。

雍正俞長輝，增貢。李樫，附貢。俞長江，附貢。周應枚，附貢。俞滋，附貢。俞長淮。附貢。

乾隆周西，增貢。王之縉，增貢。葉正棠，增貢。鄭家淳，附貢。劉楫，附貢。王曰謨〔一〕，附貢，州同。吴國賓，附貢。華紱，附貢。徐台鼎，府附貢。葉正模，府附貢。李杰，附貢。周輔，附貢。徐階，府附貢。朱路，附貢。王鋈，府附貢。葉震，附貢。王式堯，府附貢。包文俊，附貢。吴文炳，增貢。朱泗，附貢。俞岳，府附貢。朱梃，下俱監貢。愈天珍，戴禮，王文光，李柱，俞天篤，王隆枚，俞天樹，王極，陳祚堯，翁宗彦，周豐，王式曾，葉家煌。

校注

〔一〕該人在道光《遂昌縣志》無。

監生

國朝

毛以濂，附監。俞咨禹，廩監，考授縣丞。華啓文，附監，考授縣丞。鄭應昌，附監。鄭元珏，附監，考授州同。王之猷，附監，考授州同。李枝蔚，附監，州判。毛璉，附監，主簿。朱之挺，考授州同，以下俊秀。王紳，主簿。葉正棣，主簿。徐台位，主簿。劉國梓，主簿。李枝煒，主簿。華應琮，縣丞。張鯤，主簿。周學，主簿。王式謨。主簿。

仕宦

宋

龔原。字深之。由進士爲國子直講，仕至兵、工二部侍郎，除寶文閣待制，知盧州。奪職，和州居住。

周述。字從古，一字太古。進士，官至太常寺丞。

華岳。字元鎮。由特奏名官至台州刑曹。有傳。

閭邱景窗。由特奏名爲本邑學職，後爲監酒税。有傳。

葉遵。字守中。熙寧間五甲進士，授陳州司户。元豐初再舉，進士出身，移楚州團練推官，知真州。

周綰。字彦約。由進士爲國子祭酒，仕至吏部侍郎，敷文國待制。有傳。

鄭乂。字充道，航頭人。熙寧間登進士第，授將作監主簿，調玉山尉。有傳。

劉賁。字元貞。由進士爲越州理掾，仕至青州、常州正郎奉祀。有傳。

尹暉，字子亮，柘溪人。由進士授安仁縣丞。

張貴謨。字子知。由進士授吴縣主簿，仕至朝議大夫，特封遂昌縣開國男。有傳。

葉先。高橋人。由進士任江州府知府。

翁方中。字德矩，西隅人。由進士授將作監主簿，遷秘書郎。

劉伯憲。賁之子。游上庠登第，授衛州學職。

周贇。字襄仲，柘溪人。由進士歷大理寺丞及正奉祀。有傳。

周仕賢。西隅人。宋慶歷間，由詩賦科官至左司諫，充右文殿修撰，知制誥。

鄭俅。字端夫，航頭人。分教盱眙縣，改茶陵簿。

鄭克。元祐之曾祖。由□□仕至西川經略使。見蘇大年《鄭元祐墓志》。

鄭開先。元祐之祖，克之子也。由□□仕至朝奉郎，知道州永明縣。

華延年。字慶長，南隅人。淳熙間進士，授閩邑丞。有傳。

王景夔。南隅人。慶元間特奏名，知錢塘縣，轉淳王宫教授，儒林郎。有傳。

王仲傑。梅溪人。由特奏名知星子縣。有傳。

潘起岩。材之子。由進士仕至簡閲。

劉鼎。字公器，北隅人。中特科第一人，賜進士出身，除東陽郡教官。有傳。

尹棟。號竹坡，柘溪人。宋寶祐間由進士任隆興府武寧縣主簿，升紹興府參軍。

鄭克寬。字伯厚，航頭人。由進士授陵郡博士。有傳。

葉克。字正叔。由進士任建寧府教授，仕至起居舍人。

葉賁。字明叔，克之弟。由進士仕至監察御史。

翁遇。字達夫，西隅人。由鄉舉任衢州府教授。

翁伯賁。西隅人。由進士除朝奉郎，集英殿修撰。

鄭欽若。西隅人。任本縣儒學教諭。

朱作霖。字商佐，奕山人。由人材舉嘉定戊長科。初授成忠郎，仕至知貢院判。

王鎡。字介翁，湖山人。由選舉授金溪縣尉。宋帝昺播遷，掛冠而歸。

元

鄭元祐。字明德，航頭人。由進士薦授平江路儒學教授，升江浙提舉。有傳。

尹廷高。由茂材掌教永嘉，後升處州路教授。有傳。

翁道久。字良弼，西隅人。由進士授江山縣儒學教諭。

徐良。字良卿。由人材任帝師位下財賦總管。

徐仲新。由人材任徽州路吏目。

朱仲暘。字伯輝，奕山人。由人材舉至元乙亥科，授成節郎，南康路軍税。

王鉉翁。字中實，南隅人。由人材任平江路吴縣主簿，轉兩淮都運，黄岩州判官。有傳。

朱惠。字天濟，奕山人。由人材舉至治辛酉，仕至衢州常山縣尹。

朱得寧。字彦良，奕山人。至順庚午科，卿試三十五名，授江西信州學録。

黄道佺。金溪人，元至正間與兄道俊、道傳，以俘賊功授松陽副簿。洪武初，復以材略徵，授襄陽同知。見《黄道俊傳》。

明

甲科歲選

鄭桂。字楚材，二都人。由歲貢任行人司行人。

黄岐生。字允昌，漳州人。由歲貢任江西貴溪縣儒學訓導。

潘伯成。由歲貢任廣西桂平縣主簿。

葉溱。由歲貢任山西平陽衛主事。

潘劉〔一〕。由歲貢任江西鉛山縣千户所吏目。

王明登。由歲貢適太祖夢值幽暗，一生以明登前引。次日幸太學，唱明登名，甚喜，勅往賞邊。

徐潤。由歲貢任江西鄠都縣知縣。金岸人。

應景亮。五都漳州人。由歲貢任宣州衛經歷。

毛翼。南隅人。由舉人任同安縣訓導，升梁府教授。有傳。

周汝賢。字希聖，溪浛人。由歲貢任禮科給事中。有傳。

徐志達。由歲貢任上林苑監嘉蔬署署丞。

吴紹生。字繼賢，北隅人。由進士試庶吉士，轉行人，仕至工部屯田司員郎。有傳。

周德琳。字廷獻，十一都錦川人。由進士除刑部主事，歷郎中，升雲南布政司參議。見傳。

謝處貴。白麻人。舉人，任州府儒學訓導。

張璿。東隅人。由舉人任山東茌年縣儒學訓導。

蘇祥遂。字功成，南隅人。由舉人任應天府六合縣儒學訓導。

吴文慶。字應章，號釜山，南隅人。由進士除行人，升兵部員外郎，轉漢中府知府。

蘇原浩。北隅水閣人。由歲貢任江西大庾縣知縣。

徐文。字焕章，東隅人。由歲貢任陝西布政司簡較。

董景鳳。字希韶，五都漳州人。由歲貢任福建寧德縣知縣。

劉原洪。字孔殷，北隅人。由歲貢任忠義衛經歷，升廣東湖陽縣知縣。

董景鷺。字希潔，鳳弟。由歲貢任南康府照磨。

鄭還。字復正，航頭人。由歲貢任曹州訓導。有傳。

華文輝。由歲貢任山東武定州判官。

徐昌齡。二都人。由歲貢任淮安府海州判官。

鄭顯宗。二都人。由歲貢任薊州判官。

鄭如蘭。二都人。由歲貢任南通州儒學訓導。

劉慶。東隅人。由歲貢任廬州府英山縣縣丞。

王思清。字克明，東梅口人。由歲貢任山西代州同知。

張昭。西隅人。由歲貢任廣東海南衛清瀾守禦千户所吏目。

蘇瑛。北隅人。由歲貢任福建鹽運司判官。

張誠。字克明，東隅人。由舉人任雲南道監察御史。

尹馨。由歲貢任湖廣荊州府儒學訓導。

張文盛。東隅人。由歲貢任福建南靖縣知縣。

徐泰。由歲貢任福建龍岩縣主簿。

潘賢。北隅人。由歲貢任常德府桃溪縣知縣。

吴志。字味道，號介庵，紹生子。由進士除兵部主事，差守山海關，歷郎中，升惠州府知府。

俞晟。字思晦，東隅人。由歲貢任江西贛州府推官。

朱彪。字文炳，奕山人。由開貢任北京南城兵馬，升江西撫州府通判，轉順天府通判。

周魯。十一都下坦人。由開貢任遼東定遠衛經歷。

王塤。南隅人。由歲貢任山東商河縣知縣。

時謚。字孔寧，東隅人。由開貢任羽林右衛經歷，升蘄州同知。

王銘。字克新，號古朴，南隅人。由歲貢任大名府內黄縣縣丞，有政聲。以年老乞致仕。

朱仲忻。字德輝，磐溪人。由進士除直隸當塗縣知縣，轉含山縣知縣，升太僕寺丞。

徐璧。字元玉，五都人。由歲貢任崑山縣主簿。

董晟。字明夫，南隅人。由舉人任山東沂水縣儒學教諭。

王玘。字德潤，東梅口人。由進士除南京刑部主事，升郎中。

葉蓁。由歲貢任高郵州吏目。

劉芳。字廷桂，北隅人。由歲貢任江西樂平縣儒學訓導。

王鏢。字廷器，南隅人。由歲貢任福建興化府儒學訓導。

周庠。字繼敳，西隅人。由歲貢任福建龍溪縣縣丞。

朱海。字德容，磐溪人。仲忻之兄，由舉人任清河縣知縣。

駱㖂。字士讓，南隅人。由歲貢任湖廣澧州州吏目。

劉麟。字應祥，北隅人。由歲貢任廣平府官，升南康府同知。

章錫。字天與，馬埠人。由歲貢任湖廣邵陽縣訓導，升新化縣教諭。

葉青。字培之，新路垵人。由歲貢任福建連江縣知縣。

貢〔二〕明。字德著，南隅人。由歲貢任貴州都司斷事。

蘇民。字天秀，陝西儀衛司軍籍。由進士除山西榆次縣知縣，擢御史，仕至刑部侍郎。贈尚書。有傳。

王理。字紀之，湖山人。由歲貢任福建連城縣知縣。

葉宗武。字臣周，南隅人。由歲貢任湖廣沔陽州儒學訓導。

華緯。字邦經，西〔三〕隅人。由歲貢任福建樟平縣儒學訓導。

朱珙。字朝獻，磐溪人。由歲貢任江西贛州府儒學訓導。

葉參。字希曾，湖山人。由歲貢任福建順昌縣儒學訓導。

王炬。字以明，號梅川玘子。由歲貢任江西星子縣知縣，遷湖廣安遠縣知縣。

王煵。字以哲，號梅塢玘子。由舉人任湖廣衡州府推官，升懷慶府通判。

朱復。字伯仁，彪子。由歲貢任江西彭澤縣儒學訓導，升廣東保昌縣學教諭。

王和。字達道，號節齋，西隅人。由歲貢任大名府滑縣儒學訓導。

黄公標。字廷儀，號友竹，金溪人。由舉人任和州知州，升南康府同知。

王繡。字文甫，號澗松，南隅人。由歲貢任福建莆田縣訓導，補山東樂陵縣訓導，升静海縣教諭。

應第。字士元，桃溪人。由歲貢任福建學訓導。

尹椿。字大人，南隅人。由歲貢任山東東昌府儒學訓導，升肥城縣儒學教諭。

葉棟。字克隆，湖山人。由歲貢任揚州府寶應縣訓導。

應棐。字子中，桃溪人。由進士任江西餘干縣知縣。

周綜。字仲儀，十一都人，陝西儀衛司軍籍。由進士任江南儀封縣知縣。

王庠。字伯賢，號恕軒，南隅人。由歲貢任應天府溧水縣訓導，升福建連江縣教諭。

劉良貴。字敏修，南隅人。由歲貢任南京武學訓導。

周卿。字德佐，西隅人。由歲貢任揚州府學訓導，升河南河陰縣學教諭。

蘇滿。字善持，南隅人。由歲貢任湖廣桂陽州學訓導。有傳。

應果。字子陽，號春壑，桃溪人。由進士除廣平府推官，升大理寺評事，轉寺正，汀〔四〕州府知府。

潘九齡。字德徵，十三〔五〕都人。由陝西儀衛司軍升登州府推官，又升工科給事中，轉刑科右給事中，湖廣右參議，歷副使、雲南右布政、四川左布政。

翁學淵。字原道，南隅人。由進士除南京刑部主事，轉郎中，升貴州左參議，謫真定通判，轉邵武同知，歷福建、湖廣僉事。

有傳。

朱烓。字國信，號九峰，奕山人。由歲貢任河南涉縣知縣。

葉雲。字民望，號湖山，湖山人。由歲貢除江西建昌府推官。有傳。

華鼎。字銘勳，號春江，南隅人。由歲貢任江西寧都縣學訓導。

徐棠。字子昇，號古心，東隅人。由歲貢任江西建昌縣學訓導。

黄公校。字養賢，號澗水，金溪人。由舉人任湖廣攸縣知縣。

王一元。字太初，南隅人。由歲貢任江西萬安縣訓導。有傳。

黄公梅。字鼎叔，號後溪，金溪人。由舉人任直隸徽州府通判。

應檣。字子通，號晴川，桃溪人。由歲貢任應天府學訓導，升河南滎澤縣教諭。

應槩。字仲平，號虞溪，桃溪人。由歲貢任廣西平樂縣知縣。

華鼐。字汝和，號坎泉，南隅人。由歲貢任福建詔安縣學訓導。

華鎰。字時重，號東樓，北隅人。由歲貢任蘇州府長洲縣學訓導，升湖廣鄖西縣教諭。有傳。

朱自强。字體乾，獨山人。由歲貢任莆田縣學訓導。有傳。

潘環。字良壁，北隅人。由歲貢任江西龍泉縣學訓導。

徐棣。字子登，號虛谷，東隅人。由歲貢任福建福寧州學訓導，升永福縣學教諭。有傳。

黄中。字文卿，金溪人。由舉人任鉛山縣知縣，擢貴州、河南二道監察御史。有傳。

應櫝。字子材，桃溪人。由進士授刑部主事，仕至兵部侍郎，總督兩廣。有傳。

葉大有。字謙夫，湖山人。由歲貢任直隸宣城縣學訓導。有傳。

翁桔。字敬夫，號西城，西隅人。由歲貢任福建汀州府學訓導。

徐潮。字孟信，號雙溪，東隅人。由歲貢任直隸臨青州吏目。

王守中。字時用，號齊峰，湖山人。由歲貢任福建福寧州同知。

蘇廷栗。字良玉，號曉谷，南隅人。由歲貢任江西樂安縣教諭。

周慶養。字德充，號栢泉，西隅人。由歲貢任廣東高安縣學訓導。

華天民。字子行，號仰山，北隅人。由歲貢任江西湖口縣學訓導。

華以蕃。字承叔，號筆陽，獨山人。由進士除工部主事，升員外郎。

吴孔性。字粹〔六〕卿，號若川，北隅人。由進士〔七〕除刑部主事，升員外郎，歷郎中、雲南參政。有傳。

黄二琮。字□玉，號南明，金溪人。由舉人任開建縣知縣。

鄭秉厚。字子載，號滄〔八〕濂，長濂人。由進士除江西南豐縣知縣，歷吏科左給事中、福建布政司參政、貴州按察司副使、江西布政司參政。有傳。

王僑。字□□，湖山人。由歲貢任直隸滁州學訓導。

周秉制。字□□，西隅人。由歲貢任直隸海州儒學訓導。

葉德恭。字□□，練溪人。由歲貢任直隸通州判官。

葉一經。字□□，湖山人。由歲貢任費縣學訓導。

鄭秉鍊。字泉曲，長濂人。由選貢任直隸蕪湖縣縣丞。有傳。

應朝普。字□□，桃溪人。由歲貢任嘉興府桐鄉縣學訓導，轉廣東茂名縣學教諭。

黄九章。字叔範，金溪人。由歲貢任福建龍溪縣學訓導，轉華亭縣學教諭、海州學正、江西南昌府學教授。有傳。

葉香。字□□，湖山人。由歲貢任荆州府學訓導。

鄭秉鐸。字時振，長濂人。由選貢任温州府平陽縣學訓導。

翁選。字□□，西隅人。由恩貢任福建永春縣知縣。

黄九鼎。字禹鈞，金溪人。由舉人任河南陝州知州。有傳。

朱景和。字其順，獨山人。由舉人任滋陽、茌平教諭，升廣東憲恩縣知縣。有傳。

王季同。字□□，湖山人。由歲貢任湖州府學訓導。

王之臣。字□□，湖山人。由歲貢任金華縣學訓導。有《心葵堂詩稿》。

鄭秉券。字錫卿，長濂人。由歲貢任衢州府開化縣學訓導，轉本學教諭。有傳。

項應德。號深山，桃溪人。由歲貢仕至桐廬縣學教諭。

項應祥。字元芝，北隅人。由進士除建陽、丹陽、巴縣、華亭四縣知縣，歷户、禮二部給事中，刑科右給事，吏科都給事，太常寺少卿，通政司右通政，巡撫應天，都察院右僉都御史。有傳。

王之翰。字文川，湖山人。由歲貢任金華府東陽縣學訓導，升江西廣昌縣學教諭。

黄一陽。字太初，金溪人。由選貢任直隸滄州判官，轉廣西梧州府藤縣知縣。

徐榮。字仁卿，東隅人。由歲貢任直隸江陰縣學訓導，轉江西南豐縣學教諭。有傳。

鄭一點。字台嶽，長濂人。由選貢任山東莒州同知。

項應瑞。字汝昭，北隅人。由舉人署建湯縣學教諭，轉直隸盱眙縣知縣、福建福寧縣知縣，升雲南蒙化府同知。有傳。

吴孔雍。字堯卿，北隅人。由歲貢任台州府天台縣學訓導。有傳。

徐應乾。字以清，南隅人。由恩貢任寧波府學訓導，轉廣東清遠縣學教諭、雷州府學教授。有傳。

黄國廉。字爾礪，號砥隅，金溪人。由舉人任金華府學教諭。

周大業。字少石，西隅人。由歲貢任湖州府長興縣學訓導。

吴廷鎰。字暘谷，馬埠人。由歲貢任常山縣學訓導。

鄭一第。字斗光，長濂人。由歲貢任開化縣學訓導，轉建平縣學教諭、寧波府學教授。

葉繼康。字伯阜，號景垣，東隅人。由歲貢任鄞縣學訓導，轉杭州府昌化縣學教諭。有傳。

徐應亢。字時龍，號含輝，東隅人。由歲貢任嵊縣學訓導，轉江西新昌縣學教諭、福建延平府學教授。

王季樟。字文茂，號心古，湖山人。由歲貢任台州府黄岩縣學訓導，轉浦江縣學教諭、金華府學教授。

鄭一豹。字文蔚，號南台，長濂人。由恩貢任四川重慶府通判。

黄德懋。字君顧，號念慈，金溪人。由歲貢任台州府臨海縣學訓導，轉直隸清河縣教諭、温州府學教授。

鄭一舉。字慕雲，長濂人。由歲貢任四川西充縣知縣。

王文雅。字時正，號景逸，南隅人。由歲貢任常山縣學訓導，補龍游。

朱九綸。字廷重，奕山人。由歲貢任台州府臨海縣學訓導，轉廣西柳城縣學教諭、紹興府學教授。有傳。

鄭九炯。字美中，長濂人。由舉人任直隸靈壁縣知縣，轉應天府江陵縣知縣、北京刑部山西司主事。有傳。

徐朝偉。字士雅。由歲貢任紹興府新昌縣學訓導，轉江西新昌縣學教諭。有傳。

尹樂堯，字蒼元，錦衣衛官籍。由舉人任國子監學正。

時可諫。字君可，東隅人。由歲貢任江西進賢縣學訓導，升安寧縣學教諭、紹興府學教授。有傳。

項天慶。字季石，北隅人。由舉人任河南懷慶府武陟縣知縣。有傳。

朱民藩。字維价，碧礬人。由歲貢任福建永春縣學訓導，補吴江縣學訓導。

朱家瓚。字元穟，奕山人。由恩選兩中順天副榜，授廣東保昌縣縣丞。有傳。

周士廉。字介夫，南隅人。由歲貢授湖州府學訓導。有傳。

周應鶴。字邦聞，南隅人。由歲貢授温州府平陽縣學訓導。

國朝

黃德徽。字慎甫，金溪人。由歲貢任於潛縣學訓導，升餘杭縣學教諭，轉嚴州府學教授。有傳。

鄭之騄。字仲良，長濂人。由歲貢任衢州府學訓導。

鄭元幹。字嗣宗，號觀聲，長濂人。由選貢任別駕，改授陝西永昌衛經歷，升蘇州府同知。有傳。

鄭元聘。字君求，長濂人。由歲貢任奉化縣學訓導。每與諸生談文吟詩。有《去思記》。

周士鰲。字驎長，南隅人。由歲貢授烏程縣學訓導。師生相得，解任，多垂淚送别。

劉應時。字瑞生。由歲貢任四川榮縣知縣。有傳。

李仕道。字見可，南隅人。由恩貢授知縣，改選餘姚縣學教諭，轉衢州府學教授，升山西翼城縣縣丞。有傳。

王錫。字禹功，南隅人。由歲貢選奉化縣學訓導。有傳。

鄭士儼。字若思，長濂人。由歲貢選温州府瑞安縣學訓導。

鄭士璣。字玉衡，長濂人。由歲貢選嘉興府石門縣學訓導。

鄭元燿。字蘊生，長濂人。由歲貢任嚴州府分水縣學訓導。

王啓緒。字統傳，號繼齋。由恩貢任紹興府上虞縣學教諭。

童國柱。字崑石，北隅人，由歲貢任杭州府餘杭縣學訓導。

徐龍。字友雲，東隅人。由歲貢選杭州府海寧縣學訓導。

王業。字肇禹，號立堂，南隅人。由歲優貢〔九〕任金華府東陽縣學訓導，升杭州府錢塘縣學教諭。

鄭國林。字天植，長濂人。由拔貢任湖州府孝豐縣學教諭。

校注

〔一〕劉：道光《遂昌縣志》卷六作『留』。

〔二〕貢：原刻本作『項』，據道光《遂昌縣志》卷六改。

〔三〕西：原刻本作『南』，據道光《遂昌縣志》卷六改。

〔四〕汀：原刻本漫漶不清。據《汀州府志》卷十六『（知府）應果，遂昌人』補。參見（清）曾曰瑛修；（清）李绂纂；王光明，陈立点校：《汀州府志》，方志出版社，二〇〇四年，第三三九頁。

〔五〕十三：道光《遂昌縣志》卷六作『三都』。

〔六〕粹：原刻漫漶不清，據光緒《遂昌縣志》卷八補。

〔七〕進士：道光《遂昌縣志》卷六作『舉人』，誤。據本卷前文記載，吴孔性爲明嘉靖壬戌科進士。

〔八〕滄：道光《遂昌縣志》卷六作『蒼』。

〔九〕優貢：原刻本作『歲貢』，據該卷前文載，王業爲雍正年間優貢，故改。道光《遂昌縣志》卷六作『優貢』，可參。

徵辟

明

王濬。字九淵，鑑翁次子。由賢良任江南營膳提舉司副提舉，升荊州知府。

徐伯良。字祐觀，東隅人。由賢良除北平主簿，轉雲南小興州右衛屯田。

王景善。東梅口人。由人材任直隸華亭縣主簿。

葉以濟。由儒士任金華浦江縣學教諭。

郭紀。由賢良任承勅郎。

徐濟翔。二都人。由儒士任河南舞陽縣學教諭。有傳。

劉錫用。字希禮。由儒士任本縣儒學訓導。

趙汝德。字世銘，南隅人。由儒士、郡守累辟任本縣儒學訓導。

畢浩然。由人材任福建福州府織染局副使。

潘彥真。由人材任江西萍鄉縣稅課局大使。

王寧。字宗安，東梅口人。由人材任直隸揚州府萬安巡檢。

劉則濟。由人材任江西德興縣知縣。

俞榮中。由人材任福建建陽縣縣丞。

翁德昇。西隅人。由儒士任本學訓導。有傳。

祝子成。由人材任江西宜春縣縣丞。

潘允祥。由人材任廣西平樂縣知縣。

楊伯潤。由人材任湖廣寶慶府判官。

徐伯貞。字祥叔，東隅人。伯良弟。由儒士任荆州遠安縣典史。

俞得濟。字公廣，東隅人。由楷書除兵科給事中，坐累謫縣丞，後轉刑部主事。有傳。

葉則仁。由老人任直隸和州吏目。

趙汝賢。由老人任寶定府清宛縣縣丞。

監生

明

黄世普。字宗濟，金溪人。由監生任廣西蒼梧主簿，升廣東陽江縣縣丞。

王養度。字子憲，號古泉，湖山人。由監生任直隸涇縣縣丞。

翁軫。西隅人。由監生任福建邵武府經歷。

黄學詩。金溪人。由監生任直隸海□判官。

包志英。北隅人。由監生任上林苑監蕃育署署丞。

王之棟。湖山人。由監生任福建甌寧縣主簿。

葉焯。獨山人。由監生任北京瀋陽衛經歷，轉廣東都司經歷。

鄭九官。長濂人。由監生任廣西鬱林州判官。

王正國。湖山人。由監生任南京留守衛經歷。

葉幹。獨山人。由廪監任廣東歸善縣主簿。

鄭爾敏。定溪人。由例貢任光禄寺大官署署丞，辦鴻臚寺序班事，咨送吏部考選，鳴贊請假省親。

王國泰。湖山人。由附監任鴻臚寺序班。

吏員

明

蘇閶安。由吏員任廬州府英山縣縣丞。

時昌。東隅人。由吏員任江西浮梁縣縣丞。

董景良。字惟善，五都漳州人。由吏員任江西永豐縣巡檢。

駱允華。十四都人。由吏員任湖廣東安縣浩陂市巡檢。

鄭宣。南隅人。由吏員任北直隸遞運所大使。

吴田。北隅人。由吏員任湖廣武光州倉大使。

周珦。字廷誾，南隅人。由吏員任揚州府邵白遞運大使。

王槩。字君用，南隅人。由吏員任廣東尤溪縣倉副使。

王瑞。字國珍，南隅人。由吏員任雲南楚雄府税課司大使。

姜世德。南隅人。由吏員任福建侯官縣典史。

葉克清。字子乾，北隅人。由吏員任廣東石橋場鹽大使。

葉德良。字克復，練溪人。由吏員任福建莆田縣縣丞。死倭難。有傳。

周珊。字廷珍，南隅人。由吏員任福建甌寧縣巡檢。

朱和卿。字用敬，獨山人。由吏員任四川雅州判官。

尹澤。字民沛，官溪人。由吏員任廣平縣典史。

繆經。字伯常，馬埠人。由吏員任淮安府倉副使，升巡檢。

吴尚敦。字德厚，東隅人。由吏員任江西建昌府永盛倉大使，升福建同安縣烈嶼巡檢。

丁以賢。字勉之，上江人。由吏員任汶上縣典史。

朱蘭。字子馨，馬埠人。由吏員任山東德平縣典史。

葉可。字子宜，南隅人。由吏員任淮安府宿遷縣典史。

葉恩。字天錫，號東泉，南隅人。由吏員歷任蘇州府吴江縣主簿，升蒙化衛知事。有傳。

葉思。字得之，南隅人。由吏員任華亭縣典史。

毛文錦。字汝繡，南隅人。由吏員任山東商河縣縣丞。

徐洪亥。字壽卿，二都人。由吏員任江西新城縣典史。

黄燦。字子華，金溪人。由吏員任福建光澤縣主簿。

周紳。南隅人。由吏員任福建惠安縣典史。有傳。

王孟熙。湖山人。由吏員任福建泉州府司獄。

劉恩。北隅人。由吏員任廣西蒼梧縣巡檢，升福建永安縣主簿。

周梁。南隅人。由吏員任江西南康府遞運所大使，轉福建南靖縣典史。

朱文盛。字用化，奕山人。由吏員任福建仙游縣典史，仕至桂林府經歷。有傳。

俞光顯。字榮我，南隅人。由吏員任廣陵衛倉大使，轉江西新喻縣水北墟巡檢。有傳。

朱繼善。奕山人。由吏員任福建福安縣典史。

張文耀。北隅人。由吏員任福建閩清縣典史。

朱日新。獨山人。由吏員任山西雁門所吏目。

朱允修。奕山人。由吏員任廣東惠州府興寧縣巡檢。

吴光裕。字深竹，北隅人。由吏員任四川綿州吏目。

蘇默。七都人。由吏員任湖廣鹿頭店巡檢。

劉梁。北隅人。由吏員任河南魯山縣典史。

徐一雷。東隅人。由吏員任廣東茂名縣縣丞。

朱明心。奕山人。由吏員任直隸定興府宣化驛驛丞，轉山東兖州府武城縣典史。

王汝善。湖山人。由吏員任山東費縣典史。

葉有生。東峰人。由吏員任蘇州府吴江縣汾湖巡檢。

劉世禄。金岸人。由吏員任湖廣辰州府崇盈倉大使。

徐朝北。上江人。由吏員任南直隸貴池縣典史。

俞中立。南隅人。由吏員任河南伊陽縣典史。

黄緝。金溪人。由吏員任福建鹽運司知事，轉廣西南寧衛經歷。有傳。

黄景伋。金溪人。由吏員任山西平遥縣典史。

徐朝蓋。東隅人。由吏員任北直天津衛經歷。

王之京。湖山人。由吏員任江西萬載縣縣丞。

朱德修。奕山人。由吏員任江西袁州府萍鄉縣典史。

黄思晦。金溪人。由吏員任福建盆亭司巡檢。

葉一賓。北隅人。由吏員任南直隸瓜州鎮巡檢。

蘇廷榜。七都人。由吏員任福建德化縣典史。

朱德輔。奕山人。由吏員任福建葉坊驛驛丞。

周秉桐。西隅人。由吏員任廣東蓬州所吏目，轉南雄府清化司巡檢。

王民皞。湖山人。由吏員任直隸睢陽驛驛丞，轉山東館陶縣典史。

毛懋和。南隅人。由吏員任□□□□。

黄應科。金溪人。由吏員任直隸完縣典史。

劉世學。金岸人。由吏員任杭州府遞運所大使。

王舜召。南隅人。由吏員任浙江象山縣廣積倉大使。

周應騏。南隅人。由吏員任山東德州梁家庄驛丞。

朱邦瑞。奕山人。由吏員任江西清江鎮税課，轉山東萊州府倉大使，歷廣東沙村巡檢、江西雩都縣主簿。

毛德淵。南隅人。由吏員任廣東湞陽驛驛丞，轉江西龍泉縣典史。

朱邦珍。奕山人。由吏員任湖廣港口驛丞，轉江西禾源巡檢，四川巴縣主簿，陝西蒲城縣丞。

駱文奎。南隅人。由吏員任貴州鎮遠縣典史，升定番州卧龍司吏目。有傳。

徐志雄。東隅人。由吏員任南直隸上海縣縣丞。有傳。

徐一貴。東隅人。由吏員任南直隸華亭縣典史。有傳。

王之員。湖山人。由吏員任北京瀋陽衛經歷，轉廣東都司經歷。

吴邦諫。練溪人。由吏員任山東東平州吏目。

吴邦紳。練溪人。由吏員任廣東歸德場鹽課司大使。

王所學。湖山人。由吏員任四川奉節縣典史。有傳。

包經濟。北隅人。由吏員任四川松藩衛知事。

吴志英。馬埠人。由吏員任温州府平陽縣倉大使。

鄭邦相。字珍之，南隅人。由吏員任河南南召縣典史，轉山西大同府照磨。有傳。

周應聘。南隅人。由吏員任寧波府廣盈倉大使。

鄭邦楝。字隆之，南陽人。由吏員任四川岳池縣典史。有傳。

周顯時。黄硋人。由吏員任廣東文昌縣典史。

童一宏。北隅人。由吏員任湖廣沙鎮巡檢。

朱樑。奕山人。由吏員任中都留守衛經歷，轉廣東都司經歷。

吴大南。南隅人。由吏員任北直隸徐州倉大使。

張成勳。東隅人。由吏員任廣東惠州府司獄，轉福建興化縣巡檢。

葉仲春。北隅人。由吏員任江西廣信府管界寨巡檢。

宋應遷。馬埠人，由吏員任□□□□。

童一善。字應揭，北隅人。由吏員任福寧州大篔簹巡檢。

王文榮。南隅人。由吏員任鎮江府丹徒縣姜家司巡檢。有傳。

朱九賦。字廷貢，奕山人。由吏員任湖廣沅江縣典史。

王居敬。湖山人。由吏員任南直隸婺源縣典史。有傳。

王邦敬。字安宇，柘溪人。由吏員任河南温縣典史。

王邦珵。湖山人。由吏員任北直隸大興縣典史。

朱國仁。奕山人。由吏員任福建福寧州麻嶺寨巡檢。

朱文標。奕山人。由吏員任湖廣永州府白水司巡檢。

朱從信。奕山人。由吏員任江西撫州府税課司税課。

徐日靖。南隅人。由吏員任江西臨江府新喻縣典史。

潘起貴。馬埠人。由吏員任江西九江府瑞昌縣典史。

王國懋。湖山人。由吏員任福建泉州府圍頭鎮巡檢。有傳。

徐應烈。字時揚。東隅人。由吏員，授江西撫州府臨川縣典史。

徐鼎臣。南隅人。由吏員授江西鄔子驛驛丞，升江西餘干縣黄邱埠巡檢。

武進士

舊制武舉鄉試中式，會試於兵部又中式，即拜官而無廷試。自崇禎四年辛未科，始廷試傳臚，賜進士及第出身，與文科并云。

明

嘉靖周敖。錦衣衛校尉，中乙卯科順天鄉試，復中丙辰科兵部會試第一名。建狀元坊於省城北關門内大街。

萬曆尹思忠。錦衣衛籍，中乙酉科順天鄉試，復中丙戌科兵部會試，官至山西都司僉書。

武舉

宋

紹興周景慶。

明

正德周綬。大同衛百户，中丁卯科山西鄉試。

武績

宋

紹興周景慶。西隅人。宋紹興武舉，授武節郎。二年，隸都統吕頤浩，駐鎮江兵馬都監，從征伐金有功，升左武大夫。

明

葉彥輝。九都人。任陝西寧夏衛鎮撫。

朱存。任廣西平樂守禦千户所千户。

李欽。任直隸安慶衛千户。

翁唐盛。任晉府典伏。

朱從宸。從越國公征陳友諒，授温州府楚門千户所千户。

葉亮。錦衣衛校尉。永樂初，升本衛千户，歷松盤衛指揮僉事。

陳包。錦衣衛校尉。永樂初，升本衛千户。

周琳。錦衣衛校尉。永樂初，升本衛百户。

周宗。錦衣衛校尉。永樂初，升本衛百户。

周福。錦衣衛校尉。成化六年，勦捕功升本衛百户。十八年，從征大同，升千户。

周源。錦衣衛校尉。成化十八年從征大同，功升本衛百户。

周綬。襲伯父源職，錦衣衛百户，中正德丁卯科山西武舉，升本衛千户，尋以邊功升指揮僉事。

蘇瓊。由陰陽學訓術。正德八年從征江西窑源洞，授處州衛百户，後奉例革。

周敖。錦衣衛校尉，中嘉靖丙辰科會試第一名。

朱榮。錦衣衛校尉，升本衛千户。

尹思忠。錦衣衛籍。中萬曆丙戌進士，擢守雁門關，官至山西都推揮僉書。

武職

國朝

葉燧。由武生捐衛千總。

貤封

明

吴仁濟。以子紹生貴，贈工部員外郎。

朱彌彬。以子惠貴，贈温州府同知。

周高。以子德琳貴，贈刑部主事。

時應昌。以子謐貴，贈羽林右衛經歷司經歷。

吴惠可。以子文慶貴，贈奉直大夫、協正庶尹、南京兵部武庫清吏司員外郎。

吴紹生。以子志貴，進贈知府。

朱可汪。以子彪貴，封南城兵馬司副指揮。

王思武。以子玘貴，贈南京刑部郎中。

應湛。以子果貴，封大理寺評事。

應世鑑。以孫櫝貴，贈兵部右侍郎兼都察院右僉都御史。

應江。以子櫝貴，贈刑部主事，累贈兵部右侍郎兼都察院右僉都御史。

翁奎。以子學淵貴，贈刑部主事，加贈郎中。

黄公棠。以子中貴，封貴州道監察御史。

葉宏淵。以子以蕃貴，封工部員外郎。

吴文轅。以子孔性貴，封奉政大夫、刑部郎中。

鄭廷康。以子秉厚貴，贈南豐縣知縣，加贈吏科左給事中。

項森。以子應祥貴，贈華亭縣知縣，累贈吏科都給事中、太常寺少卿。祀鄉賢。

鄭一桂。以子九炯貴，贈靈璧縣知縣，加贈南京江寧縣知縣。

王季皋。以子正國貴，贈南京留守衛經歷。

葉以萃。以子焯貴，贈北京瀋陽衛經歷。

鄭秉律。以子一豹貴，封四川重慶府通判。

國朝

王紹之。以子國泰貴，贈登仕郎。

鄭家駒。以子元幹貴，贈承德郎。

王祚熙。以子啓緒貴，贈修職郎。

王鍾圭。以子業貴，贈修職郎。

童慎。以子國柱貴，贈修職佐郎。

恩蔭

明

應文端。兵部右侍郎、贈尚書，櫝次子，以父蔭任直隸廬州府通判。

應崇元。兵部右侍郎、贈尚書，櫝長孫，以祖蔭任太僕寺主簿，轉安慶府通判。

葉鳳翔。莆田縣二丞，贈太僕寺寺丞，德良嗣子，以死倭難，蔭授刑部照磨，升江西按察司簡校。

鄉飲酒禮附載

鄉飲，古禮也。教孝教忠，胥於是乎。在浙中諸郡邑多舉行之。遂雖彈丸，而煌煌鉅典，張在令甲，苟行之而不替，將見秀者足以樹風聲，頑者有以起觀感。考而録之，使如此禮之委曲繁重，非無爲也。

鄉飲禮，每歲以正月十五、十月初一爲期，於儒學明倫堂行禮。舉邑中致仕有德望者一人爲大賓，年高有德者爲僎介、爲庶賓，或三五人不拘其序。僎介次於大賓，庶賓次於僎介。府州縣正印官爲主，學員爲司正。先七日出示，使知某日行禮，屆期來觀。先五日，主肅啓，印官啓賓僎，學員啓庶賓。先一日，習儀，頒坐次於明倫堂：賓主執事贊禮者皆集，大賓位西北，僎位東北，介位西南，庶賓位正西，主位東南，司正在主之後。本日黎明，宰牲具饌，每案各五豆。及期，主人率僚屬司正詣學門，遣使速賓介，以賓至庠門。執事報曰：賓至門。主人僚屬迎於庠門外，主東賓西，行過門閾，三揖三讓，而後升堂。既升，東西相向立。贊者唱：行兩拜禮。賓坐。執事又報曰：僎至。如前儀。介庶隨僎而入，如前向，三揖，皆坐。執事唱：司正揚觶，就東楹盥所，濯手洗爵。執事引司正就西階升詣堂中，北向立。賓以下皆立。執事唱：揖。司正揖，賓以下皆答揖。執事者以觶酌酒，授司正。司正舉酒向北曰：恭惟朝廷，率由舊章。敦崇禮教，舉行鄉飲。非爲飲食，凡我長幼，各相勸勉：爲臣盡忠，爲子盡孝。長幼有序，兄友弟恭。内睦宗族，外和鄉里。無或廢墜，以忝所生。讀畢，執事者唱：司正飲酒。飲畢，以觶授執事者，唱：揖。司正揖，賓以下皆揖，司正復位，賓以下皆坐。執事唱：讀律令。舉律令案於堂中，賓主皆拱立，贊者、引讀者詣案，北面讀曰：《大誥·鄉飲酒禮》：序長幼，論賢良，別奸頑，抑罪人。其坐序間，高年有德者居於上，高年淳篤者并之，以次序齒。其有曾違條犯法之人，不許干與善良之席。主者若不分別，致使貴賤混淆，察知發覺，罪以違制。奸頑違亂正席者，全家移出化外。〔一〕讀畢，復位。執事者舉饌案至客前，主人獻賓，薦脯醢，設折俎。賓酬主人如之。獻僎介，僎介酬亦如之。賓僎介庶子侄等，許侍側酌酒。工入，升歌，鼓瑟，歌《鹿鳴》。執事者唱：飲酒，供湯。工歌《四牡》，執事唱：飲酒，供湯。工歌《皇華》，執事唱：飲酒，供湯。笙生奏《南陔》，又奏《白華》，又奏《華黍》。詩歌《魚麗》。笙奏《由庚》。詩歌《南有嘉魚》，笙奏《由儀》。於是合樂，奏關雎、鵲巢，又葛覃、采蘩，又奏卷耳、采蘋，每詩先歌首章。飲訖，執事者唱：徹饌。賓、僎以下皆出位，主偕僚屬居東，賓以下居西。執事者唱：北面謝恩。各向北行三跪九叩首禮，畢。執事唱：送賓。以次下堂，分東西行，仍三揖，出庠門而退。

校注

〔一〕《大誥·鄉飲酒禮》爲朱元璋御製，該段文字略有差异，今據《大明律附例》卷十二校正。『序』，作『敘』；『抑』，作『异』；『其坐序間』作『其坐席間』；『以次序齒』作『以次序齒而列』；『其有曾違條犯法之人，不許干與善良之席』作『其有曾違條犯法之人，列於外坐，同類者成席，不許干於善良之席』；『察知發覺』作『察知或坐中人發覺』；『罪以違制』作『主者罪以違制』；『奸頑違亂正席者』作『奸頑不由其主，紊亂正席』。參見明舒化纂《大明律附例》，明嘉靖刻本。

賓興禮儀附載

凡值子、午、卯、酉年，例應起送赴科。前三日，縣具啓致各赴科生員。至期，設席大堂，儀門外搭綵橋，生員齊由橋進。縣主出迎至橋，賓由東階，主由西階，三揖三讓，至堂上一揖，分坐。茶畢，主告奠安席。賓酬，主荅拜，入席。飲席畢，起辭，向主一揖，主各贈桂花一枝，披紅，鼓樂出送。至橋，生各乘馬出拱極門，主送至門外，仍各送酒三杯，畢。揖諸生上馬北行，主乘輿歸。詰朝，諸生督詣縣謝後，治裝赴省。三場畢，揭曉歸。家内有中式者將到，縣具儀仗花紅，出城迎送歸家。次日，具匾禮造門賀，舉人隨詣縣謝。

卷之七

人物志

理學、忠義、孝友、仕功、循良、宦迹、篤行、文學、隱逸、尚義、貞節

《周禮》：大司徒以鄉三物教萬民而賓興之。小司徒之職，掌建邦之教法。至於鄉大夫群吏獻賢能之書於王，王再拜受之。人物之關於天下大矣，故士乘時而奮則邦家光，龍先蟄而處則山林重，孝義彰於往迹，貞節樹爲女儀，皆風化所繫也。志人物。

理學

宋

龔原，字深之，一字深父。舉進士。哲宗即位，爲國子監丞，遷太常博士。會議秦悼王之後應襲封者，原曰：秦王嫡絶，立庶自合禮。方議祀北郊，原曰：合祭非禮也，願亟正之。加秘閣校理，除王府記室、兩淮轉運判官。紹聖初，召拜國子司業。入對，帝問曰：卿歷除邸官，何爲補外？得非大臣私意乎？對曰：臣出使鄉部，知民間事宜，臣素志如是，不知其因也。旋兼侍講，遷秘書少監、起居

舍人，擢工部侍郎。安惇論其直講時事，以集賢殿修撰知潤州。徽宗初，入爲秘書監，進給事中。時除郎官五人，皆執政姻戚，悉舉駁之。又論郝隨罪不得居京師，鄧洵武不宜再入史院。朝論謂帝於哲宗服，當循開寶故事，爲齊衰期。原曰：三年之喪，自天子達於庶人，一也。主議者斥其妄，黜知南康軍，改壽州。俄用三年之制，乃復修撰，知揚州。還，歷兵、工二部侍郎，除寶文閣待制，知廬州。陳瓘擊蔡京，原嘗與瓘同師，陸佃謂原實使之落職和州，居三覺堂蕭然，晏坐終日。起爲亳州，命下而卒，年六十七。紹興間，高宗知其忠賢，深痛惜之。親製宸翰追復其官，勑曰：朕惟賢者之進退，豈關軒冕之去來，在國家之盛衰所係。元祐以來，忌嫉善類，忠賢名士，籍爲黨人，具禍以燼。自一身觀之，所係微矣。以天下之勢論之，國無君子，云亡殄瘁，安危治亂，豈不重哉。故朝奉郎紫金魚袋龔原，器宇沉厚，經旨粹深，三絶韋編，宗師後學，例遭黨錮，流落以死。肆朕纂紹，慨念典型，人百其身，痛惜何贖。并舉厚終之茂典，仍還次第之近班，庶國是之攸存，知朕心之所向，永光幽穸，不昧寵休。初，邑人未知學，原篤志明經，致身通顯，由是翕然化之。是時周程諸先生猶隱濂洛，原以經學爲世表倡，凡永嘉先輩以經學鳴者，淵源皆出於此。著《易解》等書，頒布天下，號武陵先生。邑人繪像立祠於學，入鄉賢。宋淳熙乙巳，主簿常濬孫有《崇學祠記》。載藝文。入《通志·儒林》。

林華岳，字元鎮，由特奏名官至台州刑曹。嘗從武陵先生游，傳其學。元祐間，令張根興學校，延岳爲師，教訓諸生，趙顥、鄭遼皆其高弟。後邑人祀武陵先生於學，以令與岳配享入鄉賢。

周綰，字彦約。年十七入太學，崇寧五年中進士甲科。五剖符持節再領大藩，爲國子祭酒、吏部侍郎，以敷文閣待制致仕。出藩入從六十餘年，始終以廉節著名，爲王十朋見慕。號蓮峰先生。入鄉賢。入《通志·介節》。

張貴謨，字子智。由進士吳縣主簿、撫州教授，宰江山縣。會亢旱閔雨，因覽鏡有詩云：不見片雲頭上黑，頓添一夜鬢邊霜。遂蠲其賦十之八。郡守怒詰之，力陳其害，不能奪。光宗即位，謨投匭進書，極言民力已窮，邦本不固，凡科斂之繁，宜一切罷去，以廣維新之澤，剴切幾萬餘言。後轉朝奉郎，輪對敷陳三扎及民間疾苦一十八條，光宗嘉納之。三年，除太常主簿。五年，除司農寺丞，轉朝散郎。一日，以扎子袖見時宰，論易革與大過之義有忤。是歲，西浙旱災，毗陵尤甚，城邑騷動，遂出知州事。陛辭，奏陳饑民之數及給降米斛，光宗曰：米未多，卿且好去賑濟。故謝表有曰：聖慮紅粟之未多，面奉玉音之甚切。莅任，講行荒政，饑民賴以全活者五十萬衆。次年，轉朝奉大夫，賜對便殿，論人君之心與陰陽之氣相感，實歲之豐歉所係，上皆嘉納。除吏部員外郎，升郎中、樞密院檢詳諸房文字。奉使金國，回内殿，因論禮莫重於分，分莫重於親，今北虜犯分而夷其親，雖欲不亡，得乎？願朝廷爲内修外攘之備。極言時弊，凡二十餘條。轉朝散大夫，會行郊禮，極言郊赦爲小人之幸，不可爲常，上可其奏。後遭煩言，奉祠歸里，以磨勘轉朝議大夫，特封遂昌縣開國男，食邑三百户。所著有《九經圖述》《韻略補遺》。子二：如説，文林郎；如咏，迪功郎。太史陳希烈狀其行。入《通志·名臣》。

尹起莘，字耕道，別號堯庵，居柘溪，隱居不仕。學問該洽，有感於古今治亂興亡之變，因朱子《資治通鑑綱目》，爲著發明五十九卷行世。樞密魏了翁爲之序曰：三晉之事，直據《史記》爲自相推立，實未嘗請命於周。曹操篡於漢末，實未嘗畏名義而敢於篡漢。深得文公秉筆之意。邑人建專祠於學左。入鄉賢。入《通志·儒林》。

周南，字南仲，自號知常叟。壯歲束書游四方。宋建炎初，見李易作狀元，遂無意仕進，乃受潘子醇《忘筌書》以歸。與邑士子論學，其講《易》由静極生動，乾生於坤，因歸其説於坤之六二，大抵皆祖忘筌而暗合於歸藏，時人稱爲知常先生。以《易》學著名，後祀於學。入《通志·儒林》。

鄭克寬，子伯厚，居航頭。游松陽頖庠，就項平甫得聞朱子之學。由進士授嚴陵郡博士，積階至朝議大夫。學士高夢月志其墓。入《通志·儒林》。

明

黄灝，字季榮。博學自淑，不樂仕進，人多與之游。嘗語人曰：爲學大要在慎徽五典而已，舍此皆贅疣也。有《慎徽遺稿》，言多簡要。門人私謚爲慎徽先生。入《通志·儒林》。

鄭還，字復正，號半翁。幼孤，育於外家。性資聰悟，志尚高邁，行己峻潔。年十八，從松陽進士盧璣學，粹然一出於正。爲文務期實用，仕曹州訓導。《州志》載云：存心制行皆不苟，尤好學，博通經史子氏百家之書，教人亹亹忘倦。在任五年，稱疾懇致仕，上官諸生留之弗得。家居談道自樂，足未嘗輕至公府。郡守林公富重其名，堅請一至。自後郡邑官以不能致爲恥，雖在疾中，必就訪以政事。都諫魏良弼先宰松陽，嘗越境求所著《鄉黨須知》，頒布令民行之。郡人鄉賢鄭宜修入《古栝遺芳》，著其有誠正功，與龔武陵、尹堯庵二先生并稱。所著有《圖學蒙談》《理氣管見》《一元付笑》諸書行世。入鄉賢。入《通志·儒林》。

應櫝，字子材，號警庵。學問純正，才識練達。嘉靖丙戌進士，授刑部主事。惠安張某以贓敗下部，客有爲張私謁者，夜遺金七百，峻拒之，嚴駁如法。歷郎中，奉使南直隸，恤刑，平反獄囚，全活者衆。升濟南知府，遷知常州。適當定册，櫝究極利弊，詳定規畫，丁據黄册，糧據實徵，其所更賦役二法，最爲精善。歷寶慶、辰州，卓有風力，權貴斂迹。常州有《去思碑》，尚書許讚嘗宣言於朝，稱其爲天下第一知府。尋升湖廣提學副使，轉陝西行苑馬寺卿，升山東布政使，擢山東、山西巡撫。會北虜入寇，即千里勤王，朝廷嘉之，錫以燕賞，升兵部侍郎，總督兩廣軍務。桂平等處猺獞雜處，半爲盜藪，積五十年餘。櫝至，諭以德意，樊家屯、馬江等劇賊悉欵服，惟七山諸寇怙亂自若。櫝親督精鋭擊之，賊敗衄，弃巢走。遂封其山，籍其田廬畜物，令官兵屯住耕作焉。捷聞，賚金帛蔭一子。卒於官，贈兵部尚書，遣官祭葬。所著有《慎獨録》《讞獄稿》《大明律釋義》行世。祀鄉賢。入《通志·名臣》。

朱應鍾，字陽仲，號青城山人。天資警敏，篤學勵行，恬静寡欲。嘗結青山白雲樓，讀書其中。善古文詞，尤工唐人詩。家故饒，一委之兄弟，侈用廢業不問也。聞王陽明先生倡道東南，趨而就學，先生器重之。語曰：以子之沉重簡默，庶幾近道。予方以聖賢之徒，期女文人之雄，非所望也。一時名公若開化方豪、青田陳中州輩，皆與之游，著聲吴越間。年三十二卒，士林甚惜之。侍御黄中爲梓《陽仲詩選》五卷。入鄉賢。

《舊志》評曰：君子進以輝國，退以善俗，德業著于當時，聞望垂於後世，千百年間，數人而已。居鄉崇祀，謂之咸宜。然而龔敦頤載在《全史》及《一統志》，而《郡志》無聞。張貴謨建議時政，使金有功，聲績甚著，傳誦至今。據其遺事而表章之，論世尚友者責也。

忠義

宋

龔楫，字濟道，工部侍郎原之子，潁州文學敦頤之父也。因原謫和州而卒，楫遂家焉。仕至兵部侍郎，容貌如不勝衣。建炎初，聞金人陷郡縣，忿恚不食。兀朮據和州，以偏師萬人築堡新塘，遏濡須之路。楫率家僮往襲之，鄉里從者三千餘人，獲千户二，係累者數百人，輜重稱是。金兵大至，乃取道圩上，金騎兵據其衝不得前，衆多赴水死。楫麾其衆曰：今日鬬死亦足稱義士，自弃溝壑無益也。戰敗，爲金人所獲，猶挺劒刺其一人，罵不絶口，金人臠割之。見《宋史·忠節傳》。入《通志·

忠臣》。

鄧熹，其先三衢人，客遂昌梭溪七寶山，採鑿爲業，因家焉。熹有勇略，善文章。宣和辛丑，睦賊倡亂，其黨洪載侵犯松、遂，熹與父將仕郎昌特捐家資，集鄉民，繕甲兵，入邑禦侮，與賊百餘戰，獲俘馘數千級，降其首洪載等，部送制置軍前，授進武校尉。郡守黄葆光上其功，改昌承節郎，熹遂昌尉。時史丞相浩隨季父才爲邑丞，見其事。紹興辛巳，孝宗時位儲官，浩爲太子詹事，語及之，記其名。及即位，擇恭王宫僚，詔處州津遣赴闕。比恭王爲太子，擢熹爲春坊。久之，丐老，力辭，增秩，賜金紫榮歸，官其一子。入《通志·義行》。

趙育才，政和中爲武學生。身長七尺餘，膂力絶倫，挽弓至數石。方臘叛，與鄧熹父子集趫壯，相犄角以衛，邑人恃以不亂。時松陽群盜侵掠及邑，乃率所部相格於孟山前，賊勢張甚，育才顧其徒不能禦，手麾弓射殺數輩，死於礵下，聞者莫不嘆息。入《通志·忠臣》。

周邱觀，字民表，倜儻有大志。宣和癸丑，睦州寇變，賊首洪載據松邑，攻遂昌，勢張甚。朝廷下詔安之，觀慨然請行，以義屈賊，成約而還，授承信郎。靖康初，本路帥命部衢、婺、處三州兵赴雄覇州。及還，遇高宗渡江，領兵勤王，特旨轉三官，凡歷九任，積官至武翼大夫。入《通志·武功》。

元

黄道俊，字彦傑，金溪人。元至正間，緑林賊寇建陽，震動郡邑。道俊倡募襲之，俘於官，以功授本邑簿，轉江山令，建寧判官。兄道傳，弟道佺，俱協濟有功。道傳授本邑巡檢，道佺授松陽縣副簿。洪武初，復以材略徵，授襄陽同知。入《通志·武功》。

明

時哲，東隅人。正統間礦賊突攻縣治，哲散金募兵，率弟志邀擊於麻車嶺，志死之。哲力戰，賊却。郡司上其功，授馬埠司巡檢，俾鎮其地，當時賴之。入《通志·武功》。

時志，字孔舉，東隅人。正統間，礦賊突攻縣治，百姓倉遽奔竄，莫能敵。兄哲散金募兵，率志邀擊於麻車嶺脚，殺傷甚衆，志死之。哲以武功著聞。入《通志·忠義》。

蘇民，字天秀，號一峰。洪武初，大封親王，博選東南巨族，以充侍衛，民曾祖與焉。從秦愍王之國，遂爲秦人。弘治乙卯，舉陝西鄉薦，乙丑登進士。初授山西榆次知縣，徵爲兵部職方司主事。逆瑾時擅權搆口，落職爲四川梓潼驛丞。瑾誅，復官工部，歷吏部考功、文選郎中。上疏諫止武宗巡游，罰俸。後升南京太僕少卿、太常卿，歷兵、工、刑三部侍郎，卒贈尚書。清修自持，所至以廉幹稱。翰林陸深爲之狀，見《獻徵録》。

葉德良，字克復，由吏員任莆田縣丞。嘉靖中，倭寇福建，時知縣、簿、尉弃城走，獨德良堅守旬日，力竭城陷，死之。及戚總戎提大兵至，倭遁。撫按以事聞，贈太僕寺丞，廕一子入監，官刑部照磨。入《通志·忠臣》。

黄德微，字幼元，金溪人，郡廩生。性粹學，博詩文，矯不猶人，行誼尤硜硜自好。世〔一〕代多聞人，一門師友，屢蹶闈試。將以次年貢，遭姚、馮二賊倡亂，入其里，人皆奔，微獨後，執焉。以兵脇之，不屈，且罵辱之，遂遇害。士林咸嘆韙之，謂古義烈不是過也。

國朝

尹可郎，西鄉十八都大柘人。康熙四十九年，閩寇擾大柘，居民騰沸。可郎禦之，婦女藉得脱逃。厥後獨力難支，卒飲其刃，鄉人痛之。

葉澄武，柘溪人。康熙四十八年，彭寇擾亂，武統率鄉勇力禦，被執。賊脅之，不屈，隨被殺於柘西橋頭。

校注

〔一〕世：原刻本作『公』，據道光《遂昌縣志》卷七改。

孝友

宋

鄭千義，保義鄉人。宋景定辛酉，母葉氏病，刲股救療，未效。或曰：人肝可救。遂自刲其肝，既死復蘇，母尋愈。邑令趙旴夫聞於郡守趙崇絢，移獎有云：刲肝療親，雖非孝道之正，然一念之切，上通乎天，而能起其母於垂死。非平日克盡孝道，豈能感格如此之速。又迎引榜示諸縣，作詩以旌之曰：多少愚民不愛身，傷身未必爲其親。願聽太守殷勤語，學取昌山孝行人。因改其鄉曰孝行鄉。

明

周思立，洪武末，父閏宗畏爲掾，自斷其指。時法當徙，事覺逃匿，官執思立詣獄。會大雪數尺許，思立被拷掠，置雪中幾死，復蘇。旬月會赦，乃求得父。父意思立必死，悲泣喪明。思立日舐其目，卒以復明，人稱孝感。入《通志》。

周子輝，字彦華。弟子忠，永樂初被誣坐死，罪連妻子。彦華謂妻俞曰：吾弟死，二子尚幼，未能保其必嗣，若侄與其母俱死，吾忍弟弗嗣乎？俞泣曰：盍以吾次子代之。彦華曰：是吾意也。遂以孟曉往，曉方十四歲，慨然從命，竟刑於市。彦華與妻愛其二侄孟曦、孟顯若己生，後俱長，復以己産均分，鄉人義之。入《通志》。

黄原照，字伯亮，金溪人。洪武初，覲天下印官，以空印事詔獄。父道俊時任襄陽同知，署印及焉。方上怒甚，無敢言者，照詣闕，擊登聞鼓愬之，死其下，情詞剴切。上悟霽怒，釋照父，得謫永豐丞，并盡釋印官，僕裹屍歸葬。照孫鐸痛祖死非命，乃建望雲庵，塑像其中，終身廬墓，哭泣不輟。父生庶子，鐸妻乳之，迄成立。至今人稱其居爲孝友堂云。鐸自號澹泊軒，有遺稿。《通志》標鐸名。

尹彦賁，弟彦章，岩溪人。隱居養母。母年七十，朝必率諸婦左右佐飲食，湯藥甘旨惟所命，執出告反面禮。退則躬耕稼，治場圃，歲時烝嘗，女事紡績，一時咸稱其孝。空同子書其事於文集。鄭宣南《郡志補遺》。

朱潫，字德淵。性謹厚，敦於孝弟，贊父盼修築橋梁道路，費以萬計，殫竭心力。父殁，執喪如禮，奉遺命重築王村口石橋，卒成父志，鄉里稱爲朱孝子。

徐潚，字士澄，東隅人。少業儒，以兄商於外，乃弃儒奉親。親病劇，晨昏焚香籲天，求以身代。刲股嘗糞，躬調藥石，衣不解帶者經年。居喪哀毁，廬墓守制，皆遵古禮。家貧，教授爲生，操行益勵。郡丞湯公价廉之，賓致鄉飲本學，扁其門曰孝友，雖童孺皆稱之爲徐孝子云。

葉宏淵，少業儒，每遭父病，籲天求以身代。父年六十，妾生一子，弃之，竊取乳育成人。分産則曰：俱父一體，何肥瘠爲？與之均析。長兄早逝，遺一孤，撫字不啻己出。又創家塾，置義田，建義店，以宿行旅。其善行種種足稱云。

吴一鵬，年十七，同巷失火。鵬在外念母，奔回家，已在烈焰中，至則狂號突火。人以火勢甚熾，殺身無益，力挽之。一鵬大呼曰：母死，何以生爲？挺身而入，火斷出路，母子俱斃。有司白諸當道建坊以旌焉。入《通志》。

王仲芳，字汝久，湖山人。性至孝，九歲侍父疾，終夜徬徨不寐。既卒，哀毁如成人。事二母誠敬不衰。尤好施濟，貸人金不責其償，推産以讓弟侄，宗族鄉黨多賴以舉火。歲疫，市藥救療，存活甚衆。居鄉平心率物，排難解紛，遠近咸服。邑大夫欲錫以鞶帶，固辭不受。家資故饒，以好施費盡，處之泰然。一介不苟，惟以詩書忠厚訓其子孫。王節婦，其家女也。終年七旬，廣文、會稽周官爲之立傳。

葉志，字希尹。性孝友，族黨推敬。母病，割股以療。後己身病篤，子尚木方割股以進。孫克芳甫九齡，亦割肉煑羹，持甌避人。至祖帷，群异之，索其甌，方知子父輕生行孝，不謀而合。人謂世孝傳芳，足志异德貽謀云。後尚木、克芳均舉鄉飲。壽七十餘。入《通志》。

徐文洪，號龍山，東隅人，徙居龍疃。周歲失怙，母楊氏孀居，文洪孝養純備，以庠士游太學。母以二子連逝，悲慟失明。京邸聞之，即日陳情終養，旦夕號天露禱，精誠所格，母目復明。妻鄭氏夭折，義不再娶，躬親侍養，不離左右。逮選期届，亦不赴。人謂有李令伯之風。

周應鳳，南隅人。孝友性成。家世食貧，拮据買藥，佐父治生，助弟應鶴，負笈下帷。母病篤，割股醫治，至誠所格，延母壽一紀。弟應鸞亡，貧不能殮，爲任殯葬，仍以子士鯉爲嗣。鄉評益推重之。生平正直不阿，而睦媚任恤，更孚遐邇，賓薦黌宫。弟應鶴，子士鰲，俱以明經爲士林望，皆其玉成也。壽七十一。

包可大，北隅人。十歲喪父，即知孝。侍孀母，晨昏定省，不離左右。母六旬病篤，可大割身籲天，母因而復蘇。復能義方式訓。三子經邦、經都、經郊，俱膺恩歲薦。經邦自有傳。經都年七旬，猶朝圖暮史，好學不倦，恂恂端方，爲士林矩式。經郊亦以割股救母稱孝云。

國朝

王紹華，字景元，邑庠生，啓泰之嫡子也。弟紹萃、紹莘俱庶出，奉父遺命，善撫之。教養婚娶，備盡心力。族有圖吞虎噬者，造謗言，且訟之官。紹華力辦，邑侯繆公偉之。萃、莘名復載譜，人不得垂涎焉。華友于之愛，根於天性，至是益篤。析産均財，里人咸稱云。

吳德謙，字亨吉，邑庠生。父病危篤，割股救愈。丙寅，洪水衝漂母柩，哀尋經七日夜，不遑食息，竟得之。人咸謂孝心所感。庶弟三，教以文學，皆有聲庠序。縉紳先生每指述其事，以告鄉子弟云。

葉克芬。祠位存《舊志》，事實失載。或云葉志孫克芳，姑存之以備考。

華啓童，字恂然，號鮮民，北隅人。本童姓，自幼乳哺於華。少積學，遂爲文社祭酒。教人先器識，甚嚴而摯，遠近咸奉爲師範。性最孝，色養備至，尤篤於本生父母，邑人稱純孝焉。以選拔終，年三十五。妻黄氏，亦耐貧守志，辛勤撫孤，歷三十年，全操而終。

華文溥，字棕一，南隅人。幼穎异，十四游庠食餼，試輒冠軍。天性至孝，親老家貧，以館修娱二老，并爲諸弟婚。一堂孝友，人無閑言。父病篤，每夜露禱，願以身代。父疾獲痊，人咸謂孝感。年二十八，賫志歿。

朱家選，字元凱，號省齋，邑庠生，世居奕山。聞寇包鳳起入遂，逼助餉，選匿其兄弟獨往，包怒將斬，色不變，包義而釋之。寇退，遇大旱，斗米錢三百文，選質田園遠販以賑，存活甚衆。後白寇據遂，有木城祝氏從總兵馬公入剿，意在復仇，而馬勿禁。選晉謁力諫，乃得免。及歸里，收暴骨而撫其孤。壽七十有八。人思其德，今祀於鄉。

徐來章，字豐五，號魯庵，歲貢生，東隅人，冀之子也。十月失恃，父抱以長，舌耕養親，垂老如嬰兒。父染瘵疾，衣不解帶者三年，每夜露禱，卒以無恙。當五旬，念母，終日哀慕，悲泣達旦，兩目盡腫，及門咸爲感動。尤敦正學，嫉浮華，因材成就，一邑譽髦多出其門。所著有《東溪詩草》《不息樓課藝》。

徐啓澤，字德溥，東隅人。天性真摯，母華疾，刲股以療，不起，號慟哀慘。適邑繆令過其門，嘆爲孝子，遣使贈賻，固却不受。康熙壬辰，洪水衝漂母棺，啓澤抱棺水中三日夜，足爲之爛。養老父，傭力負擔，備極孝敬，喪葬竭力措置。年五十九歿。子來泰，忠厚醇謹，無愧孝子後云。

徐冀，字北也，號介石，東隅人。年十七娶趙氏，十八生子來章。十九趙歿，父母欲爲繼娶，冀不肯從，躬〔一〕執爨以養親，推産讓其兄。親歿，負土營葬。清純介潔，教子孫立身讀書尤嚴。而摯年八十一歲，守義六十二年。

俞長發，字其祥，號紹庭，南隅人，邑庠生。體弱不勝衣，然當大節，輒奮勇直前。痛父母早逝，撫兩庶弟有加恩。弟疾，日夜守視，親治湯藥，月餘不懈。情誼剴切，聞者無不感動。終年三十四。

王曰瑚，字夏鼎，南隅人。年十三，游庠。家貧訓蒙，孝友獨摯，雖凶荒，甘旨無缺。母病，刲股以療。親怒，則長跪膝下，解而後起。弟璉，幼患風疾，轉側需人；瑚務得其歡悦，以慰親心。年四十三，終。其父曰：兒死，吾何以生！慟哭七日，亦逝。遺命與子同壙。子之垣，克遵先志，人咸謂孝子有後云。

校注

〔一〕躬：原刻作『窮』，誤。據道光《遂昌縣志》卷七改。

仕功

元

王鉉翁，字中實，鑑翁之兄也，南隅人。由人材任平江路吴縣主簿，英邁敏達，莅政不苟。郡守杜某素知其材，大小政務悉以委之。豪民顧、鍾、朱、郭四大姓怙勢爲不法，則發其罪惡，咸置於理。轉兩淮都轉運，除黄岩州判官。亭户洪甲恃不統于有司，恣爲暴横，殺平民。吏白不宜問，鉉翁曰：殺人之人，乃可置不問耶？逮捕繫獄，坐罪不少貸。奸民有挾僞鈔板詣官自首者，覬事發，因得誣連富人。鉉翁察其情，詰之，果自服，立命焚其板。居三年，庶績具舉。遷忠顯校尉，尋以昭信校尉、中山府判官致仕。入《通志·循吏》。

明

尹思忠，字藎卿，起莘之裔孫。其先以扈從入京，世襲錦衣，四傳至公，豐儀博學，蚤游膠序，相者謂公貌當以武貴，乃投筆登萬曆丙戌武進士，擢守鴈門，官至山西分閫。天性孝友，愛士卒，言行取予，動合古人，所至延章縫之士，談詩説劍，有儒將風。辛卯，給事張公貞觀閲邊，聞公賢，虚心諏訪，公條上六事，皆籌邊大計，邊人至今頌之。

黄中，字文卿，號西野，先名忠。穎异不凡。由乙科令鉛山，冰蘗自勵，一意保民。弋陽業奪驛馬，誓弃官復之，省歲貢千數百金。擢貴州道監察御史，出按晉、滇。及留都，持大體，多异績。補天津兵備。妖人張道仙聚衆數千爲亂，一夕縶而殲焉。招集流移，歸業者萬户。錢塘田汝誠序其集，謂栝蒼詩派倡自郁離子。郁離子歿，凡二百年無聞，而有黄西野出焉。著述有《西野奏疏》《南窗紀寱集》《吹劍集》《易經紀蒙》。入《通志·文苑》。

吴孔性，字粹卿，嘉靖壬戌進士。器度純慤，篤行孝友。任刑曹，贊决大獄，簡刑密雲，多所平反。守安慶，定兵變，著節愛聲。備兵閩漳，禁市舶，肅清海甸。歷雲南參政，致仕家居。力挽頹靡，分産二兄，賑施宗黨，修譜牒，創祠宇。所著有《管見》《訓俗》等書行于世。

鄭秉厚，字子載。嘉靖辛酉鄉薦第二，隆慶辛未進士。始令南豐，撤悍兵，均田賦，人頌神明，建祠立石。入諫垣，彈劾京營侍郎孟重，疏中并及張居正、馮保，直聲震世，聞者辟易。副憲閩、滇，持風裁殲叛夷，糧儲江右，節用通濟，區畫惟宜。以督運勞，終於淮次。有《奏疏文集》。

項應祥，字元芝，號東鰲，森長子。萬曆庚辰進士。初令建陽，勵志冰蘖，力雪寃獄。《縣志》有『抱案吏從冰上立，訴寃人向鏡中來』之語。復補丹陽巴縣，調華亭，主勘勢悪，定以大辟，聲震南都。擢司諫，有翼儲、請冠、請婚七疏。功在國本，掌天垣，秉公矢慎，海内想望丰采。時南北黨興，挺然不阿，甘心者思欲中以奇禍，遂假妖人書誣衊之。賴神廟素鑒其忠赤，終始無他，詳見疏中。捐俸給養土田三百石，方伯温陵洪公啓睿爲之記。贍族田三百石，塾田五十石，并有録。累升應天巡撫，卒於家。祀鄉賢，并祀建陽名宦。所著有《問夜草》《醯雞齊稿》《國策膾》行于世。

項應瑞，字儀明，號麟郊，森仲子。萬曆戊子鄉薦，以兄應祥兩分考南官迴避，乞署建陽諭。丙午聘江右分試，升盱眙知縣。邑當南北孔道，無城郭、倉庫、獄司，防守爲難，盡心拮据。僅一載，調繁建寧，革火耗，裁里甲，一以廉明簡易爲政。遷蒙化府同知，遂賦歸來，放情棋酒，不問外事。長子天慶辛酉舉於鄉，後二歲乃卒。臨逝賦詩：未必南面樂，未必刀山苦。魄散魂自升，茫茫還太古。精爽不亂，識者偉之。

鄭一舉，字應科。儀容偉岸，動履端莊，由選貢授四川西充知縣。廉明仁恕，崇孝慎刑，庠士多所造就，成獄重囚得平反者四人。郡守饒公景暉目爲循吏，直指趙公標稱曰福星。致政家居，捐資賑族，厭世俗紛華，躬行節儉，爲鄉閭之表率云。

黄一陽，字旋化，九鼎之弟。萬曆癸巳選貢，授滄州判官。築堤理鹽，極著茂績。庚戌，發銀賑畿輔民，設策分給，一時稱惠政。升藤縣令，地産异草，人食之立死，惡少每恃以誣人。一陽下車，首著爲禁。在任二年，鮮有以人命訟者，告致當道，不允，殁于官。所著有《嶽立軒稿》。入《通志·循吏》。

鄭九炯，字美中，號三莪，長濂人。萬曆壬子舉人，授靈璧知縣。邑當南北孔道，輪蹄絡繹，供給浩繁。裁夫役，革火耗，葺城堡，平盗寇，修學宫，旌節孝，士民德之。升江寧令，如治靈璧時，發舊令任内奸吏侵欺錢糧壹萬零，兩院題留追餉，四載告竣。遷刑部主事，清查淹禁，全活者衆。附列考選，上疏抗陳銓政，朝議以其侵官，謫德安府推官。肅清囹圄，多所平反。遷工部主事，念母逾九旬，致仕歸養。

國朝

劉應時，字瑞生。究心理學，力闢异端，尤不喜佛老家言，不隨時俯仰，言動嚴正。以明經除西川滎縣令，免運茶税、鹽引、折色，卓有廉名，以詿誤報罷。所著有《易經解》《四書講義》等書。

王文榮，號逵宇，南隅人。業儒不就，爲邑掾，奉公守法，當事咸信重之。上考授鎮江丹徒縣姜家司巡檢，給由應授主簿，以家政冗不及赴。年七十而逝。

駱文奎，號百泉，南隅人。幼篤孝友，長諳法律，性行狷介。授鎮遠縣典史，愛民奉公，縣令倚爲左右手。升定番州卧龍司吏目，不貶節以媚上。一日，州守有能言鸚鵡、香臍雞縱之取，迕意弗阿，投劾而歸。官卑品卓，人咸欽之。家居課子若孫，樂丘壑以終老，壽踰古稀。

俞光顯，字榮我，南隅人。髫年給事縣庭，以文無害，初選廣寧衛倉大使，革秏惠民，撫按交奬。轉江西新喻縣水北墟巡檢，平官價，除陋規，墟城歡呼，巡按旌奬。以勞瘁終于官，年僅四十六。衣棺無措，商民輸資，紳衿舉祭，道府縣給路費回。

徐一貴，字良之，東隅人。廉讓朴誠，敦尚孝義。任華亭尉，治煩理劇，事上撫下，綽有賢聲。致仕家居十餘年，睦婣任卹，儉素自如，壹意式穀。子應文，蜚英黌序，以德行稱。

循良

明

葉雲，字民望，由歲貢除江西建昌府推官。爲人砥礪名節，居官廉介。捐俸修曾南豐祠，執法忤當道，遂致仕。居家甘貧，有司以蔡相公廟基地遺之，計直數十金，辭弗受。湖山所建鳳池書院，即其地也。入《通志·介節》。

朱九綸，字廷重，號愔士，奕山人，用化冢子。慕薛文清學，作止奉則，以文章受知丁哲初、湯若士兩公，爲吴伯霖首座，與徐子卿齊名。泰昌庚申，覃恩應薦，讓一老友。乙丑始以歲例訓臨海，苜蓿泊如，仍慷慨慕義。有貧士王生以逋賦爲縣卒辱，即逮躬親杖之，隨出俸代輸，邑令欽重。遷諭柳城，以南方學開誠砥切，士得所宗。時義烏沈尉夫婦闕殯，即搜槖數十金，畀厥子以櫬歸。教授紹興，捐資刻《功過録》，學道劉頒行十郡。喜與人善，若敗類不能以多金免也。生平不解貨殖，饘脯之入悉歸公帑。五十執親喪，哀慕如孺子，析箸聽三弟取腴。甲申國變，率鄉人爲曹君服。夙善古文詞，工八法，晚尤折節丹鉛不倦，著《懶雲窩》等集。子家鑽。

周德琳，字廷獻，十一都錦川人。由進士除刑部主事，歷郎中。廉謹平恕，不阿權貴。正統間，清理江西刑獄，多所全活，升雲南布政司參議。時宦官金姓者要其一見，更以美官誘之，不往，遂乞歸。入《通志·介節》。

國朝

鄭元幹，字硯聲，學有淵源。順治戊子恩貢，考選通判，改授陝西永昌衛經歷，掌酒泉郡事。居官稱職，遷江南蘇州府同知，弭絶盗源。視崑山縣篆時，漕項嚴緊，民有賣男鬻婦者，捐俸代之，恩威并濟，兵民貼然。解組歸，行李蕭然，爲鄉里推重。舉大賓，壽八旬，無疾而終。所著有《覺世金聲》《含馨齋隨筆》《歐陽文忠公讀書法》。

李仕道，字見可，南隅人。篤行力學，有得即書户牖間，皆心性格言。廷試授縣令，改選餘姚教諭，升衢州府學教授。廉隅峻潔，守令甚雅重之。遂西北水入衢，鄉人貿遷材木必經焉。會修黌宇，仕道董工採度。時諸販慮其或私鄉人，仕道皆權其值售之，人服其公。尋升山西翼城縣丞，署縣三月，致仕歸。

朱家瓚，字元凴，號頴海，奕山人。聰慧博學，由邑廩生膺戊辰恩選，肄業北雍，兩中副榜。初，庚午試房考擬元，主司以策語忤當道，抑之，士大夫咸惜焉。銓授廣東保昌縣丞，正直不阿。拂衣歸里，談經論道，後學宗之。邑侯徐治國延修《縣志》。所著有《螺青漚言》諸集若干卷。

宦迹

宋

閭邱景憲，由特奏名，初爲本縣學職，時知縣林采重修儒學，景憲贊之。後爲監酒税。

鄭乂，字充道，航頭人。嘉祐初，胡公瑗主太學，連預薦名，以學行稱。熙寧間，登進士第，授將作監主簿，調玉山尉。武陵先生志其墓。

劉賁，字元貞，伯憲之父。少力學，受業於武陵先生。由進士爲越州理掾、鎮江軍書記。改秩，知建平縣，通判青州、常州，轉正郎。奉祠。

劉伯憲，有學行，游上庠登第，擢衛州教官。

周贊，字襄仲，綰之孫，栢溪人。由進士歷大理寺丞及正，奉祠，徙居永嘉。族子煥與子若思俱擢進士。

鄭俅，字端夫，居航頭。少以學問稱，居鄉教授，從者如雲。紹興間登第，分教盱眙縣，改茶陵簿。秩滿引年，賜五品服。張貴謨、華延年等皆其門人。

華延年，字慶長，南隅人。磊落有志操。淳熙間進士，擢丞閩邑。當路交薦之，未及大行而逝。

王景夔，南隅人。慶元間特奏名，以文藝稱，知錢塘縣，轉淳王宮教授、儒林郎。

王仲傑，東梅口人。由特奏名知星子縣，有善政。朱子創白鹿書院，屬令董事，及與吕東萊書，稱其老成忠厚，民甚愛之。見《白鹿洞記》。

潘起岩，材之子。由進士仕至檢閱。

劉鼎，字公器，北隅人。中特科第一人，賜進士出身，除東陽郡教官。子贊、賁，俱特奏名。

明

徐濟翔，二都人。由儒士任河南舞陽縣儒學教諭。建文中被黜。永樂二年復召用，以年老辭職，奉勑致仕。

翁德昇，西隅人。由儒士任本縣儒學訓導。所著有《燕石藁》若干卷。

周汝賢，字希聖，溪淤人。由歲貢任禮科給事中。永樂九年，差四川撫按軍民。十年，差廣東接釋迦佛真身舍利子，兼盤番貨。

王一元，字太初，號曾山，南隅人。由歲貢任江西萬安縣儒學訓導。家居嗜學，閭黨咸欽，屢賓鄉飲焉。

葉大有，字謙夫，號東湖，湖山人。由歲貢任直隸宣城縣儒學訓導，屢以學行蒙獎，終于官署。

蘇滿，字善持，號草窗，南隅人。誠篤淳朴，讓貢至再，任湖廣桂陽州儒學訓導，致仕歸。

翁學淵，字原道，南隅人。由進士除南京刑部主事，歷郎中。明刑飭法，以敏幹稱。升貴州左參議，以試録謫真定府通判，轉邵武同知，歷福建、湖廣僉事。草創《縣志》，至今則之。

吴孔雍，字堯卿，北隅人。由歲貢任天台縣訓導。性孝友，睦族好施，力行古道，授徒於鄉，弟子甚衆。筌奥旨，工大書，屢辟賓筵。所著有《振世希聲稿》，門人中丞項應祥、太史楊守勤、同鄉王一中爲之序。

朱文盛，字用化，號月塘，奕山人。正直廉謹，豁達大度，爲邑令池公浴德所重。謁選銓部，授仙游、合浦倅，歷賓慶、桂林幕，所至百姓安之。上臺交薦，在賓慶時節推丁公啓濬有疑獄，力平反之。節推亟稱於御史臺，有『守身不染一塵，折獄立服兩造』之語。家居三十年，凡鄉族諸事，悉爲處分，不抵郡縣。壽踰八旬，兩薦賓筵。

項天慶，字六吉，號季石，北隅人。性倜儻不羈，由舉人授武陟縣令。迎吏至都門，醵金二百爲行李資，舊例也。天慶艴然曰：此何名？徒弃吾民耳。峻却之。下車，邑民頂香迎候，益自矯厲。終以傲放不諧於上，解組歸。

徐志雄，字士英，東隅人，授上海丞。海俗尚氣習侈，有打降、鬭賓兩陋規，往往欺懦，致傷人命，且啓寇劫。志雄力請上臺革除，民賴以安。又築城濠禦寇，創黃浦渡，善政種種，海人德之，建立生祠。以親老歸養，待族戚有恩義，助學田，司瑾袁公重之，勒石學宫。郡侯陳公旌爲宦林清品。年七十有五，無疾以終。

黄緝，號古愚，金溪人。悃愊惇厚，制行純良。以例授廣西南寧府經歷。居鄉三舉善行，五推賓筵。壽八十七。

王居敬，由掾爲婺源尉，政尚寛慈，士民共仰。時解南糧過岩峙街，鄉民適與工部吕因黄山爲難，揭旗大譁。居敬恐激變，委曲勸諭，民始靖，且爲申説道府。返役，歡呼道迎者十里。又婺人與江右樂平人爲難，婺故食饒郡米，因啸饒守閉糴。公单騎至饒，陳説曉暢，疏通船貨，民大銜感。比告歸，婺人恩之，立祠頌德焉。

王所學，號華峰，湖山人。由掾吏任夔州奉節尉。勤慎仁愛，不以位卑曠秩。素精岐黄，施藥餌，全活數千人。按臺吴從先薦擢主簿，以父喪歸。徜徉山水，好吟咏。任蜀時，有《蜀游紀勝草》。居鄉義直，族弟孤单代聘，以衍嗣續，有古人風。

國朝

黄德徽，字慎甫，金溪人。襟期磊落，學問典贍，尤工于古文詞。幼失怙，事母兄極孝謹，課幼弟成名。兄殁，復育孤侄，有聲庠序。中乙卯副榜，歷訓於濳，諭餘杭，教授嚴州，所至督課有方，砥礪行誼，多士咸得所宗。卒于官，壽七十三。

王啓緒，字統傳，號柳亭，南隅人。自少篤學，以恩貢任上虞縣學教諭。教士育才，勤於舉職。捐俸八修學宫，崇聖宫、明倫堂焕然一新。且創建義學，置田延師，克著成效。年七十餘，致仕歸。

王業，字肇禹，號立堂，南隅人。少孤貧，天資穎敏，游庠食廪餼，以優行貢成均，文品爲國子冠。銓東陽司訓，懋著惠政，士人深愛之。後升錢塘諭，及卒，猶贈賻不絶云。

鄭國林，字天植，號竹村，長濂人。風骨矯矯，不隨人步趨，臨文作書亦如之。以選貢任孝豐〔一〕教諭，申嚴學政，獨持風紀。凡有饋遺，郤弗納，而課士懇懇懃懃，了無倦色，人咸畏而愛之。秩滿，上官慰留，竟拂〔二〕衣徒步歸。

《舊志》評曰：爵列王朝，績著郡邑，非徒以顯榮其身而已。論定之後，將與鄉賢之祠祀者同爲不朽。若夫蠹政壞俗，漁獵爲計，生濫朝紳，没點鄉評，則其人品反出齊民之下，雖登仕籍，亦奚補也。觀者當知所鑒戒矣。

校注

〔一〕刻本於『孝豐』後衍『學』字，據道光《遂昌縣志》卷七改。

〔二〕拂：刻本作『佛』，據文意改，參道光《遂昌縣志》卷七。

篤行

明

朱子堯，字仲穆，獨山人。讀書好古，以義檗自持。鄉人有鬭者，就質其是非，一言而決。與其弟子理少俱孝謹，長敦詩書。正統間，宣寇入境，慕其德義，以劍書諸門曰：積善之家，相戒勿犯。一鄉獲全，其行誼所感如此。時多火葬，子堯與棺埋之，治喪悉去緇黄，有古遺風。入《通志·義行》。

項森，字子秀。祖泗，父孔賢，累世積善，至森益大其烈。業儒弗售，弃去。精岐黄術，每以醫藥濟人爲事，雖傾槖勿恤也。萬曆初，邑旱饑，乃鬻田賑粥，多所全活。幼時，祖所置四茶亭田若干，歲久爲豪强侵没，及長，悉贖之。課二子，咸以經學顯。邑有相搆争者，得其言立解，人比之王彦方云。入《通志·義行》。

華鎰，字時重，號東樓，北隅人。由歲貢任蘇州府長洲縣儒學訓導，升湖廣鄖西縣教諭，以母老致仕，不赴。孝謹事親，明於醫道，鄉人稱之。

朱自强，字體乾，號曾山，獨山人。博學好古，事親孝。母故，以試詣武林，不得，面訣跣奔，慟哭幾絶，執喪皆知禮。季叔早世，竭力殯葬，撫其子，俾有成立。弟逋負獲罪，輒罄産解之。平生手不釋卷，好誘掖後進，朝夕延文士談經史，析疑義，至老不衰。以貢授莆田學訓，飭躬却餽，士論重之。越期年，謝病歸。著《易經破愚》四卷。

包熺，字子昭。少游郡庠，博通經史。嘗從龍溪先生私淑良知之學，發明朱、陸同异之旨。生平好施濟，歲疫癘盛行，艱得藥物，往衢貿賑之。又遇窶人鬻妻償債，將别號慟，因出囊金以銷券，妻得不鬻。晚年置家塾田産，延師以訓宗族，採周、程、張、朱要語梓行於世。知縣湯臨川重之，爲序。

朱景和，字其順，號抱冲，自强之子。孝友根於天性，言動準諸古人。萬曆辛巳，以六人考貢當首選，因念正貢老而且貧，遂讓之。壬午中鄉舉，署滋陽學諭，彌月丁内艱，復除茌平。談經程藝，多士敬信，有《去思碑》。擢感恩令，雅尚德化，徙舊城，禁採礦，創九龍書院，皆大利於士民。以勞瘁殁于官，合邑請諸當道，特建名宦祠祀之。所著有《求我齋類稿》《學邵窩迂談》等書。祀鄉賢。

徐棣，字子登，東隅人。寛厚簡默，喜怒不形。嘉靖癸卯歲貢，授福寧訓，復除閩縣，皆以作人流聲。轉諭永福，值縣令缺，當道檄署邑篆，惟以清白自持。或有以子孫謀勸者，即面赤卻謝之。所著詩文甚富，有《虛谷集》。

鄭補，字國補，鄉賢鄭還之子。幼得家傳，長崇正學。且禀性至孝，父疾，籲天求以身代，執喪哀毁骨立。既葬，廬墓側者三年。道府以禮旌獎，邑令池浴德親撰像贊，其爲當道所推重如此。所著有《學庸衍義》等篇，而《綱目管義》一書，尤有補於尹氏之發明云。

葉思，字天錫，號東泉，南隅人。以吏員累官吴江主簿，升調蒙化衛知事，以老不赴。處鄉里，持論質直，鄉人搆訶者，得一言而解。人有過，面折嫚駡，不能容。然意本無他，以故人無憾者。

周紳，字文佩，南隅人。禔身敦謹，夙以孝聞。少嘗業儒，既長，從事邑掾，奉公守法，令君多器重之。以考中授惠安尉。時劉公宏道爲之宰，諸所規畫，相與謀議，民心胥悦，有劉父周母之謡。及居家，遇荒歲，出資貸人，不取其息，負不能償者，焚其券，不使兒孫知名。後劉公以臬使莅浙，屢致書存問。及歿，親爲文遣祭焉。

包志學，字而時，儒學增生。友于好施，視侄猶子。歲荒，出穀賑鄉民。瘟疫流行，買參普濟，貧者多賴以生。有族女孤孑無倚，撫而爲之嫁，及疾殂，焚券示不復取，人咸慕其高誼焉。

鄭一桂，性行質直，有古長者風。聚族一鄉，食指千數，凡事無大小，悉爲排解，鄉隣德之。以子九炯貴，贈承德郎、江寧縣知縣。

徐榮，字仁卿，號静庵，東隅人，朝偉之父。孝友醇雅，外母家貧無歸，奉養終身，祭葬悉以禮。髫年游泮，試輒冠軍。由歲貢除江陰訓，懃懇訓迪，課士有軌度。升南豐諭。

鄭邦相，字珍之。天性孝友，仗義解紛，有古彦方稱。任河南南召尉，上臺重其廉能，升山西大同府照。奉委兵糧及查各堡軍器給賞、撫夷、召買等差，清慎多賢聲。晉民德之，鐫石誦焉。致仕歸，事繼母色養不倦，讓産以厚其侄，敦倫樂善，壽踰古稀。

周一棟，南隅人。孝友敦樸，平生好施與，凡親族婚喪，匍匐相周，常施藥療疫，全活者多。間拾人遺金，坐守待還，無德色。縣創學宫，以公義委董其事，不憚勤勞，延師教子及孫，俱成明經。邑令王侯旌爲良民。重義睦族，能輕財，不爲家計，迄今子孫繁昌，遠邇咸欽。

徐朝備，字士雅，號毓文，東隅人，榮之子。質禀純和，性篤孝友，嗜書史，薄聲利，生平無疾言遽色。由歲貢訓江右新昌，年已七十，砥切多士，一本至誠。轉新昌諭，未浹季而又一諭踵至，蓋部選誤也。生徒等皆勸争之，憲司曰：吾老矣，安能與若輩競此雞肋哉？遂賦歸來，杜門課讀。邑令許君延之賓筵，旌爲德門人瑞。

周士廉，字介夫，號玉壺。少餼郡庠，雅負俠骨，髫年與友徐懋厚俱受知湯若士，懋厚病瘵不起，屬以嗣事，廉慨諾。厚妻王氏爲立孤事，間關百楚，廉挺身左右，以女字其孤。迨王氏從容就節，復爲申控三院，題請邀旨旌表貞節，人以程嬰義之。事詳《奇節録》。遂邑大害在用里甲，廉極陳諸弊，申呈撫按，頒示嚴革。嗣後實意奉行，至今思其良法。以歲薦訓湖府諭湯溪，補任漳州漳平縣教諭，享年七十五。

王文雅，字時正，號景逸，南隅人。以歲貢授常山訓。雅意好修，飲人以和，諸生束脯不計，惟以德行道藝相勖。後赴京改選，生徒不忍舍去，爲之立石文昌閣下，至今猶頌教澤無窮云。

時可諫，字君可，東隅人。生而穎雋不凡，長益沉心食古。弱冠餼郡庠，邑令湯若士重之。由歲貢訓進賢，諭安福，授紹興，三任師席，德造譽髦，多士咸立碑誦德。投老林泉，應賓筵，足迹不入公庭，年七十二而終。

黄聞樂，金溪人。質厚行端，禮賢好施，建宗祊以崇先，尤能惠及親里，至有待以舉火者。士林延譽，府縣交旌之。男甲選，幼列黌序，旋登府饍堂，人以爲劭德好學之報。

朱九武，字維周，奕山人。郡增生，爲士林翹楚。性篤孝友，志趨爽邁，遇公事慷慨直前，棘闈屢蹶，遂懶意科名。娱親教子，樂善好施，令聞著於婣黨。年六十而殁，人僉惜未竟其才云。

徐一静，號霽宇，東隅人，郡增生。敦行孝友，博學不售，義方式穀。教子應芳、應美，俱一時才俊，爲邑侯湯公所深器。時郡守吴公舉賓薦旌，額曰：事父聚百順，有割股之奇行；課兒明一經，并游泮之彦士。以耋壽終。

徐懋卿，字太階，應乾冢子，郡增生。性行端慤，家學淵源，與堂弟懋厚俱以弱冠錚錚士林。厚家貧篤學，病瘵託後於鄉而殁。厚妻王氏矢志爲夫立孤，卿生次子光孚，即以爲厚後。周士廉復以女字孚，成氏節，人以雙義稱之。更沉耽經史，工古文詞，受業于若士湯公，分相圃半席，樂育後進。數十年凡游其門者，咸有成立。十上棘圍，以數奇賫志而歿。子孚能讀父書，亦有聲郡庠。

王堯棟，字士正，南隅人。嗜學好古，博聞强記。弱冠，蜚聲黌序，尤篤孝友。兄弟三：次兄榜早世，乏嗣；長兄相生一子；棟已舉二子矣。棟以昭穆故，欲待長有所育；入繼後，讓産與兄均分，而獨任祀事。次兄血食不替，人咸義之。治家嚴肅，敦行誼；周急扶危，毫無德色。子耀祖、輝祖，俱饍於庠，有文名。輝祖拔辛卯萃科，部取知縣，亦善報一徵云。壽六旬，終。

李廷賓，字子守，南隅人。敦樸古雅，以孝友著。侍父疾，不解衣者月餘，於昆弟藹如也。處族黨有長者風。歲饑，出粟賑活多人。生平操履不苟，居城市，垂老不識公庭。兩薦賓筵，以壽考終。

俞中孚，字汝信，南隅人。賦性孝友慈和，居家勤儉，甘澹泊，好賑貧窮，周患難，輕財重義，義方訓子若孫。季子仕道，以貢舉授縣令。

樂善崇儒，課子以道，有聲于庠。壽八十有三。

國朝

項宗旭，字旦華，號復齋，中丞公孫也。敏妙博學，能詩善琴，彬彬有儒雅風。事庶母以敬，撫孤侄以恩，謙和誠篤，古風可挹。晚益恬退潛修，著書自樂，多行善事，推舉介賓。年古稀而逝。

徐應貫，字宗一，號聖岸，東隅人，上海縣尉志雄之子。爲人篤志詩書，力行孝弟。補禮部儒士，析家産，悉以腴者讓諸昆。好義樂施，義方啓後。順治間歲屢饑，捐穀賑米，惠濟者甚衆。復舉介賓，邑令趙公以清標碩德旌焉。享壽八十有四。

王敏教，字二舉，號敬庵。以歲貢廷試授訓導。篤志好學，多士咸景仰焉。凡婚喪必如禮。立身砥行，典型後進，前郡伯暨令尹咸欽之。及耿亂，檄授雲和教諭，守志不屈。享年七十有三。

華國昌，字卓君，邑庠生。爲人孝友可風，慷慨好義，平糶焚券，皆人所難者。順治初，劉游擊率兵勦寇，駐華祠，役夫四百餘，需供給不及，將肆掠。昌一人餉之，乃止。

鄭元調，郡庠生。年登八旬，古風道貌，遠近心儀，孝友朴誠，俱從真性流出。急公好義，施予無吝，庭訓尤不離醇謹。以故子士儼壯年歲薦，兩孫有聲庠序，足徵德厚流光。

周之駉，年十歲，父母俱喪，依兄嫂撫育。年十三，值順治己丑之亂，兄嫂故，貧甚，不能具棺，願爲人傭牧，得所值殯葬兄嫂。及壯，辛苦成家。後稍温飽，捐己産百餘爲兄立嗣，里黨稱之。終年七十四。

華啓炯，南隅庠生。幼侍繼母，備極孝敬，撫從子如己出。家不饒裕，而時欲周急扶危。素行淳篤，舉鄉飲介賓。子五，壽七十八。

俞長輝，字舍芳，號楚畹，南隅人，貢生。孝著崇祖，澤存濟衆，雖竭家資，樂施不倦。當事自制府以至郡牧，疊加優奬。學憲李公以才品兼優，選舉約正。年僅五旬，賫志而卒。

文學

宋

龔敦頤，字養正，原之孫。博通群書，撰《元祐、建中列傳譜述》一百卷。淳熙間，修國史，洪邁請甄録，從之。授穎州文學，仕至宗正丞。入《通志·文苑》。

元

鄭元祐，字明德，航頭人。元初，父石門高士，字希逸，徙家錢塘。十五能詩賦，是時咸淳諸老猶在，元祐徧游其門，質疑稽隱，充然有得。父歿，僑居平江，從學者衆，省臺交薦。至正丁酉，除平江路儒學教授，轉江浙儒學提舉。居九月，疾終，年七十三。元祐兒時傷右臂，比長，能左手作楷書，規矩備至，遂自號尚左生。爲文章滂沛豪宕，有古作者風，詩亦清俊蒼古。晚年自彙其所作，以授謝徽，名《僑吴集》。又有《遂昌山人雜録》《山居文集》，皆千卷。入鄉賢。入《通志·文苑》。

尹廷高，字仲明，號六峰。父竹坡，當宋末以能詩稱。仲明遭亂轉徙，歷二十年始歸故鄉。嘗掌教永嘉，復任處州路學教授。尋歸隱，日以詩酒自娱。有《玉井樵唱正續藁》，奎章閣學士虞集爲之序。入《通志·文苑》。

明

毛翼，南隅人。由舉人任福建同安縣儒學訓導，升梁府教授，以文學稱。

俞得濟，字公廣。幼孤，長克勵於學。涉獵既博，從先生長者習詩律。永樂六年，詔翰林集四方儒學士纂修《永樂大典》，濟以能書薦。書成，被賜賚詔，就翰林，益進其藝。十八年，擢兵科給事中。勤慎詳敏，克舉其職。坐累，出爲邯鄲縣丞。縣當孔道，濟爲之有方，民不困而事集，尤以寬厚得民心。洪熙元年，轉刑部照磨。宣德初，升刑部廣西清吏司主事。盡心察理，獄無冤滯。及歿，大學士楊士奇爲志銘。見《獻徵録》。

吴紹生，字繼賢，號默齋，北隅人。永樂乙未進士，以習譯文，考選翰林院庶吉士，轉行人司行人。使琉球，升禮部儀制司員外郎，歷工部屯田司郎中。所著有《默齋集》。子志，亦進士，官知府。

朱朝正，字克正，號庸齋，奕山人。性敏悟端方，襟期磊落，議論高博，以詩文雄世。有史才，曾聘修各郡縣志及輯家譜，爲人亦有司馬子長風，以故兩浙名公皆折節焉。自號野史山人。嘗繪浩然騎驢像，隨所之攜置篋中，諸公競爲贊，有『興溢灞橋風雪，筆司太史斧袞』，『其無懷葛天之儔，抑晨門荷蕢之流』等語，想見飄然風塵之表云。

王養端，字汝推，一字茂成。倜儻負意氣，抵掌談古今事，亹亹如懸河東下。工古文辭，作詩若出唐人口。舉順天亞魁，大學士袁煒每推轂下之。與濮州李先芳、揚州宗臣諸公相結甚驩。生平著述極富，有《震堂集》《山居論》，其《遂昌三賦》載《明史》云。入《通志·文苑》。

黄九章，字叔範，號樓岩，中之子。性資疏朗，學問宏深。由貢授龍溪訓、華亭諭、海州學正、南昌教授。所至造就人材，於士有恩。每署縣，輒著聲績。尤長於詩文，所著有《秋水齋集》。

葉澳，字爾瞻。齠齔時即負大志，縣令黄道瞻一見异之，負笈從明師游，尤受知於臨川湯公。萬曆甲午領鄉薦，因抱疴不獲顯於世，人咸惜焉。所著有《四書註翼》《易通》《淇筠志感》并詩集行于世。

黄九鼎，字禹鈞，號象州，中之侄。萬曆癸酉舉于鄉，除陝州守，多惠政。未幾解職歸，劇愛西湖之勝，遂家焉。名山异迹，題咏幾遍，尤善於樂府擬古諸體。結社湖山，與名公互相倡和。督撫劉公一焜尊爲人倫楷模，捐俸梓《湖山百咏》《七二草》行世。入《通志》。

徐應乾，字以清。行誼端謹，學問淵宏。家貧，課生徒束贄奉父，均予諸昆，不入私室。夙著才名，由恩貢授寧波訓、清遠諭、雷州府授。所至作人訓士，一本蘇湖。董修《府志》事，筆削允當。復續修《族譜》。所著有《昌岩藏稿》《士林正鵠》行世。

包志伊，字惟任。孝讓正直，睦族恤隣，有古麥舟風。髫年游泮，倜儻負大志。自舉業外，經史諸子，過目成誦。作詩歌古文詞，娓娓數千言，爲邑侯湯公玉茗所器重。讀書唐山，無疾而歿，葬于山。有樵童忽見襴幞者降，語曰：上帝以吾賫志而歿，勅爲英靈公主此山。於是邑人禱祀，輒著靈异，肖像寺中。

潘覺民，字任卿。幼孤，事母至孝。早歲失偶，一子賴母育之，終身不再娶。待兄弟甚友愛，家貧舌耕，弟子以百十數，不以少長分勤怠，不以寒暑輟講誦，皓首賫志，邑稱人師、經師云。

鄭秉鍊，字泉曲，號心樂。以歲薦授蕪湖丞。處膏不潤，日與諸生爲文社。以清操見忌免歸，囊橐蕭然。讀書彈琴，家修睦族，鄉人化之，一時名公如焦漪園、楊崑阜皆推重焉。

鄭秉券，字錫卿。髫年入郡庠，太守張公器之，因贅於麗。端方勤學，以毛詩教授門徒，一時監司守倅多延之賓館，爲子弟師。以貢訓開化，轉分水諭，兩邑俱得士心，終于任。

王文中，字紹泉。秉性孝友，禔躬端樸。讀易精陰陽妙解，游其門者歲常滿。少食餼，試輒冠軍。閉户好學，足不一履公庭。戊午歲貢，恬退自甘。年八十五終。

童進思，字懋忠。弱冠游庠，九入試闈，偃蹇不第，志益壯，一時名士皆出其門。課子一經，善吟咏，有《溪上吟》《童子離騷》。

朱明誠，字聚敬。性孝友，善詩文，操行耿介，嶷然嶽峙，鄉黨有不率者，卒服其化。樂道安貧，郡縣景範如山斗，有陳太邱風。終年七旬。

葉繼康，字伯阜。事二親先意承志，撫幼弟提攜友愛。與人無競，御下有恩。讀書一目數行，自經史子集，靡不淹貫。髫年游庠，即膺餼廩，數薦于鄉。萬曆癸卯中浙闈副榜，以歲貢授鄞縣訓。待士作人，甚爲紳士所敬重。升昌化諭，逾年致政歸。屢應大賓，壽七十五考終。著《梅菊百韻》。

包經文，字君質。力學好修，善事後母，撫諸弟。早歲餼庠，試輒冠軍。崇禎十三年歲貢赴京，時國步方艱，上親閱試策，拔其尤者百人，加以欽賜之額，獲中第三十七名。以疾歸，賫志而殁，士林惜之。

葉梧，字于陽，獨山人。幼穎悟好學，博涉今古，舞象即餼于庠。與兄澳、弟幹俱爲湯令若士鑒拔，代贄負笈黄貞父、岳石鍾兩先生門下。辛卯，浙闈中副榜。志愈矯厲，家故饒，悉委叔季理，不問家人産，數奇不售。晚年食貧，恬不介意，惟怡怡以承母歡。居鄉正直不阿，輕財好義，童叟咸欽，士林推重。惜將貢而終。

鄭九州，字鼎卿，郡廩生。穎悟絶倫，博極群書，工古文詞詩賦，啓扎咄嗟而辦。郡守朱公葵檄修郡乘，司李王公明汲欽其學行，延登皋座，朋誼師道，俱追古型，未及貢終。

包經邦，字君佐。豐姿偉度，天性孝友。由崇禎十七年歲貢赴闕。值寇氛猖獗，至山左而旋，弗獲展厥抱。沉醉輒歌『老驥伏櫪』之句以寄慨。終年七旬。

黄德璩，字瑩郎，父廉。家學淵源，倜儻宏博，文辭詩賦，咸取法秦漢。弱冠餼郡庠，屢試高等，尤敦孝友，篤朋誼。家金溪，歲壬午癸未，萑苻躁際下，距其鄉咫尺，會侍御熊伯甘、司李陳卧子監紀合勦，檄參帷幄，招寇投誠，邑令許君器重之。

童問禮，字用和，郡廩生。舞勺登黌選，赴棘闈十二科，終始念典，而皋比尊肅，出其門者多名士，且訓嚴義方。子任良、任重、任大，俱爲邑名儒，文行兼優，堪爲後學楷模。

徐應泮，字鵬池，東隅人。弱冠游庠，有至性，晨昏定省，色養無違。親亡居喪，行文公家禮，閭里悉稱其孝，文宗樊公重之。平生著作甚多。

項天衛，字舜齊，中丞祥次子。生而穎悟，過目成誦，中丞公深器之。髫年游泮，餼於庠，錚錚有聲。而温文謙藹，無貴介氣。家富書史，衡酣枕其中，俗緣不滓。尤資友朋爲講習，問奇析疑，肺腑洞澈。惜賫志而殁。所著《閩中游草》，聲律可追唐人。創延芳、介祉兩茶亭，凶歲煮粥濟饑，種種義舉，尤足多云。

華知京，字汝統，南隅人。博聞强記，弱冠餼於庠，屢試高等，樹黌序赤幟。孝二親，居喪哀毁盡禮，時以五十而慕稱之。好行德，施藥餌，賑貧乏。又善古文辭，詩有盛唐風。乙酉、戊子屢取充貢，俱不就。優游皋比，樂育自適，壽至古稀，終之夕猶飲酒歌詩。所著有《居集》二卷。

朱九綬，字廷若，奕山人。賦性警敏，居心醇慤，孝養備至，尊師崇道，與姻黨交甚厚。幼頗席豐，欿然自下，人樂飲和。爲郡增生，勵志舉業，不治生産，屢躓棘闈，卒致困乏。然不以貧改節，尤欲課子大成。壽六十，賫志而逝。

葉文舉，字爾知，東隅人。幼敏慧有文聲，弱冠游庠，即有志觀光，北游太學。爲人謙厚孝友。嫡伯繼康，文行爲一邑冠，事之如父，師法不違，不幸早殁。妻鄭氏，勤瘁守家，長子幼，次子遺腹，氏撫訓咸得成立，聿新堂構，人謂文舉盛德之報云。

國朝

徐一孚，字爾信，號中白，朝偉之子，東隅人。生而岐嶷，髫年誦讀，過目不忘。弱冠補弟子員，蜚聲黌序。爲人篤孝友，秉誠直，一庠清議，一邑利弊，皆身任以教。敷陳宣達當道及親友，俱諒其果慤。惜蹇於數，賫志以歿，士論惜之。

鄭之騄，字仲良，長濂人。温厚和易，壯年食餼，父子兄弟相師友。由歲薦訓衢府，以文行勖多士，蒸蒸向化。未竟用，遽終于官。

黄豸聲，字姚臣，坑西人。才高識邁，迥不猶人。與族弟黄懋學，字修來，俱以童子游泮。豸聲幼即能詩文，多奇警句。性復好游，過豫章，與艾東鄉、陳幼升結社吟咏，刻韵江草，黎博庵爲之序，極稱其奇拗尖冷，不從人間來。吴興蔡正庵督學以戴紀延爲其子訓制義，刻有《苕溪冷筆》。歸游温州，歿年二十七。家貧未及娶，巡道謝公等深爲嘆惜，各爲詩悼之。懋學髫年餼庠，乙酉選貢，亦能詩，多散逸，未刻，歿年二十四，亦以貧未娶。

項天琦，字韓仲，中丞公〔二〕幼子，以庠生游北雍。性謙厚慎重，且多才藝，事上接下，俱克盡禮。中丞公器之，家政悉委綜理，親情交誼，更極周摯。以祖封翁墓在長扐方山，創橋濟渡，建亭施茶，皆名之曰祖德，尤其孝思之不匱也。生平漁經獵史，能詩善書，爲翰墨林之逸仙，惜未翀舉。有丈夫子四，皆克家云。

李春富，號竹樓，南隅人，邑廩生。忠厚正直，博聞强記，敦倫睦族，尤篤義方之訓。厥子成童，即飆於庠，文行爲士林宗仰。德造所及，遂、松兩邑名雋半出其門。居鄉以道義砥誘後進，有古君子風。以廷試終于京。

項世臣，字非喬，邑庠生，中丞公之孫也。資禀穎敏，博極群書，著述甚富。《論易》凡十卷，剖晰微奥，足以羽翼四聖。工於詩賦，足迹所經，耳目所遇，莫不悠然興會。若梅花百咏，清新俊逸，雖庾、鮑無以過之。惜癖於選佛，竟以禪隱，暮雨秋烟，慨慕隨之云。

包萬有，字似之，號敬衡，北隅人。六歲失怙，事繼母如所生。居繼母喪，啜粥茹蔬三年。十八補弟子員，屢試優列，入棘闈。主司命題，曲意媚逆璫，遂投筆而出。弃青衿，放浪山水，博極群書，經史百家、内典丹經，靡不淹貫。建兑谷書院，會同志講學焉。又捐輸義倉穀一百石以賑飢。兩應修郡志，聘修邑乘者三。所著有《編年合録》《五經同异》《範數贊辭》《小學遺書》《食貧録》等書。殁，郡伯周宿來先生讀其撰述，慨然想見其爲人，詳請祀入鄉賢。入《通志·義行》。

包蒙吉，字聖修，號介石，北隅人。以恩貢考選州同，改迪功郎。後奉取選，堅辭。著《古史補》，惜未授梓，僅存稿，亦殘。其爲諸生時，文名爛然，婺州司理李公之芳延之西席。及升浙閩總制，駐扎三衢，復延之，以屬轄，不赴。前浙江巡撫王公國安乃其門下士，請往見，至再三，一見而返，其高風清節如此。督學張公衡旌曰『潛德象賢』，逾古稀而終。

王錫，字禹功，號懷雲，士倫孫也。以歲貢選奉化訓導，辭疾不赴。性情恬澹，操守端嚴，試輒冠軍。所爲文章，四方争誦之。廷試歸，潛修三十年，足迹不履公庭，著書自娱。有《偶時吟詩》一卷。壬辰夏，邑令延修《縣志》，以目疾不赴。未幾捐館，年七十有六。

葉茂林，字秀也，北隅人，廩生。甲午鄉試薦魁，以策涉嫌疑見遺。爲人高曠瀟灑，能詩善翰，兼工水墨。曾入浙東五友社，著有《飛鶴閣詩略》《卧竹亭稿》《甬上吟》。戊子饑，鬻妻自活，質子爲奴者，捐金贖完之，時人仰其高義。

包蒙亨，字穉嘉，北隅人，郡廩生。爲文得先輩法脉，屢試冠軍，十戰棘闈，厄於數。康熙庚午，郡伯劉公召修府乘，秉公無私。所著詩賦多不傳，其《易經衷統合參》《心齋詩集稿》尚存，邑人士莫不景仰焉。

毛桓，字克亭，號荔園，南隅人。孝友嗜學，弱冠聲名籍甚。文矯健沉雄，詩亦精琢工穩，兼工書法。貢入北雍，讀書敷文書院。兩舉優行，一薦鴻博，又再掌昌山教，延課南明書院。所著有《荔園文集》《遠抱樓詩集》《四書解義》，惜蹇於數，以選拔終。

朱楷，字翰仙，號梅崗〔二〕，奕山人，邑廩生。有儁才，工吟咏，終歲一室，漢、魏、唐、宋，無不研究，雖疾病不少輟。性好施與，遇寒士即罄囊弗恤。所著有《梅崗集》。終年五十八。陳教諭吊之以詩，有『斯人今地下，文章自千古』之句。

校注

〔一〕中丞公指項應祥。

〔二〕崗：道光《遂昌縣志》卷七作『岡』。

隱逸

宋

葉可權，字國衡，號平齋。隱居桃源，讀書樂道，澹如也。邑嘗起爲教官，能誘掖後進，人咸景慕之。尋歸隱。

周與昂，字天常，隱居桃源五峰之下。通史籍，精卜筮，以耕雲處士自號，終老邱園，未嘗入城府。手蒔松竹梅於屋側，以養歲寒之志，有古逸民風。

王鎡，字介翁，湖山人。宋末由選舉授金溪尉。帝昺播遷，即弃官歸隱，與尹緑坡、葉柘山諸人結社賦詩，匾所居曰『月洞』。後族孫王養端爲之序。

明

潘永滿，字天澤。隱居桃源，孝義著於鄉邑，博學善詩文，御史中丞章溢屢薦不起。壽九十三。

王鑑翁，字子明，賢良濬之父也。性純丰儁，弗徇功名。有勸之仕者，曰：吾自度之審矣，岩容澗姿，豈堪飾之章服？或以聞於集賢，曰：是能樂天者也。遂號之樂天處士。趙待制雍名共園曰『田園任趣』。及終，太史宋濂撰銘，誠意伯劉基篆額，學士陶安吊以詩，有『直道追三代』之句。王禕以『孟之善士，易之幽人』稱之。其見推于名流如此。入《通志》。

周頊，字成珍。性恬澹，不樂仕進。侍讀楊萬里疏名上宰相，薦於朝，詔徵不起。與鄉人進士華延年、周若思講明經義，隱居西郭。入《通志》。

包夢吉，字維祥。讀書慕古，不欲仕元，自甘隱遯。洪武十五年，以賢人君子徵，疏辭母老不赴。

鄭邦棟，字隆之。性孝友，内外無間言。少熟内經，濟人疾病，一介不取，吏隱歸養。與兄邦相承先志，修葺定溪渡、石馬嶺、洞峰嶺、楠岱嶺亭，增置膳夫，人咸德之。

王季种，字文起，湖山人，養端第三子也。性敦孝友，善詩。游庠後，即遍訪名山，採芝深谷，有塵視軒冕意。所著有《真樂處詩集》，集中句佳處絶類陶、白，洵無愧震堂遺風云。

《舊志》評曰：藏修於家，而顯用於時，出處之大綱也。顧或生而不辰，或少無宦情，惟甘節自貞，以棲幽覽勝，徜徉於烟雲霞月之奇，林風石瀨之響，與樵牧者伍，兹其志操亦足尚矣。當時若虞伯生、章中丞、宋太史、劉誠意輩，莫不折節邱園，争相景慕，是高士之流亞也，故志之。若其晉無所庸，養高泉石，是亦鄉人小善，又其次云。

尚義

明

葉以然，字懋春。讀書善記，以母久病，徧請諸名醫，因得其術。兄弟五人，不异爨者五十餘年，家始清素。晚稍充裕，仍以均諸同氣，有餘則以周貧乏，婚葬及修諸橋梁道路。生平用藥所活者多，而不責其報，且賑其不能具藥者，鄉人咸敬信之。

華存理，字仲察，南隅人。孝友敦行，内外無間。正統七年歲凶，出粟賑濟，旌爲義民。子孫繁衍，多列冠裳。享年八十七。

吴潭，字源潔。少爲諸生，嘗出行道上，見一人號泣赴水。潭詰其故。曰：縣官徵租急，無以償，鬻産得金，將以輸官，因醉道遺，覺而覓之，不得也，不死何待？潭立止之，因紿曰：拾金者我也，爾第隨我歸。其人收涕謝，潭止而飲食之，急令人鬻家具，如其數以償。未幾，領北闈鄉薦，司理常德，終吉安通判。補《通志》。

包秉鑑，字孔明。世有隱德，博雅娱詩酒，喜拯人患難，周人急乏。時馬埠司久缺，縣令借以管攝，鄙夷不屑。正統壬戌，連歲大饑，奉詔出粟賑濟，尋遣行人賜勅旌之。入《通志》。

蘇廷榮，家世業醫，至榮益精其技。歲大疫，遍行診治，其貧不能具藥者，施之。龍泉陳令得疾請療，道拾囊金七十兩，坐候失主，半日不至。前行十里許，有赴水幾危者，拯起，飲以藥，俟少蘇，詰之，云是徽州木商汪榮，即失金人也。驗數皆合，遂畀之。龍泉令贈以詩，有『常施篋内君臣藥，笑擲人遺子母錢』之句。壽八十終，與鄉飲一十三次。

周李，篤于孝友，尚義好施。族黨中婚葬有不舉者，親爲經紀。歲祲，輸粟備賑。有佃户逋租積百餘石，納女充以償，郤不受，更予衣米以遣嫁之。或負錢者貧不能還，即焚其券。當道屢加奬額，與蘇廷榮俱書名于旌善亭。

華化民，字子與。天性孝友，學諭孫懋昭廣闢泮池界其地，欣然予之，不受值。建茶亭於茂林堂，捨租濟渴。平生得异人授治心氣方，修合普施。理刑袁公遇春舉之賓筵，鹽院胡公繼升賜匾給冠帶。年八十有三。

葉以萃，字仲秀，獨山人。好善樂義，建育英樓以教族姓，捐租七十餘畝爲膳。置渡船龍口、獨山、焦灘三處，各捐租倩給舟人。邑北東梅橋、二十都獨口橋圮壞，咸以石易之，往來始免病涉。讓吉穴以厝其兄，爲煢侄婚娶。按院金公忠士嘉其善行，給匾旌之。以子焯贈京衛經歷。

包志道，字惟一。幼穎异，一覽數行。髫年餼庠學宫，聲名鵲起。中歲嬰疾，嘗築侵雲嶺脚石橋、大柘西嶺茶亭，邑人以義槩稱之。甫及貢而終。

鄭文誥，字元章。幼讀《素問》《靈樞》諸書，忻然有得，遂精醫術，不責報，尤急貧窶人疾苦。晚授太醫院吏目，嘗置定溪義渡以濟病涉、洞峰嶺茶亭以便往來，人咸德之。

王可諒，字友卿。弱冠補弟子員。生平重然諾，負意氣，尚義輕財。嘗葬族人之暴露者，宗族稱之，延請賓筵，不赴。年八十六而終。

朱一紀，字文肅，奕山人。佐父拮据治生，餘力輒從事於學。腹笥頗富，究爲貧徙業。晚年益好學不倦，且殷殷課子，奬誘後進。居家孝友有則，好施尚義，尤以直道爲鄉閭重。邑令榮錫鞶帶，兩薦賓筵。壽七十餘。

鄭廷康，長濂人。禔躬古朴，淳懿有長者風。安貧教子，孝友型家，義敦然諾，駿發所生，人以爲厚德之報。以子貴，封給事中。

鄭秉貢，字文元。年十五，遭父被仇害，身徒跣哭訴當道。縣令池公浴德鑒其誠，杖斃三人。孝聲動一時。然自是家益落，遂服賈。每歲必延名儒訓子，一課一讜，俱有聲庠序。

包可成，字汝材。天性孝友，與人謹厚。家貧，習舉子業弗售，遂弃去。篤志實修，授徒鄉里，訓子及孫，并龥於庠。生平仗義釋紛，每周人患難，所全活者甚衆。閭黨欽爲彦方，肅然推戴。兩沐院奬，屢舉賓筵，以壽考終。

華知良，號恒宇，理之孫。孝友睦族，接物謙和，好義樂施。戊申夏，置蘭江婦爲保姆。五載，其子來訪，哀不忍離，憐而還之，又贈以贐。丁卯秋夜，火延比屋，同居族侄倉皇遺匣金，家人亦倉皇拾得，擲破器中，遺者自分已燼。數月後，檢知即歸還，有古俠烈風。紫溪劉公高其誼，迎賓筵。

朱國泰，字于保，奕山人。性孝友，六歲失怙，即嗚嗚孺慕。事節母黄氏至九旬，備極色養。輕財周急，有逋負不能償者，輒焚券免之。中丞高公嘉其孝友，給冠帶奬勵，旌匾曰『孝隆義重』。踰六旬終。

朱九職，字廷任。性孝友，輕財好施，生平與物無競。崇儒重道，捐資義塾，造就鄰俊。造舟龍鼻頭濟渡，置租貳拾畝，凡茶亭、橋梁、道路圮廢者，修建不惜重費。過歉賑饑，施藥救病，捨棺掩骼，解紛息訟，人稱其樂善不倦云。

王國懋，字士勉，湖山人。篤儒業，不售。寄迹公門，積仁潔行，通邑咸推重之。授晉江圍頭巡檢，爲郡守孫公朝讓所器重，委以泉州獄務。受事三載，饑疫并至，懋割俸施藥，分饘賑饑，闔閭賴之生全。甲申春，病乞歸，人起祠碑祝。尤刻意教子。子正化，弱冠餼庠，有文名。

鄭一寰，字調元。體貌魁梧，學識該洽，爲人排難解紛，族里推爲祭酒。晚課三子，并有聲庠序。

包經武，字君揚。秉性純厚，好義樂施，事父母以色養，更以舉業成。昆弟壎篪攸協，且喜周人急。崇禎丙子歲歉，北鄉尤甚，全活百餘人。有盗其家者，不較。至途遺金，候失人而歸焉。其子生員長明，克念厥紹，品行卓异，亦有父風云。

包英濟，號後川。性朴行端，夙以孝友聞鄉里。搆鬬多勸息，更好賑施，待以舉火者數十家。足不履城，惟家塾勤訓課焉。子尚雲，孫家駿，繼登黌序，迄今家有古風。

毛存紀，號盛宇。性好行義。鄉中飢，發穀賑施，貧民多賴全活。壽高，冠帶鄉飲，爲當事推重。

王惟立，字栢軒。性孝行慤。少失怙，事孀母温清定省，色養加隆。勤儉起家，淡泊居身，賑貧濟困，遇義舉則勇往紓人于難，至横逆相加者笑受之。剛而不撓，寛而有容，且涉獵書史，有儒者風。式穀貽謀，一子五孫俱游黌序，閭里仰德，三叨賓飲。壽至古稀。

俞中御，字汝寵，南隅人。賦性醇朴，行己温恭。少食貧拮据，治生漸至殷饒。稔知寠人之苦，以濟世利物爲念。有乞假者，不厭頻富，而能勤儉不廢禮。行善于鄉，義方訓子。邑侯兩舉賓筵，胡鹽憲行部莅遂，廉訪耆良，特行旌奬。壽七十終。

國朝

周如嶽，字拱宇，祥川人。七歲喪父，事母盡孝敬，庶兄撫幼弟，悉本誠心。長而克家，睦族敦宗，排難解紛，鄉邦推仰之。壽七十三終。

俞日高，邑南隅人。生平慷慨，捐修馬埠橋石礅，經久不敝，行人德之。遇歉，設粥侵雲，多所賑恤。至間道請兵禦寇叛逆，威不能屈，尤人所難。巡憲劉公及柳令俱給額旌奬。子孫濟美，年逾耄耋。

朱圭敬〔一〕，庠名霞，號素庵，别號潛居散人。性頴而豪，讀書善詩，走筆甚捷，所著有《安遇草》。少尚義俠，有商於龍游者失水，貲喪盡，不能歸，將自溺，霞傾囊與之。後數年，獨行山中，悮陷深穴，不得出，忽有人呼儔挽之，即前失水者。每好奇計，甲寅亂，爲才名被繫，不受僞扎，歲餘，以計脱歸。

陳天錫，字公純，歲貢。性友愛，好周人急，嘗贈金完貧人之室。父母皆八十餘，喪葬盡誠。撫幼侄，教養婚娶如己子。落拓不善交游，詩淡遠有致，人争誦之。

鄭家淳，字載熙，號樸埜，長濂人，貢生。家豐於財，施濟一出誠心。乾隆辛未夏，大饑，淳急出困積，分建粥廠。體訪疾病，捐施藥石。間有强悍者，力勸厚給，以安其心；三、四、五都帖然，淳之力也。義行善舉，歲以爲常。學憲帥、鄧二公曾以優行咨部，縣亦以樂善示奬云。

敕賜賑濟義民

宋

周福。西隅人。宋嘉定間出粟二千石助軍，典授承信郎。

明

吴仕俊。北隅人。

華存理。南隅人。

周應巨。西隅人。

潘大用。葉坦人。

蘇如昶。十都人。

周銓。祥川人。

包秉鑑。北隅人。

周進亨。西隅人。

周藿。西隅人。

以上俱係正統七年，各輸粟一千一百二十石。

勅浙江處州府遂昌縣民某等：國家施仁，養民爲首。爾等能出稻穀一千一百二十石，用助賑濟，有司以聞，朕用嘉之。今特賜勅奬諭，勞以羊酒，旌爲義民，仍免本户雜汎差役三年。尚允蹈忠厚，表勵鄉俗，用副朝廷褒嘉之意。欽哉！故勅。正統七年四月□日。

校注

〔一〕圭敬：刻本原作『敬圭』，據光緒、道光《遂昌縣志》卷八、卷七改。

貞節〔一〕

元

李氏，王延洪妻，名淑貞，處州教授之女。年方艾，歸邑王延洪，生三子。洪殁，擇傅就學，每親課其所誦，探其課對工拙爲賞罰，三子克有成立。至正戊戌，鄉亂，爲椎埋剽奪，李挈孥避地松陽。長子死於兵，故廬毁于火，李氏憂悸成疾終。

王氏，葉杭妻，名妙泳。至正丁酉，由寇作亂，將殺其夫而污泳，泳以二子屬之姑，自刎而死。郡縣上其事，旌雙節門。

明

周貞女，二都周滿女。永樂間，許嫁蘇仲善。未婚，仲善死，滿欲别嫁之，遂號慟至夫家，衰麻事姑，撫夫前子。後家日迫，而守益堅。鄉里以童老安人稱之，謂其至老尚室女也。年七十餘而殁。

鄭氏，王固鐸妻。年二十三，有容色。正統間，賊劫縣，人悉逃匿，鄭氏匿於山。賊搜出，逼行至清潭，臨崖曰：寧死於此。隨投下，夫從後撈得之。賊怒，脅以刃，見其無所屈，索資而去，得不死，以壽終。

楊氏，徐維讓妻。年二十二夫逝，長子四歲，次子二歲，三子在遺腹，諸伯皆亡，家無擔石，煢然孑立，形影相吊，紡織餬口，力育三孤，辛苦備嘗。次子文洪工儒業，入太學，氏在家以二子連逝，哭喪明。文洪籲天露告，目忽復明，壽終七十三。

朱氏，王叔可妻，名淑質。年十九夫故，舅欲奪其志，誓死不從。壽九十六。

王氏，周應熊妻，名思員。年十七歸熊，生一子，甫八月，夫病革，屬王曰：能不吾負，善養吾母，保吾孤。王嚙指出血，泣曰：必無負天鑒之後。一如夫言。孀居六十餘年，始終無玷。殁年八十七。邑太僕朱仲忻詩曰：有心懸皎月，無行負蒼天。地下良人會，應知不赧然。

姜氏，吴渭妻。生一女，夫死，年二十四。鞠庶生子若己子。孀居四十餘年，未嘗出門。夫兄弟以事見，則闔門與語。後庶子家日落，藜羹不繼，姜處之無怨言。

應氏，葉□婦。年十八，夫從戍二十餘年，信音不聞。人傳其夫在戍，已別娶生子。父母信之，逼令改嫁，氏堅執不從。後夫終不返，而志竟不渝，清苦自持，鄉人稱爲節婦。

葉氏，蘇長益妻。性恬素，年二十二夫喪，舅姑憐其年少無子，令再嫁。婦泣，願守志。至老一節，瑩徹無瑕。殁年六十七。

葉氏，獨山朱子方妻。年二十夫故，慟哭幾絶，遺二孤，長晭，次曒，尚在繈褓，朝夕撫訓。私室所有，悉舉奉舅姑，衣食窘乏，而所志益勵，五十餘年始終一節。

鄭氏，東隅徐廷玑妻。年二十六夫故，家貧，一子甫六歲，一子在娠，旬月方産。鄭日夜哀毁，不離柩側。適隣家火逼，乃抱柩大慟，須臾返風獲免，見者莫不慘异。母欲奪其志，悲泣咬指，呼天自誓。紡織撫孤成立，四十餘年操若氷蘖。郡守高公超扁其門曰『完節』。邑御史黄中贈詩，有『心事青天鑑，綱常赤手支』之句。

項氏，西隅周黼妻。黼故，項年二十三，無嗣。日夜悲啼，誓死靡他，獨處一室，雖至親不得見，白首無玷。年躋八十而終。

柴氏，金溪黄錡妻。夫蚤世，柴年二十八歲，一孤方匍匐，誓志守節，蓬垢不出門户。通《孝經》大義，教子宛如嚴師。常静坐吟曰：日落西山留不住，水流東海并無回。言此志不渝也。壽九十五而歿。子濾，出金建祠。孫公㮚，值歲大祲，抹券減租，賑濟貧乏。世篤善行，皆柴懿教所遺也。

陳氏，徐朝紱妻。朝紱早世，兩兒尚在髫齔。家貧甚，紡績度日，撫孤成立。復能茹苦減粒，蓄餘資與伯叔輩，均價買地安葬翁姑。許邑侯以『節凛氷霜』額獎之。壽七十而終。

吴氏，鄭廷器妻。年二十一，生一女，夫亡，哀毁幾絶。母憫其年少無子，勸易志，吴誓死不從。伯叔兄弟有事相告，則隔簾而對，不出户庭者三十餘年。

俞氏，西隅生員葉讓妻。家貧無子，讓死，氏斷髮翳目，誓不再適。夫未葬，躬爲人紡織，并日而食，經歲僅積微資，始克舉葬。隣嫗有憫其貧而勸易志者，輒慟哭自縊，如是至再。或授之餐，堅不受。年七十餘，竟饑而死。

華氏，官陂舉人戴憲妻。憲方中式，即罹疾，藥石莫治，華刲股救療，竟弗起。時年二十五歲，遂剪髮自誓，撫育遺孤，雖饔飧不給，而孀操益堅。郡守吴公仲憐其苦節，嘗給學田租贍之。後以壽終。

周氏，大務徐舜滄妻。年十七，舜滄故，即置柩於卧室，晝夜悲哭三年。遺腹一子，乳養訓誨，俾克成立。家貧，傭紡自給。姑劉氏，屢逼他適，誓志不從，竟以完節殁。

鄭氏，包潭妻。性至孝，精於女紅。父母殁，繡容以祀，宛然逼真。人謂精誠所感。既嫁，事寡姑盡孝，姑亦愛之如女。年二十六，夫故，哭踊幾絶。以姑老子幼，忍死紡績，膳姑育子。孀居五十四年，壽七十九。邑令池浴德旌其門曰『孝節』。

尹氏，朱璘妻。年二十二夫故，長子方呱呱，次子尚在娠，遺田僅給飦粥。人或竊議其不能完節者，尹以死誓，煢煢苦守，足迹不履外，勤勞織紝，撫孤成立，至老益堅，壽八十三而終。

黄氏，朱明訓妻。聘而未婚，氏母聞婿有心疾，欲奪改適，氏即斷髮，誓死靡他。及于歸，孝養舅姑，調理病夫，舉子國泰。夫亡，年二十二，哀毁欲絶，不出户庭，績紡撫孤成立。七十餘年始終一節。按院彭公應參表其門曰『貞節』。郡伯李思敬以詩挽之曰：七旬孀操氷霜潔，九十遐齡名壽長。

蘇氏，鄭廷儀妻。年二十七，稱未亡人，氷霜之操凛然，享年九十九。邑侯王公有功題以『節壽』。

王氏，廩生徐懋厚妻。幼好讀書，語及卓烈人，目爲常事。歸徐五載，夫病，割股療治，不能起，遂絶粒求死。其父引程嬰事爲喻，始誓志立孤。孤殁，復立冠。婚甫畢，率子婦告廟。次日，抱夫像自經。《哭夫詩》七首，中有『傷懷斷看陳情表，夢魂猶記栢舟詩』之句。知縣林剛中親爲文祭之，上其事於當道。御史張公素養題請豎坊，旌曰『貞烈』。

鄭氏，儒士華志遠妻，參知鄭秉厚仲女。年十五歸華，屬夫病，刲左右股以療。夫故，從卧内設巾履相對哭泣。妯娌知其欲以身徇，更番守之。值新歲，乘間投繯而逝。中丞項應祥上其事於當道，督學陳公大綬扁其門曰『節烈』。

周氏，葉應善妻。家四壁立，清苦自守，隣里罕覯其面。夫病故，誓以從死。夫兄强其再醮，引刀自裁，覆卧衾，手足整然不亂，通邑誦异。邑令胡順化爲之給銀豎石，題曰『葉門周氏貞烈之墓』。

華氏，生員項宗孔妻。歸宗孔六年，宗孔入泮而殁，氏悲痛幾絶，以死自誓，伺家人防衛稍疏，竟投繯死。

鄭氏，生員包志伊妻。年十九歸包，踰年而夫殁，撫前妻兒女若親生，爲之婚娶，教訓成立。子亦克孝，宗族鄉黨稱之。執節四十餘年，有司表其曰『節孝流芳』。

李氏，黄九宫妻。宫故，氏年二十二，家徒四壁，矢志撫孤。親戚慮其年青，勸令再醮，李誓死靡他。紡績度日，撫一子苦讀，得入黌序。栢舟之操，晝荻之風，人共稱之。

吴氏，黄伯康妻。夫故，氏年二十一，欲以身徇，衆論撫孤，勉志苦守，事姑孝養，課子成名。

經撫按學道旌表，名列憲綱。

周氏，時可訓妻。孝事孀姑，三載夫亡。時氏方踰笄，絶食欲從死，孀姑泣持，始爲立孤，延祀計事，姑益聚順。生事葬祭，俱盡禮儀。邑令林公剛中匾旌『節孝』爲申上臺，歷有旌獎。終年七十三。

王氏，朱懋孝妻，即節母黃氏孫媳。夫故時，方二十五歲，矢志撫孤。孤亡，復立繼嗣，鞠育義方，至授室産一孫。繼又亡，撫孤孫，百苦備書。年踰六旬，猶課孫書，率孫婦紡績，操作不疲，人咸稱其可繼祖姑芳躅云。

周氏，駱佛喜妻，居楊門口，爲農家女婦。秉性貞潔，不妄言動。丁亥冬，大兵勦寇，氏爲所掠，挾坐馬上，行五里至三墩橋，有崖塹下臨深澗，筍石削立，忽飛身投崖，裂膚血濺崖石而殞。

徐氏，包炯妻。青年孀居，玉節無滓。撫按屢獎，壽至八旬有八而終。

潘氏，王文仲繼室。相夫勤苦，克敦婦道。盛年守節，家政肅清。許令君因有『節如氷映』之旌。中年有疾，子國靖割股療之。後至九十一終。

毛氏，周一詔妻。年二十，方詔弃世，長子之奇纔能趨走，次子之貞方半周。礪志守節，百折氷霜，訓育二孤游庠，甘心荼苦。歷任令君，俱賜額旌奬。

周氏，徐元福妻。福貧，揭本爲商。氏甫産一男，七日即出外，一去不返。氏撫子懷慶，竭盡荼苦。上奉孀祖姑，與孀姑晝夜爲人紡績，甚至不能備燈火，暗中辟纑，指節腐去其半。先是，祖姑守節撫孤，孤又夭，同其姑貞守，撫其夫元福。後福離家，存亡不卜，一門三代孤嫠，煢煢貧苦，見者酸鼻。懷慶幼失學而能孝，割肉救親，治三喪，俱克盡禮云。

徐氏，鄭一桂妻。幼婉静，適鄭有子，夫婦相莊，克盡婦道。未幾，稱未亡人。子九炯，竟得發科。氏身膺花誥，壽九十一。鼎革間，九炯告歸，猶得承歡膝下者半載。

王氏，庠生童一春妻，刑部郎中王玘孫女。生而淑慧，嫻内則，兼曉經書史鑑，端莊静一，言笑不苟，動合矩矱。于歸時，年未及笄，益敦孝敬。三歲未孕，即勸夫納媵，連舉三子。氏亦自舉一子，人咸謂樛木之報。夫故子幼，一體撫育，四子亦依依如一母，不自覺嫡庶。比就外傅，躬授句讀，有丸熊畫荻風。諸子皆儁才，次第游庠。次志舜，爲氏出，尤恂恂篤行。諸文宗皆以德行旌，人以孟母比之。氏性秉清虚，精虔事佛，年逾花甲，無疾而逝。

葉氏，包萬正妻。嫁甫三載，正即亡。長子字彦方二歲，次子字龍猶在腹。産子後，矢志貞守。家貧，極飲荼苦。甫爲長子娶媳徐氏，三月，長子又亡。徐氏遺腹胎墮，遂矢死。又撫次子，娶妻生孫。前後備嘗諸艱，凡四十六年，氷操如一日。當道交奬焉。

徐氏，包宇彦妻。未嫁時，已知宇彦飲博狂蕩。既于歸，悉出其簪珥以償債，勉令讀書，而宇彦不肖如故。歲杪，爲人索逋，勒逼自縊。氏曰：夫既死，婦亦當從。投繯，得救而蘇。姑慰，以育遺腹，留夫一綫。有頃，父母以其悲哀，俾之歸寧。所親有諭之曰：爲蕩子婦未逾年，情好既疏，繫戀安屬。青年慧質，何苦乃爾。唾之，不應。一日，墮胎，復求死。父母日夜守之。號泣，頭觸床壁悉腫，黑血從口鼻出。別父母曰：兒不求死，且死矣。得姑一面，無恨也。不能乘肩輿舁，置酒桶中，與姑一慟而絶。時年十七也。

徐氏，鄭九鵬妻。年二十而寡，却箸絶粒，誓不獨生。翁姑以有遺腹數月，勸其衍祧百世，勝於從死一時，遂勉稱未亡人。孝事翁姑，果舉子元忠。家徒四壁，百蓼備嘗。有强以他適者，氏呼天籲地，矢志靡他。日將夫遺髮一束，泣對紡績，教子得游黌序。至老奇窮，猶守母氏清節訓云。

王氏，朱門振妻。于歸逾年，懷孕三月，振以貧外游客死。遺腹生一子，苦志守貞。未幾，翁姑亡，田廬俱盡，煢煢獨守，織絍度生。及子長成，訓以安貧，負薪食力，一切慶吊飲宴，槩不赴，足不踰閾，四十餘年如一日。惜僻處山中，貧無立錐，未獲旌典。

周氏，王志昂妻。夫亡纔二十五歲，無子，矢志守節，請命翁姑爲夫立嗣。嗣方髫齔，氏鞠養勤瘁，撫孤成立。年七十五，猶矍鑠健飯，督訓子孫無倦。邑令許、趙二公均旌其栢舟遺風。

翁烈婦，華國治妻，貢生翁之恩女也。勤操井臼，婦道無忒。國治少游蕩無檢，家殖盡落，勒氏改醮。氏遂操刀刎頸，幸未洞喉，衆亟護得蘇。刀痕未愈，復行强逼，輒加刃而殞。

周氏，儒士王堯相妻。于歸一載，舉一子，未周而相殞。氏方及笄，哀毁欲絶。翁姑以撫孤勉之，遂矢志育孤，顧復有加。比就外傅，尊師重道，教子成名。勤儉起家，内政肅然。院道府縣莫不賜額旌獎。五孫森立，垂老猶督誨不倦，壽七十一終。

王氏，俞中倫妻。年二十居孀，長子甫三歲，次子遺腹，父母欲奪其志，矢死靡他，至投繯，始寢其謀。一意撫育兩雛，謝絶慶吊，足迹不踰閫閾，勤儉自立，不負蓼苦，鄉閭推仰，郡縣請旌，壽七十二終。

蘇氏，鄭一升妻。年十八適鄭，逾二年而升故，長子僅歲餘，次子遺腹生。家貧，與老婢紡績相守，教二子咸克成立。明季胡鹽臺行部旌獎苦節。氏守貞四十年，足不踰閾，雖至親亦罕識回，里中稱女師。逾六十而終。

鄭氏，葉文舉妻。年十九適葉，五年而夫死，長子纔離襁褓，次子遺腹生。氏能甘澹泊，茹辛苦，不與宴會，稱未亡人者三十年，即至親罕睹其面，人皆稱之。

吴氏，省祭駱日皋繼室。年十九歸駱，逾年生子，再逾年而駱亡。氏刻苦紡績，撫前子與所生子，咸克成立，竭力婚娶，鄉人稱其得婦道母道焉。年七十餘終。

吴氏，庠生華允宜妻。秉性貞静，夙嫻内則。年十九歸華，家貧，盡出奩具爲夫助讀。夫疾，刲股救，不治，哀慟幾絶。撫六歲孤，荼苦備嘗，燃燈紡績，令子隅坐讀書，聞者憯然憐之。教子成立，苦操四十餘年，其事志於郡乘。

葉氏，勑贈仕郎王詔妻。氏年二十五歲，詔故，遺子甫一周，極貧，以女工易粟，歲饑，煎粥撫孤，義方式訓。六十年孀守，節操凜然，壽八十五終。子國泰，入太學，授鴻臚寺序班。

國朝

周氏，徐一旭妻。十六于歸，不三載，夫染沉疴，禱天願以身代，割肉烹羹進之，不治。氏屢欲求死。姑曰：當憐我。乃止。無子，立幼侄奉祀。停夫柩於室，朝夕一蔬一飯，食於柩側，食且泣。喪畢，移柩後園，每食攜往如故。家貧，蓬頭跣足，織紝治圃，易粟供寡姑，終身不食油。壽七十終。繼子貧不能葬，歷二十二年，棺將朽。康熙辛卯，邑令繆公捐資以葬。

蘇氏，四都鄭元果妻。夫故無子，伯氏以歲饑難度，促之嫁。氏潸然告曰：吾以有妯娌可倚，幼侄可望，故不遽從死耳，寧能改事他人耶？及伯氏夫婦俱故，遺子九歲。氏代撫如子，希得存一脉，乃復夭亡。氏哀告族人，爲更推立。家貧，諸苦備嘗，公姑夫伯遺柩，拮据營葬，且竭力爲繼侄婚娶。壽七十終。

華氏，廩生葉茂林妻。茂林詩文翰墨膾炙人口，大抵得之賢助居多。氏禀質聰穎，鼓琴知書。順治戊子，邑大饑，貧民有鬻妻以活者，氏助夫還債，至簪釧不吝。及喪所，天矢栢舟，或奪其志，操刀乃止。撫孤九歲，燃松紡織，令子坐其旁，訓以句讀，得成名。邑令韓公給『賢節母儀』之額。

劉氏，華作霖妻。艾年孀守，忍飢耐寒，不蒙點污。子被寇虜，有迫之改適者，投繯得免。子踰年歸，又歿。遺孫世采在襁褓，氏紡績撫孫，且養且教，猶及見入泮而逝。

包氏，徐懋明妻，鄉賢包萬有長女。知禮義，嫻壼德，二十歸徐。未五載夫亡，矢志靡他，瘁十指奉舅姑，供滫瀡，訓孤光晉增廣邑庠。壽至八十有五。學憲張公希良以『青年勵節白首完貞』獎之。

徐氏，生員潘自伸妻。年二十四，夫逝，欲從死，以孀姑鄭氏命稱未亡人。養姑撫孤，紡績爲活。姑病，刲股不治，勉力殯葬，訓子入庠。韓邑侯旌以『節孝可風』。享年六十有二。

王氏，生員包運亨妻。年十七于歸，四載夫亡，生一子甫二月。守志撫孤，勖以義方，子得成立。常捐嫁資煑粥賑飢貧。年五十四終，守節三十三年。雍正四年建坊旌表。

王氏，潘時積妻。年二十七夫亡，六十六歲終。王、潘世皆業農，氏獨知禮。夫病篤，子生數月，截髮誓必守。有勸之者，即操刀裂項，血漬淋漓，已死復蘇，卒能守節以終。雍正四年建坊旌表。

朱氏，生員童㒺妻。年二十四夫亡，子國柱方七歲，國梁方七月。誓死守孤，無伯叔娣姒，獨事舅姑，孝養備至。舅姑老，扶侍疾病，晝夜不懈。缺藥餌，出嫁奩市甘脆怡之，喪葬盡禮。訓二子學行兼優，爲邑士冠。雍正三年建坊旌表。

趙氏，周宜清妻。年十八于歸，夫以涉水没。氏披髮河壖，晝夜哀號，始得屍歸葬。家貧，撫孤守節，壽八十四。學憲馬公給『空谷芳蘭』匾獎之。

徐氏，庠生王湛妻。年二十五于歸，三十六夫故。家極貧，奉翁姑，撫幼子，艱苦備歷。蓬跣終身，未嘗温飽。年六十八終。學憲馬公奬以『節勁松筠』之額。子樾亦克孝，居喪茹素守靈，三年不入内室。人稱嘆焉。

周氏，徐懋棐妻。年二十二夫亡。家極貧苦，躬給薪水，孝養舅姑，義方訓子，始終如一。歿年五十二。

周氏，儒童毛檠妻。年十七于歸，未三年夫故。矢志不渝，撫孤成立。守節三十年歿。乾隆九年建坊旌表。

黄氏，周宜新妻。年二十二嫁於周，未期夫故。撫一孤，養一媳，以傭績爲生，言笑不苟，饔飧不給，竟成疾以殞。隣里哀之。

葉氏，廩生華文溥妻。年二十二夫病，割股以進。及亡，痛苦撫孤，家貧如洗，足不踰閾，聲不出户。歷節四十七年，氷潔無瑕。終年七十八。

鄭氏，儒童項景燦妻，廩生鄭鰲之女。年二十二歸景燦，甫七月夫故。有遺腹，冀得子。比生，乃女也。氏偃卧絶食，日爲死計。家人防衛極周，乘間吞金死。士大夫多以詩文褒其貞烈，學憲李公題『九逝魂芳』旌之。

徐氏，鄭元埶妻。年十九于歸，二十八夫故。數日不食，願以身殉。有勸以子幼無托，隱忍就生。紡績糊口，備嘗艱苦。守節四十五載，終年七十五。

朱氏，生員俞長發妻。年二十四歸俞，三十六夫亡。遺孤在懷，辛勤撫養，刻苦教誨，早歲有聲郡庠，竟先氏亡。二孫復賴氏成立。終年七十。雍正二年，詔訪節烈，氏以守志乃婦常分，不願舉報，其知大義如此。善吟咏，著有《自悼詩》藏於家，其《憶昔》及《春景》二詩，選入《平昌詩抄》。

葉氏，生員周彬妻。年十八于歸，未幾夫故。撫孤不育，復繼孫，兵燹流離，艱苦不折。壽八十二。

王氏，周理妻。年十六歸周，三十三夫歿。力事寡姑，恩撫幼子，煢煢苦節。終年四十六。

鄭氏，周聖琳妻。年二十歸琳，未三載琳故。遺孤周歲，守志立節不移。年四十八終。

章氏，生員吴德㢲妻。于歸甫一載，夫患瘵，氏悉脱簪珥以供藥食。夫亡無子，欲從死，忍哀立後，撫子成名。翁姑營葬，伯叔以氏寡，不令勷助其費，氏盡易奩具佐之，不少減，人稱其孝。後以壽終。

朱氏，吴克焕妻。二十一歲歸吴，夫故，矢節萬苦不辭，爲舅姑營墳，親自負土成之。兩聘媳，未娶子夭，立孫承祧。婦道母儀兼備，苦節四十九年，壽九十一。

王氏，生員毛森妻。年二十四夫故，生子甫五月。繼姑以家貧逼嫁，氏抵死不從。姑加酷責，受之恬然。閲四載，值夫誕日，懸夫像，一慟而绝。救蘇，隨自縊死，時年二十八。學憲馬公給匾旌奬，進士張德純爲立傳焉。

朱氏，生員王紹華妻。年十九于歸，夫疾，割股以進。夫死，二子俱幼，家釁叠作。氏上事舅姑，下撫二子，且舉葬七代遺骸。人咸以女丈夫目之。乾隆六年，建坊旌表。

朱氏，生員劉光濂妻。二十九夫故，諸子幼孫皆親督責成名。氏性孝，父死弟幼，遺寡母，姑知其志，命迎母養焉。姑與母没，喪葬如禮。乾隆十二年，建坊旌表。

鄭氏，生員葉嗣俊妻。年二十六歲夫故，生二子，幼穉。勵志氷霜，善事翁姑，教子有成。乾隆九年建坊旌表。

何氏，故民王昌孝妻。夫歿，氏年二十三，挈兩孤依伯姆以守。伯貧，或勸改，氏以死誓，雖乏衣食，志益堅，凡糞濯婢妾之役，甘爲之。姆素悍，嘗扑二孤，氏不敢怨，暗泣而已。無何，伯、姆繼歿，亦遺一孤。氏殯葬如禮，撫侄猶兒，鄉人義之。年七十八卒。

尹氏，生員毛紹堂妻。年二十于歸，二十四夫故，一子甫七月。家計蕭條，無親可倚，紡績度朝夕，母子相依。葬夫娶媳，十指辛勤，備極艱苦，氏處之怡然。年六十一。

潘氏，故民徐懋仕妻。仕以幼孤贅氏家。仕故，氏年二十九，子幼苦守。氏弟逼嫁，氏夤夜逃回夫故里，僅存破屋二間。氏截髮自誓，紡績樵蘇，以延餘喙。族親憫之，量周以米，母子得活。終年七十五。

鄭氏，故民華世武妻。孝事翁姑，年三十夫故，撫侄承祧。翁姑及夫喪葬，備極艱辛。年六十一卒。

周氏，故民何秉悌妻。歸六載而悌亡，生一子一女，僅遺瘠田數畝。伯氏屢迫之嫁，不從。乃潛受某金，搆黨謀奪。氏覺，急攜子女訴縣，截髮明志。邑令蘇公痛治之，因鐫『終身守志』四字于簪，以旌其節，且命氏依母苦守。母故，始返舊宅，婚男嫁女，荼苦萬狀。年六十二卒。

王氏，故民華啟淑妻。淑本翁姓。淑歿，氏年二十九。族有迫之更嫁者，氏誓死不從，遂借端興訟，驅淑子歸宗。邑令姚公審斷獲全。氏紡績課子，後子弃讀事商，氏以大義勸勉，不使放逸。年六十八卒。

宋氏，生員華文濤妻。年二十九夫故。矢志守節，上事老姑，生事死葬，下撫弱息，俱克成立。歷三十載而歿。雍正甲寅，學師公以『幽畹貞操』旌之。

鄭氏，故民尹來麟妻。年十七歸麟，二十五夫故。兩子一女俱幼，翁又老而疾，氏呑聲苟延，縫織種藝，靡不躬親以供朝夕。時堂伯無子，應氏子承祧，翁嫌貧弗許。氏婉轉白以大義，始允。及翁歿，哀毁盡禮，且舉先代之未及葬者并葬之。治家復極嚴肅。卒年六十有九。

俞氏，生員王筤妻。年十六于歸，二十三夫故。生二子俱襁褓，氏慟哭欲從死，姑泣以撫孤勸勉。時家道零落，氏蓬垢茹辛，黽勉事姑，殷勤訓子，兩俱成立，娶媳生孫。姑疾，躬親湯藥，衣不解帶者踰月。喪葬哀毁，人謂婦兼子職焉。冢媳徐氏殁，又撫二孫克長，悽楚萬狀。終年六十六。

毛氏，儒童王坦妻。應府試疾殁，氏搶地欲死，翁姑諭以撫伯幼子爲嗣。上事翁姑盡孝，訓誨嗣子成名。守節三十五年，終年六十有二。乾隆十七年旌表。

姜氏，故民鄭家鎬妻。年二十二，夫暴亡。氏懷孕八月，欲以身殉，翁泣諭緩死生男，延夫一脉。踰月，果産男，遂一意撫孤。改卜夫墳，善訓孤兒，得獲成立。乾隆辛未冬，夫墳被人盜葬，氏日夜椎泣，遂成疾，終年五十一。子養中匍匐籲扞，不果。辛巳王侯莅任，朝訴夕扞，是可慰氏於地下矣。

鄭氏，儒童王維庸妻。二十于歸，二十三夫故。以姑老子幼，矢志苦守。紡績事姑，辛勤教子，卒獲成名。年五十一終。學憲雷公以『松筠勁節』題額。

尹氏，故民朱鷺妻。年十九歸鷺，二十一夫故。生子方，氏欲殉死，舅姑責以大義。苦守踰歲，父微言改志事，氏即痛哭，取刀斷左手小指，以明不二。鄉閭有斷指寡婦之稱。孝養舅姑，竭力喪葬，子有小過必責。居孀從無笑容，及生孫，始一哂。享年五十四。

俞氏，生員華日榮妻。十六歸榮，孝敬備至，紡績以助夫讀。五年不孕，即納媵婢，婢連孕不育，而日榮殁。氏年二十五，絶粒五日，百計從死，翁姑以繼嗣勸，始勉存活。數年，叔得一子，躬親撫養，四歲又夭，自是號慟成疾。踰年，復得侄，又撫養之，疾遂劇。終年四十七。

吴氏，廩生葉廷槐妻。年二十七夫故，家道寒苦，勉事孀姑，菽水承順，婦修子職，攜女抱子，備極艱辛。其後婚嫁子女，埋葬翁姑，克遂厥志。孀居四十餘載。司訓王公世芳錫以『節孝足嘉』額。子澍，爲邑庠生。

李氏，故民項鼎業妻。年十六于歸，越十載，夫客死於外。氏孤孑無倚，矢志守節。族衆延年給以祠，吏爲按譜立嗣。嗣夭，復爲立孫。氏苦年六十有八，始終如一。

吴氏，生員劉國槐妻。其姑朱氏已褒節孝，氏年二十八夫故，朝夕依倚姑側，跬步不離，晝荻和熊，教子誦讀，子必成青年游庠。年逾六十一，孝慈兼備。

張氏，故民翁樹穀妻。年二十二夫故，痛欲從死，姑苦諭乃止。然無嗣而家復貧，氏紡績供姑，俟叔舉子甫周，即抱養爲嗣。未長而亡，再繼次侄爲後，殷勤訓育，苦守有成。今年逾六十，清操艱苦。閭里共稱勁節。

鄭氏，故民周永洛妻。年十八歸洛，十年夫故。二子尚幼，氏矢志守節撫孤。無何，長子夭亡，幸次子輔游庠，無負義方之訓云。

王氏，生員葉連鶴妻。十九于歸，年二十七夫死外郡，奔喪剪髮，事姑撫子，守節四十四年歿。學政鄧公賜『栢心荻字』匾額。

童氏，儒童王遺昌妻。昌本遺腹子，故名遺昌。既冠，赴縣試，死於寓。童氏年十九，奔喪，號痛欲從死，隣以姑老子幼解之。姑歿，徙居母氏，子得成立。

補遺

朱氏，霞妻。未字時，事親最孝，朱門相夫子以禮。當姑病，曾嚙指血告天求代。甲寅之亂，霞被寇拘，氏獨扶二老諸幼，披棘履險，遠避其難。潔身能濟，誠閨中所難也。

朱玉姑傳　王愷

朱玉姑者，山鄉農家女也。幼字隣村陳兆福，陳以採薪爲生。姑年十九，陳家貧不能娶，姑依父母膝下，亦僅敝屋數椽而已。乾隆癸未歲，陳樵於山，爲崩石所斃命。訃至，姑悲不出聲，絶粒十日。父母勸之，姑曰：兒思之熟矣，兒雖不孝，豈不願侍父母晨昏乎？然兒已爲未亡人，兒生之日，不免增父母憂。父母百年後，兒終無靠也，兒未報罔極恩，兒罪當誅，幸父母無念兒也。言訖，取水沐浴，更衣而瞑，顏色如生。嗚呼，舍生取義，士君子之大節也，豈所論于巾幗哉，豈所論于甕牖繩樞未結褵之村娃哉！而姑乃能視死如歸，從夫泉下，根天性之至，樹倫常之極，是真所謂舍生而取義者，可以與古君子争烈矣。今夫人之死生，何常之有，使姑不死，得寒病七日六汗，姑必死也。即姑不死，亦終無長生久視之術，年耄耋，姑亦必死也。以終于必死之身，而與草木同腐，其誰知之，而誰言之。今姑之死，鄉里傳之，牧令舉之，達於監司，聞於天子，華表樹其美，彤管揚其芳，視世之庸庸以生者，其相去何如也。然則姑雖死，姑真不死也，或且以姑之死，爲一時之烈，嗚呼，是豈知姑者哉！

校注

〔一〕刻本該頁缺，自『貞潔』至『次子二歲，三』，均據道光《遂昌縣志》卷七補。

卷之八

兵戎志

兵防、武功、紀事

國有兵，不得已而用之者也。方今統一寰宇，河清海宴，然安不忘危，有備無患，雖盛世不免焉。況遂僻處山陬，寄籍人繁，防衛之功，亦非淺小。至若運籌決策，烽火不燃，是又干城有寄，一邑保障，實式憑之。志兵戎。

兵防

國朝

原制遂邑把總一員，汛兵四十五名，以爲防守。因康熙四十八年，流匪竊發，盤踞村落，民不獲安。四十九年，總督梁公世勳、巡撫黄公秉中會疏具題，將處之協鎮調平陽，平之總鎮調處州，兼鎮衢、金二府，增兵一千五百一十五名。處總鎮共管兵二千六百三十一名，各縣俱添兵防守。遂昌設守備一員，千總一員，增設把總一員，兵三百名，内二百名駐縣，餘分防各隘口。乾隆二十八年，邑令王燈因西鄉王村口離縣窵遠，棚民雜處，北界毗連三衢，稟請總鎮各添外委、把總一員，駐扎巡防。

守備一員。

千總一員。

把總一員。

北界汛外委把總一員。新設。

王村口汛外委把總一員。新設。

新建守備衙門一所。在縣東，舊爲段公祠基，今建頭門一所，兩旁東西各三間，爲字識，一爲馬閑儀門，大堂、内堂、廂房、飼廳大堂之東書房一所，書房後樓房一所，樓房旁厨房三間。

駐防衙門一所。在北隅。

新置北界駐防衛門一所，共五間。知縣王燈捐建。

新置王村口駐防衙門一所，内堂三間，外堂三間。同時捐建。

縣内守備署旁及頭門外東西北三隅關口舊建營房一百間。

西北兩鄉隘口、關塘、高坪等處共建營房五十間。

北界舊營房十間，知縣王燈新捐建營房十間。設兵二十名。

王村口舊營房十間，知縣王燈新捐建二十間。設兵三十名。

教場。舊在縣東瑞山麓，今在東門外呂川，中爲演武廳，右爲關帝廟，前爲旗竿、石臺。

舊設馬步巡檢司，弓兵二十二名。久裁。

舊遂昌縣設民兵一百一十七名，歲徵銀一千六百零五兩六錢。久裁，充餉。

康熙四十八年，添設練總三十名，連舊共四十名，農隙官爲操練。今裁。

今設民壯一十四名，支給地丁銀八十四兩，縣給。外增工食銀一十六兩二錢四分。司庫領給。

武職

從前止設把總一員，遞年輪換，名不及詳。自康熙己丑始，增守備一員，仍設把總，應載姓氏以備採覽。

守備

康熙吴豹。號文峰，福建泉州人，康熙四十九年任，五十一年調温州水師營。爲人恬静閑雅，撫兵愛民，有儒將風。

謝錦文。號唐章，山西大同人，康熙五十一年任。

雍正劉斌。山東人，元年任。

王紹宗。江南進士，三年任。

姬隆周。山東人，難蔭，九年任。

周之棟。廣東人，難蔭，十三年任。

乾隆陳宏亮。滿洲正紅旗人，二年任。

李塏。山西進士，六年任。

朱一宏。貴州人，十年任。

黄紹培。福建進士，十二年任。

張邦仁。襄陽人，十七年任。

高廷柱。湖南進士，二十一年任。

鍾玉。二十九年任。

駐防

雍正蔡先捷。把總。

田士英。把總。

頗時乾。千總。

乾隆李廷柱。把總。

鄭高。外千。

何朝貴。把總。

蔡中。外把。

趙國宰。千總。
張朝。外把。
熊羆友。福建武舉，千總。
張顯。把總。
金溶。外千。
鄭國樑。外把。
鄭國佐。千總。
馬勝國。外千。
馬正國。千總。
袁瑞雲。外把。
馬之瑞。把總。
高崧。把總。
單愈。外把。
傅繩武。福建武舉，千總。
趙利山。外把。

吴高榮。外把，駐北界。

王得名。外把，駐王村口。

武功

明

成紹譽，杭州前衛指揮，任衢州守備。崇禎戊寅，閩人種麻靛者，發難於金華。撫臺羅公親剿，寇陡至遂昌，命紹譽自衢躡其蹤。寇已走石練，譽迫之，大戰溪灘，爲寇所害。士民哀之，醵金以殮。撫臺聞於朝，贈驃騎將軍。

國朝

劉登瀛，前屯衛人，世昌公猶子。由世職升游擊，換扎守處州，統領游騎。性剴直沉摯，遇事奮决，勇冠三軍。自閩寇流突，援剿殆無虚日。往來屬邑三十餘陣，摧堅取勝，寇皆望風宵遁，而於遂邑尤保全數四，士民咸以父母戴之。按臺、鹽臺題薦旌奬，皆云精神大於其身，所向無前，可稱飛將，洵實録云。

史成有，遼東蓋州衛人。處州右營守備，實署千總，調防遂昌。能嚴紀律，兵民相安。八月會剿，殺賊有功。

張朝臣，北直人，處協右營都司。康熙四十八年，閩人温顯壼、廖雲山等寇龍游，遁至遂昌大柘高山。十二月初十，率兵追勦，天尚未明，死于賊。

紀事

唐

中和元年，遂昌賊盧約攻陷處州，據城以叛，刺史施史君破約，誅之。約乘黄巢亂，攻劫青田等縣，命侄佶陷處州，即留守之。及吴越王錢鏐遣兵取温州，捕逮佶，至臘口而卒。約來據州爲刺史，自鎮一方，多所建置。刺史施史君率兵屯寨，收拾義勇，討約，誅之。

元

至正十七年五月，縉雲、松陽、遂昌、麗水、青田亡賴各嘯聚爲盜，石抹宜孫、胡深討平之。縉雲黄村，松陽白岩村，遂昌大社村，麗水浮雲、泉溪村，各群聚劫掠，勢甚猖獗。以石抹宜孫爲行樞密院判官，鎮處州。既至，置胡深行軍都事。深攻泉溪，拔其寨，浮雲亦敗。白岩賊懼，遂降，黄賊望風遁去。深移師攻大社，賊首周天覺、方友元傾其精鋭迎戰。深分部接戰，伏奇兵夾擊之，别遣游擊入山搜其伏匿，賊大敗。斬首數十級，生擒八百人，獲方友元，梟其首，周天覺降。乘勝移兵討青田，賊黨金德安殺潘惟賢兄弟以降。

秋七月，寇犯龍泉。胡深集鄉兵於湖山拒守，尋撫降之。山民乘流賊之亂，群聚爲盜，由蒲城、松溪直入龍泉。胡深檄屬縣募壯士屯竹口，因下令賊中曰：爾等因驅迫爲亂，弃仗即良民。賊知胡深長者，其言可信，盡毁兵仗以降。

明

永樂二十二年五月，龍游、柯山諸賊作亂，劫掠郡縣，勢逼松邑，士女逃奔。鎮撫陳滋出擊，官兵繼至，勦之。

時賊勢猖獗，東南震動，所過遭其殺戮剽掠，至松陽縣境，民皆逃匿，縣治幾爲所據。陳滋統所部兵出擊，繼官兵四至，合力并戰，賊潰敗，遂勦平焉。

正統十三年冬十二月，寇掠遂昌，官兵擊斬之，餘黨遁走。

遂昌報有强賊萬餘，竪旗僞稱王號，乃宣寇陳鑑湖、朱閬八、齊烋，先在實峰坑盜採銀鑛，後肆劫掠，沿至遂昌。李俊命葉鉅詣松陽，督典史杜英、社首毛孔機等抵街亭橋。賊出迎，大敗，斬齊烋等首千餘級。鑑湖遁宣鄉。

陶得二陷遂昌，指揮弓禮、縣丞張智死之。

賊至縣㳌頭，官兵迎戰，敗績，殺軍快五十餘人，禮、智俱死。賊乘勢陷縣治，焚廨舍，縱獄囚，市落爲墟，脅從者至數萬。後都御史張楷討降之。

嘉靖二十四年，慶元賊吴王姑嘯聚千餘人剽掠，縣民騷動。知縣陳澤引兵邀擊於蓬塘，殲其衆，平之。

賊自號八先生，出入劫掠松浦間，得勝長驅，景、慶、龍、遂之墟悉爲震駭。知縣陳澤引兵劫殺，先鋒吴元備鼓勇先驅，獨斬數人，以大兵後至，遇害。繼衆至，并前賊衆悉爲所斃。後論殺賊功，立祠祀元備，扁曰『義勇』。

隆慶元年，鑛徒潛匿謀爲亂，撫按議遣指揮領兵屯遂昌湖山縣，立鄉兵以守。

先是，常山鑛徒西陷婺源，多松遂無賴，事敗潛回。議者以湖山當衢、婺之衝，特委萬户一人傾兵駐守，以制不逞者出入。既而兵多擾，地方益患之。縣令池浴德議置保長，撤官兵，俾藉鄉兵自爲守，至今稱便。

崇禎十一年，閩寇自金華陡至遂昌，撫院遣守備成紹譽戰于石練，死之。

崇禎初年，閩人來浙東諸郡種靛、麻、蔗者，布滿山谷。久之，與土人爲仇。汀州人邱凌霄父子，與金華人陳海九有隙，勾海賊稱兵作亂。巡撫羅公新莅任，親至勦賊。賊懼，以義烏、湯溪皆有備，陡至遂昌縣中，殺傷相當，走石練屯駐。撫院遣衢州守備成紹譽躡其後，追至石練，大戰于溪灘，衆寡不敵，紹譽死之，寇遁入浦城界。撫院上其事，贈紹譽驃騎將軍。

十四年，靛賊屯礤下，守備葛邦熙禦之。

賊出入罯綱潭，邦熙追之，不克殄。靛賊結巢在廿一都礤下上臺，移礱坑守備葛邦熙守禦坑西。賊又移巢罯綱潭，江山浦城界。劫殺村落，出没無常。臘月，將入邑，過大柘，聞許令君親宿西門域樓，督士民晝夜防守，遂繞道至湖山，燒毁房屋。葛守備提兵追之，擄掠至十之三四，殺死鄉勇四人，仍返罟網潭。

十五年，閩寇聚遂昌茶園，主事熊人霖、推官陳子龍勦之。尋招撫平，立防禦廳于王村口。移温州府通判，春冬防。

閩寇在浙者，將歸福建浦城縣，防守戒嚴，甚不得過。由是積累多人，嘯聚于遂之西鄉茶園，而江西之永豐、衢之江山并震。知縣許啓洪申院，題留義烏縣。升工部主事熊人霖、紹興府推官陳子龍來勦。寇懼，大半詣浦城降，其餘并降軍前。解撫院，以地界遼遠，議析石練爲練溪縣，升遂昌爲平昌州，以縣丞駐王村口，并龍泉隸之，不果。因立防禦廳于王村，移温州府通判一員陸昌晿來，春冬防禦，夏秋仍回温州。復取處原額兵二百名，借在温州蒲圻所者來縣，永爲防守。甲申，京師陷，各縣并立義兵，遂罷。

國朝

順治二年六月，故明督撫田仰同勲鎮方國安等標下兵入處州，散處鄉城，大掠，男婦皆逃匿。時江東糧盡，兵自内潰。田仰兵尚萬人，方國安標下方國泰、屠埒鰲等各兵俱不下數千，乏食需索，掠人家産，甚者綑綁獻銀始免。民苦之，逃匿殆盡。

五年四月，何兆龍及朱匡明等犯青田、遂昌界。宣平九峰岩賊起，官兵禦之，宣賊伍昌箎、徐可畏、吴用等被擒。

青田、油竹、彭栝等地方何兆龍等聚衆作亂，犯縣城界，陳光魁等應之。游擊劉登瀛同防將史成有帶兵禦戰，始退。朱匡朋屯扎遂昌界紫山、苧土坑、馬戍嶺等處，又札金竹地方，官兵禦之，擒江應雄、許世勳等。宣平九峰岩及金公岩賊起，亦勦平。

十月，朱匡明、曹飛宇等犯龍泉、遂昌界，官兵禦之，擒王九妹等，斬魏國波。朱匡明屯王村口、曹飛宇屯澤賽，遇官兵戰敗。王九妹、湯仰溪、吕伯川被擒，國波死。馮生舜等衆扎龍泉西山，官兵進勦，復擒吕廣生、方永用、陳壽等。

七年二月，遂昌赤葉源盗起，撫院嚴遣官平安國降之。

六年冬，帶捕鍾典史往鄉，拘詐金華吃齋人，指稱無爲教，株連不已，遂致激變。會招降，衆乃散去。

八年閏二月，賊徐應愷等散掠馬頭、破礓等處，游擊劉登瀛率官兵會勦，夏平之。或殺或遁，至夏方得寧静。

九年三月，閩賊葉茂龍等流突遂昌，劫掠湖山等處。劉游戎敗賊，追至福建茶地，前後斬級甚多，餘孽星散。

十年冬，寇王必高猖獗，游戎擊走之。

是年冬，遂邑寇勢猖獗，士民請游戎劉公鎮勦。賊不知也，正從北而東掠，離城僅二十里。公適至，不及駐足受餐，即飛騎入山馳勦，斬馘無算。寇皆望風宵遁，一邑賴以保全。冬杪歸師，士民號泣部院以留。

十一年春，王必高仍據山四掠，劉游戎擊，擒之。

是年春，賊仍負固四擾，督院遣别駕彭應震入山勦撫，賊破膽者借名散遁。元兇王必高仍潛擾掠，劉公復至，入山犁穴，計擒必高并其父母兄嫂，械送院殲焉。士民德劉公，建祠祀之。

康熙十三年五月，閩地耿逆據叛，僞黨馬勝入踞遂昌，井邑爲墟。十五年九月，大兵鱗次蕩平，餘黨悉降。

時僞黨胡聯啓尚拒命，據駱山頭。當道命生員華發招之降，不血刃而解。

四十七年八月，閩人黄清等爲盗，鄉練平之。

時游食之徒嘯聚山□，不□日就縛。

四十八年三月，閩匪彭子英爲亂。官兵及鄉勇擊斬于奕山坳頭嶺，悉擒之。

賊至雲和七赤地方，千總張君聘禦之，復走龍泉，犯遂界，官兵尾其後，遇于大柘，金百總挺身赴國，死之。分巡道高公恐其出没，滋爲民害，檄温、處、金、衢四府兵及鄉勇勦之，殲其黨于坳嶺各處，鄉勇踴躍踞險以守，賊窘餓，士人吴時科生縛子英，械之邑，越月悉平。

冬十二月，閩人温顯靈等由衢遁入遂昌。處協都司張朝臣統兵追勦，遇于大柘高山，死之。金協孫都司復統兵會勦，斬其渠魁。衢、處兵亦集，餘黨悉平。

十一月十七日，龍游廟下紙蓬内，閩人温顯靈，廖雲山等，因饑荒相聚爲盗，衢郡官兵追至高坪嶺。時縣防兵少，人民震驚，知縣繆之弼一面請兵征勦，一面制造軍器，統率鄉練壯丁，把守隘口。十二月初八日，賊自高坪遁至大柘高山，處協都司張朝臣統兵追勦，天尚未明，遂遇害。既而金協孫都司統兵至，斬其渠魁十餘人。衢兵至，賊已遁入深山矣。隨後處郡把總協同本邑練總鄉兵於上旦源，斬其黨羽數十人。邑侯繆公統率鄉練入山追擒，獲盗三十九人，廖雲山乃其渠魁也，由是根株盡絶。是役也，繆君不惜身，不吝費，賊勢猖則奮以威武，官兵至則勞以猪酒，民不滋擾，户得安寢，公之德也。

卷之九

藝文志

宸翰、碑記

邑有乘，考獻而徵文也。藝文一册，古志既缺，即續補亦散見他帙，略而未備。茲特彙集加詳，以資博涉。首宸翰，尊聖謨也；次碑記，以紀成功；次雜文，以備典故；次詩歌，以標名勝。諸體略具，凡屬名教攸關，及爲山川生色者，罔弗採輯。若夫名賢著述，或傳或不傳，悉載其目，附于後焉。志藝文，公之德也。

宸翰

順治九年，命禮部因明舊制，復刊卧碑文於學宫之右，以示生員。文曰：

朝廷建立學校，選取生員，免其丁糧，厚其廩膳，設學院、學道、學官以教之，各衙門官以禮相待，全要養成賢才，以供朝廷之用。諸生皆當上報國恩，下立人品。所有教條，開列于後：

一、生員之家，父母賢智者，子當受教；父母愚魯或有非爲者，子既讀書明理，當再三懇告，使父母不陷於危亡。

一、生員立志，當學爲忠臣清官。書史所戴忠清事迹，務須互相講究。凡利國愛民之事，更宜留心。

一、生員居心忠厚正直，讀書方有實用，出仕必作良吏。若心術邪刻，讀書必無成就，爲官必取禍患。行害人之事者，往往自殺其身，常宜思省。

一、生員不可干求官長，交結勢要，希圖進身。若果心善德全，上天知之，必加以福。

一、生員當愛身忍性，凡有司官衙門，不可輕入。即有切己之事，只許家人代告，不許干與他人詞訟，他人亦不許牽連生員作證。

一、爲學當尊敬先生。若講説，皆須誠心聽受；如有未明，從容再問。毋妄行辨難，爲師者亦當誠心訓誨，勿致怠惰。

一、軍民一切利病，不許生員上書陳言。如有一言建白，以違制論，黜革治罪。

一、生員不許糾黨多人，立盟結社，把持官府，武斷鄉曲。所作文字，不許妄行刊刻。違者，聽提調官治罪。

康熙九年，頒上諭十六條，每月朔望，有司偕紳衿齊集明倫堂，及軍民人等俱聽宣講。

一、敦孝弟以重人倫。

一、篤宗族以昭雍睦。
一、和鄉黨以息争訟。
一、重農桑以足衣食。
一、尚節儉以惜財用。
一、隆學校以端士習。
一、黜异端以崇正學。
一、講法律以儆愚頑。
一、明禮讓以厚風俗。
一、務本業以定民志。
一、訓子弟以禁非爲。
一、息誣告以全良善。
一、戒窩逃以免株連。
一、完錢糧以省催科。
一、聯保甲以弭盗賊。
一、解仇忿以重身命。

康熙二十年御製至聖先師孔子贊并序

蓋自三才建而天地不居其功，一中傳而聖人代宣其藴。有行道之聖，得位以宣猷；有明道之聖，立言以垂憲。此正學所以常明，人心所以不泯也。粵稽往緒，仰溯前徽，堯舜禹湯文武達而在上，兼君師之寄，行道之聖人也。孔子不得位，窮而在下，秉删述之權，明道之聖人也。行道者勳業炳于一朝，明道者教思周于百世。堯舜文武之後，不有孔子，則學術紛淆，仁義湮塞，斯道之失傳也久矣。後之人而欲探二帝三王之心法，以爲治國平天下之準，其奚所取衷焉？然則孔子之爲萬世一人也審矣。朕巡省東國，謁祀闕里，景仰滋深，謹摛筆而爲之贊曰：

清濁有氣，剛柔有質。聖人參之，人極以立。行著習察，舍道莫由。惟皇建極，惟后綏猷。作君作師，垂法萬古。曰惟堯舜，禹湯文武。五百餘歲，至聖挺生。金聲玉振，集厥大成。序書删詩，定禮正樂。既窮象繫，亦嚴筆削。上紹往聖，下示來型。道不終晦，秩然大經。百家紛紛，殊塗异趣。日月無踰，羹墻可晤。孔子之道，惟中與庸。此心此理，千聖所同。孔子之德，仁義中正。秉彝之好，根本天性。庶幾夙夜，勖哉令圖。溯彼洙泗，景躅唐虞。載歷庭除，式觀禮器。摛毫仰贊，心焉遐企。百世而上，以聖爲歸。百世而下，以聖爲師。非師夫子，惟師於道。統天垂世，惟道爲寶。泰山岩岩，東海洋洋。宫墻萬仞，夫子之堂。孰窺其藩，孰窺其徑。道不遠人，克念作聖。

御製四賢贊

顏子贊

聖道早聞，天資獨粹。約禮博文，不遷不貳。一善服膺，萬德來萃。能化而齊，其樂一致。禮樂四代，治法兼備。用舍行藏，王佐之器。

曾子贊

洙泗之傳，魯以得之。一貫曰唯，聖學在兹。明德新民，止善爲期。格致誠正，均平以推。至德要道，百行所基。纂修統藉，修明訓詞。

子思子贊

於穆天命，道之大原。静養動察，庸德庸言。以育萬物，以贊乾坤。九經三重，大法是存。篤恭慎獨，成德之門。卷之藏密，拓之無垠。

孟子贊

哲人既萎，楊墨昌熾。子輿闢之，曰仁與義。性善獨闡，知言養氣。道稱堯舜，學屏功利。煌煌七篇，并垂六藝。孔學攸傳，禹功作配。

康熙四十一年，御製訓飭士子文，頒行學宫

國家建立學校，原以興行教化，作育人才，典至渥也。朕臨馭以來，隆重師儒，加意庠序，近復愼簡學使，釐剔弊端，務期風教修明，賢才蔚起，庶幾棫樸作人之意。乃比來士習未端，儒教罕著，雖因内外臣工奉行未能盡善，亦由爾諸生積錮已久，猝難改易之故也。兹特親著訓言，再加警惕，爾諸生其敬聽之。從來學者，先立品行，次及文學。學術事功，原委有序。爾諸生幼聞庭訓，長列宫墻，朝夕誦讀，寧無講究？必也躬修實踐，砥礪廉隅，敦孝順以事親，秉忠貞以立志。窮經考義，勿雜荒經之談；取友親師，悉化驕淫之氣。文章歸于醇雅，勿事浮華；軌度式于準繩，最防蕩軼。子衿佻達，自昔所譏。苟行止有虧，雖讀書何益？若夫宅心弗淑，行止多愆，或蜚語流言，脅制官長；或隱糧包訟，出入公門；或唆撥奸猾，欺孤凌弱；或招呼朋類，結社要盟。乃如之人，名教不容，鄉黨弗齒，縱倖脱褫扑，濫竊章縫，返之於衷，能無愧乎？况乎鄉會科名，乃掄才大典，關係尤鉅。士子果有真才實學，何患困不逢年。顧乃標榜虚名，暗通聲氣，夤緣詭遇，罔顧身家。又或改竄鄉貫，希圖進取，囂凌騰沸，網利營私。種種弊端，深可痛恨。且夫士子出身之始，尤貴以正。若兹厥初拜獻，已作奸犯科，則异時敗檢踰閑，何所不至，又安望其秉公持正，爲國家宽猷樹績，膺後先疏附之選哉？朕用嘉惠爾等，故不禁反覆惓惓。兹諭言頒到，爾等務共體朕心，恪遵明訓，一切痛加改省，争自濯磨，積行勤學，以圖上進。國家三年登造，束帛弓旌，不特爾身有榮，即爾祖、父亦增光寵矣。逢時得志，寧俟他求哉！若乃視爲貝文，玩愒弗儆，毁方躍冶，暴弃自甘，王章具在，朕不能爲爾等寬矣。自兹以往，内而國家，外而直省鄉校，凡學臣師長，皆有司鐸之責者，并宜傳集諸生，多方董勸，以副朕懷。否則職業不修，咎亦難逭，勿謂朕言之不預也。爾多士尚敬聽之哉。

碑記

縣簿房從善重建文廟記

郡丞梁鼎

皇帝御宇之十載，處之屬邑遂昌簿清河房從善，分俸募民建先聖廟宇於邑之遺址。越二月廟成。像設既備，廼績其事聞於州。通判郡事安定梁鼎嘉其能，爲親立之碑曰：維先聖之道，廣博淵粹，不可得而知也。嘗聞其指於連山之書曰：立天之道陰與陽，立地之道柔與剛，立人之道仁與義。嘻，天地之道大矣，遠矣，而仁義行於其中，謂之三才，儒之本也。故我先聖戴仁抱義，恢乎至教，以爲民極。則我先聖之道，媲合二儀，無得而窮。孟子云：夫子賢於堯舜遠矣。堯舜行仁義於己者也，先聖傳仁義於人者也。堯舜之道不及於夏，先聖之教施於萬代。則所謂賢於堯舜者，有旨哉。唐開元中，始勅郡縣置祠嚴祭。洎唐室板蕩，干戈既作，廟學悉廢，亦將百年。逮我皇宋，平一妖祲，纘統區宇，然郡邑先聖祠鮮有存者。知郡殿中丞尹輔有感，慨然興建，期月有成。郡中惟遂昌首復其事。既完葺矣，非頌聲無以揚其休烈，庶百世之下，知皇宋文德之誕敷也如此。乃作誦曰：赫赫先聖，二儀配德。享以王禮，祀于萬國。惟此吴會，缺而不治。仁義之道，將墜於地。猗歟佐邑，乃嚴斯宫。乃像斯容，來復儒學。於穆儒風，光扶聖運。播于頌聲，垂之無窮。雍熙二年仲春日記。

知縣萬邦獻重建文廟記

仁和張瀚

遂昌處支邑也，而君子、妙高、眠牛、飛鶴、土鼓、文筆諸奇巘，夾層溪而剡碧流藻焉。即材産若文梓、孤桐、樫榕、松檜之屬，飾犧尊而繩梁楝者，不下他郡也。士生其間，起而肩斯文之任，補前人未竟之勛。粤尹起莘而後，如周如應，炳蔚蜚芬，亦既有聲東偏矣。雖維嶽降神，亦會其學宫儲育也。顧自成化辛卯來，遞興遞圮，凡火者再矣。今天子御極，己丑復火焉。夫學士之肆，先聖所妥靈也，而熖薦更，豈盈虚之數，冥冥者適然耶？第竊异之。先是南城萬公，戊子將偕計北上，夢神人彷佛先聖像者，贈之言，有『文廟鼎新，荀龍薛鳳』之句，寤而莫之解也。比己丑拜遂昌令，下車謁先師，始知鼎新之任，非偶然也。廼復理前令王公所發官田議，及諸工費便宜狀，上之郡守郭公，調劑中度。報可。公於是括所欺隱官田若干畝，召民貿價若干緡，鳩工庀材，分任視成，以方舊制宏麗矣。得巨材爲梁，旋斵之，龍翔鳳翥，脉若天成也者，益信荀、薛之兆，又非偶然也。啓聖故祀殿右，甚湫隘，公謂聖靈不安，災得微欲崇是乎？則改建於左，謂民居占逼火巷，致弗戢，而沿習猝難法繩也。令計户厚築崇墉，屹然數仞焉。諸土地、名宦、鄉賢祠、禮門、兩廡齋、祭器并庫，悉焕然一新之，廟貌改觀矣。惟兹役不違時，民不知擾，甫期而告成也。遂士民扶攜瞻仰，快先聖而得賢侯，蓋武相躡焉。署學事余鄉孝廉於君還武林，爲頌侯莅平昌，節用愛人，清心寡慾，未易縷指也。虔請記。余謂學校之説，其所關風教，寧尠淺哉。赫然先聖監臨於上，而日繩督士於詩書禮樂之趨，蓋儲俊乂於中，爲當宁獻也。矧宇内文化翔洽，久而後光稱循良。吏兹土者，又愛養誨迪，日有加焉。將無孕靈毓秀，含吐英芳，赴鼎新之會，發龍鳳之祥者出耶。是在多士矣。多士苟能一遵功令，禀先聖之規，瓔璣三物，蘼蓑四術，躬修而肅成之。道德經術，文章名世。是故處則養蒼生之望，隱然睍公輔也。清操諒執，式勵靡風，一出而策鴻奇，輝竹素，彬彬質有其文焉。其或師表一方，則毅然張主斯文，續河東於越之遺傳，而以行誼屹當世。即厄而處泰山之勢，觸雷霆之威，則又正氣激昂，其風烈所披勃，令山河生色。夫是乃無負熙明，有光荀薛也。不然，捷徑青紫之媒，沉溺利達之術，其於禔躬繕性，忠上慈民，藐焉置弗顧。是不特玷衿佩，羞山川，爲先聖之弃人，抑亦重辜萬侯鼎新之舉，可惜也。是在多士矣。郭公諱宗磐，晉江人；王公諱有功，吴縣人；侯公〔二〕諱邦獻，舉庚午第三人。

重修儒學記

邑人　龔原

自慶曆中，天子詔興學，郡縣吏務應者，至鳩民財新棟宇，否則因舊夫子廟爲之，各隨力以稱天子育才意。方是時，遂昌之學圮于大水矣，毘陵李侯、海陵王侯實修之，故雖彌二十年，而其新乃若初造者。使吾邑講有常師，而學無廢業，數君子之賜也。邑人皆曰：是宜書。且以屬余。故道其本末，俾刻于石。若夫道德性命之理，教者以斆，學者以興，則三經義方行，譬諸飲河，可取而足也，尚何言哉！時熙寧年月記。

知縣鄭必明重修儒學記

邑人周綰

遂昌僻居一隅，先時籍不滿萬户，地險且瘠，大率以詩書爲資，士風彬彬，與麗水、龍泉二大邑等，他邑莫敢望焉。宋興四葉，聖天子恢儒右文，復詔天下立學。遂昌於時首相率應詔，而縣序之建，迨兹八十餘年矣。士之薦於有司者，多以魁選，角立傑出，進爲時用者，踵相躡而背相望也。自兵興，士不群萃，而學處爲吏者，方以趨辦賦調爲急，學館之成壞，漫不加省。今鄭侯之來也，專以儒術緣飾吏事，咸有條理。因得餘力從事於學，鳩工度材，取傾者扶之，闕者補之，漶漫不治者雅飭之。役不煩民，工不踰時，輪奂一新。使士之來者，隆師親友，得以講明聖人之道，且以風勸于四境。士德侯之賜，願有記。以書請予者交至，乃爲之言曰：夫學校者，禮義所自出，而道之所由興也。道不可須臾離，則學校不可一日廢。三代之學，皆以明人倫，流風餘澤，漸民也遠。周衰，王者迹熄，魯之僖公以修頖宫見頌，鄭之子産以不毁鄉校爲賢。至于學廢不修，則子衿刺之。下逮言偃之于武城，區區小邑，猶以弦歌爲政。自秦滅學，言治者推漢、唐。學之盛衰，雖由時主之好尚，至一郡一邑之間，或廢或興，未嘗不係其守令之賢否何如也。蜀之文翁，閩之常衮，此尤其表表者。若韋景駿、羅珦輩，皆以一令之微，修學宫，闢黌舍，列于循吏。今鄭侯此舉，真可以比美古人矣。客有言曰：今日之世，正當以馬上治之，於學校乎何有？予曰：不然。事固有若緩而當急，若後而當先者。漢光武未及下車，先訪儒雅，息馬論道，曾不敢暇。唐更安史之亂，時多故矣，劉賓客奏記，深以學校不修爲憂。杜甫衡山宰新學之咏，反覆稱嘆，至謂侁侁舞雩之風，可以坐壓戎馬之氣。乃知尊主庇民，固不在彼而在此也。伏觀翠華南幸，駐蹕武林，括蒼乃今股肱郡，剖符出宰者，皆一時望人，殆不當效前日俗吏，徒以簿書期會爲事也。況時當用武，斯文委地，晚學後進，往往挾其私見曲説以自是，而老成之典型，承平教養賓興之制，寢不及見，可勝惜哉。鄭侯乃能於干戈擾攘之際，以名教爲先，以陶冶士類爲急，使此道中債而復振，其賢於人遠矣。异時美化行於閭里，人材成就，出爲邦家之光，社稷之衛，而來者知所矜式，則人思咏侯之德，豈有量哉。侯諱必明，字南仲，閩人。縣序之修，始于紹興辛酉季夏，其成則仲冬也。時歲臘月朔記。

知縣林采重修儒學記

邑人鄭俅

縣之學，占城闉之勝，規模亦壯矣。前逼通衢，而勢少隘，識者病焉。淳熙丙申，林侯被命出宰，首謁先師，延見諸生。閲數月，剸裁盤錯，悉意於學。參衆議，遷其門而南，仰揖曾山，頫瞰平湖，雲烟葱蘢，秀氣可掬。又闢其墻而廣之。外爲坦途，以遠喧囂。訖工于明年冬。若其經營謀畫，學職閭邱景憲實贊之。俾衿佩萃於其間，非惟江山之助，藻掞天庭，芥拾青紫，衮衮相望。當知出入是門，由是路者，必唯禮義之歸。率斯道以發揮遠業，戴林侯之德，曷有窮已。昔漢于公令高其門，容駟馬車蓋。晉王濬使廣其路，容長戟旛旗。二公祈徯于後，雖皆如志，特爲一家榮耳。侯今此舉，非己私也。況吾邑自舍法更士，不復養於學。茲學既新，侯始搜括舊租，爲養士經久計。春秋校試諸生，其凡例率約上庠。法所以設心者甚廣，而望于邦人者甚切。諸君勉之，其無負。侯名采，字伯玉。慈祥明敏，加之公勤，處事得寬猛之中，致君澤民，固其優爲，可謂知所本矣。士夫願有記，球竊喜載名其間，并爲邦人賀，乃不敢辭。

又記

邑人鄭琳

舊聖廟在西郭，圮。宋雍熙二年，簿房從善重建。皇祐中，令何辟非於邑東南隅始創學宫，後令施肅成之。宣和三年，毁於寇。後二十一年，令鄭必明重修。又二十有八年，知縣李大正補漏全缺，鑿環流溝於西，植登瀛閣於東。逮淳熙丁酉，林公采來主邑事，累改叠修，遷面曾山，闢廣垣壖。慶元己未，左史張公奉祠，里邑居士請主其議，復徙重門南向拜山，築垣居水，鑿池立橋，遷竪登瀛閣，名曰雙峰，下曰麗澤，又創軒名曰見山，仍新講堂之額曰明倫。四齋：博文、敏行、懷忠、敦信，氣象愈偉。學舊有租米四十餘石，林公搜括民田之絶而冒占者，盡以歸之學，歲入税額七十餘石。學有贍士之金，中間令有獻助於郡庠者，林公力請而回去，後復爲郡所需。太守胡公登視郡縣爲一體，因諸生請，慨然復歸舊物，嗣今可爲經久之計云。

知縣黄芳重修儒學記

邑人吴志

學校，王政之本，教化之原也。平治天下者，不可一日廢。昔我太祖既定大統，即詔立學，列聖相承，恪遵成憲。立法之詳，致治之美，三代以降，未有過于此時者也。遂昌學毁于火，繼而作之者，苟簡弗稱。弘治八年冬，莆田黄侯來長是邑，展謁周覽，即以興役自任。相舊基乾艮兩隅，局於氓廛，喧囂狹隘，迺購隣之隙地，衡縮若干仞，以充廣之。於是命梓人掄材，役徒各執藝以趨事。首聖廟兩廡兩門，壞者更之，欹者正之，剥蝕者飾治之。明年，作明倫堂，博文、約禮二齋。又明年，作興賢坊，庖廬湢室，像設祭器，咸易以新。積人之力，而勞不及於民；積錢之用，而費不出於官。規制之宏壯，儀物之完具，前此未有也。侯於是每遇公暇，輒至學宫，揖諸生而進之，告以忠君孝親弟長之道，修身齊家治國平天下之理，使收其放心，養其德性，以馴至于聖賢之域。侯之知急先務如此。諸君游息于斯，務思自樹立，以不負朝廷養育之恩。黄侯作興之意，庶幾吾邑之人材風俗，日見其盛也。教諭華君夫、訓導蕭君玉、陳君鰲，欲侯之績垂不朽，又慮將來之不侯法也，遣其徒項文、朱珙、徐雲來徵予文以記，庸序次其梗槩以復。侯名芳，字仕英，凡境内橋梁、道路、陂塘、門禁、倉庫，皆治使端潔堅壯，以爲經久計。學校爲重，故尤究心云。弘治丁巳孟冬朔記。

知府林富重建儒學記　邑人周南

遂昌邑博戴君鑾，遣庠生華鼎、戴憲賫書幣來予知白，齊請爲建學記。遂學自宋來廢興不一，至今圮甚。正德丁丑冬，縣聞之郡，郡侯林公毅然任振起，節縮奇羸，兼捐己俸，殿宇堂廡次第告成。惜隣火不戢，又隨煨燼。公聞之，乃又節省俸入，視前增倍，俾鑾市美材，鳩匠石以成厥美。經營於己卯秋，訖工於庚辰冬。若殿廡、堂齋、門墻、庖□，既完且美，規制宏整，視昔十百矣。夫舉殘敝而一易以新，難也；隨毁而再新之，不旋踵焉，尤難也。林公急於興庠校，奬後進，三載之間，俗美化行，前此未有，遂昌人士當何如其爲報也。公名富，字守仁，八閩之莆陽宦族。

教諭戴鑾修儒學記

邑人鄭還

柳江戴君鑾來掌吾學教事，視齋廡壞陋弗支，而禮殿尤甚。時幸郡侯林公爲政，以興學爲先。往陳其所當修舉者，得緡錢若干，遂撤其壞，拓其陋，因舊以爲新。一夕，以民火弗戒，罄燼無遺。戴君乃督役去瓦礫，相基址，謂疇昔區畫尚未盡善，乃復陳其經營之略於侯。侯可其請，乃次第措給白金五百餘兩。遂不憚寒暑，不問雨暘，或肩輿原隰，或徒步險隘，登山擇材，鳩工興作，度延袤，定方向，移明倫堂於近北，大成殿於近南，齋廡、戟門、號舍整而有度，焕然改觀。甫畢工，而遂膺國博之命。自謂建學非郡侯不能成，乃走幣周都院，徵文勒石。侯曰：此戴廣文之力也，於我何有？邑令張君淵請别以志。竊惟戴君掌教兹邑，文學其職也。學之修廢，蓋非其責，而乃身任是役，經畫出人意表。官緡出納，毫髮無私，是其智足有見，廉足有守，才足有爲，可以仰體郡侯興學之盛心矣。顧乃不敢當而獨歸之侯，侯不欲居而復歸諸君，古人德讓之風，復見於兹矣。易曰：有勞而不伐，有功而不德，厚之至也。郡侯有其功而不德，戴君有其勞而不伐者歟？是爲記。

知縣洪志重修儒學記

杭州人高儀

浙之東南，有郡曰處州，治介萬山間，其地最僻。郡之西北，有邑曰遂昌，越在一隅，其地爲尤僻。民之生其間者，安於田里，不見外慕。於是士皆沉茂雅樸，稱爲易教，誦詩讀書，被禮服義，以游於庠校，升於科第，而効用於天下者，蓋自建學以來，彬彬然可考而知也。顧其學先年再燼於火。正德己卯，教諭戴鑾始經營之，而詘於財力，僅備規制。迨今三十餘年，承其簡陋，繼以朽壞，上漏旁穿，弗蔽風日。嘉靖庚戌，海陽洪君先志來爲邑令，既謁先聖於廟，乃登堂以臨諸生，顧而嘆曰：學敝甚矣，玆非有司者之責乎？夫學，教士之地也，敝且莫省，則於教士之道，其肯加之意乎？比歲科舉乏材，而士業不振，殆職此歟？惜吾政未信於民，而遽興役，不可。久之，政令既通，民用孚洽，乃斤材斫石，考日聚工，屬典史何京董其役。若殿廡，若欞星門，若堂齋，若號樓，以次修治，撤敝易腐，補罅支傾，期於堅緻。復跨泮以爲梁，緣梁以爲檻，凡所規建，秩然畢備。又以戟門外有池，蓋前令黄君養蒙所闢，而引南溪之水以入焉者，近亦湮塞。乃濬上流之渠，甃以完石，障以長欄，植以芳桂，俾民之緣渠以居者，十家置一石窗，窗内污者有罰。於是紆縈澄湛，若帶若環，而學制益美矣。時適督學阮公檄至，欲表章名宦鄉賢，立祠以祀之。君即偕師生考其應祀者若干人，拓學東南隙，并黄公舊闢西南地，建二祠以祀焉。教諭廣陵鄭君器以洪君崇學造士至意，不可無記，乃命其弟直暨諸生王養端重繭來杭，請文刻石。予惟古者列國莫不有學，學則三代共之。春秋於築囿則書，築臺則書，作門作廐則書，而不書建學，豈無學乎？蓋書其事之可已不已者，而以建學爲常事不可已，故不必書也。今之郡縣猶古之列國，若守令則諸侯之任也，乃汩没於簿書期會之間，困悴於趨走徵求之末，視學校廢興不啻逆旅，間有修舉，又或藉以侵公帑、充私橐，孰肯視爲事之不可已，而以興學造士爲心如洪君者哉？故使孔子作《春秋》於今日，又必易其事而有不得不書者矣。昔者蜀之與閩，士不知學，文翁、常袞一振作之，遂遽收得士之効。矧遂昌素稱多士，非閩、蜀比，而洪君日與諸生講聖賢心學之傳，其意又出文翁、常袞上。今復舉此以樹風聲、新瞻聽，士有不翕然變、勃然興者乎？是故居則爲名儒而化行一鄉，出則爲名臣而業垂萬世，庶無負洪君意，而於學校爲有光也。科第云者，特致吾身之階耳，果足爲士子望哉！學之修，始于某年月日，成于某年月日。洪君政多善狀，百廢具興，此其一事耳。若縣丞俞督櫝、主簿楊炳、訓導夏璧、馮邦瑞，皆樂觀厥成者，得附于記。

知縣鍾宇淳修學記

郡人何鏜

遂昌，故〔二〕太末地，是在姑篾之墟，栝蒼之西阻也。自吴赤烏初年始爲邑。宋雍熙乙酉，邑主簿房從善建先聖廟，於是遂昌始有學。慶曆中，邑人龔武陵先生篤志明經，崛起濂洛，未興之先，致身通顯，於是遂昌人始知學。歷代以來，屢圮尋徙，至正德間重建，隨毀而再新之。嗣多修拓增飾，見謂留心庠序矣。然惟壯觀視爲名高，其甚者憊精力於徵輸期會，更歲臨試，以應一時品題，見謂舉其科條，不至廢鞠已耳。乃化導誘進，一意敦率，所以觀人文而化成之者，篾如也。嗟乎，難言哉！雲間鍾侯，自萬曆戊寅初夏始到官，時時行邑中害利，秩有條理，諸所貞舉，率破拘攣，務垂斯人久遠利愛。乃於學校教化，尤爲篤志，雅意興起，底於熙明。時集諸生，試其課藝，品第高下，犂然當所失得。業既欣欣服從，謂得良師帥焉。已又聯彙聚立課限，俾人自敬。業爰以疇昔精義所自得者，示之標的。蓋不半歲，而士知鄉方矣。於是廉得前令所覈廢寺羨産，裒其值若干，召耆民分督。貿財鳩工率作，凡先師廟宇，諸賢翼室，以至廨舍膳堂，靡不增美。費不足，則捐俸入給之。已又建聚奎亭於池西，視昔不啻重新焉。已于事而竣，弦誦之聲，洋洋域中。山谷之老，無不遣子入城，争欲爲學官弟子。時郡太守校視諸邑童，求可補博士諸生者若干人。惟遂昌爲十邑最，高可以應選試，下亦不失爲進修。士䠥然稱之曰：是安所得俄頃助耶！余惟子言之，君子之德風，舉善而教不能則勸。誠然乎，風之哉！士有不勸，非夫也。昔漢文翁好教化，修起學宫成都市中，至今巴蜀好文雅，况當時耶！余目見遂昌人士，彬彬多文學，日躋於顯融。即旁邑將聞風興起，謂栝蒼儒林，寖寖可比鄒魯焉，實鍾侯始基之矣。是役也，肇工於是歲秋七月，落成於冬十有一月。不煩里旅，捐帑藏而樹聲，貞教于是底績，將貽休於億千百載云。鍾侯名宇淳，字道復，華亭人，起家丁丑進士，明敏温惠，故達才也。乃巡檢周維忠、義民華橋承令共理，而文學博士洪君一鵬、林君朝列、趙君廷信樂觀盛美，得并著之。

知縣湯顯祖興學記

縉雲人鄭汝璧

歲强圉作噩之次，不佞讀禮仙都山下，遂昌邑博士楊君士偉、夏君薊、吴君從善，介弟子員華生、牧民輩，儼然造余而請曰：不腆敝邑黄山白鶴之勝，以啟我膠庠先哲，往往輩出。乃者風氣間詘，文隅堂構未備，多士自謁奠外，無能藏修其中，以親炙羹墻，領師儒之訓。其食貧者，多莫振於膏晷間，則興學謂何？爾時臨川湯侯，以文章名海内，由南祠曹左遷下邑，謁先師而瞻嘆曰：嘻！勸學興教，是實在予。乃修明倫堂，創尊經閣，建象德堂，捐俸鳩工，既奂既翼，黌序風物，焕然一新。復置學田若干畝，群士之窶而志淬者，館穀而周之。日有餼，月有課，手爲批騭其文，時時横經程藝，陳説古昔。士用争相濯磨，彬彬然起矣。侯莅邑之日長，旦暮且徵，吾儕不能忘侯之德，願得先生一言，記侯所爲興學者。余聞之，驩然曰：有是哉！侯於是知務矣。古者重徵辟，寄選舉於鄉里，故下之作人，不祇庠序，上之司徒、司馬，在在興勸，亦不獨寄之令。我朝郡邑建學置師，而督勸一責之宰邑者。大宗伯司其綱而勢遠，督學使者董其事而力分，博士專其職而權輕。故親之而悦，尊之而信，身教之而從，惟令能爾。令而簿書之是亟，而造士無所事，夫誰與興學者？夫侯亶可謂知務矣。雖然，侯之闢而尊經也，惟以弼風隅之缺已乎？堂象德而餼寒士也，將群居而徒給之資助已乎？課藝而時也，將呫嗶之是工而青紫之是拾已乎？如其祇是而已也，亦何以興？即興，將安裨？夫士不患寡而患不名，不患不名而患無所以名。六經〔三〕炳若日星，守之窮可以師世，行之壯可以善世。故離經而哆於言者，行必窳；謀食而踰於檢者，塞必變；騁雕龍而詭於則者，實必漓，而詣必不遠。是豈諸士所自待？而亦非侯興學之意矣。昔子輿氏論豪傑之士，雖無文王猶興，矧有所興而可苟焉已哉？余栝誠褊小，然多賢豪長者。若文成諸君子，處則超超，出則朗朗，夫非先進之遺乎？多士事賢者而友其仁，景行前哲，當必有興焉者矣。《魯頌·泮水之什》曰：濟濟多士，克廣德心。請以是望多士，多士勖哉！

重修儒學自記〔四〕

邑令繆之弼

嘗聞『多士作楨，維周以寧』之句，未嘗不嘆周之菁莪棫樸，其所以涵濡培養乎多士者，如是其深且厚也。至我國家崇儒重道，振勵人才，文治勃興，一時股肱心膂，事業彪炳天壤間，類皆收效於學焉。噫，顧不視周尤盛哉。遂之有學，其來已舊，或葺或修，難更僕數。究其所謂崇學造士者，合數百年，如出一日，宜遂人士得所瞻仰，咸知自奮矣。然而龔武陵學倡濂洛之先，篾可加尚。他如周□峰之廉節，張開國之條奏，尹堯庵之淹博，應警庵之純正，朱青城之警敏，芳踪落落，至今僅可得之流連慨慕者，抑獨何哉？是殆能爲遂人士修學，而不能使遂人士於學且自修爾。蓋學也者，固所以妥聖靈，即所以懋儒者之躬修。苟從事於學而心不正，是猶殿堂而日就傾覆也。意有不誠，得毋對几席而隕越乎。知有未至，於禮門義路無從人。物有未格，將并圜橋頖壁而可聽之。或有或無也，豈非爲上者之學已修，而爲士者之學未修歟。故予自下車伊始，即以修學爲己任，梓材以易其蠹朽，丹雘以新其塵封，藉竹木鉛錫以制爲祭器，不數越月而工成。觀其殿堂隆然可以悟正心，几席焕然可以悟誠意，而且禮門義路之得宜，圜橋頖璧之具列，不又可得致知格物之道乎。苟由是而正心誠意、致知格物，則遂人士之身已修，而學即修矣。將極而推之，至於齊治平，莫非準此以行，其於予修學之學，亦庶幾無負。君子於是謂予能爲士以修其學，士亦因予之修學以修其學，斯上下交修，正在今日也哉。是爲記。

重修文廟記

豫章帥念祖

邑當栝蒼隩區，在吴赤烏之年稱平昌，暨晉定今名，稱遂昌縣。唐山龍溪，孕育靈异，浙東望邑也。余奉命來此，諸生合詞有言曰：縣東南隅固有儒學，歲久圮矣，飄瓦欹仄，將墮壞柱，支吾若醉復倚者。自康熙二十七年，邑令柳諱滋溥、庠師陳諱灝、朱諱永翼，謀於邑人士，經理其間，晝見日，夜見星，勤勞百倍，頓還舊觀。歷數十寒暑，而瓦又有將墮者，柱又有支倚者，學又將圮。邑之士請於庠師陳諱世修。師曰：是我與諸生事也，其何辭？經理其間，勤勞與前略等，若堂、若廡、若門，先巨後細，自左及右，始於客夏，落成於今春，幸得爲文以鐫諸石，示來者，毋俾廢壞，此諸生志也。余曰：唯唯，其何辭？考《府志》新成於康熙二十九年，興廢沿革，遠者闕如。所載國朝以來，其在遂昌，書旱者二，書大旱者一，書大饑者一，書六月火者二，書水者一，書大水者一，凡諸夙所指稱之清華閣、蓮化漏堂、嘉瑞堂、雙輝閣、得月亭，十沉九浮，都不可問，是學之不與俱盡者幸也。乃諸生於諸務未暇論，而獨於儒廟勤懇不休，蓋諸生之自待者厚，而所思遠矣。在宋，尹堯庵於《通鑒》爲功臣，其祠尚存。在明季，包似之著《五經同异史編》，餘言建有兑谷書院諸生立功、立德、立言，蘄至於賢達不懈，而及於古，使來者咸指而數之曰：是某某後先相望，磊落天地，炳烺昭揭，永永無極，令一鄉一國不得而有之。其初固遂昌儒學中人也，則兹役也，其可無負矣。水深則洄，葉落糞本。首事者若干人，勷事者若干人，其一一備書於左。

知縣湯顯祖新建尊經閣記

邑人項應祥

甲午春王正月，邑侯創尊經閣成，廣文先生楊君士偉、黄君繼先、夏君薊，率多士相與徵余言爲記。余以病弗閑筆研辭。三君起曰：經，古人傳心之要，道莫宏焉。尊經閣以萃古人之精藴，典莫盛焉。閣成於臨川湯義仍先生，文在兹焉之三者，先生又烏得以無言耶？余皤然曰：唯唯，三先生命之矣。不佞即不文，請得因三先生言爲之記。夫侯成閣，閣萃經，經傳心，則夫尊經也者，舍心其奚以哉？予讀莊周斫輪之説，曰：古之人與其不可傳者死矣，今之所讀者，古人之糟粕已耳。此無他，知以可傳者求古人之迹，不知以不可傳者求古人之心。若然，則奚取於經，又奚取於尊經也與！侯弱冠以博洽聲馳宇内，其文炳矣。甫入仕，抗疏大廷，權貴辟易，避三舍，其節照矣。頃以遷官客吾邑，邑人謂侯將傳舍之，侯乃諄諄民瘼，而尤注意黌序，殫厥心焉，其政勤矣。余嘗瞰鳴琴餘暇，就侯脣吻，則滔滔若大河長江，一瀉千里，其論宏矣。是文章、節義、政事、言語，侯以身兼之，自非心印古人，條暢六經懿旨，詎能是哉！乃今學者剽竊緒餘，唔咿呫嗶，爲襲取青紫徑竇，便詡詡號於人曰：吾能讀經。甚且句讀未暢，而名利念頭不啻交戰於胸中。幸博一官，即侈然營營爲身家計，罔所弗至，曾不知所讀古人書爲何義。嗟乎！此離經叛道之尤，德之賊也，則何取於經，又何取於尊經也與！爾多士服習侯明訓久矣，雍容廟門，仰止經閣，當思古人之遺經謂何，邑侯之建閣謂何。曰：與二三同志商確其下，以文章則尚經世而陋雕蟲，以節義則大綱常而小徑竇，以政事則貴循良而賤搏擊，以言語則崇忠信而黜浮誇。如是，則庶幾哉讀古人之經，不愧古人之心。异日者，亦將如侯掇巍科，建大業，駸駸不可量焉。斯於建閣之意爲無負焉耳。不然，尋章摘句，徒取世資，未免蹈斫輪糟粕之戒，爲莊生所非笑，將不爲經之罪人也與？將不爲侯之罪人也與？不佞發迹此中，不勝本根之念，而又親承侯教，知侯所望於多士者殷也，故以規不以頌如此。不識三先生以爲何如？

知縣王有功新建文昌閣記

縉雲人鄭汝璧

循邑東而巋然宫者，遂昌縣儒學也。循儒學泮池之左而翼然閣者，文昌閣也。先是，泮池右故有聚奎亭，創自前令鍾侯，而虚其下，似於風氣弗完。姑蘇王侯來諦視，始捐俸倡師生，而稱爲今閣。閣凡三楹，高可數十武，其上貌梓潼帝君像，下爲諸生講業之所。翬飛藻飾，焕乎有文而不侈於度。鳩工於萬曆丁亥春，迄秋竣事。既成，則群集譽髦其中，月爲文會者再，咸饘廩於侯，品騭陶甄，多士彬彬然起，相與歌《棫樸》，頌侯之德。而博士徐君朝陽、金君彬、周君思問，命弟子徐生應乾請余文以記。詩不云乎：倬彼雲漢，爲章于天。周上壽考，遐不作人。我國家右文崇化，二百年於兹，人才濟濟，輝映明時。作人之效，登三五而軼宋唐，猗歟盛矣！雖然，國祚締造之始，文運初闢，氣完而厚。斯時也，先天開而川嶽效職，生甫降申，似無資於贊助者。至於綦隆之久，精日以洩，而氣漸漓，寖明寖昧，絀伸相倚，於是有裁成輔相之功，藉地利以回天運，而靈淑始鬯。以余耳目所睹記，大抵然矣。遂昌萃黄山白鶴之勝，建學以來，英賢輩出，自昔稱盛。已乃邇者間亦少絀，則及時相助，非今育才首務哉？侯之建兹閣也，相地宜，昭天光而新景運，有三善焉，作人之功偉矣。雖然，閣必名文昌，則又何也？夫諸生亦知文昌之所爲三爲一，必經天緯地焉而文，殿邦淑世焉而文，然後能掀揭宇宙，而聲施永永，若鉛槧特其餘耳。我國家文教極盛，在高、孝兩朝，而勛賢名世，亦無如兩文成公。劉伯温翊運贊謨於龍飛日月之初，王公伯安戡亂定功於鼎運豐中之日。道德功業，揭日行天，銘旂常而炳燿今古，甯獨文章擅世乎哉？夫二公皆余鄉人也，劉公生同郡，高山在望，而王公從祀廟廡，多士羹墻見焉，文不在兹乎？多士日夕考業於斯，相與睹日星之昭回，望宫墻之美富，乘維新之景會，循名懋實，進德修業，昌於而家，以光被于國于天下，接武鄉之兩文成公，用垂休耀靈於後世，則庶幾哉無負王侯作新之意矣。第令規一，第以取世資，即如梓潼一十七世爲士大夫，其説杳渺，固非余所敢知，抑豈王侯屬望多士之盛心？爾多士其尚勖之哉！侯諱有功，吴縣人，萬曆癸未進士。豈弟作人，窮谷謡之兹其一端也。

重修崇學祠自記

主簿常濬孫

宋淳熙乙巳，主簿常濬孫記曰：吾夫子廟于學舊矣，通天下若郡若邑以無廟學爲闕文，則我朝之盛典也。故高弟顔、閔以下及軻氏凡十有二人得陪於座，而七十子之徒與後之大儒公羊高、穀梁赤之流得像於壁，而以經學行天下者不問今昔皆得厠迹於其閑，豈氣類相從，千載猶一日與？然則行修于鄉，經明于時，易袴襦爲衣冠，化鄙薄爲敦厚，立先賢之祠，表通德之門，視古無媿者，顧可於學弗祀，兹非一人之私也，吾道之公也。惟我朝以忠厚長者之心陶冶天下之士，一洗淺近俳優之習，未及百年，名儒輩出，又五六十年，通經講學之士出爲公卿大夫者總總也。遂昌之爲縣，山深而土瘠，農末力埸俱不足以自贍，爲士者又貶於他業。嘉祐八年，龔先生原字深之，始出應進士，登甲科，蓋力學於耕桑之下，而自奮于韋布之中，峨冠絲衣，歸掃墳墓，拜親膝下，而鄉邑之頗有知者莫弗歆艷，津津相賀。已而召爲國子監直講，且爲丞，入太常爲博士，談經議禮，翕翕兮聞于時，則向之賀者，知飭子弟爲學。及持節鄉部，剔蠹興善，稍行其志，具酒殽，延父老相勞苦，引後生秀士勉以學，曰：吾不徒作會稽買臣輩自衒鬻爲也，則子弟之爲學者，知所以自勵。迨夫出藩入從，始終可觀，爲名儒臣，則鄉邑之俗，曠然大變。今蓋七十餘年，邑之爲士者，視他業且倍蓰矣。第進士爲美官，自先生而下，紀名氏于碑日益以衆，又皆於德無媿。鄉之長上，知訓其子弟以禮義，而士之刻意於學者，不但爲科舉計也，曰：庶無負吾龔先生之道乎！始，縣無先生祠，士往往貌其形於家。元祐中，鄱陽張公根，字知常，令此邑，有异政。未及下車，先訪龔之墓而而禮於學，曰：邑有龔先生而徒不繁，令之恥也。於是台州刑曹華公岳元鎮，邑之儒老，而先生之所從游也。令乃造請致其意，華公爲之領袖諸生，發六經之藴，以先生之未言者終其説。自是士益知勸，遂昌之俗益以美，先生之學益以傳。蓋二公之所以左右先生者。其後邑人祠先生於學，以二公配，禮也。祠久且敝，而又不以識之，懼無以傳。濬孫充員簿領，日與爲士者游，輒至祠下，未始不凛凛也。乃撤而新之。先生晚以元祐黨籍謫居歴陽，有曾孫敦頤，流落西浙，博雅好修，頗世其家。而居鄉由義輩，亦於學弗替。國史有先生傳，而趙郡李之儀常狀先生之行。濬孫特書其有德於兹邑者，而作詩以相其祠曰：若有人兮，山之垠。氷玉爲骨兮，蘭茝爲神。空谷傳響兮，生香著人。鬼神呵護兮，烏敢自珍。縱使東游兮，推車御輪。閶闔太清兮，千里一瞬。筆補造化兮，黼黻天雲。容與聖域兮，凝神道真。樓成白玉兮，鈞天問津。意或下顧兮，翩然絶塵。肅肅廟貌兮，殽蔬具陳。以幸吾邑兮，吉日良辰。酒泉如飴兮，公其飲醇。青衿拜下兮，敢忘公仁。千秋萬歲兮，惟公是親。少留亟往兮，我涕酸辛。傲福天下兮，久而益新。

重建親民堂自記

邑令胡順化

縣親民堂建於弘治乙丑，距今百二十餘年矣。丙寅春，不佞始莅兹土，顧瞻榱棟傾圮摧折，勢將壓焉，思有以易之。以受事方新，上下未孚，弗敢舉也。越三年報滿，移且近，當仍舊貫，以俟來者。而始念炯炯不能已，搜帑中得所積百金，佐以薄俸，决計改創。具其事於上官，皆先後報可。又念工役淩雜，勢不能以身周旋其間，部署總核，寄非其人，此區區者能堪漏巵乎？乃取平日所睹記，悉其操履公平者某輩，參以輿論，得八人焉。採木近郊，戒無犯人冢樹，無奪人廬舍，所庇蔭隨其願售者，計大小與值焉。而田野民益大喜，指示僻塢良材，争先挽至，間有獻所植不願受值者。以季秋月十有三日鳩工始事。會天日晴霽，和曖若暮春，匠役無龜手縮瑟之患。兩浹月堂成，宏敞軒豁，繪彩粗備，遠近觀者詫爲前所未有。於是諸鄉紳暨士民相率治具，蹐公堂而落之，舉酒於不佞曰：兹堂之圮歷數十年矣，上穿下濕，具瞻謂何？前任吾邑者非不鰓鰓計之，顧憚勞惜費，因循代去。今得公一撤而新之，費不加賦，民不知役，父老子弟敢不任受明賜，請以是觴。不佞瞿然曰：有是哉！諸君獨不聞古語乎？夫升高而招者，臂非加長也，而見者衆；順風而呼者，聲非加疾也，而聞者遠。故適秦者立而至，有車也；適越者坐而至，有舟也。今平昌雖僻在山谷，然嘉木叢生，鬱若鄧林，不煩遠市傍郡邑，而干霄蔽日之材輻輳階下，堂不患無具矣。民間採伐，争赴牽挽，木若無脛而走者。所舉某輩，蚤起宴卧，指畫督率，不遺餘力，工不虞媮墮矣。邀諸君之靈，適有天幸，兩師不驚，滕六退舍，工師之操斧斤者與役徒之荷畚鍤者，皆白汗交流，處蔭欲清，嚴寒無所患苦矣。而不佞乃得因材於山，因力於人，儌倖於雨雪之不狎，至拱手安坐而樂觀厥成也。然則斯堂之成，所藉助於山靈者十六，所儌惠於天時人力者十四，不佞偶以身當之，適會其成功耳，不足當諸君高會也。雖然，不佞於此亦覺有惕然者。當議創時，計畫已定矣，一二不逞之徒，尚造蜚語，冀撓工役，使非不佞不忌謗，不避勞，斷以必行，斯堂之焕然，其何日之與有？蓋慮始樂成，人情自殊，天下事大率類此，寧獨一堂爲然哉？諸君子幸識之，以見爲令者調衆口之難焉。是爲記。邑倅黄君正、樞尉黄君穀與有贊助之勞，例得并書。

知縣宰志會新作土城記

邑令　湯顯祖

遂昌爲栝蒼郡西南邑，治萬山溪壑中，介長松、龍泉，猶毗境也。西北而南，走衢、嚴、婺、郭，犬牙信州，以接於閩。綿迤奥絶，緩急猝不可檄制。地少田畜，而豐於材。其芟蒔薪採，則旁邑流傭也，多隱民焉。而鄉若邑長老子弟無賴者，常藪其奸，與爲利。盜以故出没不可迹。夜掫者復多虎憂。而境旁數礦，近詔止采，盜亦時時有之。余昔治此，故未有城。横亘一街，可步而竟。居人悉南其溪，而闌以一橋門，可闖而入也。念城之帑無見儲，不可刑政者，吾城耶。乃稍用嚴理，課殺虎十七，而勒殺盜酋長十數人，縣稍以震。因循四五年，乃幸無事，然意未嘗不在城也。余去治一年，而遂有殺人於市，横橋門而去者，民脅息以譁。歷三政，得晉安宰公，以名德淵雅，來靖兹邑。秉素絲之心，持大車之體，當其操執介然，雖極勢力機利之衆，不能奪也。一意酌損，與民俸薪，時以治客，衣食無所餘，至不能遺子嫁女。詥明而寬，清惠聲有聞於千里之外。民習教令，盜日以遠，而公且上三年最矣。尤顧惠其民曰：『縣如是，其亦舉無陁苐與？獨如城何？吾不能爲千仞石城，而土城數仞之，其可乎？』請於上而謀於下，必躬必親。引溪度山，晝圻而程。物力有宜，幣餘有經。以賦可司，以屬其耆德。神告威庥，不可以疑。築踴緪趨，鼛鼓弗渝。邪許句婁，雜民歡謳。大姓居間，欣焉自完。屬閒填埤，工倍於官。察所不任，官苴其難。以楨以茨，民乃不煩。蓋數百丈之城，數十日之間，而公與士民休然晏寢，具文書報成事矣。士民擇吉釁諨歌舞，用塞司隍之貺，而懽呼稽首爲公謝曰：『保障有邑以來，未始有也。』公始從官屬，民履其壖，莫不仰天嘆曰：『兹役也，不欐巢而巍，不睨瞭而遠，不鬆粉而華，不鬭扼而固，皆我公之惠也。』公嗛然俯首而謝曰：『良以藩吾坊之人，安寢無吪，謹司之而已。邑近竇而巃，幸國家無事，异時虞盗兵之來，邑之君子阻溪而陴，或跨溪而城，未可知也。語不云乎？椎輪爲大路之始。累石委土，庶幾自吾始乎？雖然，昔人比志金湯，志而渝，三里城猶折樊也。邑雖小，豈無四維腹心干城？汝士民所以自衛也。吾行矣。』已而監撫使者上公治行，求即丞栝蒼，終其勤績。不報。而且以知瓊管萬州事。士民愈用謳思以城，予志也。千里而來告成，且求銘。予所不能爲士民庇依者，公能爲之，其又何敢以辭。銘曰：天於平昌，險不可升。繚以地形，山川邱陵。維城弗咨，缺其威凌。旁邑甫連，伏莽攸興。搜匿討亡，憯莫勝懲。我公來治，惠和澄清。士民安歌，不吪不騰。寬而盗遠，有德者能。公曰其然，維城是應。君子之堂，叢山爲肱。引梁爲喉，帝溪爲膺。隙隧如夷，出没我乘。溥城實難，連墉其勝。乃卜乃營，子來蒸蒸。其氣溶溶，其聲薨薨。循淮逶迤，衰山崚嶒。垠疏者新，碕望則仍。爾絶爾聯，爾埤爾增。隱以沖沖，削之馮馮。其横霓瞭，其矗雲昇。自公指麾，材宣力凝。和會陰陽，作中臬繩。以裕而升，有速而恒。橋扉汲門，偵營是兢。士女朝迫，以林以蒸。牛羊夕歸，靡夷靡崩。毋侵露藏，庶無盜憎。赤烏以來，百雉斯稱。業以時臻，道在人宏。百世之仁，我公是徵。釃酒麗牲，神休所憑。我銘我公，于豆于登。戒邑于隍，以莫不承。

新建土城記

邑人項應祥

遂故不列墉，蓋西北枕妙高之麓，矗矗千仞，若負扆棋布其下。穆昭二流，夾肩抱膝而東。渟泓滮潸，若天設之塹。至環域數百里，危崖絶壑，交牙錯距。在昔季劫，大盜飆起，延之莫敢入。以故彈丸黑子不克墉，亦不必墉，往往椓約及肩，足捍已。明興化日舒長，露積寖殷。無賴仄目揶揄，陰援暴客於境外，爲同室蠹。又操割者不戒於篚篋以和之，緑林胠篋，實繁有徒，幾不免有李涉暮雨之嘆。比癸卯冬，公然磔罔左而攫之金，則前兹所罕覯矣。邑侯辜公甫下車，巧與事遘。會冶金使者踞近郊，亡命烏合，闤闠益凜凜重足。侯憮然曰：有是哉！是尚可不亟完牖户、計桑土哉！乃下令屬諸父老黔首，謀繚垣以備不虞。肇自西南暨東北，延袤數里。削土盈仞有咫，趾廣三尺。冠木其上，冒以瓦。啟便門若干，通採汲籍。三户丁年，晨而昏之。西北則緣山麓，以仍其故。百姓歡然子來，畚鍤雲集，百堵具作，不再朔而功告成。蜿蜒逶迤，望之巋然雄鎮也。迄今五閱歲，士甯其家，民安其業，無復昔時萑苻宵柝之警，莫非侯賜。青衿士大夫争繪圖詩歌，喁喁頌侯德。不佞業已俚言引其端已。丁未秋八月，郡伯鄭公移檄下里，申厥令。蓋計侯將飛舄而垣或壞，無復固護吾民者。學博孫君懋昭、洪君有觀、董君用威率諸生周税輩，仍屬余記，以勒諸石。余不佞，復唯唯執簡爲識。歲月如此。

重建相圃書院自記

邑令湯顯祖

今上二十有一年三月望後三日，予來遂昌。又三日，謁先聖廟，甚新。從學官諸生至講堂，堂敝，其後益庳。問所藏書，無有。問縣隅中或有他學舍爲諸生講誦，無有也。四月朔，始克視事。發檄，有學使者廣陵陳公所爲書，命諸生射。諸生皆對不能，云無射堂也。按縣治南石梁，緣溪而迤，有斷垣負牛山，故令鍾嘗爲若堂者，今廢。而其旁壽光仙人有宮，堧蕪甚衍，可以相益。諸生言如此，爲之欣然。諏吉，乃授地形於學官於君可成、周君思問、黄君繼先，直以報學使者，且營射堂矣。請以學租三千錢爲端。而予爲縣官，於禄入固無所愛，凡訟之獻金矢而不直者，賦其材，或以輸作。會夏五月，大雨水，諸山之材畢來，工作咸集。六月，堂成。瞰東山坡陀而蒼，其西有峰，遡澗而遙。門之中，引泉爲池。池之上，除道甚修，凡百數十步而垂堂，可以馳步射也。道左右，各廣文餘而霤若繩。爲學舍者各十五，屬之門。舍容二人，合之可坐生徒六十人，闇闇如也。繚以垣，六月耘，七月穫。作者告休，八月而後克成，費百金。其右旁，武射場也。尉率歲閲兵壯而肄射，餘月課捕盜賊。射虎尚不能中程，何以令士射？夫士射，亦禮射而已耳。六藝射，於禮樂爲附。天子選士，祭必射於澤宫。卿大夫歌《采蘋》。采蘋，言士有幽微而可采也。余所以爲射，將歌《采蘋》而〔五〕薦士焉，非射而已也。君子始生，爲弓矢以射天地四方，有志於其事，勉所以不愧爲男子者。噫！豈惟射哉！又自置田記曰：余築平昌射堂二十八，列定其房。士相師友而游，至夜分，莫不英英然、言言然講於詩書六藝之文。相與爲文，機力日以奇暢，大變陳常。初，余以相圃名堂，蓋非專矍相義，殆欲諸生有將相材焉。徵於今，异時必多有副余望者。余幸斯堂之與人永也，裁道宫之田而食於斯，兼以時葺，爲勒移而示後人。又給相圃租石，移文曰：爲育養學校，以垂久化事，萬曆二十二年八月十八日，據本縣儒學廩、增、附生員徐榮、李春芬、華牧民等呈稱：臺下創建射圃，陶鎔士類，千載奇遘。復蒙發租資給修葺，已經學師會議，遞年諸生在圃肄業，輪推一人管收前租，除葺屋宇外，餘租照數分給諸生膏火之助等情到縣。據此，看得遂昌學宫隘窄，旁無書舍，有社學四所，俱淺小無房。本縣重建射圃，兩旁書舍共三十間，聚諸生有志者日夜誦習，僻邑得之，號爲盛事。但恐以後無人守視，容易圮壞。因查本縣城隍廟僅廟祝一名，食田二百三十籮；壽光宫道士三名，食田至二百五十籮。夫費國租以養游食之人，不若移以養菜色之貧士。今於城隍廟廟祝糧内撥田八十五籮，遞年遴擇諸生主之，以歲請教官查視修理，稽核實數，年終開報，以免欺冒。又於壽光宫中撥田一十五籮，與住相圃人看守門墻，庶射堂不致圮壞，而諸生永得矍相之觀矣。具由申蒙提督學政蕭批：據申，具見該縣作興教育盛心，如詳依行，繳。據此，牒學遵行去後，所撥出廟宫田租土名田畝，若不刻石備照，誠恐年遠不無更易移换、冒費侵漁情弊。今將申允文移并撥過土名田畝租額，逐一備細開列其左，以示後來，毋負本縣作興學校至意，須至碑者。

新建兑谷書院記

王承勳

明興儒術，發事功，接武興者，吾浙兩文成。家文成倡學東南，良知一燈，炯如也。維時平昌後山包子，生栝文成之鄉，及家文成之門，有聲浙東西，道義往還，垂今猶昔。平昌蓋有君子山焉，豈其地多君子名耶？厥孫似之，克紹家學，綴輯遺書，繩筏當代，儻傳良知一炬，君子人與？建院講學問記於余，世稱兑谷書院是矣。兑於位西，於行金，於時秋，於德禮。嘗讀易至兑而感焉。兑者，説也。其象曰：麗澤兑。似之集鄉之人講此谷也，以其習服衆人，集五方之巧者過其門，朱同陸异，疑義微析。五典筌簹，三墳玉帛，在兑之和。此鵠彼彀，聚神於一殿，虎相下，心軌膠漆，在兑之孚。循委測瀾，因表揆景，獨帚衆轍，分荑别稗，在兑之商。登斯堂也，如闢孔璧，咀百子之華而弃其粃，食衆書之古而吸其髓，蓋似之。以正學爲之主盟，舉一切狐禪鼠聖，不必鑄金刻木，畫重明之烏，斷無有引之厲者，似之。真跫谷足音，虚其心，實其腹，爲天下谷者哉。谷静而虚，惟静能應，惟虚能受。時習朋來，説取諸兑，四方人士聞風來者，如萬物於秋而川鳴谷應者。夫芝蘭生於幽谷，無人自芳，而其芬通天下平昌，以君子名山也。兑之谷，有以風之，四子六經零星散爲萬花之春，似之。鐸以振之，如於闐鐘聲流入中土，應有漢武皇午夜聽之。夫目上於天，耳下於谷，世儒以循行數墨笑，似之。真海中鼈咳，未有不爲雷所嗤者也。况有兩文成之木主在，一以道脉，一以地靈，從中呵護此院，將媲鹿洞、鵝湖，與家九華、天真諸院相與。千古余蕪，言奚足記，兑谷聊記，似之。能世其家，我兩人能世其交。一燈炯炯，平昌能世有君子也。

前令題名碑記

宋邑令錢長倈

凡邑稱長民之官曰令者，主於有所守也。上有命而令能守之，以宣布於下，使一邑之民皆知上之有德於我，而不失其所受之善，此令之所以名官之意也。夫如是，則令之所職豈輕也哉？余不材，熙寧甲寅春，被命來爲是邑。始至，首稽圖志，考風化之美惡，視夫家之衆寡，求前之爲令有所守而可以爲法者，所得一人而已，乃梁江子一者也。梁至吾宋，寥寥五百載矣，由江而下，豈復無一賢令耶？豈有之而失所記耶？然自唐武德，遂昌已并隸松陽，迄五代，紛紛皆無可考。吾宋帝天下，興國前，二浙令猶假攝。興國後，朝廷始專補令。距今求於民，訪於吏，自端拱所見名氏者二十五人。遂昌雖土狹山稠，生齒之籍，今已不下二萬，非六聖仁恩洽浹，而爲令者能有所守，教養而宣布之，又曷至于斯盛耶？梁之江，雖曰夙有美政，惜乎予不得見其實也。若是二十五人，其間能直己惠民，存見愛而去見思，或狥時戾俗，民速其去，去久猶恐，則所見之迹，有野夫田老存焉。今予一一鑱其名氏于石，欲提其名氏而稽問之，則是二十五人，賢不賢歷歷可詳。見其賢，則余不敢不勉；見其不賢，則予不敢不戒。亦以告來者，使知予言也。夫言，心聲也，知言則可以知心，是言于有道君子，亦冀有補也。

括蒼在浙之東，而遂昌爲支邑，民衆土狹，率皆力農，初無讀書者。天聖以來，劉、孟、吴、葉數家十餘人，間與計，輒報罷，以故益不勸。嘉祐中，今奉常博士武陵龔先生，羈旅羸糧，游學京師，聲譽籍籍。太學取甲科，衣錦南還，拜親堂上，煌燿里閭。鄉人父老，始知詩書之貴，教子之榮，力學之效，莫不奮然勉其子弟，而以不能爲恥。於是詔下，應者百數，美材間出，迭魁鄉評。而翹然登科者，接武不絶，文物之盛，彬彬郁郁，與他郡争衡矣。本其風化，實自武陵龔先生始也。今記先生及諸登第者名氏歲月，刻諸石，以爲題名記。來者附之于左，俾觀覽者有所考云。

進士題名記

邑令張根

進士何始乎？大樂正論造士之秀者，以告於王，而升之司馬，曰進士。司馬論進士之賢，而定其論，然後試之以官，命之以爵，詔之以禄。故進士之注籍天府，皆三物聿修，四術既成，行備而業全者也。自辟舉、中正、限年、停年諸科興，而進士之制格矣。及隋大業中，乃建進士科，其名仍周，而法异之。唐用隋法，盛於貞觀、永徽之間。宋又焚香取進士，斯彌重矣。明興定制，有司獻賢而與計偕，天子臨軒以發策問，亦惟進士科是重。凡積行君子，與明當代之務習先聖之術者，非策名無以自階，而俊乂忠鯁，名德鴻勛，亦彬彬胥於此乎出。遂昌進士，唐以前無考，宋得四十有八人，我朝自吴紹生而下方十二人，然而來固未已也。維楊曹子守貞，以進士令兹邑，廉潔剛直，奉職循

進士題名記

蘭谿人唐龍

理，尤務先教化，横經鼓篋，日進諸生而胥誨之，且揭石黌宫，裒進士名氏品官，勒而昭之，介門人朱應泰以記問於山居，無亦以非文不著，不著不勸也，可謂勤於諸生矣。諸生不聞乎？惟嶽降神，生甫及申，山川之關於人也尚矣。邑土鼓、魚袋、筆峰、飛鶴諸山，叠屺拔巇，含精布氣，草木生之，而梓桐松栢，維條維喬，摩雲庇駟，斵之則琴瑟也，剡之則弧矢也，青黄之則犧樽也，繩墨之則雕榱傑棟也，夫豈於人獨鬱乎哉？故起莘尹氏發明綱目，蔚稱鉅儒，周德琳以曹官不阿宰執，蘇公民建猷宣節，致位列卿，又類有稱賢師帥者，謂非地之靈，固不可也。古之功令，率廣風勵之術，而昭哉斯石，典型垂焉。翼翼俊髦，仰止思齊，相觀以善，相摩以義，相師以道，相迪以德，遜志而敏學，邁迹而敦行，敬業而懋厥修，由是菁莪之士，棫樸之賢，林立而茹拔焉。庶幾地之所鍾，衆木輕而真材重，挺然翹然，其廊廟之餘，國之柱石乎！記曰：君子之德風，然則曹子渢渢乎其風也哉！嘉靖庚子孟冬記。

鄉貢題名記

明 陳質

遂昌縣儒學，居栝郡之西山水窟也。自吴至宋，人材間出，若侍郎龔原、周綰，士人尹起莘，皆邑人。原嘗著《易解》，起莘作《綱目發明》，其間由科目而顯於宋者，悉載諸書。歷元至我朝，累科不乏鄉貢士。厥後自正統丁卯鄉貢一人，迨今成化丁酉，垂十有八載，始得吴志，高中前列。泰和世傑劉先生掌教是庠三年矣，拳拳以科目爲心，既嚴教條以督課業，復易門道以利風水，至是而副其心焉。喜不能已，乃謀邑令李侯瓚，立石題名，庶幾顯前感後，遂致書請予爲之記。於戲！國家之於賢材，立學校以教之，豐廩餼以養之，設科目以進之，無非欲得真材以致治也。然賢材之成，必藉師之善教；學校之盛，必待上之作興。而文運之在天下，固無一日不泰，其或否於一郡一州一邑，時有適然耳，非終否也。苟得其人，能轉否而爲泰焉。若先生可謂善教而轉否者也，上之人庸有不作興之耶？吾知斯石之立，賢材源源繼出，將不勝共書矣。予雖髮禿齒豁，尚拭目以俟焉。於是乎記。

舉貢題名記

縉雲人李寅

栝蒼去西北百餘里，望之蔚然而森秀者，遂昌也。降神維嶽，自昔稱才。我明興，擢秀於鄉，而通籍於朝者，爲尤盛。惟甲科某等計若而人，惟賓薦鄉貢某等計若而人，例得題名氏以傳。時曹君以英年進士來尹，駿才蘗操，厥聲振拔一邑，樂育髦士。顧瞻學宫科貢題名缺典，俾華生紡屬予記言。夫士生天地間，凝道飫德，發而噴芳摛英，素履往徵，至名存焉。蓋三代下人愛名而疾不稱，名可愛也，亦可懼也。本朝徵士善制，庠有貢以資簡，鄉有舉以彙薦，陛試其顯陟矣，舉貢其階梯也。士方敬業樂群，月叡歲稽，儲育一耳。及時值而赴功名之會，有异位焉，有异體焉，使樂尚友，懼下人德彰，厥有常出，奮庸熙載，以俟諸後。後之人必指稱曰：某選也，而某士也。不惟其人，惟其賢，又奚甲科、奚舉、奚貢？异哉，穆叔以立德、立功、立言爲不朽，其德、功、言爲實也，立則其名焉。苟弗蓄實而徒藉名傳，俾後遡名而實罔稽，不猶弗名愈乎？遂歷世薦紳，由前至今，名足徵。曹君無亦誘之愛、惕之懼也耶？余大曹君造士至意，用弗克辭，請肆筆以記其事云。

社學記

縉雲人樊獻科

遂昌令洪侯莅治之三載，政治民和，乃修葺黌序，以敦士習，教化彰矣。既而恐小子無造，黨德或遺，稽昔正德間亞卿張兩山公令遂日，嘗立東西社學以訓子弟，取廢寺田以贍塾師，歲久舍宇傾毁，田租亦漸入豪室，乃捐俸新宇，任怨以復共田。又見民居稠集，止儲養於二社，未免教澤難周，遂請於督學阮公，建南北二學，籍舊租以分贍四隅，而請記於予。予聞先王以道德一天下之民，而宣之教化，自成均以至郡國鄉黨之學，莫不具備。王制：諸侯之學，小在内，大在外，以選士由内升外也；天子之學，小居外，大居内，以選士由外升内也。我國家援古定制，國學掌於司成，郡學列於諸藩，社學設於鄉井，即古大學、小學之義也。《學記》有小成、大成之别，《漢書》所載八歲入小學，學六甲四方書記之事，始知室家長幼之節；十五入大學，學先聖禮樂，而知朝廷君臣之禮。其有秀异者，由鄉學而移之庠序，移之國學。若德行道藝，書於州長、黨正、閭胥，及卿大夫之賓興，升於司徒，帥於樂正，辨論於司馬，皆自下及上，何莫非自小學始哉？我國家設教養士，非獨重於國學，而鄉社之典，載在令甲，寄其職於有司。比年以來，或視學校爲旅舍，而修舉者已鮮矣。况社學址爲邱墟，寧有思教其子弟而養之者乎？今洪侯奮然以立學敦教爲己任，非其智識足以自達，才力足以有爲，能如是耶？予知侯之用心，殆將循名以責實，非徒侈觀以起譽，俾遂之子弟習於節文，閑於蹈舞，明於講肄辯説，導之勤而春秋冬夏有其術，視之詳而一年二年有其等，發其心知以善其內，謹其視聽言動以善其外。循於事物，通於倫理，其涵濡鼓舞之化，足以敷宣道德，移易風俗，而上稱朝廷育士興賢之意，則侯之所建樹者，顧不偉哉？侯志邃而氣閎，其所務必遠且大者，予故繹古而爲之記焉。若塾田之數，附載碑陰，使繼此者得所考云。侯名先志，克肖其字，廣東海陽人，繼齋其別號也。嘉靖甲寅孟夏朔日記。

養士田權與自記

邑人項應祥

嘗聞賢才不擇地而生，實待養而成，遂雖蕞爾不得比於大方，而俗尚淳龎，山川鬱繆，靈秀萃焉，未嘗無賢豪英傑之材生於其鄉。如昔張子智、周蓮峰、尹堯庵、應警庵諸先生，道學勛名，光映史册，渠獨非邑産也乎哉？是所謂不待文士而興者上也，其次則莫急於所養。惟是萬山深處，土瘠民貧，邇來青衿學士聰明特達者，雖不乏人，或沮志於東郭，或隱憂於北門，倀倀然日不暇給，無論講學明道，上追千古不傳之緒，即制科一途，中材所嘗試而習見者，亦落落若晨星焉。言之欷歔，令人短氣。先是，邑長有給田選秀以興學者，意非不甚盛也，顧茹吐惟上關白，苦於見帝；盤據惟下詰責，難於捕虎。藉令饑饉在郊，慶吊在閭，輒欲激西江而蘇涸轍，難已。果爾，雖有田與無田等，是非田不足以養士也。智者樹的，愚者仆焉；賢者藏府，不肖者竊焉。豈其始念至此哉？不佞發迹此中，稔知斯弊，每爲同志者扼腕久矣。頃歲以河洛之役，卧疴山中，馳疏乞身不報，而挂名容臺，日損大庾。辭之既非小臣所敢，受之又非病臣所安，因是量衡，以所入俸緡，置買腴田若干，送入學宮，以備多士不虞之需。雖竹頭木屑，媿非廣厦千間，而撮土寸壤，或裨泰山萬一，且於國家恩養臣子之惠，亦不至於虚縻而無補矣。顧其田租畝額，不必禀於院司，不必隸於督學，秖憑師長及通學友生，公舉有行誼能幹辧者兩人，司其出納，秋仲造册，呈縣稽查。凡遇多士有凶荒意外等事，劑量多寡，旋聞旋給，務使賢士得蒙實惠，而不類者不得氾濫其間，庶篤行者有所激，而雅操益堅，力學者得所資，而寒暑不輟。又幸有仁父母雅志振作於上，賢師傅正己表率其中，行見多士彬彬興起，异日者掇巍科，躋膴仕，道德勛業，與日月争光，即張、周、尹、應諸君子，且虚左焉。不佞將藉手仰酬國恩，而俯逭伐檀之誚，在斯舉矣。多士勉乎哉！

項中丞養士田記　温陵洪啓睿

粤稽古貴士，無若成周，而周養士，無若井田。井以中公養君子，而設爲庠，植俊民髦士。庠者，養也。士之駿碩者，從海濵來就養，文治遹隆。逮其晚季，鍾尼山爲萬世師，迄今襟帶之士，斌斌養於學宫。顧士額漸增，縣官廪不能給，士有沐浴菁莪而不飽半菽者，於是廣置學田佐之。未久而實意漸湮，不以飽士，而以飾元黄之篚。或胥吏鼠潤其間，中丞遂昌項公有憂之。會以容垣里居，斥九百之羡，置養士田，比於與隣里鄉黨之誼，而爲之録與例。大都給助則先力行篤學，而次病者貧者，存貯則於學宫，支收則於師友，隸籍則於邑令，而上弗聞也。若曰：吾以佐縣官養士，與他錢穀宜闕白者不同爾。邑令學博琢貞珉，以其録來屬不佞爲之記。不佞丞乏藩省，向又嘗爲諸生師，睹中丞盛舉，且喜且愧，而喜有感於范文正事也。文正以西帥入執政，歷年久，始克就義田千畝。中丞清卿里居，輒捐饔飧，置養士田，幾半文正，則文正難而中丞易也。義田贍族，僅不令子孫干其間耳。養士隸於學，於後人無所私，於公府毋敢奪，慮深而規密，則又文正易而中丞難也。文正家吴會，族指繁而俗靡，千畝之入，僅贍一家。中丞家遂昌萬山中，俗樸茂而士亦易，給粟三百石，贍一邑士，則又文正易而難，中丞難而易也。親親，仁也，倡之晚季，則激爲義。賢賢，義也，視邑若家，視士若一體，又洽爲仁。要其自家而邑而天下，俾人無虞，俯仰勉修賢人君子之行，以庶幾三代遹隆之風，則文正與中丞其仁體同也。即遡之成周，以井授田，而西伯之善養老，仁體亦同也。公方領中丞，節帥吴會，適當文正之鄉，而肩其任，旦暮樹保旅績，晉秉國成，他日勳名，當不護文正，世世歌菁莪棫樸之化，乃自遂昌始，則遂昌固中丞周召哉。中丞名應祥，庚辰進士，四仕爲令尹，以治行第一，召長六垣，晉奉常銀臺，兹拜新命，稱中丞云。

左丞徐志雄養士田記

推官袁遇春

粵稽古者，大道爲公，養賢及民，而兢兢於隆施廣濟之惠，蓋陶世作人，此其要務云。昔原思辭粟，夫子詔以與隣里鄉黨道，貴施也。施之則孰與夫鄉校中之子弟，急於賑窮恤匱者哉。遂邑土瘠民貧，庠士一經株守，至有半菽不飽，而終窶興嗟。鄉先生項中丞，曾捐俸置養士租三百，迄今沐浴膏澤，慕義無窮矣。由是則有致仕上海縣縣丞徐君志雄，以租百碩奉之黌宫，爲諸生佐費，歲時一切公用，取給其中，亡侵嚮者。養士租碩，猗歟休哉。善施而濟，其合於孔門之懿訓，而企踵前徵者乎。余按徐君生平，節概茂敦，孝行夙著，官上海而青天之謡，聲稱籍甚，業已宦成身退矣。居恒自念，謂吾位雖不在，而約己奉公，由是也爲封殖乎。抑汎然市義，爲名高乎。總之循私害公，無當於大義，吾不屑爲。惟是學校，實關斯文重地，幸二嗣子得厠宫墻，群髦而切磋究之，成德達材，緊是嘉賴，何愛此困〔六〕倉之長物，不以効涓埃耶。且濟濟多士，孰非我之閭里族屬，其忍遺之也。則徐君之曲爲施濟，意至殷矣。嗟嗟，末俗漸靡，世風儇薄，後義先利者，往往而是。其有都尊膴而軫寒素，斥囊橐而業貧窮，固空谷足音哉。然猶資適逢世勢，若建甌徐君，位非鼎貴，家非數馬量牛，又非儒術素嫻，而能一意崇文，不難捐縻以佐士，士得從容絃誦，菁莪樂育，在在咏歌，行且家有賢冑，邑多俊民，豪傑奮庸，翼我朝文明之運，所爲陶世作人，功豈尠鮮云爾哉。徐君高義，真能行古之道，□絶群倫者歟。余不佞，樂觀厥成，亡庸置喙，亦惟是慎終如始，設誠致行，授田以後，儲蓄有法，制用有經，出入奇贏有數，偕二三賢士，正簿書而精覈之，毋糸胥人，以滋乾没，將遂庠世受其賜，余實厚望焉。即徐君亦愈有義聞乎。適諸生敦請纂述，以記盛事，是用載筆揄揚，且風後來者，因勒之貞珉，志不朽云。

相圃湯邑令生祠記

知府鄭懷魁

序者射也，矍相之圃維新；社而祝之，庚桑之祠斯在。豈非中多爲雋，斯賓禮以興；去後見思，乃神道成享。士各繹己之志，民知有父之尊。明平昌令、前祠部郎臨川湯公，諱顯祖，字義仍，學者所稱若士先生者也。掌祀鄉曹，屈居宰縣。中攖逆鱗於龍頷，終鎩長羽於鴻儀。可謂伯夷秩宗，直哉有惟清之節；子文令尹，已之無作慍之容。夫其目空塵寰，胸苞法象。探索賾隱，讀人間未見之書；窮極高深，垂身後不朽之業。故能貞教靡倦，訔如百昌之鼓惠風；樂善無私，沛若百川之歸巨海。宏開藝圃，高揭射堂。士有列次以居之，邑籍閑田而餼之。相如七經之學，遺愛通都；孟堅九流之文，收藏崇閣。二十八舍，寧止奎璧之圖書，三百六旬，不輟春秋之絃誦。爾乃講習多豫，較閱餘閑，豹侯設正，鹿中受算，决拾既佽，揖讓有儀。方鼓圓鼙，全用薛魯之奏。危弓安矢，合成唐史之規。正直無回，審固不撓，循聲而發，序賓以賢，引觶就豐，釋弸交韔，温温秩秩，肅肅雍雍，將由射不主皮，當令觀者如堵乎。三宅三俊，成斯士之譽髦。六養六安，蘇群生之彫敝。擊柝待暴，伏莽無戎，釋獲但取乎和容，藏器何勞於解悖。方衆志赴寧侯之鵠，忽遁思動伊人之駒。已歲序屋周，風儀天遠，佩韘者徘徊於其地，執經者彷彿乎其人。爰即澤宫，立兹配社，官師率作，俊乂服勤。踵其事以增華，審厥象之惟肖，閣表尊經之舊，堂仍象德之名。恍從於公，旂纛奉載笑之色；真遘之子，籩豆陳有踐之儀矣。於戲！行可質天地鬼神，而時逢事拙；文能安民人社稷，則學古功偉。萬鍾不入其心，三公寧易其介。代瞻清範，俗化元淯。温厚尊嚴，時行而氣已備；詩書禮樂，國入而教可知。斯事詘道伸，位輕名重者也。載稽銘典，詎闕鏤文，識虎蜼之吉金，鑱龜龍之貞石。庶使《采蘋》五節，思君子無争之風；《芨棠》三章，流國人勿剪之咏。其詞曰：禮稱天紀，亦曰人綱。匡君弼違，範俗率良。湯公蹇蹇，諫顯祠郎。艱危百折，尹兹平昌。經曲咸秩，飲射有章。教時學士，繩立矩翔。君子之峰，相圃在陽。雙旌雲舉，三聘星行。手之柔矣，膂力其剛。省括於度，不旲不揚。發功祈爵，敬而無方。綢繆禮樂，式序衣裳。於越鄒魯，昭代周商。身兮既隱，道乃彌芳。飛矢無忒，儀的可常。子衿且佩，悠思難忘。我圃我社，有序有皇。邈公莅止，群趨侍旁。築匪道謀，公卜允臧。右臨演武，左界壽光。嘉名肇錫，公訓用彰。聖在六籍，男事四方。父師臨汝，饗祀烝嘗。德尊報遠，武城桐鄉。千里俎豆，蔚乎相望。甌歌越舞，鏜磬鏘喤。容輝儼若，燕譽無疆。

邑令段宏璧愛祠記

邑人 項應祥

金壇段侯，去遂昌十有五稔矣。士民惓捲焉，思慕不能釋，相率修葺其祠宇而恢廓之，勒貞珉以垂無朽，而詣余請爲之記。余固舊沐波潤者，奚敢以不文辭。次洲段侯，金壇世家也。弱冠掇魁名，雄才卓犖於江左。年甫强仕，念太夫人年高，冀以禄食其親，遂上天官，選授遂昌令。甫下車，即洞燭民間利弊，而差次舉廢之。革額外之派用，而里甲蒙惠。禁税糧之增耗，而合邑頌廉。杜狐鼠之骫法，而訟牘不下胥曹。防狼虎之噬民，而勾攝不遺隸役。時值礦務擾攘，税使恣睢，則請公廩給其食，持禮法馭其横，而東鄙藉以安堵。李直指按部歷邑，時多徬徨莫措，則治塗置署，百務綽有宜適，而道府詡其材諝。且鋭情膠序，嚴試優遇，茂植榜山，以振文運。建義倉，聽民樂輸；儲穀千餘石，以備不秋。大都以勺水之操，抒游刃之略；以抱嬰之愛，濟拔薤之威；以空鑑之明，宏汪波之度。公庭閒凜如秋肅，四封内藹若春嘘。在官不越一載，而德政芳猷已章章若是，則以純孝爲之本耳。侯奉太夫人於公署，入則進甘肥，色養備至；出則勤乳哺，覆露必周，内外稱兩至焉。無何，以太夫人八十考終，哀毁骨立，將輿櫬以歸。士民攀卧不能得，則謀建祠肖像，以尸祀之。侯固辭，既而曰：吾母逝於斯，無已，則祠吾母，勝祠吾也。乃創祠於藩署廢址，而并祀焉。迨侯補任大田，寄俸十金，置田爲太夫人饗祀需，不欲以歲時煩遂邑也。歲甲寅，順德黎侯至，聞侯之風，慕侯之政，謁其祠而贊嘆，欲修飾之，允庠士增廓門堂之請，而慨然主維，屬幕廳周君董其役。邑薦紳士庶，咸捐輸以爲工役助。由是奉太夫人於内寢，安侯像於中堂，闢重門於左壖，以便士民之時祀者。越三月而工竣。夫侯以己亥之夏莅遂，以庚子之夏離遂，臨民僅期月耳，何以得民至此哉？昔聖門推政事者最由求，然而有勇足民，非三年則不能致，惟尼父乃自謂期月而可耳。侯也固可，尼父之可而致，由求不能致哉？余不佞，敬採輿頌而記之，以俟之傳循良者。侯諱宏璧，字叔瑞，號次洲，南直隸之鎮江金壇人，以戊子鄉進士授令遂昌。

邑令林剛中愛祠記

邑人項應瑞

邑大夫林侯以陟行也，民遮道弗獲，留謀祠之，以片石志不朽。噫嘻！畏壘桐鄉，何以再睹？然予從政兩邑間，每撫循良，傳代异人，人异政。嘗以三言括之，如昔稱衆之慈母，國之神君，學士之師者盡矣。栝阻山，而國隸十九，遂稍稱劇。其民困於輸將致貧，而赤胥緣爲奸，士泥帖括氣，奢靡不振。令遂者養嘉穀容稊稗，則仁而不斷；逐鷹鸇及鳥雀，則嚴而不撫；間能平成束吏，則齪齪簿書期會間，又俗而不文。侯甫下車，已燭知之。夫民貧，字未至也；胥奸，弊未釐也；士靡，誨未周也。俗用里甲，十年一更。民每留十年，積辦一歲役。一貴人行部，便有朝金滿囊，暮赤手還者。民甚寃之，侯一切報罷。屬直指兩至，不需民間一物，竟不譁。傳廚不飭者，問之民，民不知有直指來，所知者輸將以時耳。聽訟若禹鑄鼎，即有魑魅，亦夔夔睢睢畢露，莫逃其折而低昂之也。猾無以狐，胥無以猱，祇凜凜重足訟庭。嘗虛諸縫掖，以文藝至隆，重於貴客，句摘字商，移甲乙不置。士蒸蒸起，主文者謂旂鼓足當一面也。則予所稱三言，侯合爲一政。若夫潁川之惠，萊蕪之介，山陰之懷求，朝歌之斷理，成都之訓迪，詩以唐，字以晉，文以漢，琴以元亮，花以安仁，鶴以清獻，酒以次公，亭以永叔，侯又合爲一人也。三年政成，考上最。民豫恐其去，留之當道。主爵者以國家多事，邊餉旁午，處侯於士安存中之任。侯行矣，民失慈母，國失神君，士失良師。棠蔭甫茂，峴淚方新，不以予不文屬之記。夫民，千萬人言也，碑於口；予一人筆也，言於石。千百世後，且有爲侯傳循良者。侯，閩海莆人，名剛中，别號瀕水，丁酉第三人，以尚書起家，爲海内文章宗匠云。

邑令傅恪愛祠記

郡人王一中

今皇帝元年，江陵傅侯來宰平昌，政成化行，擢貳東昌。東昌會妖左蠢動，烽煙告警，東昌急侯甚。奉公檄迓旌者道相望，侯殆不可一日留。而遂父老子弟戀戀弗忍舍，攀轅卧轍，且歌且泣，謀所以祀侯者。醵金若干緡，創祠於邑東孔道，俾歲時往來獲瞻依焉。不旬日告成，鄉紳青衿請記於余。夫甘棠致咏，淇竹興歌，非夫實心實政大有以感人，豈易言哉！侯治平昌四載，膺薦剡者五，曾擬調麗水，兼攝松陽，美政懿行，未易枚舉。乃甫下車，適當審編之役，爲民十年，重負稍不當，至破資産者有之。悉心釐正，務令賦與役稱，民罔不心服無譁。且清隱田六百，寬其積逋；豁重額三百，蘇其累貱。侯初政，輒樹不朽績若此。至催科，常懷撫字，而無藝之徵，纖毫弗濡。大書『加耗神殛之』五字於神祠。時有滑書，藉口青衿，冀須臾緩。侯疑，爲設二匭，合士民分投其中。久之，核其數，稽其候，則士實先，且溢於民也。侯報之學使者，而諸逋争輸恐後。民故醇，少訟。侯一意與民休息，第操三尺，使人人自遠。圜中草常青，間有質成，不入贖鍰，至以冰俸佐積貯，恬如也。遂俗輕生，一訟往往委驗於僚屬，不借題修飾，則蔓引株連，受者家立析焉。侯洞悉其害，必慎重而不輕委，亡賴之習，因之漸消，所生全者衆矣。而尤加意多士，額税之外，仍優寬徵二錢。又時與横經討藝，娓娓不倦。有悵北門者，厚贍之。甚有苦餉無措，袖俸給櫝代完。所謂豈弟君子，遐不作人，非耶？會歲旱，侯深自刻責，以身禱焉。車未旋，甘澍如注。蓋其精白誠一，足通帝座，如響應云。大率侯之爲政，類以經術飭吏治，以故凝重不遷，若山峙嶽立，百折而百不窮，若淵澄鏡委。至於介嚴素絲，皭然不滓，則又北海峻潔之操，其天性然也。猗歟休哉！侯諱恪，字仲執，號宛委，楚荆州江陵人，甲午鄉進士，神廟天部奉常楚築先生之佳公子也。

邑令李訥去思碑記

齊志冲

民生之休戚，係守令之賢否，古有是言已。漢二千石有治理效，輒加榮賜爵，不輕移擢，欲其與民相安而成化。責成褒美，以厲其餘，則在位者慕之而興起，故風移俗易，幾致刑措。後世欲致隆平□□守令之選，不可也。皇宋中興，英雄四起，有將略者專軍旅，有才德者任治民。栝郡自近年山寇陸梁，官莫能制，據壁立之險以爲府庫者，在在皆是，致出者不免流離之苦，居者不免科征之困，望治阽於饑渴頓踣之地，其孰恤之。龍鳳五年冬十月，大兵定安南，李公知遂昌。既下車，躬入其阻，告以恩信。旬月之間，同訾相望，蕩析者七十餘所，歸田業者萬有餘家，治荒穢而謀棟宇之安，弃荆棘而思耕鑿之利。公撫字以仁，猛斷以義，聽訟必得其情，决獄每依於典，葺宫廟之未完，開教肄之有方，勸鄉社立學，凡百有餘區，以豈弟慈祥之心，爲興利除害之計，故民之歸之，不期自至。然國家方以征伐復疆土爲事，軍需百出，無非毒民者，令下郡邑，莫不承風，至於賣物産、受鞭笞、自經于户者有之。獨公審察緩急，酌量民力，涕泣以請于上，願乞減罷。所以吏無督責之病，民無愁怨之聲也。又明年五月，江西寇誘隣境頑民，陰搆群不逞者，出不意突入邑殺掠。公歷其巢穴，得首惡姓名，復以計脱。即聚義勇數百，親將之以行招捕，兵不濫殺，擒不輕縱，不踰月幸平定。以議事异上官意，行且觸罪矣。父老數百人泣訴金華，以明公之無罪有德。公於是得還邑，民交相慶，迎拜道路，恨其去而幸其來也。公莅邑未及二年，憲使之車凡三至，民以名爲文薦者無慮數千，而隣邑之民亦且與焉。冬十一月，使者至，徵公蘄陽府。民告留且哭，擁使者雖塞衢巷不得請，相與涕泣而已。樞掾九淵王濬于學賓曰：仁愛若李侯，廉明若李侯，剛果有斷若李侯。濬往來燕粤萬餘里，出〔七〕入仕途十數年，未見有若人也。今去我矣，盍書政績於石，以寫吾民去思之情。屬吾故人江東齊志冲爲之辭曰：昔子産爲政於鄭，夫子稱以古之遺愛。今遂昌素號難治，而李公爲之一變其俗，至於如此，則當移大惠施於一郡，遂昌之民可專之乎？然漢之用人，出爲郡守，入爲九卿，則公他日上參鼎鉉，又將施此大惠於天下，遂昌之民抑又何幸耶？請以此慰爾父老之思可矣。公名訥，字近仁，汴梁通許縣人。賢而文，有智略，乃爲之詩曰：岩邑用柔，其俗素偷。李侯之來，教以鋤耰。匪怒而威，不勞以嘻。德施務行，直如理絲。事上臨下，不畏不侮。厥聞四馳，乃升大府。侯來何遲，侯去何速。安得叩閽，還我良牧。蘄水漢陽，彼美西方。悠悠我懷，地遠天長。

明縣丞周恂去思碑記

邑人毛翼

天眷大明，命我太祖高皇帝肇開萬世全盛之基，聖聖相承，仁聲洋溢，浹于人心，極天蟠地，咸遵至化，迄今民不知兵，太平之盛，古所未有。邇年，閩寇鄧茂七作耗，麗水民陶得二糾流民數百，往彼投趂，不遂回還，道經水邑，沿途剽掠，所至殘破，一邑騷動。正統十三年十一月，至二十四都淤頭，猖獗尤甚。有司請調官軍勦捕，本縣委官率傾民快輔助，賊殺指揮弓禮、縣丞張智、軍快五十餘人，攻入縣治，燒毁司房，縱放獄囚，搜劫村落，脅從愈繁。復往攻城府，劫松陽，大肆荼毒，略無忌憚。事聞，詔下，聽其自首，不分魁脅，悉宥其罪。十四年二月，欽除撫民縣丞周侯恂，下車之初，憫生民之久困，憂隣警之不息，每遇賊至，即冒鋒鏑，不避艱險，諭以上意，善言化導，開禍福之端，宛轉勸諭，賊遵其化，悉自退散。未幾，而麗水强賊朱必森復發，害及衢、婺。侯承委命，統率民兵，徑進鮑村，破之。數月，斬馘無算，而民快不傷一人，生擒賊首陶永三等〔八〕，餘悉殄滅之。即日班師還治，詔令回朝。耆老鄭朝牛、戴嵩等，羡侯之計謀勇鋭，賊服其威，民懷其德，惜其不可留，屬予文以紀其實，勒于堅碣，以昭功德於無窮云。

邑令黄芳去思碑記

東甌人王瓚

遂昌去栝城西北幾二百里，南聯福，西抵婺，北接三衢，山巒踵絡，溪水流駛，無曠野沃壤，民多積弱，俗幾凋敝。弘治乙卯，莆田黄君士英來知邑事，廉介通明，斥私秉正。初下車，即詢風察習，集利芟弊，一滌其故而新之。自夫邑治夾流多山，而難以城築也，於是乎相度形勢，而於東西南北隅拓基樹門，駕樓以壯觀望，則邑民可循守以奠其居矣。自夫庠校因陋就簡，而風教之寖衰也，於是乎掄材以營堂齋，鑄銅以備祭器，躬講季試以導進庠士，則士習勃然奮興矣。自夫市隘室稠，而火患之數值也，於是乎鑿渠作堰，引水灌田，逶迤貫旋于泮池分司之際，則火患雖見，得以近取而急拯之矣。自夫沿溪叠石之田，非蓄水無以灌溉也，於是乎增築三堤之廢墜，則堰陂完固，山田藉焉，而恒有秋矣。自夫民信風水之説，而葬埋每不以時也，於是乎定安厝之程期，立萬松之義冢，則死無暴露捐毀之患矣。自夫田額課税之失實，而塌崩賠貱之爲害也，於是乎量田畝以均課税，覈新墾以補崩塌，而富貧强弱各獲其平矣。自夫倉廪有豫備之名，而儲積之曠虚也，於是乎相時措置，設蓋列厫，積穀及萬餘，則荒歉足以濟矣。至於重鄉飲而淑慝别，理訟獄而奸伏明，開銀塲而争竊熄，戢吏胥而漁獵泯，户口日增，流徙日歸，政績宣炳，最於十邑，其可書者尚多也。邑父老及士夫王君理輩，德君之爲良父母，請余記其事。余史官也，有善則法宜書，况甌栝孔邇，郡邑賢否，悉相知聞，蓋嘗嘉其克副聖天子簡令保民之至意，何可不旌一以勸百也。侯誠賢矣哉，使天下之令咸屏其假官營私之心，而爲君之所爲，奚慮天下之不治也。爰掇邑民所頌言而詩之，將永永咏歌君之善政，以與張根、李訥齊傳休焉。君名芳，年十九領閩鄉薦，初分教新安，丁内艱，補任新昌，嘗兩典文衡，擢宰雲和，僉憲王公薦其才，徙治遂昌。壬戌之夏，詔以風憲闕員取赴京師，其勳爵方昌而未已也。詩曰：皇眷下民，惟令之寄。令之弗淑，皇心焉恃。遂昌之政，徙自雲和。利起弊革，膏澤孔多。惟克親民，民感猶親。百世頌歌，豈曰堅珉。紀績載功，誠出父老。我爲特書，百城斯表。弘治十五年歲在壬戌八月既望。

邑令池浴德曳舟亭碑記

郡人何鏜

亭曰曳舟者何，遂之民爲舊令明淵池侯立也。舟曰曳何，志愛也。夫此溪之濵，三衢所有之土也。此溪之舟，南北往來之人也。遂何以得亭於此，而侯又何以得此於民哉。蓋侯以嘉靖乙丑進士，筮令遂昌者三年。英年偉度，慧察寛容，約己愛民，興學造士。清丈田畝，以燭欺隱。創修邑乘，以昭風厲。木皂去追攝之蠹，土著易客兵之擾。政成民安，百廢具舉。民之德之，真不啻赤子之戀父母，弗能頃刻離也。越隆慶乙巳，侯以考績稱最，擢官銓曹。民恐其去，具疏乞留。巡撫近滄谷公上其情，荷特旨勉留數月，俾稽定黄册。册事竣，乃行。遂之士民送至亭埠，遮立水滸，望舟之行不忍捨，復相與曳其舟，冀少緩須臾，以盡繾綣。其詩人白駒之意歟。夫侯於是時也，德之入人者方深，民之愛慕者方切，其舟之曳也宜也。及歲癸酉，正今上改元，距前行已四載矣。侯以外艱服闋，再赴天官，舟復過亭埠。遂士民聞之，又相率往候。侯眷眷曳舟之情，視昔有加無已。當其時，見者聞者皆以爲曠古一覯也。遂民王積中、朱文盛等乃相與謀曰：吾侯功德雖平政有録，遺愛有碑，量田修廢，種種异政，歷歷有紀，猶曩時事耳。今此之盛，無以記之，可乎。顧土非吾土，地莫吾與也，奈何？時有光禄尹君光大者，素景侯德，廼慨然曰：人之秉彛，好是懿德，若侯即吾侯也。吾亦豈惜尺寸地，不爲侯彰盛美哉。且普天率土，同爲王臣。今日海内之民，得賢守令以布王澤者，侯與有錫，即樹之碑，豈獨爾民志乎。遂捐溪干地，廣袤十數丈，爲之址。而遂民乃得立石其間，并創亭其上，以垂不朽。且即嘗挽舟之意，名其亭曰曳舟。噫！往過來續，孰無此舟，使人人見之，人人得而懷之，則侯之舟遍天下矣，猗歟盛哉。工成，請記于余。余亦郡之人，同是念者，敢以言之不文辭乎。乃爲之志曰：龍溪之水，汩汩清流。池侯之德，適與之侔。遂民懷之，豈曰私侯。深仁厚澤，咸被其休。三載考績，天子曰優。錫以殊命，入贊皇猷。民不忍舍，載送載謀。願言借寇，終莫之繇。茲率水滸，號泣而留。留之不得，至曳其舟。舟不可挽，曷寫其憂。爰勒諸石，以永春秋。侯諱浴德，福建同安人，明洲其別號也。四十年後，遂民思不忘，復建祠西明山以祀之，入名宦。子顯京、顯方，舉于鄉。

知府周茂源去思碑記

松陽人王汝楘

太守周公，丁酉夏四月來莅栝州，在事凡六載。方公之下車也，利者興，害者除，賢者起，奸者伏，强勁者畏志，貪墨者聞風解去。期月而政成，逾年而歌呼，載滿道路。漸久之，又若出作入息，鼓腹熙恬於衢壤之間者，并不知誰之力也。識者謂公之才，宜位置台垣，作左右丞，秉鈞軸，光鼎鉉，以尉蒼生所禱祀，庶兩無負。若其筆椽舌河，駕潘江而凌陸海，允足歛席木天，簪筆承明，上備聖天子之顧問者，又其餘耳。顧何屈之一麾，俾勞勞於浴鐵撥金，簿書鞅掌之會，使天下共賴之人，若獨有私於一方也。毋乃有遺憾，公且處之坦如，亦且裕如，然後知公之積蓄存養者有素也。栝人士撫召棠而睠然，亦既發爲聲歌，播爲輿誦，摭拾其事，以備輶軒採風之萬一，猗歟盛哉。公之得此於栝人士，非實有入人之深不至此。至若遂邑，栝十屬之一也。其地其人，沐公之膏澤，一如諸邑，而歌思爲尤切焉。來暮之謡，未能去念。去思之慕，旋復縈懷。見公之戀戀尊鱸，匆匆琴鶴，鬱林壓舫，遵渚鴻飛，以爲借恂不能，扳攸不可，將持錢贈寵，又恐汙公之清名也。無已，則謀所以志不忘者。紳衿輩相率緘書，請於余曰：我郡侯周公之卵翼栝土也，栝之被德懷仁者，類能言之，而無煩贅也。獨是公之功在吾遂，與吾遂之思存於公者，固不可以已。子盍爲增美一言，以存不朽。蓋遂雖處栝之尤僻，其先有賢人君子者出，堯庵尹先生之有功於名教是也。舊澤宫旁有特祠奉祀，歲久傾圮不復存。值公有事過兹土，聞先生之風，索先生祠而展拜焉。故址依然，傷心鞠草，爲徘徊感嘆不能去。因捐氷俸，特爲重賢之靈光，恃以不墜。邑之人顧祠宇之燦然，而嘆公之光我前賢爲斯文主者，不易得也。至若《綱目》一書，紫陽之嚴詞，宣尼之遺意，於是乎在。有尹先生發明，而微文大義，朗如日星，邑人曾協爲修梓，冀垂之億萬斯年。無如詩書厄運，回禄肆災，前賢遺編，半沉滅於劫灰矣。公慨然捐梓，補散失，復成全書。庶後之讀是編者，當奉公爲尹先生功臣也。又遂邑舊有總書，紙户陋弊，假公行私，貪狡者視爲奇貨，邑之口食稍敷者，輒報充役，陳陳相因，害匪淺鮮。公剔其弊，更其舊，而民賴以安。更可思者，栝州壘石爲田，遇旱則焦枯立見，一有洪潦之患，則石上之土，蕩然無有，十城皆然，遂爲尤甚。加以魏羅渠寇，蹂躪一載，緑林白幘聚而譁，民之無衣食者群起而應之，弃田不治，又使人不得治蒺藜葶藶，盈盈荒畝。嗟哉，貧民賦將安出？自公至而親身莅勘，心爲之惻，力請憲逹宸聞，遂蒙將八年至十三年荒賦槩從蠲恤之典，復爲給牛招墾，而哀鴻漸集，荒畝復增。而遂邑徵比里排衙門人役，各挾其私，算比延年，相沿成例。公躬親臨縣，精心剖晰，以十六字爲約曰：分比排年，摘追頑户，嚴查荒田，不漏遠鄉。而民互相鼓勸，黽勉樂輸，其恩全遂人爲何如？凡此皆公之功在遂人，而遂人之思存於公者，不可以已也。余曰：咨！是誠不可以已也。夫公之重建尹先生祠也，能重道也，賢人藉光也。公之補録《綱目發明》也，斯文未喪也，功不在作者下也。公之申革陋弊，請蠲荒賦而條晰户子也，克廣德心，惟慎生公，惟公生明也。是公之功在遂人，與遂人之思存於公者，有以哉。詩有之：高山仰止，景行行止。若爲公咏也。异日者，應求枚卜，秉國之鈞，作太宰公輔，行且以澤及天下，而仍有以澤及一方，是又遂人惓惓望公之意耳。用報遂之諸君子，請書是言，勒之貞珉，以見遂之人不忘夫公有如此者。公諱茂源，字宿來，號約庵，己丑進士，江南華亭縣人。

治灘記

邑人 龔原

栝屬縣大溪三，皆會於麗，由芝逹甌入海，暗崖積石，相蹙成灘，舟行崎嶇，動輒破碎，蓋嘗變色而惴栗，失聲而呌號，冀得萬一無他，以訖所濟。然爲上者每聞覆溺事，則曰：此險也，殆非人力可施。恬不爲怪。元祐六年冬，左朝散郎會稽關公來守是邦，視事之暇，披諸邑圖而觀之，曰：

噫，奚灘之多也。水行阻深，一至於是，欲去害興利，顧有甚於是耶。使俯有力，仰有餘，余不敢後言。一傳旬日浹四境，聞者欣然曰：吾州灘會平矣。明年春，龍泉民出錢願治其事，聞他邑亦繼有請，冀與龍泉比。公以上部使者，且願農隙行下。及期，按圖以事屬令，以役付尉，隨遠近劇易，并作疏濬排鑿，繼以淬鍛，顧力不可加乃已，爲上下港，以便往來。或兩岸巉絶路斷，則劚以通挽，并城者躬往省焉，而犒其勤。起七月戊申，逮十二月壬申畢，合百六十有五灘，龍泉居其半，縉雲亦五之一。凡昔所難，盡成安流，舟晝夜行，無復激射覆溺之虞。郡人相與語曰：遺此險幾百千年，歲敗舟幾百，至以溺死者又幾何人？自今計之，其利爲何如？舊傳縉雲、麗水間苦水怪，有惡名。唐太守段成式至，害遂息，更稱好溪。今灘復治，何斯民之重幸也！君子之於事，苟可以爲人，務盡心焉而後已。漢之治水者，嘗鐫砥柱矣，而水益怒，以不善其事也。公於是役，因民之力，授吏以方。未半歲，諸邑告就緒，而水行者賴焉。惟存心仁，處事當，故成功不難。余方與郡人蒙賜無窮，復言操筆載始末，竊懷不自已，系之以詩曰：維處多溪，溪屬山行。石激成灘，詭狀殊形。浪波相激，面勢相傾。互爲起伏，劍立岡横。舟經其間，盤折繞縈。瞬息不支，命鴻毛輕。豈實安此，惕日幸生。諉曰地險，誰爲經營？有倬太守，洞徹物情。顧事無難，患在弗誠。興言念兹，大小具聽。效智陳力，來應使令。按圖鳩工，坐須厥成。功成百日，徹險爲平。水行如砥，馴伏不驚。泝沿無虞，棹歌相迎。昔病晝涉，乃今宵征。濟我利我，太守之明。惟唐段公，德茂政清。水怪不作，溪更惡名。今灘復治，功利實宏。較勤昔人，异世齊聲。我爲公歌，亦助斯甿。形容本末，與後作程。

雙峰塔記

邑人張貴謨

吴赤烏二年，立平昌縣。至晉太康初，改曰遂昌。地頗岩僻，聯巒層溪，有山水之勝。縣前瑞山，高壯盤鬱。曾山剡碧西峙，號文筆峰。南北兩溪，合流而東。邑多秀民，學耕文穫，以舉進士爲業。六邑戰藝，推而先登。名人魁士，踵袂相接。如龔武陵、周蓮峰，由太學登科甲，以經術文章行世。傳後城山之劉，柘溪之周，皆三世登科。其他持己居官者，多有風迹，不啻百年於兹矣。邇年俊秀群試，有司往輒報罷。陰陽家謂風氣蕩泄，地與時之遭爾。紹興壬子，衆議於水口山，增卑益高，建七級浮圖。時葉邑尉來賓主之。越四年，邑有賢侯，下車之始，營治勤劇，剗刮弊源。因民有逋租匿役，及探借吏役緡錢過多，磨瑕補罅，不日辦治。又剖訟適決，民吏憚服，搜考得羡財，遂訖塔事。塔勢騰突，拔地撐空，土枕龍角，衡接奎躔，與文筆相值。自此文祥秀氣，當復振發。學者宜與其群相爲師友，講古言道，從事於忠信孝友，蓄爲事業，奮爲詞章，躡足天庭，起取顯美，當自此塔始。塔旁騈以松竹，築堂植亭，輝映左右。塔名文筆雙峰之塔，堂名曾雲，亭名知津。東南偏有屋名塔院，給人以供灑掃。衆山横環，一水清瀉，景物四時嬉遨共樂。里有鉅公及時之名卿，俱以掄魁，大手書塔名若記，以開文筆雙峰之讖云。侯朱姓，名元成，慶元丁巳夏日記。

胡左丞堤記

邑令鄭必明

胡公，鄱陽人，諱涓，字霖卿。幼應神童舉，後以進士嘉靖中貳遂昌。一日，父老請曰：邑介兩溪，每霖雨霶霈，溪流漲溢，則堤岸湍齧，而瀕溪之民不安枕。矧縣治去流百數武，而儒學又切近其側，茲尤不可緩者。元祐間，龍圖張公根嘗興葺是堤，閲時既久，堤亦寖壞。公能訪舊迹，起而築之，百姓蒙利厚矣。公慨然有間，曰：吁吁嘻嘻，夫水利農田，予之職也哉，其敢不勉。由是，晝度夜思，乃募民出丁役，具畚鍤，累石爲址，矻然盤固。及今十五年，無奔衝突蕩之患者，公之賜也。先是，創堤處曰官潭，横跨一里餘，其深可數尋許。興築之始，有竊笑其旁者，曰：是潭豈易實哉。公毅然不顧曰：人之處事，患志不立，有志者事竟成也。乃身自董役，日不下數千人，官給之直。是以民不告勞，役不踰月，而堤成矣。古之人，其行事有一便於民，有一利於公者，咸得書名信史，以垂不朽。今胡公能建不拔之基，貽無窮之利，回視古人，可以無愧。予故樂爲之書。

滅虎祠記

邑令湯顯祖

丁酉冬十月，虎從東北來，甚張。忽夢指有二碎迹登堂，有言虎囓其鄉兩牧豎子。予嘆曰：予德不純，氣之不淑耶？予刑不清，威之不震耶？何以烋氣如是！下令將以十月望吉，告城隍之神。文曰：吾與神共典斯土，人之食人者，吾能定之，而不能止虎。民曰：有神。夫虎亦天生，貴不如人，神無縱虎，吾將殺之。呼吾民任兵者，簡其鋭以從搜之。葉塢是夜見有一冠幞袍韠、白鬚團頤長者，見夢若予，與同爲法官治獄者持一文書示予。予曰：必殺此二渠以償。長者微笑，指文書中一處示予，若前所云『虎亦天生』之句，意望予寬之。予正色争：不可。長者知不能奪，復微笑曰：徐之，觀樞密公意何如耳。予覺，知神有意乎怵然者，然已戒不可止之。葉塢午至昏，見虎，虎奔，一虎倨高隅，薄不可近。予曰：知之矣。旬餘齋居，夜念樞密公，兵象也，有得虎者與？當祠之。是夜不能寐，覺外洶洶有聲，問之，獲巨虎，雄也。虎首廣尺餘，長幾二尺，身七尺，驚其雌三，日繞而號其山中，伏矢走死。松陽界中東北抵萬山，忽夜震如裂，民曉視之，得巨虎首二八股，草血沫漬，縣人嘆异甚。然以公出郡中月餘歸，忘立祠也，復報有虎。予嘆曰：神其罪予。老氏曰：佳兵不祥，莫如以慈衛之。遂於報願寺傍大樹下，建爲滅虎祠，祀樞密公。非真能滅虎也，虎滅無迹，則亦滅之乎爾。祠之後，獲虎三五，向後虎聞遂稀。神之能有兹祠也，爲之銘。銘曰：惟山之嵏，有猫有虎。神其司之，甚力而武。神來見夢，予爲立祠。以衛吾人，依然大慈。遂伐三彪，薦五文皮。孰震於幽，徵其腦髀。丁壯出作，翁孺群嬉。非我德民，神滅其菑。菑由人興，非虎非豺。我去其苛，物象而和。神其安之，與民休嘉。

重建清華古閣記

教諭鄭器

海陽洪侯，服承明命，父母兹土。未下車，詢民利害，思興起釐革之。既莅任，明禮勑法，恪勤朝夕，示民以向方。乃修拓泮宮，創建社學，平徭薄賦，弭盗緩刑，百弛俱張，罔有奸宄以干法度者。適風和日舒，以農事循行郊野，出郭五里，過西明山，覽其風景之异，顧左右曰：峰巒蜿蜒，川谷融結，神靈棲焉。且高閣臨深，而地通衢栝，公私賓旅，尚有賴焉，誰能爲我闢而新之？時有唐山沙門默照對者，侯首捐俸，命任其事。默照受法旨於東甌之中川寺，杖錫遠覽，徧訪名迹，見翠峰之幽奇，慕禪月之頓悟，遂投衲以居，而莊嚴乎梵宇。其方藥普濟，真慈雲甘露也。既受事，即結無量因緣，募一切法財，撤故易新，具諸色相，使民知所祈禱。改建清華閣於西北，遠環邑治，以爲闢鑰。層檐翬飛，入窗洞啟，景物錯陳於檻外，偉乎一重地，且佳勝也。侯邀器及諸僚登焉，以聽民風，以廣惠施，以眺萬物，熙熙和樂，不減春臺。庠生王子僑輩侍曰：侯於家給人足之餘，爲順俗宜民之舉，任清修苦行之僧，尊禮尚施，先憂後樂，今而後知侯之善爲政也。先生其亦有言，以垂不朽。曰：器也陋，無以對揚休績。惟曰：是舉也，洪侯主之，默照成之。工始嘉靖壬子菊月，次年仲秋之晦竣事，以志日月云耳。侯名先志，號繼齋。若丞俞君叔檟、簿楊君炳、尉何君京、學訓夏君璧、馮君邦瑞，皆觀厥成者。嘉靖甲寅歲季夏吉。

雙峰閣記

邑人張貴謨

余少讀書，年十五游鄉校，又十年入太學，升舍，遷登乾道五年第。既歸，典邑李侯大正下車修學，建登瀛閣東南隅，余爲作修學記。及慶元戊午春，余以左史奉祠還里，首謁廟學，見新塔崇成，與西山相直，氣象甚偉。或謂：重門内盍築垣居水，遷登瀛閣於講堂後，增壯主勢，於陰陽爲宜。邑人聞之，欣踊經始。時尉攝事，慨然任責，拓地、鑿池、立橋，如泮宫之制。撤講堂後值舍，增卑培薄，移閣其上，名曰雙峰，以增文筆之秀。閣東西翼以兩厦，連宇垂阿，與講堂相屬。登瀛故址，創軒屋六十楹，坐挹南山，以還舊觀。閣高深爲尺各三十有四，廣倍之，升高望遠，挾於兩旁。更雙小峰南向而并峙，綿谷跨溪，有層巒叠嶂，林麓薈蔚，四顧環列，晨光暮靄，與雲氣變化，四時之間，模狀不一。諸生講學，涵泳其中，食和染教，浸潤以詩書，奮發乎文章，當有俊才魁士，結軌天朝，爲世顯用。回觀此閣，爲昔蜕迹之地，又當樹崇垂鴻，而接武於凌煙之上矣。稽諏規度，僦督庸役，取贏於逋租匿役之餘，民不勞而事集，皆尉身親而力圖之。其居官自苦如此。尉吾郡朱姓，名大正，蓋樂圃先生之四世孫云。

對吟軒記

邑人張貴謨

郡有太守丞，縣亦有丞，皆所以貳政也。余嘗考古今之變，太守丞古卑而今尊，邑丞則古尊而今卑。兩漢郡守權獨盛，丞忽忽不樂，有輒弃官而去者。至唐置司馬、通判事，今號監郡，則尊矣。韓文公記藍田丞，於位言高，於官言尊，及論其力勢，乃云反出主簿、尉下。今邑所置，未免有如文公所論者，蓋習俗世變之异也。然而官無大小崇卑，而有名實之辨。古人或辭尊居卑，及能所居之官，則官雖卑而不自失其尊，亦在夫人而已。吾邑丞韓侯，嗜學博古攻詩，蚤登太學，文藝有聲，僅得一官，再轉而爲丞，視其職雖無一可施用，未嘗起負予之嘆。暇日葺軒於廳之側，前植松竹，誦乃祖所作《藍田記》，扁曰『對吟』，哦詩以自見。既屬余和，又欲得文以記。予謂今之士夫流落州縣，若侯之丞兹邑，能借松竹以全其高，亦可謂官雖卑而自不失其尊者矣。對斯軒也，清風徐來，冷月下墮，雪花搖空，光彩映發。使於是時舉杖曳屨，邀王子猷、李太白抱琴舉酒，相與徜徉於一觴一咏之間，信足以滌塵容，排俗狀，以增藍田之舊觀云。予故喜爲之書。侯名允寅，字肅可，會稽山陰人也。

嘉瑞堂記

邑人 潘材

物以瑞書，非偶然也。善政致和，和氣致祥，明驗所繇識也。嘉禾同穎載於書，秀麥兩岐形諸史，此固古今知其爲瑞者。然非成周泰和之治，漁陽可樂之政，雖瑞有可書，何取其爲瑞哉？我平昌於栝蒼爲屬縣，密邇行都，承宣流化之寄，每不輕畀。嘉定己未，上命左藏司馬侯典是邑。會寺簿王公擁郡符，條教一新，和洽千里。侯以賢見知，得行其學道愛人之意。有撫字而無督迫，有教化而無鄙夷。政與天通，春風鼓舞，自民及物，熙然有懷生之意。乃季夏之月，嘉蓮呈瑞，雙花聯芳，見者謂和氣之效。閱秋，百穀方仰雨，侯躬禱諸祠，甘澍隨車，歲獲豐登。粟穎垂金，纍纍陂隴間，至有一本發十八莖，莖生十八穗。農以瑞薦，觀者如堵，洋洋乎歡聲盈耳。於是即縣西之堂扁『嘉瑞』，圖之於屏，俾材志其實。竊謂侯之意，非以瑞爲誇也。年豐不虛其應，侯以是而喜也。侯以儒學施於吏治，廉於立身，勤以莅事，明不至於察，寬不流於弛，德化洋溢，民氣和悅，薰爲嘉祥，政之發於用者如此，是宜命之名而貽諸不朽也。侯名掀，字仲舉，温國公聞孫，克世其家者也。嘉定十六年九月日記。

妙靖院記

邑人龔原

妙靖院，在處州遂昌桃源鄉，始唐咸通八年，曰安靖，今額治平中所賜也。嘉祐初，余嘗講學於其法堂之西偏，而院僧奉思者，方以行業智辨，能服其鄉民，募緣取給，惟所顧指，每與余語，舊陋爲甚。今之法堂寶殿，實新爲之，然未愜也。閑循山而下上，環指而謾言曰：异時爲文室於是，爲經臺於是，爲鐘樓於是。既成，願得一言刻之，使後人識舊時之地，亦勝事也。方是時，左右皆荒山，斷塹莽梗，人不可行。余雖壯其志，疑非易成者，徒意許之而弗答也。後數年，余游京師，不復見奉思自桃源至者，必問其院如何，皆曰：成矣。施者日益衆，且耕鑿有收，屢以力易度牒，今其徒甚盛也。又數年，余竊第東歸，奉思相迓道旁，雖不及游，隔溪望之，比舊增麗矣。熙寧中，余奉親之官京師，宿焉。觀基面勢，率如昔言規度，竊自謂事無劇易，特志弗彊與力不及，故每廢而莫興，或有爲而不就，若奉思，可謂有志竟成矣。余方事行役，未暇書也。後余遭家艱，既葬，出淮南，復過其院，觸目悵然久之。比官於朝，緣元祐四年，以明堂恩封贈及泉穸。去秋促予記歸焚黄，而奉思復援平昔言，屬記甚追，且曰：今老矣，幸一觀石刻，雖瞑目無憾。余聞而悲之，且念自初及今，日月纔幾，而忽焉三紀。院僧獨奉思在，而余初弱冠，今亦白髮滿頭。落筆稍緩如昨，則後此數十年，尚誰知本末哉？因書以遺之。旹元祐某年月日。

黄山廓然亭記

邑人黄養蒙

邑治西行六七十里爲湖山，黄山實秀出其間者也。二年，乃得兹山而游，王、葉諸生咸載酒以從。山之巔端，曠若平地，蓋余與諸生傳觴處也。於是諸生遂謀即其地而亭之。坐其中，湖山可一覽而盡也，扁曰『湖山一覽』。小折而山腰爲翠微亭，又折而山麓爲石門，曰栝西第一山。山舊名檳榔尖，諸生更爲黄山，謂山之勝若有待於余也。余嘗聞父老言，兹山實關文運，若上駕以亭，如龍之驤首而思奮，於科第未必無助。余初以其説誕謾，今亭成，而王生養端果獲上第於京師，而謂斯亭之作，不有關乎哉？然則勝又非所論也。

大樓岩記

邑人王養端

大樓岩，去遂昌縣西一百五十里而遠。嘉靖甲子冬十月既望，余與堂兄子智卜樂邱於楊溪雅匯之上，思登兹岩。次日，由竿坑入，不四五里抵山麓，二十餘里至風礱源，又西數里爲宏坑。從村南岡脊燃茅穿石，蜿蜒而行里許，先至一洞，深可旋舟，高容豎纛，即大樓岩也。上有飛瀑，下垂洞口，或散爲飛霰，或灑如過霖，索索淙淙，四時不絶。隔島望之，若陰晴异景，塵凡殊界者，乃龍安洞也。時有黄龍出没其間，世人雩雨，無有不驗，理或然也。余徘徊久之，已從洞東舊路轉折而南，過木瓜洋，下木岱嶺，俯瞰周公一源，上下可數百里，返照入林，野雲抹樹，從遠一望，真圖畫金碧山水也。

雙溪橋記

邑人鄭還

雙溪在縣治之東，上官使客所必經，行旅居民所必由，誠遂昌之要津。杠梁爲怒濤壞去，卧槎接朽，過者重足。正德丁卯，邵公文忠知邑事，思橋梁用木易朽，莫若以石，下搁洞門，上錯石板，築飛閣，設横檻，使其愈久愈堅。於是謀諸判簿典史，復諭合邑鳩石，未畢而遷去。新令張公鉞因視其所未逮而周張之，是以横空贔屭，宛若巨鰲，往來馳驟，坦然通道。行者忘險阻，憩者宜暑雨，咸以疇昔之橋，設棧施釘，礙足沮履，人猶爲便，豈知今日有橋石之底平，梁屋之□爽也。譬若履君子之庭，睹隆平之化，始知驩虞之政爲不足。橋之今昔迥别，不猶是歟？正德甲戌暮春記。

濟川橋記

陳逵

縣衢四達，而北適京，越二百步，有大溪焉。昔人爲橋以濟涉，歲久木腐。前令欲改造，費無所出而止。有獻策許富民輸金贖罪爲費者，予謂：幸人有過，以集吾事，非政也。濟人之心，誰獨無之？期日會議，人德吾語，咸賫金來會，一日得錢三十萬。聞者願出所藏，以後爲愧。乃擇士之廉而才者司其事，以有位望者董之。計工相地，謀易以石，中流沙瀨，基下實則不崩。工人欲盡屏去交木飛梁，而虚其下，惟兩石累埃與木，欲資爲固。余然其言，使畫成規，修二十五步，廣十分之一，屋十有三間，中與兩端爲亭，餘爲廡，翼爲欄。棟高十有一尺，修儉五寸，亭加一尺，修加寸半。其端兩亭，高下修廣適侔，傍磚協檐，以芘梁木，文以藻繪，遠近駭觀如市。兹舉也，糜錢百九十萬，而贏廢日十二旬有奇，不藉官助，如期而成，既壯且麗，可經久遠。衆欲請記於名家，以傳不朽。余曰：若可傳，雖不記，庸豈能滅？不然，侈爲之辭，不能假之使傳也。如欲志其巔末，當自筆之。橋舊名永安，無所取義。藍田趙君書曰：濟川之梁，余聞李文定爲世名相，此其開端之地也。官於兹邑與生兹土者，方將追踵前修，必有紹其遺躅，而後當於兹名云。

邑令林剛中重修濟川橋記

邑人項應瑞

遂之北，距郭數百武，一溪瀠注，舊有橋，馳京省、出甌閩者絡繹争涉，號通津焉。閱歲積圮，棟撓梁折，行道者以爲苦。我侯林公下車問利病，間有以兹橋對者。侯不憚爲民規久遠，庀材鳩工，所爲費不請於上，不假於民，皆侯節縮出之，而民樂爲之用。畚鍤如雲，杵橐成韻，不數閲月，匠氏告竣，址仍舊而勢加峻，顔之曰『濟川』。蜿蜒軒翥，如長虹扞海，漢鵲横霄，履砥視平，凌風濤於趾踵之下，豈惟今日？將使歌坦途、利攸往者，實長子孫，抑何措慮周而成功速若是？噫！非橋之爲侯重，而侯實重橋也。侯故治《尚書》，以濟川名橋，亦本《尚書》曰：若金作礪，若濟川作舟楫，若大旱作霖雨，一時枯者潤而槁者蘇，特侯百度之一小試耳。

唐山記

邑人包萬有

唐山在遂昌縣北一十五里，於栝蒼山爲小祖山。晚唐時，僧貫休結庵於此，居十四年。後游吴越王所，又應西蜀王召而去，頗爲王衍待遇，賜紫衣，號禪月大師。唐山與羅漢之名本此。其路從齊坑山後，後人以東梅嶺遠，複又闢東門塢里上之，有半山亭。又上有羅漢峰，與觀音峰對峙。峰上爲香爐岡，有亭。香爐岡内爲虎跑邱，有泉，相傳爲虎跑出。群峰上蟠，衆阜下距，外寬内密，自爲一區。好事者謂廬山有香爐峰、虎溪、栗里，此足擬其勝云。昔人又稱羅漢爲翠峰，觀音爲碧峰，於禪月庵邊遺址創庵曰翠峰庵，最後即庵稱寺。外此爲水口，於内若低而實高，水聲潺潺，下濺如珠。瀑爲龍湫，遇大雨則澎湃擊石，溪下如練，或有龍寓，六七月常雨雹。北過而下，復有峰曰釣磹。又折有石洞，幽深險窅，人不敢入。從旁攀援而上，至洞脊，壁立數仞，俯視悸不自保。殿前有方沼，有亭，清澈可泿，常蓄金鯽百數尾，聞木魚聲，聚而就食。其地高氣寒，又多飛霧，器用衣巾，時濕如沐。烈風暴發，滿山松篁相撼若怒濤，非氣完神足者，不敢久居也。余輒不忍舍，乃營旁隙地，築草堂三間，以其地之剩也，榜曰剩庵。讀書其中，恒丙夜披衣起坐，俛仰宇宙，氤氳寥廓，欣然會心，物我俱忘。庵之對有小麓，作小亭曰嘯亭，倣孫登之長嘯也。邑大夫莆田林侯，憫先君子之賫志於斯也，命入田爲檀越，請於上臺，以寺後五葉蓮花地畀予，窀穸先君子。而予得以零雨濡霜之時，不忘先人邱墓于咫尺，又可優游林壑，彈琴著書，遂其麋鹿之性者，侯之賜也。予雖不善詩，庵中之咏數什，命曰《唐山寤歌》，附以名賢題咏，因漫記之。

邑令繆之弼

重建前邑令湯顯祖名宦祠記

事有曠百年而相感者，予不知其何心。苟非能爲斯世之所异，則亦不能使人欷歔而不可禁。若臨川顯祖湯公若士先生，資敏學閎博，其所爲文章詩歌，海内知名士誦讀不輟。至如薦紳諸公，日想望其丰采，願一見弗得者。噫！其才名與節操，可不謂异乎哉！先生萬曆間成進士，由博士轉祠部郎，以言謫尉，旋遷令，故平昌得有先生之迹焉。夫以先生之文，其精瑩足以華國，先生之學，其綜該足以經世，他如號令政刑，無不可出入廟堂，佐天子布之優優也。而必屈以百里之寄，置放萬山之麓，且使之鬱鬱久居，此士其所遇异乎？不异乎？乃先生獨不以此介諸懷，治績日益懋，政教日益彰。暇則與士君子課文較射，優游自適异矣，復何容心於當年之華膴與後世之思慕耶！獨是予與先生生同鄉，志同道，官同方，而未獲親承下風於一堂，予之恨事也。然猶幸去先生之世僅百有餘歲，且讀玉茗堂所著，又曷嘗不遙而憶之，而奉以爲師資也哉！况遂人士今日心焉繫之口能道之，惜乎當日所構之射堂，付諸蔓草荒煙，秖得瞻拜其像於義學中，其祀也亦寄焉而已。然則庀材鳩工，用妥厥靈，非余之責而誰與？竊又聞先生喜縱談古今事，第非其人，寧獨居而寡和，余孰爲先生計？如金壇段公宏璧，踵先生後而至者，其治績政聲，大都可與先生相頡頏，先生稔悉焉。原有祠，寖久而廢，後因其址爲營壘，段公何以適從乎？今將舉而祠之，先生應點首曰：得此一人，可以不孤矣。於是乎記。

重建遂昌鐘樓記

邑令繆之弼

八音各自爲聲也。鐘以金，其聲洪，聞足以達遠。聲復從樓出，達又倍焉。余將有事於鐘樓，且止。客問之，余具以實對：夫聲主於虛，聞則聞矣，實將安在？兹余務所聞，得毋虛聲入耳，而令人厭聞耶？客曰：否，否。古明王建大中之極，按域之亢爽，以棲鐘樓，掌於挈壺氏，伺日晷之出内，以爲晨昏節。扶桑啓曙，衆革靈動，疾徐三止，金奏爰作。節以數，凡百有八。聲之所震，無遠不格。天關以開，地户以闢，人文以啓。崦嵫景昧，數亦如之。於是戒百司，飭群隸，令於衆曰：凡興作休偃，毋先時，亦毋後時。敢有不恭，罰無赦。蓋以不如是，則天時不正，人紀不修也。厥後郡邑間有傑其構，巨其鏞，亦所以遵成制，俾民靡或踰於防爾。夫豈侈壯麗而飾觀聽也哉？况考平昌鐘樓，始於宋真宗咸平初年，顔曰啓明。宋元之交，毁於盜。後歷建者，若湯公顯祖、許公啓洪、李公翔，俱歷歷可數。詎辛巳冬，仍前付之祝融氏焉。今觀於屢廢屢建若此，然則諸公皆務爲虚聲者乎？且君吏平昌三載，予將曰循吏，予將曰良吏，知不我受也。易之曰勤勞，當亦無辭解矣。且亦思頩壁生輝，崇報有祠，菁莪得所，伊誰之力？何至於關氣運、奠地脉、昌文明者而偏諉之？是亦未聞以虚聲而收實效之説也。矧聞屠隆氏撰《平昌賦》曰『昏曉天上無常期』，語果不誣。假無鐘爲警醒，將使遂之人癡癡幻夢中而未有已，欲其正天時、修人紀，又豈可得？或試問鐘聲所啓，旦暮有常，而旅迹怯踏板橋之霜乎？簑笠懶鋤西疇之雨乎？深閨倦織機杼之月，芸牕不點愛蛾之燈乎？雖然，尤有進剛愎者知警，柔懦者知奮，漓者使之淳，困者策之舒，頹者振之起，豈非聲教四達而收實效於虚聲歟？予敬聽之，爰購材木於山，就瓦石於陶，經始於壬辰孟夏，趨事者衆，不日告落成，予即以聲教四達額之矣。噫！然猶虚焉者也。

浙閩總督范公諱承謨減荒蘇累記

邑令繆之弼

田所以利民也，豈病民者哉？然土地分沃瘠，而民之受利與病者亦因之。其在受利於田者，含哺鼓腹，日相習而不覺，姑不論；獨受病於田者，無限疾痛，無限呼號，其情不忍聞，其形不忍見，苟有從而憐之且蘇之者，疾痛日以減，呼號日亦息，而其心極不忘，不啻終身，且將傳之子若孫，世世稱述，永不忘其再造也。然而其有難於救藥者，莫過於遂昌。遂爲處郡支邑，環處皆山，十邑中惟遂尤甚，菁峭盤阻，無可井授之區，壘石積砂，杯盂成邱，土不盈三尺，機器無所用，且無深溪大瀦，雨霔猝漲，即溝渠支分，終不足以殺澎湃，宜其旱則憂涸，潦則憂崩，而田不抵價值，空投無受主也。故十赤九貧，貧必逋，逋則束手無策。其始因田瘠而弃者半，繼以田熟而逃者亦半。不惟瘠田荒，而熟田亦荒，此虛絶所由來，而官累所從起也。令惟考成懼勉，據租充賦，而麻縷卵臬，皆得抵正供。縱有善催科者，止能徵有人之實糧，不能徵無人之荒額。一奉起徵之日，即令解任之時，曾誰久於其官，而不苦傳舍乎？前案查除積荒，雖奉蠲而弊竇滋起，故壘之思，民尚猶豫，兼以邃岩僻谷中，蟻聚竊發，不時縱横蹂躪，村懸覆巢，庭鞠茂草，田之荒如故，賦之逋如故，其不忍見聞之情形如故，即疾痛刺心，呼號沸雷，誰復從而憐之，復從而蘇之耶？幸天不遺斯民，賜以福星。范公來撫兩浙間，襜帷初駐，善政難以覼縷。最廑念者，浙荒逋是急，爰簡騎傔從，按行屬州縣。凡所經歷，靡不感湛恩之溥暨也。迨入，遂履畝清丈，舉實在荒額悉減除之，而康熙六年所蠲銀六千二百四十兩之數，不中飽於豪强猾吏，民咸得沾實惠矣。又查出水壅砅塞者盈千畝，爲民請命。幸允所請，又蠲除焉。二者數載賦役全書，班班可考，遂民沉疴，如蠲功德之水，而向之疾痛呼號、不忍見聞種種情形，竟銷歸於無何有。夫民既不苦荒逋，則樂業安居；官不苦參罰，得盡展所長。弼雖來也晚，亦藉沐波潤矣。斯時歌者不輟於口，頌者猶入於耳，且流連思慕，似遲之世世子孫而不能忘若是，其在當日之民，其爲感嘆，其爲鼓舞，又豈若是而已哉！且聞之，民爲邦本，本固邦甯，爲國保民，自足上邀帝眷而遠格蒼穹者。故當年以經文緯武之才，膺出將入相之任，橐鑰入閩，寄重元老，信非偶矣。茲於修乘之日，邑士民請弼言以志不忘，敢不具述公之德與民之情，載之編以垂於不朽，且自勵，并使後之令茲土者相觀感，而民享利於無窮也夫。

檢踏災傷記

邑令繆之弼

旱與潦皆災也，惟潦爲更甚，此古聖人所以溺。若已溺，無日不惄焉神傷，而亟亟爲之補救也。予少時讀孟氏書，慨然想見神禹之勞，而拯溺之志不覺悠然興矣。詎意來宰於遂，崇山環抱，當年橇乘所不經，雨傾水氾，民胥苦溺焉。然而遂之苦溺也，又奚啻於水哉！自民之溺於潢池，流離失所矣；自民之溺於逋賦，俯仰不給矣；自民之溺於畏葸，氣運弗振矣。以至溺於頑殘，而小忿不顧頂踵；溺於刁健，而公庭枉罹箠楚；溺於貨利，其逡巡退縮，即義舉當爲，每釀至於廢墜。民溺若此，予焉敢自溺厥職而不爲之拯乎！以故折衝禦侮，而鯨浪静也；查墾抵荒，而財源疏也；建學設教，而道脉澄也。挽其末流，民知保身之爲大；息其風波，民鮮架詞以滋擾。若不吝薄俸以倡諸建置，俱於遂民少有濟，夫復何溺焉。無何，秋七月，雨。雨且霪，四方來告衝突者紛紛，豈人事，抑天道耶。乃按所報，履其畝，土裂而石塞，沙漬而苗没者，雖不多槩見，然此實下民脂膏所從出，粒食所自來，軟言以慰，安得不開造請抵，稍拯其溺乎。及至新路垵，地形勢最窪下，農人悉蓬居，水至知避者，蓬所有咸歸於陽候，稍不及，左右無援，人抱蓬隨波逐流而去，此閩人盧于成一家五人斃焉，何其慘也。於是集物溺者，量給銀米，以安其生，爲人溺者，厚資埋葬，以恤其死，則所溺者，於我兩無憾。他如隄堰溺於水，勸民以預爲之防，橋梁溺於水凡十三道，估其費而半卒之。利有攸往，誕先登岸，而於力補地維，庶幾近之夫，然後嘆曰：遂之溺，己溺也。己之溺，甯獨無有視爲己溺者哉。

查熟抵荒記

邑令繆之弼

遂邑本山城，鮮大村落，連阡陌平疇罕覯也。杯邱盂畝，半受陰障於山麓，農人常嘆嗟五穀不豐茂。及天雨滂沱，山水夾發，漂其苗且没其田，較逼近江河者更慘。以此遂民困苦於虚賦，不得不有抱田而哭之勢也。自康熙九年少保范公撫浙，稔兹累，按畝得實，具題恩豁，并康熙六年所蠲，共減除荒額，而瘡痍由此一起，遂民感戴弗休。奈二十五年天復不愛斯民，又雨如向所云，漂苗没田者殆過之，顧安所得少保公再來而起其瘡痍乎？於是田荒者不得不逋，逋積者不得不逃，逃則并其熟者皆荒，任有力者侵踞，彼且以爲樂事，而不知虛額仍存本户，官每按額催徵而已，安計其某多熟而某多荒耶？前令有行之者，其於荒不招墾、不勸開，間查有熟浮於額之户，每畝利其入。有力者咸得抵除，獨有朝夕不飽之窮民，囊無餘貫以從事。是以其荒永荒，民累不已，官累無休，何以爲官之後至者地哉！余自入平昌，幸沐皇仁，將四十七年以前之積欠而蠲免之。民不苦桁楊，官不罹參罰，何浩蕩一至於此！第荒額之根柢未除，上下交困，不旋踵而至。欲善其後，則莫若查熟以抵荒。乃於五十年正月内，請詳各憲，均蒙許可。隨布諭自首免罪，力矯前弊，錙銖不染，民樂從已。得首墾田一千三百餘畝，而所呈報有額，真荒數浮於熟，又不憚履畝親看，以次按之魚鱗册籍。所報符同者，將首墾田抵之，而且先及窮民小户，清册呈報，允行在案矣。又嘗入鄉勸民開墾，至三十畝者，給以獎賞，若赤貧者，牛種是資，民盡力於耰耡。三年内得報墾田五百餘畝，俟之六年升科，將爲大户抵補焉。余雖不敢曰瘡痍頓起在此舉也，然而私開者得免於隱匿，逋欠者得免於追呼，徵收者不累於考成，愚者一得，頗堪自信。客曰：憂國憂民，甯外是哉！盍記之附諸乘，以示將來乎？余因得吮墨而命管子。

重修儒學記

邑人翁濤

邑之有學，聖靈實式憑之。故必恢宏壯麗，焕彩騰輝，以肅之觀瞻，以示之風旨，而後士蒸蒸然起，收效於一日。故常衮設閩校，而鸞鳩更風；文翁興蜀學，而蠶叢頓化。而况王風翔洽，文明夙啟之鄉哉！方今聖天子崇儒重道，遠軼百王，御製孔子暨四子贊，且灑宸翰，製萬世師表額，頒郡縣。兹復詔以朱子配享十哲之次，其昌明道學，陶育人才之至意，昭如日星。凡百司牧，莫不欽承，以尊聖葺學爲兢兢。慨我遂邑，蕞爾介萬山，土曠人稀，積荒賠累，兵燹洪水，爲患頻仍。莅斯土者，往往視爲傳舍，其肯任修舉之責者，屈指十不得二。以故黌宮庭廡，崩漏傾頹，亦已有年。邑侯繆父母下車，瞻謁先師，嘆息久之。以時絀不可舉贏，爰於莅任之明年，捐俸鳩工，視其朽蠹者易之，傾圮者復之，簡陋者文飾之。若文廟，若兩廡，若戟欞星門，瓴甓榱題，豆籩几案，無弗釐然整飭，丹雘輝煌。始事於康熙庚寅之秋，迄辛卯春而功成，誠數十年僅事也。或曰：侯科第傳家，今日之役，酌流而不忘源，登枝而不捐本之意。予曰：唯唯，而侯之意正非徒爾也。侯誠灼見夫我遂人文舊地，今則陵替已極，庸詎知元化之樞不復轉，斯文之軸不再旋也。於是急謀振興，遂多士耳目既已改觀，心思因而競奮，將闇修在道德，表建在事功，聯翩接武，樹駿流鴻，仰副朝廷作人雅化，賢父母愛士深心者，不具在斯耶。泮宮芹藻，魯邑絃歌，我侯有焉。濤不敏，敢拜手而爲之記。侯諱之弼，號勗岳，崇仁人，庚午鄉進士，廉能明敏，百廢具舉，此其一事云。

進宋儒朱子次于十哲配饗記

邑人鄭士楨

恭逢皇上御極之五十一年，特焕綸音，布告天下，以宋儒朱熹次于十哲配饗文廟。士楨一介儒生，俯伏思維，知我朝崇儒重道，實遠軼乎前代也。蓋從來功德極盛，與日月争光，即不得以時代論，而功之所以稱盛，則莫大于正人心、維名教。我至聖先師雖處窮阨，而惓惓之意至老不衰，不得已而托之著作。此其心爲甚苦，而其功乃在于萬世。至《春秋》一書，尤幾希之存，危微之介所由係也。及其門者親炙至德，闡發微言，允宜俎豆千秋，同垂不朽。若子思、孟子固已自居私淑之班矣，而其明道統闢邪説，使悖亂者流怵然若雷霆之震懾，則其駕諸賢而與顔、曾并列也，誰曰不宜？踰千百載後，得朱子考亭發憤傳述，昌明道學，發孔、孟之秘鑰，揭今古之迷燈，其《集註》《集傳》固已爲功至聖，而《綱目》之作又復直接麟經，不既與子思、孟子同爲繼述者哉？乃世之學者以濂、洛、關、閩同稱，而聖意特隆，則以萬世之名教首在君親，而萬世之人心無過忠孝。朱子之盛于諸儒，猶思、孟之盛于諸賢，皆不可以時代論者也。歲在壬辰仲夏，邑父母繆侯欽承詔旨，飭主偕邑博紳士潔牲幣而奉之，適當纂修邑乘，士正得參史筆，謹以此盛典恭紀梨棗，垂不朽焉。

東義學記

邑令王燈

東方生氣也，義學發蒙之地也。物生必蒙，蒙而無以發之，則生機窒矣。發生之氣在東，故發蒙之地必於東。周禮小學在王宫之東，諸侯避天子亦在公宫南之左，皆以迎發生之氣也。故賈誼言旦入東學，蓋學必於是乎始焉。遂昌社學舊有四，已而皆廢。康熙三十八年，知縣韓武建義塾於泮池左，顔曰『不息樓』。四十八年，知縣繆之弼改爲東義學，其有見於發蒙之義歟？其後繆公重興南西北三義學，以復古四社學之舊，置田一百二十畝爲之資而分給之。及繆公去，東學毁，餘三學亦廢。雍正三年，教諭陳世修於儒學左建學舍二十八間，收四學之田悉歸於東學，而儒學經理之。乾隆二十五年，教諭沈德榮、訓導王世芳復廣其廬，大其閎，延師以主教事，於是東義學之制始備。歲辛巳，余莅是邑，亟爲之塈茨丹雘，而揭發蒙之説以告之。夫東方爲仁，惟仁者爲能教不倦，願司教者本之以仁，爲九二之包蒙，毋爲上九之擊蒙，庶幾其協時中之亨，而有以成養正之功焉爾。

南義學記

邑令王燈

東學爲發蒙之地，余既著其説矣。然物之生也，必待其長，故春生而夏長之。夏於卦爲離，於行爲火，於位爲南，萬物相見，有文明之象焉。惟學亦然。然則南學其可闕歟？遂之南義學雖僅存，而脯修膏火之資闕焉，故學存而實廢。余乃延名士以爲之師，招邑之子弟使就學焉。適有盤坑無主田三畝有奇，三寳山廢寺田二十九畝有奇，即取以爲南學修膳之資。且俾爲之師者，自收其入，庶侵漁乾没之弊，無自作焉。經畫既定，乃以愛蓮表南學之堂。夫蓮之爲華，發於盛夏，禀正陽之色，處於卑下，而自耀於光明，芳豔絶世，而不失其爲高潔，故昔人以爲花之君子。余以是命之，將使游是學者，咸自勉爲君子，彬彬焉以揚盛世之文明。此余興起南學之意也，學者其可不勖！

北義學記

邑令王燈

北學，古有之矣。先儒之説禮者，皆以處庠爲北學。記曰：書在上庠。上庠，虞庠也。書以載事，事爲質，北方幽陰亦爲質，故書在焉。又曰：冬讀書，典書者詔之。冬爲萬物之所藏，太陰之所居，故於北學爲宜。大戴禮又言：夜入北學。蓋冬者歲之餘，夜者日之餘，冬也夜也，皆誦讀之候也。觀此，則北學之爲益也昭昭矣。遂之北義學舊爲戎伍，假以居詩書之府，久爲弓馬之場矣。乾隆十五年，知縣黄培任始復之。十九年，知縣宋世恒始延師以掌訓課，而以天寧精進寺田爲之資。然田甚瘠，所入單尠，不足以充修脯，故講學者怠。余知其然也，乃以心定庵田十二畝有奇增益之，其制如南學。由是北學聿新，絃誦無輟。易之説曰：坎，正北方之卦也，勞卦也，萬物之所歸也。今而後，其勞之而得所歸乎？

引官陂堰水溉東郊田畝記

邑令王燈

西郭官坡堰，水北流而入溪，東郊有田百餘畝，十日不雨則苦旱。然西堰地高，水北趨，其勢順，故東郊常爲灌溉之所不及。辛巳歲，余莅平昌，客言前之官斯土者，屢議決堰溉田，迄無功而止。余疑之。夫水性無常，決於東而東，決於西而西，皆人力爲之耳。昔史起鑿漳水魏之河内，以富鄭國；鑿涇水關中，遂成沃野。今人縱不及古人，豈區區一疏瀹之勞，而亦諉之乎？越數月，祀北壇，過官陂堰，徘徊瞻眺，終未了了。於是息輿駕，卻僕從，履草萊，歷阡陌，察蹊徑之紆迴，度阪隰之隆庳，農夫牧子翹首而訝，不知余爲何事也。已復沿山麓入拱宸門，過君子坊，繞北隅街，歷縣署後，徐步而至東郊，見地形漸趨而下。余竊計曰：得之矣。然下車伊始，民不吾信，遽興是役，是未惠民而先擾民，非計也。及癸未秋，時和年豐，訟簡獄空，政事閑暇，適有公財納庫。余喜曰：是可以成吾功矣。亟招民夫，縣以重賞，負鋤荷蕢，集於村墟，循余徒步之所周，并力而疏濬之。壘石爲溝，深廣各五尺，延袤十里，不日而成。導西堰之水，洄漩曲折，而達之東郊。東郊之人，方疑水之從天而至也夫，而後可無慮於炎暵矣。然不僅東郊之田蒙其潤也，水出拱宸，過北隅，徧繞民舍，清泉當户，滔滔汩汩，可濩可澣，取攜甚便，挹注不竭。昔宋丁氏鑿井於庭，自謂日得一人之力。今北城之民，不日得千人之力乎？是役也，雖不如鑿漳、涇二水之功，而已較勝於鑿井之利矣。姑志其本末，以無忘此日之勤。

東關橋碑記

邑令王燈

平昌，山邑也。環城皆山，岩岫重複。雙溪自西北繞山而來，屆東郭外而合。於其合也，昔人爲梁於其上，曰平政橋。橋之制，叠石以爲墩，孤峙特出，與水爲敵。溪流駛悍，勢不能勝，橋用以壞。屢作屢廢，迄用無成。於是維楫以渡，置田以贍之，歷有年所，未有修而復之者。余莅是邑閲四載，政之當爲者，略修舉矣。獨念邑在萬山中，三面皆峻嶺，而東獨下溪流注之，地勢所趨，氣用沮泄，靈淑之漸微，敦龐之漸漓，或繇于此。昔之建橋者，蓋有深意焉，非徒利濟涉、便往來也。今顧以橋之難成而廢之，可乎哉？抑又思水莫大於河，古今水患河爲甚，然可隄而固也。浙江之潮壯矣，而捍潮者爲坦水以緩之。今溪澗之漲，雖一時暴怒，固非河與浙江比，誠舉治河與治潮之術，參取而兼用之，事可集也。謀之士庶，僉以爲宜，輸材獻力，踴躍争赴。乃臨溪而營度之，自北而南，作爲横隄，高可十五丈，長可八十丈，於隄之中，踰十丈而爲之亹，亹旁立石如棖，棖之上覆板以成橋。凡爲亹者五，亹之高下，參錯不等，俾水得次第分流，以殺其勢。隄之前後，各布坦水，水來則迎之，水去則送之，或驟至，則任其漫隄而下，毋與角焉。經始於甲申之十月，不百日而竣，蜿蜒其長，侹侹其平，邦人聚觀，耄孺相慶，乃易平政之名，命之曰『東關橋』，以寓關鎖東流之義。復慮縣治十四等都，山深樹茂，民之孳孳求利者，伐木叢委岸側，伺溪漲，猝然放下巨木，乘流直卸，大爲橋害，乃設厲禁而始勿敢焉。今年春，久雨緜積，溪漲奔溢，橋故無恙。余巡覽橋隄，顧而嘆曰：夫溪流非昔盛而今衰也，橋之制亦非大有异於昔也。惟是昔也逆之，今也順之；昔也蹙之，今也紓之。順其性，紓其勢，使之坦然以趨，暢然以達，而無壅閼迫束之困，則水無惡於橋，而橋於是乎無恙。譬之人，方其盛忿疾怒，驟而抑之，必愈奮而不可解；款款而導之，徐徐而待之，則涣然釋矣。觀於此，可以悟應物之理焉，可以得治人之術焉，獨橋乎哉！余既幸斯橋之成，又願後之君子隨時而維護之，庶斯橋之不壞也。爰志其本末勒於石，樹之橋側云。大清乾隆三十年歲在乙酉秋七月知遂昌縣事西蜀王憕撰。

石練接衛橋碑記

邑令王憕

遂邑十九都曰石練者，邑西之名鄉也。其山有大樓、天馬之竦峙，其水有龍洞、練溪之瀠洄。去邑既遠，風會斯聚。明崇禎間，嘗欲建爲練溪縣，已而不果。然其村隖幽邃，氣俗淳樸，有可觀者。

綀溪之上，架木以爲梁，洪水奔激，旋作旋壞，行旅病涉，人用咨嗟。里人劉楫、吴國賓、吴國梓、吴國顯、吴文炳、應廷魁等，謀爲石梁，以奠永久。諏度既定，撓之者百端，黽勉艱瘁，乃克有濟。余來宰邑，實贊成之。經始於庚辰之秋，告竣於甲申之夏，閲再閏而橋始成。蓋功之鉅，而成之實不易也。余適以公事過，見夫屹然峻址，軒然華構，亘如虹連，赫如翬翔。偉哉！其是鄉之壯觀與？里中父老相率請名，且乞文以紀其事。余觀外塘之巒，蜿蜒若赴；案山之坡，逶迤若迎。而溪流間之，得斯橋而宛如聯合，顔以接衛，無以易也。抑余更有感焉。夫人之目爲也恒重，其爲人也恒輕。余所過城市聚落，煙火之稠密，甍宇之潤麗，有什百於此者矣。然而溪之湍，澗之瀨，猝然而漲，阻於濟涉者比比也。今是鄉特區區百餘户耳，謝以力所不及，孰有從而責之者？而乃謀之審，任之重，持之堅，不搖於浮議，不奪於豪力，綿歲積月，敦敏不怠，卒以成就。以視夫廣鄉大邑，席多藏，擁厚資，坐視濡溺而不顧者，其人之賢不肖何如也？嗚呼！是足以風矣。繼自今，有聞是鄉之舉而興起者，則而象之，踵而行之，其爲利賴，曷有極乎？余故應里人之請，綜其始末爲之記，以爲樂善者勸。

文昌閣記

邑令王憕

文昌六星，其六曰司禄。説者以爲名禄之所從出，士之志科名者，必祝焉。遂昌之士，名不挂於科目者，踰兩甲子矣。乃謀奉文昌神而祀之，庶幾陰相而默佑者，顧不得爽塏之地而建宇焉。邑西北四里，有妙高山，秀拔孤峙，竦出雲際。癸未重九，余振衣而上，直窮其巔。群峰圍繞，如拱如揖；雙溪縈注，若襟若帶。天窅然而高，風泠然而清，蕭寥虚曠，超邁塵俗。絶頂之下，有田十餘畝，巒岫迴抱，竹樹參列。有僧廬焉，老屋三楹，塵埃委積，荆蔓蒙翳。余慨然曰：天生佳境，而無人力以發之，幽奇勝妙，淪晦終古，是負此山也。盍闢之以爲文昌之宫乎？歸而謀之邑人，僉曰：善。於是鳩工庀材，徙僧廬於左，而建文昌閣於其中。閣之前，濬池廣二三畝，植以芙蕖。池上爲奎星樓，與閣對峙。樓下繞以迴廊十二，屈曲相通。樓之外，層列三亭，最高者曰望遠，稍下曰朝暉，再下曰聽泉。没崖植松杉桃李，以補峰巒之不足。山半爲亭，曰引亭，以供休憩。山外立坊爲表，易山名曰文昌山，大書以揭之，所以兆是邑之祥也。甲申五月，率邑人奉文昌之像於閣，端儀有儼，晬容有穆，光華焕炳，如動喜色。憑闌而眺，則嵐翠濃淡，煙霏明滅，向之隱没於荒凉翳薈之中者，莫不争奇競巧，呈獻於指顧之下。千年湮蔽，一旦軒露，群情歡忭，交口贊善，比之崑崙閬風，非塵壒中所有，斯真可以妥帝君之靈，而兆是邑之祥矣。乃以公田六十籠隸焉，以供春秋報享之用，且謀廣其齋廡，俾諸生得肄習焉。庶幾研摩講貫，學成業修，振詞鋒，拂文鋩，奮迅而出，吐百餘年來抑塞壅閼之氣，使人知神之休應，昭赫顯著，余亦得載名兹山，以垂不朽，豈不盛哉！諸生勉旃，余且拭目以俟。

奎星樓記

邑令王憕

文昌之星，與斗魁相連，故世以魁星爲主文之星。然北斗七星，一至四爲魁，魁爲璇璣。天文家言魁之所主者衆矣，獨不言其主文章。以予論之，主文者乃奎星爾。懸象之麗天者，莫非天文。然惟奎十六星，鉤連屈曲，有若篆籀，爲文字之象。故從來綴文之士，稱御製曰奎章，稱御書曰奎畫。蓋天文之麗密者，莫奎若也。奎之分野爲魯。魯，禮樂之國也，聖賢萃焉。宋之興也，五星聚奎，實啟文治之盛。學問文章，至宋而極。後人論述唐、宋之文，謂之瀛奎。徽宗時，道士奏章，久伏不起。上問其故，對曰：值奎宿。方奏事，上問奎宿爲誰，對曰：本朝蘇軾。然則主文之星，非奎星歟？予既建樓於文昌山，復正其爲奎，而著其說。他日此邦之士，摛文掞藻，以近天子之光，和卿雲，賡卷阿，仰奎章之炳爍，捧奎畫之璀璨，然後知奎星之爲靈昭昭也。蓋天下之祠奎星者自此始。

文昌山記

訓導王世芳

平昌城北，山名妙高，岩石巉絶，屈曲紆迴，人必傴僂策杖而登，有半途力竭思息者，掃葉席草而坐。子竊以爲高則高矣，妙猶未也。乾隆辛巳，邑侯王公憕以西蜀孝廉來牧兹土，甫浹歲，廢興墜舉，紳士以文風不振，亟請於公，求祀文昌帝君。公欣然擇於妙高山之巔，相度形勢，經畫規宜，庀材鳩工，不期月而告成。於是游覽者有級可登，有亭可憩，徐步於茂林松柏間，不覺昔之苦高者，今已覺其妙矣。乃瞻臺閣，俯視清池，四顧峰巒向背，適意忘歸，則又妙而不見其高矣。且逍遥於塵俗之上，留連於煙霞變幻之境，酌酒吟詩，與我同游者，群呼爲文昌山，而并去其妙高之名矣。夫士人之崇奉文昌，欲開文運，會際風雲，以佐郅治之隆也。然文運之由闇而昌，必士人握管咿唔，得文入妙來之趣，則應昌時，膺高爵，不啻山之層級而升。故妙即隱於文之中，高亦寓乎昌之外。妙高也，文昌也，二而一之者也。況乎宇内名山不一，或以形傳，或以神傳也。昔之妙高者，山之形；今之文昌者，山之神也。公今從衆而命名文昌山者，公之意其在斯乎？

文昌山王邑令生祠碑記

嘉善章愷

皇上四幸江浙之歲，平昌令王公延予主文昌山講席。三月既望，遂臻乎是山。山去邑四里而近，初陟山麓，有亭翼然，曰引亭也。行一里許，翠壁迴立，飛泉懸注，曰聽泉亭也。歷磴而上，岡巒敞豁，拱揖群岫，曰朝暉亭也。再上，則萬松攢列，聲動竽籟，危檐疏檻，掩映林木，曰望遠亭也。循亭而下，忽爲平田，坦然而夷，窈然而深，衆山環之，如垣如墉，傑閣峻起，屹乎中央，曰文昌閣也。飛樓前聳，與閣對峙，曰魁星樓也。樓之下，泓澄演漾，不鑿而成，曰翰墨池也。由閣後而升，則公之生祠在焉。邑人感公德而作也。訓導王先生爲之記，揭於壁，述公之德政略備。居二月，邑人礲石祠下，請予文之。予謝曰：王先生記之矣，予何言？邑人固請，乃按其記而次第之，曰：公寬厚仁恕，不尚徼察，而物無遁隱，律躬清峻，苞苴不行，鋤强暴，植良善，拯單寒，卹鰥獨，易直慈愛，力敦惠化，訟鉅稀簡，獄犴虛問，乃搜訪利病，百廢具舉。城北溪岸就圮，患及廬舍，乃築堤捍之，居宇奠焉，民號爲王公堤。城中畏火災，乃釃城溝以爲之備。東郊地高亢，常苦炎暵，乃鑿渠引官陂堰水而溉之，田用膏沃，歲比有秋。東廓外雙溪滙流，舊嘗有橋，屢作輒壞，乃作爲横堤，堤之中爲之竇者五，竇旁立石覆板以成橋，堤前後各布坦水，水無怒激，橋用完固。王村口去縣遠，棚民雜居，北界與衢郡接，宵小伏匿，乃建營廨，請益軍戍，資衛禦焉。邑故有三義學，皆曠廢，乃延師督課，收廢寺田以贍之，膏脯有加，絃誦增勸。復闢文昌山，簡諸生之秀异者，俾肄習焉，月再課之，躬自董閲，士争嚮學，儒風丕粲。邑志不修且久，乃開局纂輯，發潛闡幽，不漏不濫。凡此皆公政之炳然者也。方今天子仁聖，治道明備，郡縣吏奔走率職，且幸無過，才略稍异，則美遷峻陟隨之，視其所治，常若傳舍。獨公以沉默簡靖，不思表暴，安於下邑，不鄙夷其民，日求其所欣厭而罷行之，孜孜汲汲，常恐不及，視謀其家事，反有踰焉。此古循吏之用心，匪可求於今也，邑人何幸而遇公哉！然公政日有聞，徽懿昭焯，終不可掩，美遷峻陟，行即及公，邑人戴公德，思久依芘焉，將不可得。拜公祠者，如見公焉，此祠固不可少也。抑予更有説，公之政以實不以文，邑人誠德公，當益相濯磨，父戒子，兄勉弟，士奮於學，農勤於業，毋酣嬉，毋鬬辨，敦龎粹茂，進風俗於醇古，俾公之澤益延而長，益恢而昌，以著公德於不朽。凡所以報公者，當以是爲鉅，區區一祠，未足云也。於是邑人合辭言曰：敢不勖。遂書之。山舊名妙高，曰文昌者，公所命也。公名憕，字平甫，號章伊，蜀之廣漢人。乾隆三十年歲在乙酉秋七月，賜進士出身翰林院編修加一級紀録三次。魏塘章愷頓首拜撰。

王邑令生祠碑記

訓導王世芳

遂邑侯王公，諱燈，字平甫，號章伊，西蜀漢州孝廉，來牧兹土，于今三年，政通人和，百廢具舉，民感之于心，而思存之于目，搆生祠于文昌山，請一言爲記，刻石以垂後，公勿許。民曰：公自乾隆辛巳下車，以邑之四義學久廢，乃延師分課，撥寺田而益修脯，貧苦單寒之子得以就業焉。以城北溪岸漸坍，民廬將付波臣，乃築塘捍禦，今稱爲王公堤焉。以東郭之田百餘畝常苦旱，乃開渠引官陂堰水而灌溉之，此日已成膏沃焉。以王村口離縣寫遠，蓬民襍居，北界下接三衢，匪竊潛來，乃請調營員，建弁署，添兵房，就彼駐箚，而地方得以敉寧焉。以文風不振，科目無聞，乃于妙高山建文昌閣、魁星樓，繞以亭池，植以樹木，一時盛事，而多士奮興焉。以東城外要津，雙溪合流之所，昔人建橋無功，行旅病涉，乃獨創奇謀，築横堰，鋪坦水，竪條石，洩狂瀾，上覆板以成輿梁，竟爲千秋不朽之基焉。以邑乘年遠，事未備而善未彰，乃設局纂輯，搜括無遺，而發忠臣義士孝子節婦之潛德幽光焉。凡此皆公三年内之美政也。至若禮賢士，絶苞苴，鋤强暴，恤孤寡，片言而獄折，外嚴而内慈，此又公之游刃事耳。昔我邑若士湯公揚名于前，口碑猶在，今我王公繼美于後，食德方新，豈湯公有生祠而王公可無生祠乎？豈湯公之民是民知有所去思，而王公之民非民獨無所思于今日乎？公雖不欲，民何能已也。于時相率而請于余。余思夫子曰辭達而已，孟子曰勿以辭害志，余學淺才陋，不能文藻富麗，且恐工于富麗而反失真實之美，故就民所言公之持身行政而記之。今公三年報最，倘遂人有幸，借公數年，其惠民之績必更有加焉。余當續爲之記。

王邑令生祠

嘉善章愷

中和樂職文章手，來綰山城長官綬。不嫌蕞陋拂牛刀，起廢扶僵滌瑕垢。西陂引水溉東郊，壘石成梁壓怒蛟。夜雨一編搜志乘，春風三塾聚絃匏。更念儒科荒未破，開山高列文昌座。盡招髦士入山堂，菡萏香中程夏課。邦人戀德起生祠，便就山頭架畫楣。望遠亭邊萬松樹，枝枝總入召棠詩。諸生愛公願公住，公亦頻來覈章句。鹿鳴譜罷有餘功，更學公裁洞簫賦。

朝暾山武廟記

邑令王憕

夫事有不可爲者，待乎時也；功有立可成者，乘乎勢也。遂邑東關大橋，衆士同心，共勸厥功，余既記其事矣。第當其始，砂磧爲津，磊砢爲坑，加以排決之功，日用千夫，并力疏濬，積石畔岸，簣土成陵，而名之曰朝暾山。余每徜徉其上，俯視橫杠，遠矚城市，烟光凝聚，林麓向背，一如長空之展圖畫，不覺顧而樂曰：安得設小亭于此乎？然而過任之舉，父不得于子；無已之求，君不得于臣。大橋甫就，物力維艱，未可以游觀之所而與多士商也。丙戌之秋，余偶過牛山之麓，見廢廟于荒烟蔓草中，近而視之，内供武聖像，垣墉剥落，椽瓦飄揺，棟樑猶存，斵而小之，尚不至盡歸于朽腐。爰捐清俸，改遷于朝暾之山，前立碑亭，中建武廟，後設大士閣，左右繞以廻廊，經之營之，不傷民財，不勞民力，而東關之勝始具焉。故曰：待乎時，事可爲也；乘乎勢，功易成也。余非好事喜功者也，欲使人知朝暾山之所由來也，故記之。

校注

〔一〕公：刻本脱字，據文意加。

〔二〕故：光緒《遂昌縣志》卷一作『古』。

〔三〕原刻本錯簡，以下至『多士勖哉』，據光緒《遂昌縣志》卷一補。

〔四〕原刻本錯簡，自『重修儒學記』至『尹堯庵之淹博』，據道光《遂昌縣志》卷三補。

〔五〕原刻缺頁，以下至『此鵠彼彀』，據光緒《遂昌縣志》卷一補。

〔六〕原刻作『風』，據道光《遂昌縣志》卷三改。

〔七〕刻本該頁文字缺失，以下至『事上臨下』，據道光《遂昌縣志》卷九補。

〔八〕刻本該頁文字缺失，以下至『於是乎相度形勢』，據道光《遂昌縣志》卷九補。

卷之十

藝文志

文、諭、贊、賦、頌、志銘、書目、序〔一〕

文

遺祭遂邑城隍文　分守道勞堪

堪受職於皇朝，謬典二郡。神承符於天帝，永護一方。疆土司存，陰陽表裏。怠職弗任，厥罪惟均。堪莅兹土以來，夙夜戰惕，惟此下民是憂。乃者雨暘愆期，夏麥浥爛，災青交境，赤子流亡，固堪之弗職也。然神血食兹土，以爲我民主，抑獨無念乎？竊聞之，郡神擬郡大夫秩，邑神擬邑長吏秩，則堪又僭附總守之責矣。乃敢與神盟，自今伊始，若旱乾水溢，歲罔有秋，以困我民，則是神之不靈，以忝天帝也。堪將齋虔告於太元以請罰，神其無悔。若黷貨剥衆，敗乃官常，以殃我民，則是堪之不肖，以忝皇朝也。神亦虔告於太元以請罰，余又何悔。幽明互鑒，曷容欺焉。菽水定盟，庶幾聽只。謹告。

祭平政橋文

邑令池浴德

惟橋陸通蒼梧，水朝甌東。夙緣築石之未就，兹乃採木以鳩工。諏日既吉，大衆攸同。徒杠已先乎歲隙，輿梁不廢乎春農。徵宗坊之尚義，睹結架之增崇。虔告土社，默相經營。浴德等敢不正刑賞而僭濫以息，楚河無中返之恫；平紀綱而乘輿罔事，鄭洧謝小補之功。有醴斯潔，有祀斯隆。

給相圃租石移文

邑令湯顯祖

爲育養學校，以垂久化事。萬曆二十二年八月十八日，據本縣儒學廩、增、附生員徐榮、李春芬、華牧民等呈稱：臺下創建射圃，陶鎔士類，千載奇遘。復蒙發租資給修葺，已經學師會議，遞年諸生在圃肄業，輪推一人管收前租，除葺屋宇外，餘租照數分給諸生膏火之助等情到縣。據此，看得遂昌學宮隘窄，旁無書舍，有社學四所，俱淺小無房。本縣重建射圃，兩旁書舍共三十間，聚諸生有志者日夜誦習，僻邑得之，號爲盛事。但恐以後無人守視，容易圮壞。因查本縣城隍廟僅廟祝一名，食田二百三十籮；壽光宫道士三名，食田至二百五十籮。夫費國租以養游食之人，不若移以養菜色之貧士。今於城隍廟廟祝糧内撥田八十五籮，遞年遴擇諸生主之，以歲請教官查視修理，稽核實數，年終開報，以免欺冒。又於壽光宫中撥田一十五籮，與住相圃人看守門墻，庶射堂不致圮壞，而諸生永得矍相之觀矣。具由申蒙提督學政蕭批：據申，具見該縣作興教育盛心，如詳依行，繳。據此，牒學遵行去後，所撥出廟宫田租土名田畝，若不刻石備照，誠恐年遠不無更易移换、冒費侵漁情弊。今將中允文移并撥過土名田畝租額，逐一備細開列其左，以示後來，毋負本縣作興學校至意須至碑者。

創立義學清田養士詳文

邑令繆之弼

爲詳請分給田糧，永贍義學，以廣教思，以垂久遠事。竊照我皇上崇儒右文，菁莪棫樸，久道化成。而又於各省鄉試屢行加額，且際六十萬壽之年，另舉鄉、會兩試。其所以鼓勵人才者，雖極之前古後今，而不能媲美其盛者也。兼以憲臺造士念切，作人化溥，多士罔不樂其陶鎔。卑職一介俗吏，百里岩封，敢不振興文教，以實心而行實事乎？查遂邑自宋迄明，人文蔚起。不期九十年來，鄉薦無聞，士風頹靡，令人不勝今昔之感。此固爲學者之不衆，抑亦司牧者其於鼓勵未嘗加之意焉爾。考遂從前亦曾建有社學四所，廢弃已百餘年。後邑令韓武於三十八年間，東隅創義學一所。從來無人肄業，空存其名，故行之亦未盡善。卑職於抵任後，即捐俸延師三人，立學三處。其在東者，則仍韓之舊，加以葺修，是爲東義學。其二處尚假民館從事，豈計之長遠者哉！爰捐俸銀，鳩工於西、南、北各隅，又創義學者三，約計共費銀一百餘兩。於是學廣而教宏，四方有志者可以負笈而相從矣。然而義學雖設，非有恒產以作延師之費，其曷能久？卑職查遂原有田，向爲葉讃父子侵吞其半。自四十三年間，蒙府審斷歸學，遞年生員八人輪值收租，借以修學爲名，多爲經管中飽。卑職力矯前弊，清查出贍田一百二十畝七分，每年該編銀壹拾壹兩壹釐伍毫，以四股均分，每學得田叁拾畝壹分柒釐伍毫，該納糧銀貳兩玖錢貳分伍釐叁毫柒絲伍忽，按額立爲東西南北義學之户，令遞爲師者掌焉，外此者不得干也。第其田有限，除供賦外，而所羨無幾，益其束修之不足，是又責在有司矣。獨是有司莅兹瘠土，又值弊剔風清之會，探囊維艱，除收羨租外，自後酌議每學再給修金捌兩，不亦易舉而經久可行乎？卑職管見若此，煩乞憲臺敕批舉行，現在續修邑乘載入其中，以杜侵蝕。庶義學永遠不廢，士子咸知奮勵，踵接前武，盛復當年，不惟遂人士長沐浴於憲臺教澤汪濊之中，即卑職一片作興苦心，亦庶幾無負矣。至於學校，自卑職視事之初，已經倡率修理完備，雖不能金碧輝煌，而丹雘塗塈，亦可謂焕然一新。其或歲久年遠，不無飄摇之患，又在遂人士與有司共圖之。况又有項、徐兩姓所助之學田，在後之人斷不得藉口修學，而於此學復萌希冀之想。其四處義學，掌教有司同儒學擇其學問淹博、行履端方、克盡厥職者司其事，諸生中毋得覬覦以滋弊端也。

論

大易統論

邑人 項世臣

太極之理，實而無形，惟其附於氣而形見焉，六十四卦是也。自人生而後，則形顯而理隱，故人日習於形而昧於理，與形親則與理疏。然衆人役於形而爲形用者，聖人純是理而踐其形。理者，統遠近古今而一於常者也。形者，有遠近有古今而不一於常者也。一於常者，斯爲天之明命，人之恒心，即易之太極，非形之生而始生者也，非形之滅而隨滅者也。不一於常者，則有生有滅矣。有生有滅者，爻易變易之謂也。吾於此知莫大莫至者，太極也。太極可以生群卦，而群卦孰能生之乎？太極可以易群卦，而群卦孰能易之乎？故曰：太極本无極。六十四卦莫非太極所在，而不可執一卦以限之。惟有交易變易之理，而六十四卦乃生焉。此非他也，一太極之用而已矣。惟有不易之理，而太極乃名焉，此亦非他也，一六十四卦之體而已矣。然而畫前原有易也，六十四卦乃其凡例，而無容以筌蹄盡之也。書不盡言，言不盡意，神而明之，存乎其人，此无極所由稱乎。凡屬可見可聞有聲有臭者，悉在六十四卦中，而不睹不聞無聲無臭者，則群卦之體是也。體者，太極也。體原不可捉摸，惟從發用處得之，故六十四卦悉太極之理，發動而爲太極之氣，互相摩盪以成者耳。理之根祇處，原不可名，强而名之，則曰太極。聖人發出无首二字，妙矣哉，實指太極而言也，非定指六陽變爲六陰也。《周易》全經劈頭説一乾字，而乾實何所來乎，則曰无首宜也。煞脚説未濟二字，而未濟實何所終乎，則曰无尾宜也。所謂迎之不見其首，隨之不見其尾也，此則全易之體也。

贊〔二〕

妙智堂觀音大士像贊

邑令湯顯祖

稽首大悲觀世音，百千手眼利群小。譬如明月當秋空，隨所有水皆現影。此影離聞不可得，出聞而覺名聖人。因聞而迷名凡品，聖凡若離聞性有。一切木偶應聞道。我思菩薩未覺時，初與衆人無异同。衆人忽有一覺者，亦與菩薩無同异。衆生菩薩但是名，究始聞始寧真實。明月如不假浮雲，清光終古誰奇特。浮雲若非以明月，世人謂光有生滅。性光天地萬物君，紂非疏兮堯非親。知而能用千眼至，日用不知光霾塵。菩薩以此垂慈憫，知而能用手快眼。清無量數，廣接群生入普門，人人與佛無有等。緣象得象象豈忘，自是衆人欠痛想。一輪明月唾霧中，嗜欲淺則天機廣。敢勸諸來觀象流，無多手眼翻爲障。

賦

石棊子賦

邑人 張貴謨

平昌牛頭山，世傳天師跨虎之地。山行十數里，下蟠一水，號梧桐溪。溪之陰有石岩，劚其大者剖之，其中復有小石，包絡重重，與禹餘糧相類。又次第剖之，子生其中，紺白而圖。或謂天師棋子之所化也。若有物守之，不可妄求。异時土人往往薦秬黍，焚楮幣，或諷梵咒而後得，今不可復得矣。按《圖經》載太一餘糧，其怪亦類此。陳藏器云：太乙神君，禹師也。天師豈其徒歟？偶得三百六十一，爲之賦，詞曰：物有萬不同，一爲之祖。得一者相禪以生，而不息者未嘗死也。且以五行論之，金得乾一而生水，火得坤一而生土。然生水者不能生木，生土者不能生金，由以一而生一，故五者各有所主。若艮爲石則不然，蓋受數多而氣之聚也。是以體具五色，中含五味，沙而金，虛而水，擊而火，化而土，不灰而木，此以一而生五也。雖然，生與生者俱一，則生者不能返，惟石生數多，爲五行之府也。故木之松，水之沫，金之神，火木之魄，皆能復變爲石，乃五返而爲一，世人或未之睹也。所以經世皇極之書，以變爲用，於五行或有所去，於石有所取也，豈不然哉？今夫牛頭之山兮，偉而雄峙。龍翔鳳翥兮，綿亘數里。下蟠梧桐之溪兮，有僊靈之硍礧。剥而視之以石腦爲母兮，石膏以爲子。或曰：此天師之幻化兮，爛柯之所委。如太一之神兮，化餘糧以爲异。余曰：此其是也。非天下之事，自其不可詰者觀之，容或有此理也，而又何議乎？若川之於棊，而投之於廣武之埸，鬭以奕秋之智，决雌雄於劉項，校强弱於蜀魏，路一兮三千六十，局萬兮五十有二，此猶用中之變，涉於數而可紀。彼羽化者，弃而去之，又將離數而進乎道，極變而返乎正也耶？或人曰：唯。

志銘

兵部尚書應檟墓志銘

蘭溪唐汝楫

明少司馬警庵先生應公，以嘉靖癸丑七月七日卒。明年，仲子文煓具疏陳情，詔賜諭祭，命有司營葬，贈兵部尚書，蓋崇德報功之殊數也。公風格峻整，操節貞肅，望重中朝，功著邊圉，屹稱社稷之臣焉。公諱檟，字子材，處之遂昌人。先世家僊居，始祖寶一判衢道，經遂之桃溪，悦而居焉。曾祖存倫，祖世鑑，父江，皆有隱德，賢於鄉評，并從公貴，贈兵部侍郎。公孝友天至，年十六，考因役搆，爲有司所譴責，公以身代，僕僕道途，極備艱苦。既考伯兄相繼亡，其季藐而孩，公撫伯二遺孤及幼弟，咸賴以成立。公少即端重殊异，刻勵於學，長益肆力經典，工文詞，爲督學栢齋何公所器重。嘉靖乙酉舉於鄉，登丙戌進士，授刑部主事。時惠安伯張以賍敗下部，屬公訊理，按得其狀。客有爲張私謁者，夜遺金七百，公峻拒之，竟駁正如法。太宰許文簡公署公之績云：發巨憝之贓，不爲勢怵；勵清修之操，不爲利誘。蓋指此也。以員外郎奉命慮囚於吴，凡獄之大小，悉察以情，而持其平裂鍛鍊之案，絶頗類之習。所原枉者、誣者、疑者、可哀矜者，列牘以奏，平反數百，釋輕罪千餘，具載《讞獄稿》中。甲午，遷知濟南府事。郡故衝劇，公處以兼才，恢恢乎有餘地焉。而尤紓恤勞來，蘇調凋瘵，政績著東土。東土言善政必首公，即他郡有滯訟，胥檄公決之。詮司最公治行，奏調常州。常難數倍於濟，比至，適當定册，税糧徭役，奸蠹蝟集，如那移增減、詭奇隱匿之類，蓋漫不可致詰者。公究極利病，詳定規畫，裒益而均平之。丁據黄册，糧據實徵，其所更賦役二法，最爲精善，民迄今以爲便。郡巨姓顧氏、鄒氏相告訐，有司率牽制，無能堅決。鄒潛以重資求容公發其事，而當以罪。富民吴庸者，於公去常之日，賫數百金追送於境外，曰：予儕小人，歲無侵擾，公賜也，願以此爲報。公謝其情而卻之，庸感泣而去，其不汙於利類如此。公在常，剖大決難，履堅秉貞，凡數常守之廉且能者，必先屈指公。然公抗行己志，私託不從，多所忤鄉之縉紳士，而性鯁鯁，輒與行部相齟齬，乃共弗悦，互煽以言。復調寶慶，尋以内艱去任。服除，補辰州，未至，拜湖廣副使，董正學事。每進諸生，訓以德義，器識之大者，較文貴雅正，剗其奇靡，風教丕振。監司共舉公志潔行方，學優心古，公論也。既乃遷苑馬卿，經理遼陽馬政。异時七苑之馬，散處郊原，倒失不常，息駒之數，奸骫復漏報不以實。公爲置廐數百，責令每季報生，而又較其勤惰，豐其芻藁，時其調習，嚴其搜閲，日孳月蕃，列廐雲盛，民免賠償之苦矣。丁未，升山東參政。會妖賊甫平，議者欲盡誅其黨，撫臺亟以屬公，纍纍脅從幾千人，公悉從輕釋。未幾，升河南按察使，再遷山東右布政使，轉左使，擢都御史，巡撫山東。值邊疆多壘，朝論擬非公不可，奉命改撫山西，兼督三關。于時邊備久弛，防秋率不能先事隄禦，虜去來若風雨，諸鎮收保恒不及，恣其鹵掠，然後洸洋以出。公親秉鉞，巡行邊鄙，山川沮澤之形，險阸遠近之利，通挂支隘之樞，及虜所往來出没之衝，罔不按堵。簡戎行，葺營堡，謹斥堠，更番戍守，并聚兵力以扼要害。計虜至則裹甲荷戈，持滿以伺，退則設伏以要截歸路。虜知有備，遂徙營不敢窺塞。庚戌八月，虜由古北口入，蹂踐畿甸，烽火徹于大內。公提兵數千入衛，虜聞遁去，有銀幣之賚。升兵部右侍郎，總漕於淮，兼撫廬鳳諸郡。公以淮水惟資黄河，易涸而多淤，歲靡挑濬之費，而泗水西流寶應，南注大江，可引入淮。於是因五里溝鑿之，不費不勞，河迄通利。未旬月，仍奉命以少司馬兼臺秩，提督兩廣軍務，巡撫地方。桂林、樂平等地，猺獞雜處，半爲盜藪，而莊頭、鬼子等巢，劫令逐帥，爲害尤甚。其七山三十七巢諸猺，密邇軍門，據險出没，積五十年餘，屢征不服。經略者不過多設營堡，遥制之而已矣。公至，諭以德意，不即加兵，而樊家屯、馬江等劇賊悉欵效帖服，惟七山諸寇負嵎阻怙亂自若。公審勢察機，署勒部伍，授諸將方略，親督精鋭，直前奮擊之，俘馘以數百計。乘勝復攻莊頭、鬼子等十五巢，生擒百餘，斬首三十有奇，歸被虜男女三百餘口，奪牛馬夷器無算。次年，征七山三十七巢，假道引兵至潯，分哨倍道疾趨。比至，賊倉皇出，敵輒敗衄，乃弃巢走。公招之，不從，遂張奇兵攻覆其巢，封其山，籍其田廬畜物什器，令官兵分屯耕作，殲獷悍之寇而無濫殺之慘，因田廬之獲而省轉輸之勞。自兩廣用兵以來，稱節制之師者，無踰公焉。捷聞，荷恩賚金幣，仍蔭一子。朝廷報公之典，蓋甚渥也。公軍務勤勞，形爲之瘁，竟以疾終于蒼梧官舍。公既以蓬蓽致顯，巨才洪鴻，逴越倫輩，而氷蘗之操復凛如一日。所居僅敝廬，布衣蔬食，無殊寒約。諸子胥訓以詩書，閑以禮義，至書禍福以爲諭，疊疊百餘言，誦之者可惕省也。公雖廉不苟取，儉不濫費，至遇宗屬鄉閭之貧乏，則割己有周之。恒以古道導鄉族，其有敦行誼者，則禮貌之以勸。蓋公莅官必先風化，故其所存如此。家居未嘗以寸楮請託有司，至訪及民間疾痛，輒蹙焉改容，傾吐以告。公之學根據六經，而尤研精理性，究心經濟大略，而於法律章程亦極探討，刊有《六經四書》及著有《大明律例釋義》《讞獄稿》若干卷行于世。公生于弘治癸丑，僅年六十有一。論者猶以未究其用爲憾，然敭歷中外，懋著勳庸，功之所及于邦國黎庶者，已勒之旂常矣，公固可自慰於冥漠也哉。配周氏，累封淑人。男五：長文炳，官生；次即文煓，恩生；次文烜；次文煌、文熺，俱生員。女一，適盧堯卿，總兵盧公鏜之子也。孫男三：崇元，官生；崇吉、崇慶。女孫三。諸孤以某年某月某日葬公於九華山祖塋之側，從公志也。惟昔先文襄公知公最深，嘗稱公治常之政刺刺不容口，余時聞之。兹文煓數以銘請，雖荒鄙無能爲役，顧生平仰止之私，不敢以不文謝也。

爲之銘曰：仡仡司馬，履方蹈古。嚼彼氷雪，弗錙塵土。輔以閎才，奮起於時。文治武功，式克兼之。始報邦刑，讞議無詖。更歷諸郡，盤錯屢試。乃登學憲，士化淘埏。乃陟廉訪，風裁鬱宣。自翰藩撫，保釐東土。秉鉞晉陽，威襲塞虜。遂貳本兵，百粵視師。三犁逆巢，民有寧居。惟公之謀，決勝樽俎。謂公儒者，而善兵旅。鞠躬盡瘁，奄忽殂終。裹尸萬里，孰云非忠。皇有异恩，軫恤彌至。琢德豐碑，百世孔熾。

序

資治通鑑綱目發明自序

邑人尹起莘

先正朱文公先生修《通鑑綱目》，觀其自序有曰：歲周於上而天道明，統正於下而人道定，大綱概舉而監戒昭，萬目畢張而幾微著。則知先正致力是書者，其有補於世教甚不淺也。又曰：是則凡爲致知格物之學者，亦將慨然有感於斯。先正注意是書，具有望於後人發揮而講明之者，亦甚不淺也。且夫先正書法，有正例，有變例。正例則始終興廢，災祥沿革，及號令征伐，殺生除拜之類，義固可見。若其變例，則善可爲法，惡可爲戒者，皆特筆書之。如張良在秦，而書曰韓人；陶潛在宋，而書曰晉處士；楊雄在漢，而書曰莽大夫；吕后在一統之時，而以分注紀其年；武氏改號光宅，而止書中宗嗣聖之類，是皆變文見意者也。至于其間微詞奥義，又有不可得而徧舉。如陶侃以出鎮入擊賊，而必書温嶠以陶侃討峻；褚淵以舊臣爲司空，而必書於齊王道成稱帝之下；唐宇文士及，邪佞之臣也，而卒書其爵；五代馮道，失節之人也，而卒具其官。凡若此類，殆未易察。倘徒習其句讀，而不究其指歸，則先正書法之義隱矣。此固愚生所以妄意發明，有不容自已者。况是書之作，其大經大法，如尊君父而討亂賊，崇正統而抑僭僞，褒名節而黜邪佞，貴中國而賤夷狄，莫不有繫於三綱五常之大，真所謂爲天地立心，爲生民立極，爲先聖繼絶學，爲後世開太平者也。昔孟軻氏以孔子作《春秋》，與抑洪水，膺戎狄，放龍蛇，驅虎豹者，异事而同功。竊謂《綱目》之作，其有補於世教，殆亦有得於《春秋》之旨，皆所以遏人欲於横流，存天理於既泯，是烏可不講究而發揚之哉！今兹所述，止欲發明書法指意，使之顯著而已。其間亦有先儒已嘗議論者，則不復述；或雖已有議論，而指意不同者，則自以己意附見；又有雖當發明，而先後義例相類如一者，亦不重舉。求其大要，不過如是。雖未能貫通奥旨，然於其大義，亦或略見萬分之一。世之君子，倘因瞽言，而不徒以史學視之，亦足以無負先正之志矣。管見之愚如此，幸勿誚其僭

月洞詩序

邑人王養端

端族自宋祥符婺州牧隆、天聖栝蒼府屬譚，迄今傳世二十，爲年六百。中間雖無奇名大烈，班昭史册，然類能清修，不辱故家文獻之傳。有介翁鎡者，文章爾雅，造履峻潔，仕宋官縣尉。當帝昺播遷，大勢入元，即幡然弃印綬，歸隱湖山。與尹緑坡、虞君集、葉柘山諸人，結社賦詩，扁所居爲月洞。意以孤炯絶塵，灝湏自抗，庶幾乎有桃源栗里之致焉。每對時忿懣，輒形於詩。所謂『山河隔今古，天地老英雄。局敗棋難着，愁多酒易中』之句，往往聞者憾不得一見其人，與之言衣冠禮樂之

盛，聲明文物之華，有如今日者。嗚呼！馮道五朝，管仲再霸，後世羞之。若介翁，不亦超然隱君子哉！苟以縣尉小官，則梅福上書，掛冠神武，又何心耶？養端少習聞其事，壯而流落江湖，不能爲之告太史立傳，如子美、元亮焉者，亦天也。懼久而無聞，乃刻遺詩一卷，庶乎後人能論其世，知吾族在平昌代有高行清才，不獨獉獉狉狉爲深山草木鹿豕也。

玉井樵唱集序

蜀人虞集

玉井樵唱續集者，六峰尹先生之詩也。集聞之，言心聲也。詩也者，言之至精，而聲之至諧者也。自夫人生之時不同，居之土不同，氣有所化，而詩始不可以一概言矣。當宋之季，談義理者以講説爲詩，事科舉者以程文爲詩，或雜出於莊周、瞿曇之言以爲高，或下取於市井俳優之説以爲達，江湖之間，草茅之〔三〕士，叫號以爲豪，紈綺之子，珠履之客，靡麗以爲雅，世不復有詩矣。數十年來，學者始或用力於此，其能不推移於世故，拘局於士風者，幾何人哉！今所謂續集者，皆自浙至燕道中之詩也。感慨而不悲，沈著而不怨，律度嫺雅，有作者之遺風，而無宋季數者之弊。永嘉諸篇，山川之勝，亦有未及言者。君兩游京師，聞人達士，見之惟恐後。皇慶癸丑，君方六十，遽自引車歸。與游者咸愛戀之，曰：先生甯復肯來耶？君亦爲之不忍別集，曰：何傷乎？著以樵唱模本，傳諸好事者，固有以係其思，亦因可以得君之風致矣。《四庫全書總目》：廷高字仲明，别號六峰，遂昌人。是集首有廷高自記，載其父尹竹坡詩一聯，蓋即戴復古《石屏集》以其父遺詩冠首之意。竹坡名棟，宋寶祐間嘗爲紹興府幕官，見《此君亭詩話》。而廷高行履不概見，惟《遂昌志》稱其大德間任處州路儒學教授，顧嗣立《元詩選》小傳又謂其嘗掌教永嘉，秩滿至京，謝病歸，與志不同。永嘉志乘亦不載其名。今案集中有《永嘉書所見》一首『此邦幸小稔，竊禄似有緣』。又有《永嘉任滿代者未至》詩，又有《告病致仕謝掌尚書》詩，則廷高仕甌及謝病實非無據，疑《遂昌志》失考也。其詩氣格不高，而神思清雋，尚能不染俗氛。集中有題虞集、邵陶二卷詩，則集亦重其筆墨矣。《此君亭詩話》。尹氏家譜載：仲明父名棟，號竹坡，宋寶祐間任隆興府武甯縣主簿，升紹興府參軍。又載：大德間，仲明任處州路儒學教授。郡邑志亦同。永嘉官師志并無廷高名，而《元詩選》云：嘗掌教永嘉。集中《永嘉書所見》詩云『此邦幸小稔，竊禄似有緣』，則仲明仕甌實非無據，或志與譜失考耳。《宜園筆記》。六峰先生詩格清超，不染元時纖濃繁縟之習。遭亂轉徙，撫時感事，往往託興微婉，有開、寶諸老遺音。集中如《錢塘懷古》《庚辰故里》諸作，皆宗法少陵，不獨集、杜二首爲神似也。樵唱正、續全集，外間鮮有存者。余於永嘉志得其紫誥岩詩，亟增入之。

應櫝蒼梧軍門志序

晉江王慎中

帝王以無外爲治，聲名政教，思際乎天地之所燾持，而尤病於功之所不得致。禹征有苗，南仲、召虎平江漢，皆在荆徐之間，則夫百粵之遠，又可知也。惟其懷之以德，畫爲荒服，文告所及而已。後世力或足以致之，而德下衰，故秦出五軍以開南粵，其人皆入叢薄中，與禽獸處，莫肯爲秦。由始皇之心，利粤之犀象珠璣，意不在民也。斥地闢壤，斯漢唐之君之所用心，其意雖不出於利之心，亦不純乎德，故或畔或服，不恒厥性。由三代以還，得南粤者，惟漢文帝降附尉佗，近於帝王之德，而經制未備。兩伏波將軍之師，誅伐蕩定，功已高於帝王，然元朔、建武之君，猶出於廣土之意，宜其民不恒於服，而輒繼以畔。蓋五嶺之表，荆揚之餘，誠爲德之所懷，而力有所不得致者，三代以前是也。後雖力足以致，而不純於德，其迭有畔服之迹，則漢唐之事可睹已。吴晉不奄北土，有事於南服尤勤，以其偏安之統，其事雖勤，而不足多述。有宋之南，亦猶是矣。我明啟土二廣嶺海之間，治教與中國比，虞周之所不能服，漢唐之所不能懷，兼制而得之，於乎盛矣！始建都御史巡撫二廣，并置或置罷不常，其以總制重其權，兼撫二廣，而開府於梧州，則純皇帝朝所命都御史韓公雍始也。自是以爲成制，而授錢體勢之隆崇，賜履疆圻之遐邇，視前世置尉建牧，五管立使之制有加。兵農吏士，庶政所出，實總文武之揆。而當陳常詰戎，以垂本朝懷致久大之圖，其經略施設，爲事非一。今都御史栝州應警庵公，始自爲志。是書既成，而有明至德大功，自聳出漢唐，追駕乎虞周之際，皆所以能服百粤而無畔志。由不利其土之物，有以懷之，而戢遏壤拓之方，其力致矣。則虞周以來，嶺海之間，未有此書也。昔漢馬伏波平女側二條，駁漢越异律，與約束束駱，越人奉爲馬將軍故事。李衛公尉撫嵩南，所至震威武，示禮義，民遵其法不敢倍。而步騭、吕岱、陶璜，爲晉宣力交廣，績效尤著，惜其不能爲書載而行之。後世亦以勞烈雖壯，而風猷未裕與？然文淵、藥師，立功於草創，而步、吕諸人，爲偏安之國之勳臣，使誠有其書，猶不行於遠也。公以文武全材，鎮臨斯土，有功於嶺南，不啻兼是數子之勞烈，而籌謀綏馭之暇，智足以及此書，其風猷遠矣。且當有明德懷力，致之熙運，以顯白其書，遭遇之盛，又非偶然也。益贊于禹數言，存於虞書，江漢、常武二詩，列之大雅，虞周之美在焉。簡册寥寥，詞約而義古。公所爲書〔四〕，事詳文繁，古今不同可知也。於以載有明之美，而可行於後，則雖詳且繁，其義固詩書之所稱，烏在乎同不同耶？慎中特論其係之大者爲序，以推尚是書於漢唐之前，蓋非虞周之間不能有也。若其書之發明記事，可以見公功業之所在，與學術之所至，觀者當自得之。

朱陽仲詩選序

邑人黄中

國家以經術舉士，士率以詩厲舉業，非性能而好之，則不暇以爲，即爲之，亦多於既舉之後。是故論今詩者，往往謂遜於唐人，有由然也。吾遂朱陽仲氏，七歲知屬辭，鄉之人稱奇童子。比長，刻意騷雅，至廢寢食，若將以舉業厲詩者，思欲一掃俗軌，齊軫漢魏，無論唐也。故其詩聲調意境，渾涵融瑩，駸軼往喆，五七言古尤膾炙藝苑。予昔同爲諸生，間問作詩之法。曰：詩豈有法哉？法昉於詩話，詩話作而詩道亡，詩豈有法哉？余不解，請益。曰：俟他日細論之。甲午，陽仲以試解客死武林，僅三十歲，詩大半散落不存。余方奔走南北，欲爲輯之不可得。王子奉使滇南，過柘溪。與王子汝推言別，論及陽仲遺事。汝推出手校青城山人詩一帙授予。青城，陽仲别號也。南行，遂攜以往，將以求其所謂細論之旨耳。今年春，按部蒼洱，公暇與憲副郭君菊潭、少參王君賓行、僉憲崔君栢溪，揚搉古今人詩。因出陽仲集，且道其坎壈弗偶，志古而不幸夭以死也。諸君諦觀之，曰：公無庸爲陽仲戚也。是可傳者，是必偶於身後者也。崔君謂蒼洱之刻類中土，力請梓之，且更加坎定，序而標之曰《朱陽仲詩選》。嗚呼！陽仲死廿年矣，庸詎知今日見知崔君哉！崔君未嘗識陽仲，讀其詩，懼其湮淪澌滅，而梓以傳之，仁者之用心也。三都序而洛陽之紙貴，中論表而文學之名彰，是在同時且相知，無足异者。吾不知陽仲何如太沖、偉長，而崔君之高致，則固遠在皇甫謐、曹子桓之上矣，陽仲又何其幸耶！蒼洱邊徼，去吾遂萬餘里，陽仲之詩傳焉，遂可知矣，中土又可知矣，陽仲其果偶於身後者哉！

南窗紀竆集序

東嘉侯一麟

語云：知人難，豈虛哉？夫知人難，非聆其言而辨堅白之難也，非睹其行而析同异之難也，又非忖其心而索元德之難也。在聆乎無聲，睹乎無形，韜乎吾之心，則渾乎與彼化。且夫莊周，大夢也，而大覺焉，何獨至於紀竆而疑之？且予嘗以吾心而求諸千載之上，讀其書而咨嗟咏嘆之，有以想見其人，而况親炙之者乎？乃予於今西野黄先生而中心悦服之也。先生與予通家丈人，予季兄則嘗附先生鄉進，予時已距躍慕之。後先生仕爲賢令尹，召入爲名御史，蓋二十年而始獲上謁焉。至今年春，先生與斗山公樊先生入雁山，而予乃復幸從游者累日云。蓋予於二先生，仰之其高如天柱屹立也。賦咏爲流水之音，予時或繼聲焉，若春蟲之鳴，而鸞鳳不以弃。久之，出南窗紀寱爲諸體詩，總若干首。予受而誦之，蓋終日不能釋手云。夫其沈鬱雄健，既具少陵之體；而清融自得，又暢以孟襄陽之趣；俊偉精密，則王右丞之品。噫，淳備矣哉！敘事爲核，發聲非窾，殆寫諸其心者與？斗山樊先生顧麟曰：吾將校而授之梓。若敘諸，乃麟小子也，何足以知之？顧竊見先生大度，汪汪焉，洋洋焉，可謂叔度千頃之波，令人低徊親之，不一善稱。而或者乃謂先生以如彼其才，公卿即拜耳。今起家踰十年，徒相與嘆其淹抑，殊不察循良澤於邑，憲節著於朝，固自天壤不磨者也。且夫唐公卿能詩者不乏矣，而襄陽以布衣參其間，然而李翰林、王右丞輩咸尊之愈於公卿，此何以然哉？若叔度者，則天下號徵君者也，非有言論可考，文藝以傳也。然當時與後世咸慕之過於摛藻儒林，抑又何也？乃况先生宦業之盛，則异襄陽、徵君，而德量詩材兼有之，則所以尊於今而慕於後者，在此不在彼明矣。且安知當宁不旦夕徵公卿耶？曰：然則自比於寱，何也？夫寱，寐言也；寱也，永味也。蓋老氏云：明道若昧。又云：不自見故明。斯先生不自見之心也。故曰：大覺而後知，此其大夢也。今天下之不爲夢者鮮矣，而强自見焉，自以爲覺，而不知入於固也。是故希夷微知古始，惟象罔得元珠。先生聞之，逌然一笑，請遂書之，爲紀寱序也。若文章奏疏，則别有集云。

震堂集序

縉雲樊獻科

余弱冠時，偕王君茂成讀書蓮城書院。時茂成爲諸生有名，又好爲古文詞，每與余論詩，輒喜甚。余意茂成必有以名世者。既而余偶通籍，茂成顧不偶。越十餘年，始選貢上春官。嘉靖乙卯秋，以明經魁京闈。是時茂成才名振都下，海内士罔不藉藉稱王子王子云。乃累不第，乞爲儒官，不遂。乙丑夏，余將於役金陵，茂成適抱病思歸。余即延茂成同舟與南往，促席敘契闊，各大喜。茂成病稍可，時時以詩投，余亦間和焉。余初意茂成好六朝語，今乃知茂成酷意秦、漢矣。每與余語唐調，則亟稱沈宋李杜諸名家，竊相比擬，及指數當今所稱李何諸作者，私相低昂，則又沾沾喜甚。余益知茂成博雅君子也。既別去，踰年忽聞茂成病且革矣。嗚呼痛哉！以如彼其材，奚不至而命遇至此。天乎？天乎邇乃！今得《震堂集》六卷讀之，余且悲且喜，益見茂成平生所蘊蓄者甚盛也。集中莫非厚倫篤誼，發諸性情，語多沉鬱，俊偉而清越，懿婉之風，蓋渢渢乎振古之音也。即茂成不起而不朽者固在兹。昔王、楊、盧、駱與孟襄陽輩多不偶，其可傳者固偶諸後世，余於茂成乎卜之矣。遂池侯明洲公自恃多逴絶，獨素知茂成，乃捐俸爲梓其集以傳。而余辱命序其篇端，因寓書以歸諸茂成之子文漸。使茂成有知，庶幾謂樊子知我哉！

宋儒語録抄釋序

邑令湯顯祖

自孔、孟没而微言湮，越千百載而宋四子續。四子之於道也，其幾乎！余獨于茂叔、伯淳竊有慕焉。蓋嘗讀太極説、定性書而知其學，讀風月玉金之讚而知其人矣。他如正叔、張、朱，不無少遜，而名言非乏。總之，遜心聖道而窺其藩焉者。往予欲删輯諸子遺言，以爲絶學梯航，而卒未暇也。洎予令平昌，訪士於學博林鶴於公，則聞右族有包子昭氏，約己賑人，課子明經，足迹不履公門，長厚聲於厥邑，乃延致膠庠而賓禮之。厥後子昭氏以天年終，其三子志道、志學、志伊皆諸生，手一編視余曰：是先君子所手録課諸孤者。先君子壯游郡庠，卒業於石窗張主政之門，私淑陽明之論議。晚弃舉子業，獨好觀四子語録而鈔釋評騭之，諸孤不敢忘，則手澤存焉耳。予矙然曰：予乃今知子昭氏之心矣。昔蔡季通之父以程、張遺書授之，曰：此孔、孟正脉也。季通深涵其義，辨析彌精。汝三子其有季通之志乎？其梓之以志不忘，且以俟後之游心於道者。嗚呼！是編也，獨課兒乎哉！獨課兒乎哉！

學邵窩迂譚自序

邑人朱景和

余聞之，以身教者從，以言教者訟。教人以言，抑末也，矧迂乎？不知理有固然，人以爲迂，而實有非迂者在焉。是故正名之説，子路迂之；仁義之説，當時諸侯迂之。萬古經世範俗之道，舍二者無由也，迂云乎哉？余庚寅、辛卯二歲，在禮次先廬被回禄，構學邵窩，容足鄉黨。就見，多以事質之，愧不能以身爲教。間有所言，相信者寡，乃逐日逐事登記之。或援古以勵今，或借此以曉彼，惟取其耳目所習，與婦人孺子可通曉者，積累成帙，凡九十三條。語不拘繁簡，詞不分俚雅，卮言漫衍，若遠於人情，而無當世用。因命之曰《學邵窩迂譚》，授兒以訓於家。壬辰，主教茌山，時與諸生談論，聽者亹亹。丙申，轉令感恩，兩造至庭，事間與之相符，觸類而通，若觀火然，其有裨於聽斷良多。或請梓之以布閭閻，得無曰：以教家者教民，非苟言之，乃身先之乎？噫！閑居巷説，豈亦有正名仁義之意邪？如有知我，或觀斯言，不以葑菲下體而廢採擷焉。其迂與否，必有能辨之者。

古泉詩略序

邑人王養端

堂舍〔五〕弟子憲，别號古泉，嘉靖壬子之春，刻詩一卷。予謂其風流標致，有嗣宗叔夜之遺，乃惜其未遇，如饑鳶之下莽楚也。今已十年矣，復刻其詩，俾予讀之，則見子憲志勤於用，業趨於正，恢恢乎有端人達士之度。昔之孟浪紛華，無復影響存者，殆爲伯恭之去驕，伯淳之戒獵，詩可以興，於斯驗矣。夫苟饜心富貴，而藉口乎宣父之遑遑，鋭力高曠，而矯節於微生之栖栖，是皆以吾道爲駢枝者也。子憲已早辨之，詩可以觀，詎弗自知哉。端也，少與子憲食同盂，書同硯，造習游詣同嚮焉。迨既壯也，養端試春官，子憲儲選銓曹，俱有四方之志，而家食之日少矣。子憲乃能繩尺有用之材，腆志世故，忘味道腴，苟際時用，其必能爲操别盤錯之器，又無疑也。詩有鹿鳴、皇華、四牡諸什，皆經切謨猷，非苟鄙鄙功名之技也。子憲其亦有得於此矣乎。刻成，予將鼓篋北上，待校南宫，敢以是爲子憲告焉。且予二人者，砥礪不怠，日浸有成，不爲盛世佚人，尚相賡載聖化，以次擊壤康衢之音，此固未足以多子憲，而予重自畫也。

湫水齋什二草自序

邑人黄九章

黄仲子束髮受書，好异聞，雖抑首而諸生哉，乃喁喁尊古而卑今。遇賢豪長者，語疇昔若海内外奇詭事，輒傾耳依依聽之，雖弗解，不忍釋去。乃又私發先大夫藏書讀之，尤多所博。觀外家傳語，而博士家言，間一寓目焉，雅非其好也。同學少年，相與目攝。夫夫也，未得國能，而先失故武者哉？每督學郡邑，輒試高等，屢比於鄉，則屢困。所親謂仲子：務多聞而薄正業也，困不亦宜乎？乃仲子弗爲沮，罷棘歸，而傾橐裝市載籍如故也。噫！良亦勤矣。今髮種種，心彌勤而技益殫，安所窺作者之壇童習白紛，楊雲氏獨嘆易道哉？薄游霞浦，齋居負郭，鮮過從。以手板餘力，下帷理舊業。或觸景會心，抒靈吐抱，能言所欲言，頗示己志。雖辭弗爾，雅弗輟也。嗟乎！巴歈自好，山水寡諧。作者難，知者不易。悠悠千古，感慨係焉耳。間於故篋，得囊草什之二，授兒廉彙而次之。識時歲，稽今往，將就有道正焉。有道其許我乎？蓋爲諸生，修業虛白樓，有虛白樓藏稿。後先客游吴越淮泗間，有客窗寤言。檄修郡乘，有囿山内餘稿。上春官而北也，有適燕紀迹。已南下，則附之爲大官選人，有苑西漫語。既補龍膠，厥有霞居草，有吟鞭小草，有浮海吟，有啟事，有竿牘，有皇荂資嗑。代人答述也者，有吉言。凡如子卷，各有題引，統而弁曰秋水齋什二草。夫齋以秋水名，何居？仲子家越東，萬山流水在屋上，淙淙爾，琤琤爾。霜鉉夜響，梵磬時落，雜咿唔聲出碉户。一泓周舍下，空明湛碧，可鑒毛髮，其常也。欻秋水驟至，萬派奔赴，濤怒山摧，似馳似沸，似窪者嗃者，噪者吼者，汀渚易素，涯涘不測。仲子竊樂此，時而屐，時而杖，時而據梧縱觀。發大叫，若下胥江，若汎洞庭，若八月觀江陵之濤。陽氣浮於眉宇，汩濦者與目謀，訇磕者與耳謀，鱗叠而羽蹙者與心謀，百折下而莫之能禦者與神謀。適哉！故以名吾齋。志適也，則奚若？嗟乎！此河伯欣然自喜，謂足以盡天下之美者也，而庸知其見笑於大方之家乎？頃有事海上，遵海而南隅，旋面望洋，窅然自失。噫！幸哉，幾殆矣！獨不見而澒洞，而澔涆，而噴薄，潢漾蒼蒼者，將自力竟乎盪胸決眥。偉哉觀也！乃今識水之鉅麗，嚮所自多者，直蹄涔耳，涸轍耳，均堂而塵浮芥耳，爲虛也乎哉？雖然，玆觀也，進乎技矣。懷襄者廓其度，盪激者詭其勢，沸湯者博其趣，轟雷而飄風者壯其氣。放乎空虛，掉乎無垠，横流逆泝，變態靡常，斯亦天下之至文也。秋水云乎哉？然未敢自是也，行將造海若而問焉。海若儻有意乎？將挾雲氣登大皇而從之游。

擬古詩序

武林黄汝亨

古詩必以十九首嗣三百篇之音，彼其天質自然，若啼鳥唳鶴，匪由情織。若蘇李河梁，陳思白馬，情之所極，才與俱壯。于鱗言：陳子昂以其古詩爲古詩，質而已矣。而世人逐逐然以今心模古辭，則東家之顰也。栝蒼禹鈞黄先生，自刺史拂衣歸，顧西湖山水而樂之，觸景攄情，溢爲百咏。中有所感慨抑鬱，復擬古詩若干首以放之。近而遠，紆而達，不敢謂其全肖古人之骨，而洞洞乎，琅琅乎，必非今人之心，則亦有其古詩者矣。嘗與先生泛烟霞，狎鷗汀，樵漁麋鹿之與游，而陶然忘彼我而入醉鄉，雖不讀先生詩，不憾不見古人也。

湖山百咏

蘭江胡應麟

武林山川勝絶，錢唐、天竺等區，爲東南游賞甲。而西湖之韶靚穠麗，尤震旦國第一觀。澄波鏡空，萬頃如席，外環三竺，旁峙兩高峰，元宫梵刹，四百八十，金銀丹雘，照耀其中，怳惚窈窅，殆非人世。始予讀穆天子東方生書，輒謂寓言已當比周歷湖上，乃知方壺、員嶠、聚窟、閬風諸書所談境界即此。而世人弗察，類馳想於大瀛窮髪之區，致足哂也。自秦并六合，祖龍車轍，幾遍域中，乃燕、楚、晉、梁，往迹眇睹，而吾越遺事簡册，班班藉藉人口吻，得微以神仙藪穴，靈藥易求故耶？古今題咏，香山、眉山，兩刺史而下，充棟汗牛，田氏志餘，蓋嘗備載。顧前人所賦，或總挈其凡，或標舉其最，湖山景物，軼漏滋多。迨今黄刺史禹鈞百咏出，而毫髪無遺憾矣。禹鈞故富才情，饒纂述，筮仕一州，意有弗欲，翩然拂衣，邁往大業。樂武林風土妍美，遂定居焉。紫陽之麓，咫尺大隄，花晨月宵，風天雪地，日從二蒼頭，挾奚囊，掉舴艋，沿洄六橋孤嶼間，嘯咏敲推，積成卷軸。其色理之清華，風神之遒腻，若芸蘿夷光，明粧袨飾無間。雅工凡流，瞥見心醉，即兩芒鞋未踏武林，而領略兹編，湖天勝概，弈弈縣諸几杖矣。古今三刺史時代，相去無慮百秋，而游覽品題，若符節合，不亦大奇事哉！昔太冲屬草賦三都，陸士衡揶揄其側，比賦出而平原色動。予頃攜家，亦欲效觚管於湖上，蓋僅成十咏者再。而禹鈞才高足捷，迄爲所先，卒業是編，大令人妒。然予固未嘗以傖父目禹鈞，而百咏之工，亦無庸色動於既成之後。予不敏之前識，竊謂過於士衡矣。

擊壤閑録序

邑人鄭秉厚

往予之爲諸生也，山人華子以文名。顧山人於時弗偶，竟置博士籍，時時愴中抱，輒爲寓言，命曰《擊壤閑録》。若川吴公誦其言，謂有關於世教也，乃鋟諸梓，且敘諸簡端，蓋得山人之大具稔矣。頃之，紹介抵都門，以書示予曰：吾鄉華山人者，不佞雅相善也，矧與公夙好。今老矣，生平宿養，著之論述，幸公一言爲山人重。余讀卒業，起而嘆曰：人有言，文固能窮人，豈道古能言之士，造物誠妬之耶。余觀山人論述，炳炳烺烺，不具贅。余惟山人性警敏，俶儻有大志，自少與儒紳抗伯仲，儒紳輒俛首禮下之。其意氣崚嶒，往往溢於聲歌詞調之外，而讜言宏議，躪轢今古，恍若睨嬴庭，不辭碎筑，怒髮冲冠，屹然莫敢有誰何者。且也襟懷洞徹，了無涯際，其游神在濛古，其耽思在冲元，其頤情在八埏九垓，而不覬於一世之榮利。山人謂聖世之逸民，非耶。夫當堯之時，康衢老人擊壤興歌，山人遘聖明熙洽之運，與康衢老人等。老人得堯天子而其名始重，堯得康衢之老人而堯之道愈尊。乃今山人即弗庸，而《擊壤閑録》具然在也。矧行誼超卓，藉藉人口吻，他日史官採風謠録及遺言懿行，千百祀而下，猶知聖明之世有華山人焉。聖化聖民，燏然流光，謂文真能窮人，而造物豈誠妬之耶？予叨侍從，雅念山人不置，爰附數語於編末，其將蒙續貂之誚否也。

耕餘録序

姚江王正億

耕餘録者，録王子耕餘之詩也。王子躬耕之餘，或觸景興懷，或感時相遇，或即景舒悰，出口成咏，積咏成帙，所謂詩言志者是已。然詩豈易言哉。昔人云：三百篇後無詩。非無詩也，但尚奇者多艱深之句，率易者鮮雋永之味，雖汗牛充棟，無足録也。今王子之詩，不詭不險，不刻不琢，直寫性靈，迥有真趣。詞入先秦，氣逼盛唐，律之風，人之温柔敦厚，殆庶幾焉。使其試鑑聲於清廟，掇巍科，登樞要，皆餘事也。而顧託之耕以自見，何哉？子辱通家，諦知之矣。王子幼負穎質，長從乃翁宦游，受業先君於白鹿。論及伊洛源流，輒躍然有獨得之志。及歸嬰疾，自分不任馳驅，遂謝舉子業，隱居梅溪山中，因號中山。嘗自嘆曰：有田一頃，可備饘粥；有書百卷，可充玩索。出而耕，入而讀。逍遥乎陌上煙霞，嘲弄乎溪邊風月。身閑心適，於吾足矣，他何慕哉？嗚呼！兹王子所以樂於耕而有斯録與？吾因是益信王子之深於道矣。蓋潛見殊途，而其致則一。岳牧之勳，無加於洗耳之叟；四皓之高，不減於躡足之雄。彼逐逐世故，充詘隕穫，而日不暇給者，是舍其田而耘人之田，非達識也。予將乞閑尋中山耕餘樂處，於是乎爲之序。

振世希聲序

邑人項應祥

癸卯嘉平既望，吴先生自越訪予於燕都。維時先生春秋七十，高矣，策蹇破寒，不遠數千里而來。余鼲然喜，詫然异之。比親其音容，寬兮綽兮，于于徐徐，若從三昧起，婆娑法筵，曾無少間闗風露狀，予益詫以爲异。既館之齋西，彌月，雀羅在門，止水在舍，先生闃甚，乃索予緗囊書讀之。每讀，輒亹亹竟夕弗輟，又往往喜篝燈據梧作蠅頭書。予竊瞯，未有以測其際也。久之，乃出所手撰

《振世希聲》二十餘章以示余。余卒業，益不勝詫异。先生當古稀從心之年，耽耽操觚，形神婉孌，若少壯靡所惰窳。即其語，或攄性靈，采摭前人，萃以成篇；或激胸懷，托物自况，矯爲高論，吹萬不齊。大都憤世嫉俗，有超然蟬蜕富貴利達意，故其於富貴利達津津語獨詳。藉令以此執牛耳，持加斧藻，以完粹白，而因廣以軌物，即不越樞牖而道存矣，豈不挺挺出污劫，爲陽春白雪寡和哉！命之曰《振世希聲》，信然矣。嗟余不佞，居諫垣十餘載，有問夜草若干篇，兒曹哀之，竊惡卑卑無奇，襲之巾笥，罔敢眎諸人。先生税逆旅僅數月，鉛槧纍纍，輒可陶今以型來裔，若斯人之度量相越，豈不遠哉！豈不遠哉！遂因其付梓，敘諸簡端。

昌岩藏稿序

四明莊學曾

予小子稟學豐城，還集邦族，宣之湖南別墅。初揖以清先生而奇之，歸語諸季曰：以予觀於徐先生，殆有道者也。標格朗秀，丰儀峻整，神采奕奕，如岩下電。諸〔六〕君篤守舊見，驟聞知本宗，各不相下。先生默若忘言，而凝若有思，涇渭審矣，殆有道者也。亡何，使者持一緘來，果契止修旨，而以藏稿教讀之，大爲灑然。國家熙皞之隆，詞人焱起，大都博雅自命，屬辭比事，摹古爲雄。次則徘徊四聲，流連情景，取適己爾，其誰縈情天下國家之務，身心性命之微？蓋經術經世，兩歸寂寞，先生然乎哉？先生負奇不偶，心六經而腹千古。向從王文成高足游，蚤參微言，又雅好禔修，屬有所見，不專爲良知作羽翼。其文平典，似則歐、曾，而持論不刊。大都以定人品，明學術，取其懿美可法，荒慝可鑒，而無意於譏彈刻畫之云。故思深氣厚，詞直而理平。間有評裁，灼然耳目之外，凜凜柱後惠文，三尺人不得以浮辨相掩。知言哉！吾師之論春秋也，謂二百四十年行事，夫子一一假之作斷案，以垂訓千古。進退褒貶，皆因天道，未嘗託南面之權而身爲僭也。先生志之矣。初試廣文，有以自貴，夙夜孜孜，惟懼修名之不立。斯人倫之上準，廟廊之隆棟也。世有和璞，不羨陵陽；鳳臆龍鬐，終歸造父。吾有以知以清矣。先生冲襟善受，弗自滿假，編出以示同志，僉曰知言。於是謀壽之梓，傳諸都邑，而不佞曾僭爲之引。

士林正鵠序

四明全天叙

不佞濫竽史館，彤管編摹。唯是躬修粹白者，娓娓賞焉弗置。思表章之風，世爲士類範型。兹晚近游談熾而實行疏，士習波靡。嗟嗟！士冠四民，億耳目嚮風。故士多雅操，則比屋可封；士無誇節，則流俗寖薄。用宜建德樹標，爲天下率。豈早爲吾道登壇，而猥與齊民等哉？顧我國家功令非不申，約束非不峻，乃士日趨江河，不可挽返。此無他故，成度圮而定趣淆耳。是故若孝弟，若忠信，若清慎，若勤敏，正己正人，曷踰於兹。在自修則美節，在風世則美俗。其在覆載間，爲立德，爲立功，矯矯亭亭，迴塵寰，軼夷等，裒然爲百世楷模，士始稱貴。不者卑卑，奚以士名焉。嘗聞之曰：雖有金齊鐵英，非巧冶則純鉤利器弗克就也。雖有深羽利鏃，非弦機則正鵠之度蔑出中也。夫士砥身範俗，世望以左右袒，亦萬品之治，百行之的也。若之何不以此自完也。栝蒼以清徐先生茹古涵今，重爲世教慮，乃搜往昔孝弟忠信清慎勤敏八者，總輯二百餘條，列爲四卷。先生深心竭慮，大爲士林立赤幟。今司訓我明，動輒以此牖迪士子，又出此卷以實驗責成之，固知先生大有造於我明也已。不佞弟輩居門下，習提誨，持卷示不佞。不佞繙閱數過，躍然謂弟輩曰：與我編摹之願適愜，洵矣士林正鵠也。以挽頽波，以維末造，將於是乎賴。即上獻明廷，藏之中秘，備館彥講誦者，誰曰不宜。是以不辭不斐，而樂爲之序。

問夜草序

東陽許宏綱

曩予待罪掖垣，日取歷代名臣奏疏而讀之，至君臣離合之際，未嘗不廢書而嘆也。夫造膝而談，止輦而受，片言自喻，焉用文之？其末也，至於聲震朝陽，虜人搆之金什伯，而竟無如世主何，則臣子之術窮。語曰：將順其美，匡捄其惡。故上下能相親也。然章奏之體，有匡而無順。順則甘，甘則見以爲諛，與其使我爲諛也，寧苦而睽？則臣子之心，又與術而俱窮。雖然，有二説焉：揆事而事未必然，論人而人未必服，引裾折檻而幾非遇巷，語非破的也，吾不取其術；謗以爲忠，訐以爲直，幸驪龍之睡而取其珠，沾沾自喜，即朝而謫，暮而還，直取諸寄也，猶之乎超乘矣，吾不取其心。蓋予回首數十年間，而主上之與臺省可抵掌盡也，始懲其激，輒震怒而摧折之，從怒生厭，從厭生弃，迄於今皂囊白簡，十不一報，甚且序差序轉，杳若河清，而言路之窮，莫窮於今日矣。然予友項元芝，不嘗周歷四垣，積十餘歲，月犯顔論事，不數百牘乎？而上之敬信不衰也。如吏垣都諫缺，越次用之，旋引疾，旋詔起，兩分校禮闈，垣中稱希遘妖書之中，禍且不測，上獨亮其無他。比以清卿謁告，復即家晉拜中丞，授畿南節鉞。是遵何術也？嗚呼！我知之矣。元芝前後疏草具在，時直時諷，知無不言。顧其論事，則事不冥冥而决策也；論人，則人不羅織以蘄勝也；匡救，則匡救不謬悠激烈以買聲名也。試舉奏牘之言而施之面奏，無弗合矣；試舉八告之言而質之外庭，無弗合矣；試舉十數年前之言以券十數年後事，無弗驗矣。蜩之承，輪之斲，技耶？道耶？元芝爲人，洞開城府，如列鬚眉，忼慨赴事，無所避就。與人游，脱去煩苛塵垢，泠泠若御風而行。晚歲揮手中丞，一卧遂不復起。余雖辱在雷、陳，實管、華也。以此等人作排雲披膈語，誠之至也，精之融也，天地祖宗且鑒之，獨皇上哉！元芝在日，雅秘其草，不欲傳。既没而想其風裁者，時時向省署中手録，二三門弟子因請壽諸梓而公之，題曰問夜，從前志也。而問序於予，予謂人如元芝，奏疏如元芝，生前何患不遇，死後何患不傳，用以彰主上納諫之明，作臣子建言之則，關係非淺尠矣。若徒曰是爲不朽元芝計，元芝不朽，寧一立言已耶？

蒼濂奏疏文集序

邑人項應祥

昔人謂諫官之權與宰相等，凡正君澤民，用人立政，宰相得而行之，諫官得而言之。余以爲見已然而言非難，計未然而言爲難；計未然而言之難，言之無不中的可行爲尤難。余鄉蒼濂公以縣令治平天下第一，擢吏科給事中，其一時敷陳奏劾，固已震雷轟耳矣。余今得步後塵，濫竽諫垣，因取其疏觀之，洋洋乎！侃侃乎！慎糾劾，精簡黜，則紀綱作人訏謨也；議賦役，清鋪行，則足民足國遠圖也；重邊臣，公賞罰，則廟堂戰勝偉略也；杜請託，劾庸穢，則魚頭冷面英風也。知無不言，言無不盡，真陳言矩矱哉！然目擊其弊，時睹其利，凡懷赤心者，類能言之。若夫君志冲睿，内監馮保等之惡未著也，公則誦冏命篇，惓惓以堅立志、近端人爲言，此其計君心之未然者，何殷殷也！孟侍郎貪殘肆惡，而首相張江陵之惡未暴也，公則折其植黨相濟，此燭權奸之未然者，又何了了也！防君心未萌之欲，折權奸將肆之心，當幾而發，罔不中的，公真善籌而長慮者乎！使得久立朝端，功豈小補？惜江陵、馮保憚其直，補公於外。然公之直雖不容於朝，未始不信於意；公之言雖不行於人，未始不行於己。故張、馮敗事時，公正以邊功著，朝廷錫以金繒，擢江西左參伯，意將大用公也。不意公以督漕盡瘁卒，行不盡其所藴，識者悼之。雖然，至今讀公疏，猶正氣勃勃，令人興起，則公之行雖不竟于己，其助人忠義以錫類者，又寧有既也哉！

星槎草序

顔容軒

萬曆庚辰、辛巳之際，不佞與友人金邦鼎、劉介徵、國徵兄弟，黄鱗伯、江宗達、王欽約、於武叔姪，黄啟仁、吴吉先十數輩，結契芝山日霞中社，推盧希稷祭酒。于時栝蒼黄叔範以廣文至，單騎躝入，與希稷互執牛耳，遞爲桓文，一時都雅，膾炙人口。亡何，叔範遷去，而介徵兄弟及鱗伯亦出而應世，不佞待罪行間。又亡何，希稷、叔範、邦鼎、介徵、國徵修文地下，壇坫寥寥，不勝今昔之感。丙午，不佞投閑西湖，則黃太守禹鈞先已主西湖盟，内不佞於社。禹鈞，叔範同祖兄弟，思叔範而不可得，得友禹鈞，足慰平生。今乙卯夏，齋居無事。一日，禹鈞偕道濟過我醉茶庵，道濟則叔範同産弟也。文采葳蕤，叔範難爲兄。不佞與黃氏有連，黃自觀察公始基，而叔範，而禹鈞，及道濟而四矣。風騷代不乏人，一日道濟以所撰《星槎草》視不佞，且問序焉。道濟他著作甚富，《星槎草》大官鼎中一臠耳。道濟佳公子也，幼而席父兄之遺書，足以娱目。自舞象即知名學官，爲吾鄉林太史督學所賞識。及壯，謂雕蟲非千秋業，桑樞甕牖，豈丈夫所安耶？遂厭薄時趨日，枕藉於先秦大歷、韓非、吕不韋之書，遂駸駸度驊騮前。道濟性惡彈鋏歌魚，以其家在栝蒼萬山中，山饒梗柟豫章、扶疏美箭之屬，乃受計然之策，爲范少伯之游。浮筏所至，風晨月夕，山脊磯頭，皆吟埸也。肥腸滿腦，何處非詩，何處非天機也。昔張博望浮星槎，得支機石，至今談以爲异。道濟從浮筏中得詩，皆夜光明月，其所得與博望、支機石孰多？道濟材足以勝境，而勝會於材；情足以用法，而法就於情。無不至之境，無汎濫之法，則道濟之勝具也。勝具在道濟，則汪洋萬里，何所不可？他日星槎所至，又安知不得支機石哉？

淇筠志感序

勾餘黃良臣

平昌葉爾瞻，予石友也。方爾瞻在燕，予索其舊業於仲氏，爾環偕之。淇筠讀書處多片紙，盈牀壁間皆是其閑所爲書，書爾瞻一時意也。最首紙題云志感，徧觀之多獨見語，爲耳目之所未經睹，不亦前人之曼辭申其義而暢之者，甚有當予衷。因偕爾環彙次之，分爲四部，經談曰經部，史談曰史部，詩賦詞曰吟部，雜説曰雜部，仍總之曰《淇筠志感》。淇筠者，爾瞻之别號也。爾瞻著作最富，不朽之大業不止此，而此其可傳之一耳，讀之殊足以啟人之志意，故不忍使之散漫無聞。予意也，亦爾瞻意也，命剞劂氏爲傳之，俾世之知爾瞻者雖不盡於是，而亦不離於是。

四書註翼序

邑人　葉洲

予聞之伯兄曰：《四書》有集註，其肖子也；紫陽有陽明言，其忠臣也。憾今不聞勾餘之益友耳。當總角從伯兄後，讀《四書》幾二十年。伯兄時多獨悟，輒數語以志不忘，久而成帙，乃彙之以示家塾幼學曰：今非敢折衷前書，言如窺班，一得不爲附聲逐影常態，亦《四書》之筌蹄，爲註疏者羽翼也。名其編曰註翼云。在同志者聞之棼如，謂予帳中之秘矣。予弗獲辭其請，因梓而應之。鐫工就緒，質之伯氏，伯兄愕不語，既而曰：將藉弟斯舉爲就正資耶？抑爲附作者末以觀聽四方乎？恐閩洛之徒當唾吾面。予唯唯否否，蓋誦讀而爲聲名，以勞此七尺軀，非予兄弟之素志。顧註翼自有不容私者，苟讀者第如今博士家説以目斯編，則剞劂之罪，予任之晚矣。

包萬有曰：葉君於書無所不讀，七八歲時，便随塾師之四明受業，而父未之知也。其向學如此。比壯，甚爲邑侯湯若士先生所器雋。後得疾，如宫辟，遂不復起。所著《制義》《説書》，爲人膾炙，於説易尤其所長。向使善攝養之，撰述當不止此也。

四禮損益序

邑人徐應乾

曩予分氊四明時，則司李武莪何公營精風教，輯四禮儀節，徵余預編摭焉。型古揆今，矩矱犁然備已。迨游東粵，攜是編以楷式遐方士，時有知嚮往者。家食以還，獲交於包子似之。每相與上下古今，喜其博雅好修。一日，出《四禮損益》視余而請序，余矙然曰：季世人惟勢利是騖，澆靡是競，惡睹所謂禮節也者而搜循之？冠儀曠而不舉，婚媾奓而論財，喪禮繁縟而乏精禋，蓋鄉俗之漸潰也，不啻江河逾下矣。乃包子獨有旨於禮節，而加之損益，則豈真世俗中人哉？竊聞之，禮有情文兩端，緣情斯立，由文斯行。故戒賓三加，納采共牢，冠婚之文也；順而成德，静好宜家，冠婚之情也；寢苫倚廬，時薦歲享，喪祭之文也；戚容痛心，齊明存著，喪祭之情也。情與文相須，而本末辨焉。方今知四禮之文者眇矣，矧知四禮之情者誰與？記稱大禮必簡，尼父稱禮奢寧儉，夫簡豈疏率之謂乎？儉豈靳嗇之謂乎？篤乎情而文或有節，達於文而情常無窮，乃所謂真簡儉也，是崇本救時之深意也。要之，禮不虛行，顧其人何如耳。故曰：忠信之人，可以學禮。包子箕裘，家學質直，茂鄉閭，推忠信焉。援古攄臆，損益四禮，期於標儀節之芳模，挽澆靡之頹習，其志遠，其慮深矣。余因令付之剞劂，將俾披是編者，玩其文，諸其情，庶幾先民之是程，少有裨補於風教云爾。於是謬敘其概，以告吾鄉之同志於禮者。於戲！是編也，寧獨可風吾鄉也乎哉？

範數贊辭序

四明周應賓。

往予濫竽史館，讀太元、元包、洞極、潛虛諸書，然無若洪範皇極内篇，闡疇數以配易象，第迄今未有贊釋其旨者。今年春，平昌徐以清氏走刺視余以《範數贊辭》，乃其友包子萬有似之所譔也。予不獲知包子，若以清固訓予郡時如之深者，乃因以清而知包子矣。觀乎内篇，數始於一，參於三，究於九，成於八十一，備於六千五百六十一，變化無窮，咎休具見，揭天理，敘民彝，祛世迷，障人欲，雖不與易同象，而實與易同歸。蓋九疇緣理以著數，九峰衍數以明理，有内篇而皇極之旨昭，有贊辭而内篇之旨達，則包子不獨羽翼九峰，即謂其羽翼九疇可也。劉須溪不云乎：通身皆易，通天地皆易，通古今皆易。無適而非易，則無適而非洪範。蓋吾心有自然之理數，即有自然之洪範在也。玩内篇條晰之洪範，反而求諸吾心自有之洪範，則所稱皇建有極，平康正直，而斂時五福者，皆其自有之休徵矣。彼徒以象數去者，淺之乎知易與範哉！

史編餘言序

邑令許啓洪

崇禎十六年王正月，栝蒼包似之文學刻《史編餘言》。是歲夏五，吴人許子爲之敘。敘曰：史有正史，有外史，有野史，有史餘。曷言乎其正也？古者天子置左右史，左記言，右記動，搜善櫛惡，以示萬世。三代尚矣，春秋雖淩遲衰微，列國有南、董，斷斷乎其慎之也。秦燔圖籍，放斥史官，無有紀録。漢興，太史在丞相上、郡國上，計率二本，一上内府，一上太史公。史職最重，論著亦最詳。典午時，陳壽志三國予奪乖舛。唐、宋以降，奉勅分曹，聚訟滋焉。上下二千餘年，而乃有外史之作，不下數十百家。曷言乎其外也？史言失實，記事者非盡柱下世守，如孫盛、習鑿齒、劉競、曾鞏等，感託興起，悉摭拾舊聞，甲乙紛若，雖哀譏亦頗有足採，不過成一家言。而抉微顯异，傳疑道怪，又歸之野史氏。其言與齊諧相彷，固薦紳先生所不道。乃一二好古之儒，不廢梳剔，則何以説今古？一抨學人才子，寸管寸舌，具足千秋，皆不能抹。所云史失而求之野，然與否耶？若史餘，又補三史而爲之。曷言乎其補三史而爲之也？正失之誤，外失之略，野失之龐。參稽同异，鈎核是非，誤者駁之，略者詳之，龐者改訂之，則不知其爲三史之千櫓也，亦不知其爲三史之針石也。如龍門之索隱，涑水之考异，新安之發明，皆其類也。此似之史，餘所繇作也。然又曷言乎其餘也？夫子作《春秋》曰：其義竊取。餘即竊之旨乎？夫子又曰：慎言其餘。似之此書，簡而核，廣而信，文而不靡，奇而不詭。盧城南弃諸生帖括，探二酉六籍，閲三年書成，一字未敢輕落筆。似之之史，餘其尤得慎之旨也。夫此不但可翼史，并可佐經，是烏可以不敘？敘之者，陽羡書生許啟洪任宇父，偶擔鵝籠寄平昌君子山下，與似之兩郎，一蒙吉，一蒙亨，皆稱文學交。談文之暇，書此付之。

庭訓格言序

天台陳函輝

先生，儒之高蹈也。慕薛文清之學，其要止懋達性情，而不多乎道。爲人作止奉則，去其方厲，淵博宏静，義類多姿，而無武庫經笥之容。先型後進，皆欽之舞象。應童子試時，湯若士先生令遂

昌，拔冠軍，且語曰：子名當不在吾下，顧天下才亦有所砥成。武林吴伯霖，今之文章，古之道德也。爲具脡脯，聆皋比，遂爲伯霖首座，往論海内名宿。若士才博望峻，好誘後學，然氣殊嚴，故不肯輕許與。伯霖温栗如玉，坦曠若谷，而胸有古人不可見之概。四方人士，以爲兩先生得當之難也，而不以難先生。先生其可知矣，然而有不可知。兩先生齒若券，而獨不足券。先生十上浙闈，竟以歲例行。嘗説安命之名不漫許，業無足恃者，謂其夢魂原不到青紫也。若乃足乎己，信乎人，全乎天，而猶落落行道心惻，况身歷者乎？而先生泊如也。識知先生，咸謂青氊非其坐席，而先生泊如也。謂官無冷而不可爲也，初訓臨海而臨士化，謂地無遠而不可至也，繼諭柳城而柳士皈，已乃教授於越，八邑士人人有紫陽夫子之號，而先生泊如也。維時最心折者，倪鴻寶先生，嘗致書曰：余鄉者建言，以爲生祠既廢，書院宜興，正合坐翁輩於中，爲吾道主盟。夫以翁之學與品，上之撑立岩廊，次之亦應不失南面一方，庶幾發抒生平，登進古治。顧乃以冷冷一片席老其身，何説以處此？嗟乎！此可以知先生矣。先生休行不勝舉，總之打破義利關頭，所以八載廣文，依然一介寒素，而先生泊如也。嘗語厥嗣元쯾曰：天下無官不可自見，但須有本領耳。以故過庭提命，與郵筒往來，訓家規俗，長篇短牘，莫非格言。元쯾奉爲金石，珍如拱璧，手録成帙，欲登梨以垂爲家藏，持示予以問序。余受而讀之，大率根聖賢以爲學問，本道德以爲功名，立心立品，持身持世，叮嚀告誡，彌勘彌精。宋世喬年，潛心理學，窮究河洛，爲當世大儒，後學宗師。元晦發先聖之藴，集諸子之成，復爲孔孟功臣。

以觀於先生喬梓，不亦重光也乎？書曰：吉人爲善，惟日不足。傳稱衛武耄年而學益精。今先生年踰稀齡，視明聽聰，髮尚蒼然，所以進善懋學，義方式穀，其未有量。予交在紀群間，敢譜其所已至，留未或知，以俟來者。

燕游草序

四明　薛岡

文章，經世大物也。闡千聖之藴奥，寫一人之情才，可以觀政，可以觀人，予益有以徵諸元𢀿先生矣。先生栝蒼奇士，髫年飆庠，馳聲兩淛中，士望之如昂昂千里駒，其遠到不可量。而以奇於數，屢不售。會戊辰龍飛拔萃，貢京師，登順天庚午、丙子兩乙榜。無如親老家貧，謁主爵，謂當俾宰百里，以觀其所學，而顧得丞，是何也？夫士挾才於世而售焉，遇也；其終矻矻老牖下而不售者，不遇也。售而不必售，非遇非不遇，此其間有命焉。嗟乎！命之於人微矣。先生有奪命之文，而命終不爲所奪，於是以奪命之政嘗之。思以丞爲基，進進不已，躋九層之臺，還制科大物，故其爲丞如宰，不屑孳孳焉。仰宰眉宇，疇利宜興，疇害宜剔，宰未逮而丞嘗啟之。諸要衝鉅細不齊之務，一自先生擘畫，投棼而割，遘猝而整，無紳衿編氓，無不觀聽悦服。而且旬宣才之，直指才之，制閫又才之，有才練而沈，質端以潔之剡，可以觀政。先生雖恂恂不改書生之舊，然其事上御物，矯矯振刷，不徇流俗，不墮纖趨，恪遵庭訓道德功名一貫之旨，爲鸞鳳不爲鷹鸇，爲狂狷不爲鄉愿，可以觀人。時有民皆德，無上不獲。而最稱知己，則郡李瞻淇馮公，嘗取其魚麗得雋，與射策兩奇，歷試冠軍之制義，評選授梓，公之天下，以見先生非丞具。余游友人李金峨宗伯署中，時宗伯嗣君與先生爲同年籍，獲讀其制義，喟然曰：斯所謂惟賢知賢，他士有一人知己，可以無憾。雖然，斯人斯文，而竟同東野斯立之遇哉。讀其文，想望其人，以弗及結襪爲歉。辛巳初夏，訪木叔驤渚先生，亦同時相過，得覿眉宇，傾蓋如故，雪胆雲肝，光霽映人。余閲人多矣，道氣雅韻如先生者，指不多屈。木叔嘗推先生爲畏友，知言哉！文如其人，人如其文。因偶讚賞其制義，先生輒嗛嗛，復出一帙以示余，螺青蛩鳴也。余披誦之餘，牢騷骯髒之概，固自不乏，而温厚和平之意，亦復藴含靡盡。先生又善詩哉！姑無論文，即論詩，有唐以詩取士，無功、賓王兩公，非所稱唐代名家耶？而及其拜官，亦僅一丞，千萬世所爲無功、賓王重者，唯詩若文，而丞不與焉。爾時紆青拖紫，争李唐三百餘年公孤之席者，不可枚舉，而聲聞如王、駱，至今赫赫天地間者幾人耶？先生之詩之文具在，即稱之曰今之王、駱，誰曰不可？夫文能傳聖賢之精神，詩能抒一己之靈性，又况仁心義質，嚴氣正性，亭然風塵之表，超夐王、駱之上乎？先生方踰强仕，功名事業，正未可量，東山高卧，非其時也，先生勉乎哉！

四禮損益自序

邑人包萬有

孔子論前知而擬〔五〕之禮，不外因與損益。夫損之益之，正所以善因者也。又嘗云：能言夏、殷之禮，而憫杞、宋之無徵，則所賴文獻多矣。周監二代，周禮、儀禮皆周公攝政之書。周禮爲邦國之法度，儀禮則身體之威儀也。漢曲臺大小戴遞相删録孔門餘論而爲禮記。自禮記行，周禮、儀禮廢矣。在漢則有漢官儀，在唐則有開元禮，但皆駁雜，不得復儀禮之舊。而漢與唐所因所損益者，皆可知也。然儀禮爲古大夫元士之禮，後世仕無世官，亦有所不宜者。宋朱文公因司馬温公書儀禮，損益程、張論説而爲家禮，以施於家者也。未成時，爲人竊去。文公没，其書始出。故楊復等有推例悉附之條。至我國家有大明會典諸書，乃邱文莊公復採酌品官士庶所通行者，爲家禮儀節。余嘗伏讀而約以行之，乃感因與損益之説，或所擬議者附焉，題曰《四禮損益》。按儀禮首士冠禮，次士婚禮，以至士相見禮、鄉飲酒禮、鄉射禮、燕禮、大射禮、聘禮、公食大夫禮、覲禮八篇，皆嘉禮也。喪禮則喪服、士喪禮、既夕、士虞禮四篇，而牲特饋食禮、小牢饋食禮、有司徹三篇爲祭禮，共十七篇。家禮分冠、婚、喪、祭，而首論祠堂爲通禮。今喪服遵孝慈録，祠堂依會典入祭禮。若居家雜儀，深衣制度，與夫度式，并另有折衷云。所謂損益者，不過如此，而實則因家禮與儀禮耳。或以生今反古罪我者，亦聽之矣。後之君子，庶幾文獻之足徵云。

五經同异自序

包萬有

漢宣帝甘露三年，詔諸儒講五經同异於石渠閣，各以經議對。丞相奏其議，天子稱制臨决焉。後漢章帝建初四年，修甘露石渠故事，詔諸儒會白虎觀，講議五經同异，亦稱制臨决，作白虎議奏。按：石渠議奏無傳。《崇文總目》所載《白虎通德論》十卷四十四篇，爲班固撰，大抵引經斷論，而無稱制臨决之語，是白虎通即所謂五經同异也。唐徐苗家貧好學，爲儒宗。《五經同异評》自是而爲五經剖同析异者，罕有其人。予家世治詩，而旁通諸經。年踰四十，棘圍屢北，裂衿自免，以舉子業付兩兒。會所輯編年合録成，乃發五經藏而讀之，作而嘆曰：甚矣，舉業之陋也！經生治一經，喃喃章句，童而習之，櫛而比之，幸者二十年博一第，敝屣弃之矣，烏睹所謂五經之有同异也！漢儒治經，各專其業，代相承受。亦有兼治者，如包咸於詩，韓嬰於易。唐列九經，有大經兼小經之目。宋取士用經，疑則博詢。至於今業舉子者專治一經，徒專訓詁，不復知作經本意。善乎康節之言曰：畫前有易，删後無詩。予之説經也，於易也，窮圖象於先天，而義理之滙合者，若子夏、商瞿也，田何、費直也，焦貢、京房也，王弼、鄭元也，無不歸源焉，爲易經同异於書也。本精一爲心傳，而義理之滙合者，若孔壁、汲冢也，古文、今文也，伏生、安國也，無不聯絡焉，爲書經同异於詩也。探詩聲爲樂源，而義理之滙合者，若魯、齊、韓、毛也，外傳、逸篇也，飛潛、動植之釋也，無不統會焉，爲詩經同异於禮也。直體同節於天地，而義理之滙合者，周禮則本云官附考工記，而復訂以禮經會元；儀禮則取禮記識義附於各篇；曲禮則取少儀、内則、玉藻、表記、坊記、緇衣、深衣附之，以其餘入於大戴，爲二戴記，餘而禮列爲三矣，爲禮經同异於春秋也。尋所志於孔子，而義理之滙合者，左丘則以記事者爲傳，其義例與公羊、穀梁附焉，間取國語與胡、程、張、吕諸説參之，而傳合爲一矣，爲春秋同异。至於諸經之總論，與夫後儒之片語考釋也，則首禮記經解，次白虎通五經篇，并諸子百家所論列者附焉，爲五經同异解。樂經雖亡，樂記猶存，黄泰泉之樂典亦備矣，乃取諸史之樂書與律吕新書爲樂典同异。至於緯以配經，隋志以爲孔子既敘六經，明天人之道，知後世不能稽其同异，故别立緯及讖。前漢有河圖九篇，洛書六篇，云自黄帝至周文王所受本文。又有三十篇，自初起至孔子九聖之所注。又七經緯三十六篇，并孔子所作，并前合爲八十一篇。故易之有易緯，乾鑿度、坤鑿度、稽覽圖，是類謀辯終備；乾元序、制坤靈圖、通驗卦、河圖括，地象也。書之有書緯，中候、璇璣、鈐考、靈曜、帝命、驗運，期授雒罪級，五行傳也。詩之有詩緯，推度、災紀、歷樞，含神霧也。禮之有禮緯，含文嘉，斗威，儀也。春秋之有春秋緯，演孔圖、元命包、文耀鈎、保乾圖、運斗樞、合誠圖、漢含孳、感精符、佐助期、握誠圖、潛潭運、巴説、題辭命歷，序也。若樂之有樂緯，動聲儀、稽耀、嘉叶圖，徵也。孝經之有孝經緯，援神契、鈎命决、左方契，威拒也。論語之有論語緯，摘輔，象也。此皆於經之外，翼以神奇。東漢信之，六朝時屢禁其書，至唐亦漸廢。惟孔穎達正義間引之，而諸儒之崇正經術者不用，作正解云。夫五經皆我註脚，惟操一心以爲之主，則五經且合而爲一矣。孟子不云乎，博學而詳説之，將以反約也。余之辨同异也，正斯旨也。

編年合録自序

包萬有

古者左史記言，右史記事。言爲尚書則别記，事爲春秋則記年。史記之紀傳，尚書之典謨也。通鑑之綱目，春秋之經傳也。故正史祖史記，編年宗綱目。二十一史，正史也。綱目及前續，編年也。説者以司馬子長壞編年而成史記，謬矣。編年在漢荀仲豫，故有作也。温公本漢紀以後諸篇作通鑑，朱子因通鑑作綱目。吾遂昌尹起莘氏有發明，永新劉有益氏有書法，綱效素王，目爲左丘，發明其穀梁，書法其公羊乎？然發凡起例，本之朱子，而書成於趙師淵氏，發明書法，奉爲符籙，未免附會。迨凡例最後出，則汪克寬氏之考异，徐昭文氏之考證所由作，可稱綱目之忠臣也。元金履祥氏復本春秋，始陶唐爲綱目前編。今南軒氏又遡自太昊，成化間輯宋元爲綱目續編，而周禮氏、張時泰氏亦有發明廣義，稱全書矣。第王幼學氏之集覽，陳氏之正誤，馮智舒氏之質實，駢枝浩繁，又非朱子私便節閲之意也。予之起斯録也，續編之詳者略之，前編之略者詳之，中編之冗者汰之，年爲一綱，而目繫之。事核評騭，取發明書法廣義暨後賢所論斷者，繫於其事之目而折衷之，一稟紫陽之義例，蓋合春秋之三傳，如元經薛氏耳。題曰編年合録，斷自陶唐，從經世所推爲始。若羲畫道統之説，則治統以祖述爲法，而非所論於卦畫也。又以鄭端簡之大政記爲綱，皇明通紀、憲章録目之及於嘉隆，以迄三朝，其間四千年之行事，且一編合之矣。遠芟前史駢拇之陋，近成一代未竟之篇，非敢筆削於尼山，抑亦仿述作於考亭，所謂私便簡閲，自備遺忘云爾。藏之唐山，以俟來世，知我罪我，其惟編年乎？

古史補自序

邑人包蒙吉

上古史官，其後爲道家者流，至老子猶爲柱下史，而容成、大庭、伯皇、中央、栗陸、驪畜、軒轅、赫胥、尊盧、祝融、凡蘧、稀葦、冉相等氏，所以見稱於莊子也。孔子作春秋，本魯史，素臣内外傳及戰國諸史，詳於時而略於古。漢之中葉，以讖緯定禮、樂，而緯以配經，易、書、詩、春秋、禮、樂、孝經、論語，皆有緯書數十種，所述上古聖皇之事，其源出於道藏。厥後讖緯不行，而書隱矣，惜子長不見之也。司馬子長述史記，始黄帝迄漢，自敘以爲周公後五百歲至孔子，孔子後五百歲至於今，有能紹明世，正易傳，繼春秋，本詩、書、禮、樂之際，意在斯乎？小子何敢讓焉。其意亦欲自附於聞知矣。乃班掾取漢事爲漢書，譏子長先黄、老而後六經，而不知道家原出於古之史官也，猶儒家之出於古司徒之官也。蘇子由以索隱而正史記，始羲皇至秦爲古史，止取本紀、世家、列傳，而其他表、志胥略焉。其序曰：古之帝王，皆聖人也。其道以無爲爲宗，萬物莫能嬰之。斯言得道家之旨矣。惜其不及三皇之世，而以伏羲、神農、黄帝爲三皇也。羅長源始取緯書諸子而輯路史。路者，大也。兆自三皇爲前紀，羲皇以至夏后爲後紀，以商、周征誅不足紀也。其志誠大矣，間足補古史之未備。然而本紀與侯國列傳不詳分也。吉嘗訝史記列傳起自伯夷，而唐、虞、夏、商何寥寥也，即列國之佐亦僅僅也。又得近世劉節、介夫之春秋列傳，并上搜自燧人四佐，以及唐、虞、夏、商之賢，如阿衡、胥靡輩以補之。古者諸侯世國、大夫世家，而史記之世家皆侯國也。故以路史、蜀山等氏皆稱之曰侯國，而易夫世家，又以劉向之列女傳、列仙傳補焉。冠以路史，自三皇至秦，題曰包氏古史補，所以别蘇子由之古史、譙周之古史考也。大抵蘇氏取諸史記者十之五，而吉取路史之前後記者十之二，而其他國名發揮，餘論略焉。夫史記之論斷更端，劉子元史通譏其扯談。古史之論斷，據理乃見稱於朱子。路史之論斷宏博，然而多以後事證古事，而吉於所去取者，亦有以備論焉。昔人有言：後世即有司馬子長，亦不能成史記。何也？以其君非黄帝、堯、舜、禹、湯、文、武之聖，其臣非稷、禹、皋陶、周、召、姜、吕并孔、孟、老、莊之賢，其書無詩、春秋諸傳及世本之籍也。觀於孔子弟子子貢一出，存魯、亂齊、破吴、强晉而霸越，其文出於吴越春秋可見矣。乃長源何幸得緯書諸子，而輯上古聖皇之紀，以騰越子長也哉！吉不敏，方藉乎長源、子由、子長而附驥尾矣。此非吉之私也，家夫子之意也。家夫子以布衣讀書，於經史多所撰述，垂老倦勤，而以授之吉也。吉不識之，無時能誦四書正文。六歲入學塾，十年而補弟子員，五舉於鄉，乃以里選貢入成均。既而反初服，得優游於深山僻壤之中，以遂其麋鹿野豖之性。倘過此以往，將漢書、後漢書以及魏、吴，將晉書以及南北六朝，將唐書以及五代史，將宋史以及金、遼、元，爲後史補焉，豈非古昔之全史一大快也哉！雖然，此大史也，其書志等記事者，則馬氏補杜氏之通典爲通考，并通鑑記事本末，及近時之古今治平，略可按也。嗟夫！後世猥云三教，漢中葉以後，佛始入中國，其前但有孔、老而已。以孔子爲儒，以老子爲道，何也？蓋畫卦肇自包羲，孔子十翼，闡道已至，不過因子謂子夏曰：女爲君子儒，無爲小人儒。禮記乃有儒行之篇。儒者，需也，爲人所需也。老子述黄帝之言，乃稱黄、老，謂之道家，而何以自居於爲人所需，舉羲、黄以來之大道，獨讓之老子也耶？可慨也！

燕游草序

荆溪胡世定

才老者藝净，業博者工精，致非一也，歸靡不然。蘊隆積者，澍注於潢；嶔嵲遙者，靈集於奥；

滂濞衍漾而泛濫者，珍裔於媚，而怪麗於幽。下逮輪囷之楠梗，蒸盎之芝箭，阿巢焉，郊游焉，岐集焉，凡爍旭而射芒者，靡不擇精於溥博，鍊美於浄遠，而後獲一以貞，沛歸而成，可以逮津於咀芬嚼華，可以膏肓夫六藝，而芳嗽夫後生。吾朱先生元卺，其殆是歟？先生少也，析子骨，抉經髓，破帖括之元根，犂狐涎之野窟。蒼然凉然，學如初日之浴淵也；燦焉煌焉，文如繁星之麗天也。材集宋、屈，光攫遷、固，理又雪立於濂、閩之庭。攻苦如是，凡数十年，僅得與經生家射一鄉進士，而又棲於枳焉，集於蓼焉，區區以畢吾先生之半生。噫！無怪乎同人有仰天之問也。雖然，先生且老矣，遭寇以來且窮愁矣，而先生所著之書，固在志士擊壺，英雄捫舌。虞卿發憤之著，方欲與天争蘊隆，與地争嶔嵲，與名山大川争珍而角麗，區區畢吾先生者，又何足以小吾先生也！先生之螺青蛩鳴，先生言志之章也；漚言四書述，先生淑世之書也，皆極精博而極浄遠。吾固知先生之才極老而業極博也。三不朽，先生有其二，功名直與彼蒼野俱浮耳，又烏足與珉瑶争遠近哉！

飛鴻閣詩略序

荆溪　胡世定

嗜好所結，膏肓隨之；鍼砭所加，表餌行焉。此在工倕之鼻，能與郢侔；離朱之目，能與彩角。轉之者環，釀之者酪，相遇於神識，先默易焉，不知有挠造者也。兵然，醫然，陰陽家皆然，而於詩亦然。詩貴真，真近於椎魯；詩貴厚，厚近於腯碩。晰其源者，與以真易魯，魯颺而去之；得其本者，與以厚易腯，腯骨而析之。颺魯而析腯，則仍其爲魯而加真，仍其爲腯而加厚。郢之鼻，朱之眸，不加明聰，而技愈神巧，此固善轉於環，自志醍酪耳。今天下詩家者，求遠而真，則僉曰陶哉；求近而雄，則僉曰杜哉。然誦陶而不知其陶，則椎魯矣；誦杜而不知其杜，則腯碩矣。即唐之韋、柳，宋之大、小蘇，元之虞、薩，明之北地、信陽，皆未免盡更夫優冠而孟裳也。今吾葉子秀也，古宗陶而律杜，神貌骨理，鬖鬖焉，弈弈焉，已與二賢相浸漬，而又加厲夫宗工，務戛戛乎其魯腯。猗歟！陶杜不能轉法華，秀也不爲法華轉矣。郢鼻朱眸，當身具在，不假表餌鍼砭，神焉不外夫秀之爲秀，而詩之爲詩，則固雲泥也。然則秀之於陶杜，豈猶夫世人之優冠孟裳也哉！

文昌山序

邑人劉霞

邑治之西，其聳然峙立者，曰妙高山。從巔少下，有谷可十畝，左右自相廻抱如環。昔人於此建僧寺，雜植松竹，風過蕭蕭有聲，不知嚴寒盛暑，一若別有天地者。形家謂此山自西數百里蜿蜒而至，爲一邑來龍，於絶頂之下，忽開幽境，實爲靈氣所聚焉。嘗聞金陵龍蟠虎踞，錢塘鳳舞龍飛，皆爲名都會，誕降英才。遂雖小邑，先時代産聞人，今有此山川秀异，徒爲釋子愚人佞佛之塲，不可怪哉！乃遲之既久，廣溪王公來治兹土，教養兼施，循循然，懇懇然，士民咸服其化，若嬰兒之依慈父，若弟子之敬嚴師。公亦喜士習端謹，每延名儒，復義學，勤考課，恤卑寒，日期龍門發軔，以應廊廟之選。無如蕞爾彈丸，爲地運所抑，士子長弃岩谷，甘老終身，良可惜也。公於政閑之暇，流覽城垣，相度原隰，游屐所至，寓目開懷。一日登妙高山，環視形勢，恍若有悟，欣然而下，告於衆曰：邑之科名絶響者，吾知之矣。聖廟龍氣由縣治左去，而前明項中丞建坊適當其衝，是扼其要，故自後闃寂無聞。今聖廟既不可移，中丞坊亦未可去，欲通其阨，惟建文星閣於縣治來龍之上，受氣之先，庶乎多士蒙庥，而賢書可薦矣。蓋文昌帝君爲士人福主，文章司命，職掌科名，素著靈异，崇奉於兹，豈不能爲斯邑開晦塞之運乎？聞者咸曰：固所願也。踴躍忭舞，用襄厥美。期年之間，功已落成，因改其名曰文昌山，而樹坊以表之。坊之上百餘步曰引亭，又上高曠處爲朝暉亭。兩峰左右環抱之外，又有亭曰望遠。環抱之内，天然有一池，清光如鏡。上爲魁星閣，其旁築室若干椽，將爲諸生肄業之所。中爲文昌殿，而遷其僧寺於側，夾徑廣植樹木，漸次成林。予登眺之下，見宫殿亭閣，輝煌掩映於松竹參差間，如游天仙洞府。視城市山川，蜂屯蟻聚，環拱伏於下，而此身不覺飄飄然恍在青雲之上矣。雖然，我思公之意，不爲娱目賞心之地，而更有深意存焉者。夫山名文昌，非獨爲神宫所在，蓋隱寓文運昌明也。曰引亭，引領以望多士之奮飛也。曰朝暉，冀朝廷恩光之垂被也。曰望遠，欲諸生毋安目前之逸，宜懷遠大之圖也。邑人士被澤綿長，蒙庥靡盡，月夜誦公之德將與山而并傳矣。且意至此，以視父母之望子，師傳之望弟者，情何以异？豈可徒爲朝夕游覽之計已乎？然即有爲游覽計，如前賢之石城、竹樓、醉翁、快哉諸名勝，未嘗不足以傳，况實有進於是者哉？

校注

〔一〕内文無『頌』與『書目』兩個類目。又，『書目』内容見卷十一。

〔二〕贊：刻本缺，據目録及文體補。

〔三〕原刻本缺頁，自此以下至『亟增入之』，據光緒《遂昌縣志》卷十補。

〔四〕原刻本缺頁，自此以下至『將以求其所謂細論之旨耳』，據光緒《遂昌縣志》卷十、道光《遂昌縣志》卷十補。

〔五〕堂舍：光緒《遂昌縣志》卷十作『同祖』。

〔六〕原刻本缺頁，自此以下至『而不佞曾僭爲之引』，據光緒《遂昌縣志》卷十補。

〔七〕擬：原刻本作『疑』，據文意改。

卷十一

藝文志

詩

環邑十二景　　　邑人鄭還

突兀層巒拔地雄，龍飛鳳舞壯花封。半岩梵刹鐘聲響，驚動紅輪出海東。妙高晨鐘。

雕閣憑虚俯碧波，玉鈎飛掛翠岡阿。冷然剩有庾樓興，夜寂雲空發浩歌。清華夜月。

瑞僊奇巧肖眠牛，草色凝華翠欲流。山下畫牛僊已去，白雲何處是丹丘。眠牛積翠。

山擘侵雲舞鶴來，嵐光重叠擁城隈。平年一變青蒼色，城郭人民换幾回。飛鶴籠嵐。

君子佳山縣北頭，林巒曾聚太丘儔。年來不倦歸閑興，幾度登臨憶勝流。君子儒叢。

老子眉端現紫毫，道君褒翰委青蒿。一時勝事今如此，莫問元都千樹桃。壽光仙迹。

燦燦梅溪萬玉妃，歲寒顔色帶春暉。攜壺幾度山城外，索笑無言獨醉歸。梅溪春意。

嵂崒層巒肖穎峰，文芒聳射逼穹窿。應教髦彦烝蒸起，昻首英飛邁越東。文筆雲峰。

試敲石鼓響聲奇，疑是宫商落翠微。好看最宜春日暖，兒童競擊笑忘歸。土鼓含音。

一拳怪石在清灘，環邑山川氣運關。嘉會到時應上岸，花封比屋半衣冠。幞頭應運。

好山如月四時佳，滿眼清光溢翠華。閑坐小軒聽樵牧，歌聲隱隱帶烟霞。月山樵唱。

巒林深處爽山牕，燈影咿唔〔一〕徹夜長。人步落花載酒過，問奇環聽講虞唐。兑谷書聲。

瑞山　　曹道冲

琳館蕭蕭蘚上壇，地無俗迹户常關。檜花迎露春風細，羽客含真冥坐閑。跨虎何年歸碧落，煉丹應許定朱顔。驂虞去後神光現，從此仙翁號瑞山。

又　　邑人吴志

郊原雨足草連天，耕盡人間幾許田。今日更無人叩角，隔溪閑藉落花眠。

又　　四明屠隆

散步溪橋看野鷗，一樽落日上眠牛。長鑱煙外山光暮，短笛風中草色秋。叩角未因歌石起，出關聊爲著書留。百年天地多郵傳，何用登臨涕泗流。

又　　邑人葉澳

自放桃林不記年，如今穩向白雲眠。須知石骨乾坤老，最喜花紋雨露鮮。竟夕回頭疑喘月，長眠跪足肯蹊田。世間芻飲難招汝，漫道封人會著鞭。

飛鶴山　　四明屠隆

矯首孤雲不可條，松篁彷彿似鳴皋。千年逸氣凌霄漢，一夜西風借羽毛。沙苑何妨金簇冷，緱山長伴玉笙高。因君欲訪蘇躭去，海色蒼茫百丈濤。

留別西明山　　邑令許啓洪

幾度看山憶杖藜，三年一夢寺雲西。未能解綬憑鴻笑，聊復攜琴任鶴啼。戴暫簪冠辭舊衲，留無玉帶作新題。朝來夜氣臨風發，自有仙源路不迷。

馬鞍山五株松　　四明楊守勤

吁嚱兮奇哉！五松百尺何崔嵬，宛如虬龍探珠出海挂晴旭，倉鱗片片迎天開。五子噓雲欲飛走，乘風盪漾轟春雷。老翁何必數燕山，凌空獨抱明堂材。桃李繁華俱失色，楩楠縱大皆凡胎。秦玉空有大夫爵，層層結緑封莓苔。我來草元常對立，奎光映五同徂徠。

牛頭山　　邑令胡順化

翠屏雲九疊，井甃樹縱横。桃種元都觀，篁開舍衛城。亭餘霞褥紫，座吐白毫明。瑶草凌冬秀，迦陵語晝清。瑯璈泉遞響，瓔珞薜初縈。石繞疑聽法，鶴歸豈姓丁。只言金布地，倏睹玉爲京。飈馭隨花雨，潮音間鳳笙。分山傳試劒，攝魄爲題銘。鉢裏呼龍出，林邊跨虎行。應知儒不死，能證理無生。媿我吞腥客，徒深訪古情。

妙高山　皖城齊鼎名

出郭探奇异，言尋静者居。花光迷徑遠，松影落窗虚。法侣舊相得，詩朋興有餘。清談供苦茗，歸路瞑煙疏。

又　四明屠隆

妙高峰頂絶人群，策足岧嶢磴路分。萬樹秋林風落果，一溪晚碓水舂雲。松關寂寞修行乞，石鼎氤氲香自焚。手拾蹲鴟煨宿火，一壺攜得醉斜曛。

九日登妙高山　邑令康晉

登高逢九日，爽氣襲人裞。環眺千峰峙，俯臨萬竈低。笙歌知幾處，籩俎在梵闉。安得陽生脚，重重到遂邽。

前題和韻　邑人項天駟

晴陟輕千仞，天風欲舉裞。高軒登處聳，平楚望中低。菊醴陪僊令，鴛針出繡闉。栽培慚朽質，何幸托郊邽。

鷺洲釣月屏風山四景之一　宋太常，邑人周述

維揚喬木翰林家，底事投閑釣鷺沙。真隱每嫌勞物色，煙波深處足生涯。

又　　　　　　　　　　　　　　　　邑令湯顯祖

暝蹋孤舟一釣魚，半鈎新玉挂蟾蜍。猶憐白鷺蕭蕭影，秋老寒塘獨照渠。

又　　　　　　　　　　　　　　　　邑令許啓洪

釣臺較此竟何如，惹得吴剛叫碧虚。是鷺是凫看鳥影，姮娥欲下步徐徐。

天馬雲樵，屏風山四景之二。　　　　邑人周述

封事何如樂採薪，嶒崚石磴路堪馴。林深不識日昏晚，一任山隈卧白雲。

又　　　　　　　　　　　　　　　　邑令湯顯祖

白馬鞍中畫出雲，誰家伐木帶晴曛。不應長是丁丁響，時有遷鶯斷續聞。

又　　　　　　　　　　　　　　　　邑令許啓洪

幾片雲從太嶽分，樵雲玉斧碧空聞。世聞伯樂應難遇，天馬時看卧白雲。

吴皋東作屏風山門景之三　　　　　　邑人周述

天設名區擁翠屏，草堂風度曉雞聲。年來不作繁華夢，飯犢郊原學耦耕。

又　　　　　　　　　　　　　　　　邑令湯顯祖

唤起青牛更莫眠，吴皋春雨杏花天。他山種樹能多少，西作陶家酒米田〔二〕。

又　　邑令許啓洪

漫從父老勸深耕，春雨犁頭樂太平。婦餉姑炊兒飯犢，聲聲布穀雜鳴鶯。

月岩夜讀屏風山四景之四　　邑人周述

歸來築室月山旁，屋斗長懸午夜光。清白流芳無别業，詩書滿架酒盈缸。

又　　邑令湯顯祖

君子山房月倍清，娟娟憐與讀書明。如今更有閑官燭，只聽伊吾三兩聲。

又　　邑令許啟洪

暎月還思暎雪時，讀騷沉醉月偏宜。琴心寂寂千年静，臏有藜光向月隨。

松屋卧雲月山草堂四咏　　邑人葉可權

長松蔭庭風月清，曉氣觸石秋林瞑。虬枝濕重窗户暗，空翠滴露吟魂驚。變態須臾發深省，起來但覺衣裳冷。歲寒欲約陳希夷，移居來伴陶宏景。

竹牕延月　　葉可權

爛銀盤掛青琅玕，流光透濕生虚寒。嫦娥翳鳳下瑶闕，静約君子追清歡。環珮摇摇戛鳴玉，天風吹香入醽醁。神酣笑殺騎鯨仙，花下一壺何太俗。

荷亭酌酒　葉可權

闌干曲曲水花縈，吟倚香風恣賞情。笑倩麴生論臭味，愛同君子叙歡盟。碧筒入座春光溜，白羽摇牕暑氣清。翻怪靈均空製服，對花不飲强醒醒。

竹院烹茶　葉可權

舍南舍北緑猗猗，坐倚清陰煑茗時。夢入渭川思醒困，香分陽羡待搜詩。童烏敲火燒枯籜，老鶴衝煙過别枝。却對此君重啜罷，個中風味少人知。〔三〕

松屋卧雲月山草堂四咏　邑令湯顯祖

樓轉松風韻紫虚，眠雲夜冷晝芙蕖。山中所有應如此，直是江南陶隱居。

竹牕延月　湯顯祖

風露娟娟浣竹林，月窗秋影夜來深。不知叢桂山中客，長聽瀟湘雲水音。

荷亭酌酒　湯顯祖

酒是金盤露滴成，花如素女步輕盈。西風暮雨何辭醉，便向池亭卧亦清。

竹院烹茶　湯顯祖

君子山前放午衙，濕煙青竹弄雲霞。澆將玉井峰前水，來試〔四〕桃溪雨後茶。

月山遣興 邑人翁高

何事區區守一丘，春花過了月明秋。等閑濁酒籬邊興，寂寞寒花雨裏愁。不識故人猶在否，每思前事且歸休。西風又是青山晚，落葉無聲水自流。

又 邑人朱應鐘

落日千家砧杵聲，登臨孤客有餘情。屏山何事遮東北，月山在屏風山右。只見西南一半城。

曾山送客 皇甫冉

凄凄游子苦飄蓬，明月清尊祇暫同。南望千山如黛色，愁君客路在其中。

曾山 邑令徐治國

錦陂初雨潤新松，接踵籃輿此地同。百翠結來供静業，一灣繞處悟宗功。名從恩重疑青禁，法向仁通尚紫宫。兩載祝釐纔一過，願隨雲水老吴儂。

登白馬山 四明屠隆

青冥萬丈接丹梯，山氣高寒鳥不啼。隱隱空中落鐘磬，茫茫霞外擁招提。上方只訝星河近，下嶺纔知雷電低。太白胡僧長耳相，好於此處結龕栖。

游湖山廓然亭 邑人王鎡

湖山掩映鴈潭秋，今古詩人説勝游。緑柳影分騎馬路，赤楓葉落釣魚舟。前坡風送歸樵笛，别業雲藏賣酒樓。長記尋梅氷雪裏，氈靴駝帽鷫鸘裘。

奕山文鑑閣　　桐城胡效憲

霾緣旭日分朝爽，桂喜秋霖足晚香。返照謾疑花是葉，揚輝可是蚌含光。每思惠子臨濠濮，纔過夷門問大梁。見説雙峰新釀就，東籬菊綻報蜂黄。

前題和韻　　邑人朱所敬

扶桑旭霽氣初爽，桂接槐隄帶露香。魚躍欲從雲霧起，鴈横忽麗斗牛光。豪吟安得亭爲筏，遠睇將無樹作梁。更有一般堪物色，楓何赤也菊何黄。

迎胡效憲於奕山兼致朱家瓚　　麗令方咸

空谷幽輝麗少微，煙霞骨月古知稀。幾重雲路通三徑，萬壑溪聲聚一屏。柯爛石壇仙剩子，家依青魯俠流徽。惠然幸返跫然足，奕奕山城鶴正飛。

獨山即天馬山　　釋良縉

天馬山高秋氣清，登臨風物正關情。長雲去鳥連吴樹，亂水斜陽帶越城。隔岸松杉看石磴，下方樓閣指蓬瀛。誅茅欲卜他年事，六六峰前此結亭。

又《府志》作栖霞岩　　邑人朱應鐘

此地何年鑿，高深不可攀。地形天馬壯，山勢五龍蟠。間道開閩岫，長河下信安。人爲冠蓋望，花作武陵看。東去關城阨，西來户牖寬。奇峰多嵂崒，飛石自巑岏。保義爲鄉望，和光號里閈。虎臨青嶂僻，龍起石潭寒。渭老堪垂釣，龐公上考槃。絃歌舊聲在，時俗古風還。通德誰應振，嗚珂人所難。不知牛斗野，太史夜曾觀。

赤壁望浦城　邑令湯顯祖

棲靈岩下碧泉分，石户天牕時出雲。夜踏僊梯滿霞氣，海光初暎武夷君。

青城山　四明屠隆

向平此日快游蹤，千里名山一瘦筇。天削古崖撑白日，雨飄寒瀑濺青松。風雲長護神靈窟，環佩疑歸玉女峰。定有真人掌僊籍，璚芝石髓幾時逢。

又　邑令湯顯祖

萬仞飛泉挂石龍，青城如霧洗芙蓉。自非僊令鳴琴出，誰闞秋牕玉女峰。

唐山　釋仲一

路入唐山見碧峰，古來香火即今同。虎丘雲暖千岩雪，神塔光廻萬壑風。禪月有心曾照水，應真無念肯談空。七人煑茗團圝坐，插座酬機作梵宫。

又　釋真可

浙江静夜月中峰，總是吾師管子龍。畫出如來無量相，人間無水不遺蹤。

九日登唐山　邑令鍾宇淳

浮世有代變，青山無古今。路廻群巘合，池久劫灰沉。酒醉茱萸色，人分薜荔陰。白雲堪睥睨，無語自禪心。

唐山　邑令湯顯祖

東梅嶺路踐龍蛇，似阻天台石磴霞。忽忽雲堂見尊者，紅魚波裏白蓮花。

唐山三十六瀠廻，繞徑如絲雲霧開。獨坐野堂春寂寂，幽香寒雨正東海。

又　邑令傅恪

千攢萬簇景悠揚，山有唐休借姓唐。一派雲孫皈象教，半空曇祖俯羊腸。人生幻夢成真果，局面殘棋照夕陽。虎井羅峰看不盡，偷閑自笑宰官忙。

登唐山　竟陵胡恒

路倚層嵐鳥去邊，怪從絶頂見平田。雲扶崖置松間屋，虎爲僧跑石上泉。小憩池塘凉瀉影，閑看水碓濕春煙。諸君物外同深趣，書幌繩牀借坐眠。

竹覆諸天緑有聲，掩關人解住凄清。千竿藏寺沿流入，一覽通泉繞徑行。游戲應逢尊者現，蕭條偏覺净因生。何當雪滿篔簹谷，結作奇光片片明。

唐山

邑人項應祥

嵬嵬招提境，隱隱青桂叢。林林列蒼虬，一一摩太空。灌植遡塵劫，沓邈復朦朧。有唐貫休者，持鉢開雲宫。法力頗宏上，卓錫流瀜瀜。靈秘日以啟，漸與人寰通。我來千歲後，策杖陟巃嵸。峰巒自突兀，煙霧相冥濛。盤桓仲宣侶，揮拂焦尾桐。孤亭抱群緑，芳沼浮亂紅。蒲團坐明月，羽衣凌輕風。合掌禮伽那，長嘯倚崆峒。百年駒過隙，四顧塵若夢。貲稱金谷麗，寵説驃騎雄。終軍雖云少，馮唐一何窮。得失冰泮澌，富貴霜委蓬。纍纍步兵廚，卓卓彭澤松。渺予事組綬，頗爲時牢籠。萍蹤偶兹會，尊酒仍再同。侵晨落疏星，斜陽送歸鴻。君還三台北，我棲雙溪東。道路阻且修，相思心忡忡。勖哉各努力，意氣如長虹。

唐山

邑人黄九津

石磴岧嶤路幾盤，精藍孤聳入雲端。梵音縹緲諸天近，樹色微茫下界寬。塵袂半沾嵐氣濕，風林乍掩葉聲乾。香廚不用留僧供，户外群峰秀可餐。

唐山

教授張翼武林

一簾花雨故宫秋，影接浮圖漾碧流。河海性宗千澗合，煙霞色相兩峰收。鳥迎佳氣藏雲暗，鶴警清霜載月投。好向夢中評去住，即今燈火爲誰留。

五龍山　郡人胡烈

蜿蜒萬壑繞群峰，擁護飛蓮現五龍。擊破翠微驚蟄卧，夜寒明月一聲鐘。

又　郡人徐顯志

孤寓經旬卧竹林，寒花香擁翠幢深。煙雲時入松花鉢，冷浸空王般若心。

大樓岩望龍安洞　邑人王養端

獨立樓岩最上巔，萬峰蒼翠落飛泉。俯尋玉乳平臨地，仰矗銀河直到天。曾有黃龍來聽法，豈無白鶴下參禪。幡然不盡憑虚興，三十六泓生紫烟。

金溪十峰　邑人黃中

突兀東南玉削成，雲來一片在虚冥。巨靈劈作花千瓣，悵望秋天無賴青。芙蓉峰。

何處飛來雪裏花，碧霄片片出檐牙。清芬常帶煙嵐氣，不管人間有歲華。梅花峰。

拔地孤撑入大鈞，分明筆陣掃千軍。春深雨過淋漓處，滿眼雲煙緑字文。文筆峰。

紫氣重重繡作堆，當空一片畫圖開。晴雲半抹峰頭出，王几移將天上來。錦屏峰。

勁翮飛天不賴風，翩翩直北下雲中。赭丘願得爲形陣，縱寫黃庭不可籠。金鵝峰。

雲際雙雙接翅飛，共言天上抱花歸。廣寒高處偏多露，日午門前晒粉衣。玉蝶峰。

木鳳金泥濕紫鸞，雙尖對閣落雲端。尋常賸有煙嵐護，不許人間俗眼看。展誥峰。

青海南來忘卻年，一鞍高縱入雲煙。日行千里不歸去，驀得山中有异泉。紫駝峰。

群峰簇簇下天門，遠勢渾疑六馬奔。一片晴光迷滿眼，那知紫翠變朝昏。叠秀峰。

獨對峰前萬樹春，青天矯矯出風塵。試看禁苑千官集，孚羡丹墀獨對人。獨對峰。

金溪十峰　郡守許國忠

振衣凌秋空，危標出天表。千林綴紺楓，萬壑叢蒼篠。重嶂互盤旋，漭蕩失昏曉。突兀芙蓉峰，梅花相對嫋。文筆插青霄，錦屏將翠繞。金鵝直北飛，玉蝶向西繞。展誥碧雲封，紫駝青霧杳。叠秀何逶迤，獨對自窈窕。十峰鬱嵯峨，四顧神飛矯。瀑布瀉深泓，斜陽留樹杪。凉風兩腋生，明月萬川皎。我來秋氣清，况復秋色縹。仰觀天宇寬，俯視塵寰小。停驂龍鼻頭，静聽喧林鳥。行役苦恩恩，游思殊未了。

百步嶺　邑人葉澳

層崖一徑入雲端，秋色深沉日景寒。蟲語白茅相歷亂，鳥翻紅樹半凋殘。三千奮擊南溟近，九十踟躕末路難。因上望村村上望，風南天北是長安。

洞峰嶺今名大峰嶺　邑令湯顯祖。

西行百里洞孤峰，上有龍門常出龍。不知龍出能多少，只看龍湫雲氣重。

新嶺隘

釋真可

步入千峰去復來，唐山古道是蒼苔。紅魚早晚遲龍藏，須信湯休韻不灰。

又

邑令湯顯祖

歸去侵雲生赤津，瘦藤高笠隱精神。只知題處天香滿，紫柏先生可道人。

前身那擬是湯休，紫月唐山得再游。半偈雨花飛不去，却疑日暮碧雲留。

界石礓

湯顯祖

玉輪江上美人精，黄鶴樓西石照明。何似松陰側圓鏡，一溪苔蘚暮灘聲。

含輝洞

許啓洪

一樹桃花半有無，問津何處影模糊。前朝曾記龍曾隱，此曰憑誰烏可呼。月挂松頭林磬杳，煙迷柳色洞雪孤。殘霞收拾囊中去，剩有餘輝映玉壺。

靈泉洞

四明屠隆

谽谺咫尺開雙洞，虚敞何年鑿五丁。聞有羽人修玉液，久無雲屋貯仙經。松間神霧寒長住，石上靈泉瀉不停。天氣欲沉秋颯颯，疏星斜迸斷崖音。

又

邑人黄中

靈竅通溟海，逶迤細入池。暎天開曙色，輝日動寒漪。潤物渾無迹，爲霖定有期。尋幽來洞口，掃石一題詩。

航川八景

邑人葉可權

閬峰崛起蒼玉屏，曉氣觸石天冥冥。白衣掛樹山色濕，宛如流水含春冰。曒光穿林鶴初醒，薄雲浮空結虛暝。老仙醉卧石空深，起來但覺衣裳冷。東閬曉雲。

流鳥側翅天色暝，滿地餘輝弄晴景。東山恍若銜燭龍，西崦猶如食金餅。魯陽奮起揮天戈，寸晷不駐朱顏酡。羊脾未熟歲已暮，願駕六翮留羲和。西明夕照。

飛閣峨峨瞯空碧，清氣逼人風露寂。望舒駕月行青溟，滿地金波悄無迹。天色如水空塵埃，寒光透室秋徘徊。姮娥對鏡作隊舞，青鸞飛上瓊瑤臺。清華秋月。

長風捲雲天界寬，濕氣縹緲蒸林巒。老僧曬衲日色薄，空翠滴落山光寒。爐煙生香清晝永，佛骨多年不知冷。錫聲破夢白鶴飛，古寺蕭蕭散青影。妙高晴嵐。

將軍勇氣超吴越，鐵馬追風汗流血。寒泉一掬清戰塵，六月人間灑飛雪。雪花濺落馮夷宫，霜蹄蹴月如游龍。何須更尋渥窪種，此水直與銀河通。洗馬寒泉。

老翁扁舟弄明月，洲渚無人鳥飛絶。清風凜凜醒醉魂，華髮蕭蕭吹白雪。白魚如玉蘆花飛，白浪萬頃堆琉璃。雲臺舊業付流水，一聲長嘯蒼苔磯。釣魚清風。

濃雲壓樹春雨足，土脉如酥秋水緑。大兒後墅扶耕犂，稚子前坡飯黄犢。黄雲捲空桑柘疏，鼓聲日夜鳴枌榆。烹羊炮羔醉耳熱，仰天拊缶歌烏烏。後墅春耕。

平蕪斷楚迷行路，夜渡茫茫煙水暮。孤舟隔岸呼不來，落日寒沙點鷗鷺。浮雲萬里空悠悠，長安不見令人愁。長安在西向東笑，欲借兩腋天風秋。長安晚渡。

梭溪五首

宋侍郎盧襄

赤欄橋底白石溪，水落石出青無泥，小魚依石避鳧鷖。半欹碎帽〔五〕馬蹄快，走游平沙楊柳隄。

煙波日暖花影濃，身無六尺老玉驄，平頭奴背懸詩筒。穿林彈射亂蒼落，游人十里聞香風。

野雉低飛宮錦身，溪魚三尺黃金鱗，玉壺滿注秦淮春。時乎身健早行樂，趁取巾鞲無戰塵。

美人嚼蕊題花葉，鐵鬢粉翅憐雙蝶，相逐高低盡輕捷。詩翁欲博一笑妍，自拭菱花取金鑷。

手持六尺老藤枝，腰插六角輕蒲葵，白苎裁成新道衣。醉歸不免覓花嗅，酒暈已得山風吹。

練溪八景

邑人項應祥

千尋懸石竇，萬道落瓊鋪。試向吴門望，還如疋練無。石泉拖練。

絶壁風雲護，崔嵬不可攀。昔爲戈戟地，今作太平山。文筆儲胥。

地闢雲千畝，春深雨一犂。鼓含忘帝力，天籟響山溪。大畈農歌。

短褐横牛背，相呼逐幔坡。歸來望松徑，吹笛月明多。横岡牧唱。

肅慎飛來日，開山結蘗珠。至今傳僕射，無處覓邱瑜。太虚弃箭。

天闢菩提境，梗楠永夜輸。如來今寂寞，蔡相亦躊躇。安福神材。
遐源分積石，下與百川通。白日起蛟電，飛騰凌太空。龍門靈湫。
寒谷吹鄒律，層崖次第春。松頭千點玉，相對卻精神。樓峰霽雪。

妙高山　　邑令柳滋溥

月淡山空露未晞，個中何物不禪機。松濤隱隱傳天籟，引得鐘聲到翠微。

又　　邑人包蒙吉

高峰巀嶪倚雲霄，一刹平開氣象豪。淅瀝風濤飛野馬，逍遥窟穴冠山鼇。天花欲墜禪心冷，貝葉頻翻鳥語高。遠望城煙聯不斷，丹霞紫霧滿神皋。

妙高院　　邑人尹廷高

草庵卓立孤峰頂，霜滑石頭山月静。天風吹落五更鐘，盡大地人都唤醒。

又　　張子西

乘閑約友訪危峰，小徑穿林幾曲通。對飲野生多酒量，伴吟木客笑詩窮。樓臺高出煙霞外，山水長留天地中。我欲乘風凌絶頂，月宫先折狀元紅。

又　　邑人翁高

行行復行行，行到白雲間。見客意不俗，逢僧心自閑。細泉分别澗，小徑入他山。擬借禪房榻，追游信宿還。

又　　邑人鄭還

陟徑穿雲入翠微，天然一窟似屏圍。煙消樓閣半空出，山静風塵盡日稀。溜石澗泉清欲語，依岩禪榻坐忘機。鳥啼花落春風去，不與人間論是非。

龍潭秋月　　邑令李迪

龍潭得月映清流，金粟花開接索秋。光滿望時沉寶鑑，魄分晦後墜銀鈎。兎生春杵聲相近，蟾薄山河影不收。夜半人來窺色相，却疑身在廣寒游。

東梅嶺　　邑人項天衡

蘭若隱千嶂，松龕燃一燈。墻低將并榻，殿古欲依藤。盡説身爲礙，相攜息未能。年來解枯淡，聊復在家僧。

得月亭　　邑令黄德裕

石筍樓空枕急湍，公餘登眺倚欄杆。黄花對我添秋興，緑醑逢人戰午酣。山色數重雲外見，水光一片鏡中看。清凉味到天心處，自覺身輕振羽翰。

隔岸梵音　　邑令林剛中

祇樹參差簇碧雲，幾龕佛火隔蹊紛。月移寶相林端現，風度梵音檻外聞。

又　　邑人項應瑞

古寺微茫水國分，鐘聲杳靄隔溪聞。老僧定後心如水，叩齒焚香理白雲。

河梁晚釣　　周官

傍水漁磯垂釣清，絲綸不捲晚風清。自耽石上藤蘿月，豈似桐江空釣名。

九蟠積雪　　訓導蔣治

天開名勝九龍蟠，積雪陰陰可耐寒。俄聽風雷籠爪甲，還疑噴霧失山巒。

溪亭月色　　邑人項應瑞

臨流亭館依晴空，四壁玲瓏四面風。儒吏偶來歌解愠，一輪明月正當中。

月山樵唱　　高綿祖

持斧砍幽翠，歌傳空谷聲。嶺寒風習習，鳥静木丁丁。唤侣激村調，沿流争澗鳴。一肩松竹徑，天籟志孤清。

緑玉亭聽簫聲有作同耀先　　邑令湯顯祖

平昌此亭能種竹，但有此君人不俗。非貪翠色映紅妝，會與簫聲搖緑玉。風漪緑玉暮雲寒，瀟湘水色清琅玕。只道於中耀靈鼠，那知其上游飛鸞。飛鸞窈窕籠煙雨，包山丈人此亭主。家似渭南稱素封，人如江上依慈姥。何來有客宜幽間，綽約玲瓏君子山。不妨仙縣移琴曲，竹葉樽中時往還。

清華古閣　　邑丞余允懷

擁縣青山欲盡頭，傑然飛觀俯清流。寒潭渺渺疑滕閣，風月蕭蕭亞沈樓。嘉木敷陰長在眼，孤舟橫渡幾經秋。我來細咏清華句，更向清華意外求。

又　　邑令朱元成

喬木深山野渡頭，敢窮勝事擬名流。經營悉似康成手，氣象端侔庾亮樓。塵碎尚憐三折臂，物華已度幾番秋。故人遠訪稱詩債，緣木欲魚未可求。

又　　邑人王炬

西湖路上探新晴，自詑年來尚有情。倚閣未能空萬象，臨流誰復悟三生。邨中日正炊煙合，天外風高白露輕。莫去且舒長嘯齒，孫登原亦解清聲。

又　　邑人徐昱

晚來徐步上危樓，極目滁湖一色秋。止水無痕清似靛，月鈎如釣下滄洲。

又　　邑人黃中

抱郭清溪樹裏來，倚天樓閣俯山隈。春迴花逕香風細，雨霽珠林曙色開。白日雲腥龍欲起，碧枝露冷鶴初回。投禪未解無生訣，浪向人前説鏡臺。

又　邑令鍾宇淳

古閣凌霄迥，林深野興投。穿雲千樹出，帶月一溪流。嵐氣晴猶濕，花香曙更幽。虚舟吾意愜，天地復何求。

又次黄侍御韻　鍾宇淳

一道飛泉灕灕來，萬山深護白雲隈。禽言天籟虚相答，雨氣花陰閉欲開。卧聽松濤風乍入，行吟竹徑月初回。嗒然心地真空水，不是逃虚獨倚臺。

又　邑令林剛中

問從車騎問桑麻，路入西明境最佳。借借蜃樓凌海市，飛飛鴛閣拂天涯。慕泉作雨催詩急，春樹當空送酒賒。不爲詞人饒興致，由來粉黛逐春華。

又次黄韻　邑人黄學詩

清華雅勝逐溪來，沙白流清映日隈。曉霧濛濛崖氣合，晚風拂拂鏡潭開。雲濤起處龍騰躍，竹律和時鶯囀回。可笑塵寰猶浪迹，登臨不异步虚臺。

又　邑人王季皋

覽勝懸崖上，嵐光碧樹隈。紆縈雙澗合，迢遞萬峰廻。漫適登臨興，全憑作賦才。山雲如有意，長嘯許重來。

又　　　　邑人徐應乾

雕閣憑虚俯湍流，朱明有約集名儔。薰風共對來清馥，皓魄高懸助勝游。堪笑浮萍難定據，不妨促席漫淹留。東山未副蒼生望，掀髯狂歌進酒甌。

又　　　　郡守王崇銘

群溪集翠激雲雷，孤閣凌霄破壁開。氣壯五丁迴地脉，景浮三竺接天台。白鷗不盡凉煙浴，蒼葉無窮夕照摧。於此駐車閑選勝，一峰應醉一霞杯。

又　　　　司理趙霖吉

峰廻孤徑上幽磴，下視雪聲喧翠微。灌木助陰飛羽蓋，野花收艷傍輿帷。煙深隔岸知村合，僮散前陂放犢稀。耳目此時難應接，山陰豈獨擅聲希。

清溪閣　　　　四明楊守勤

畫樓縹緲凌神壑，千尺巉岩巨靈鑿。銀潢煜爚不可近，仰面恍惚虚崖落。古樹懸崖自槎枒，開遍元都幾度花。玉洞玲瓏吐雷雨，深潭晶漾驚龍蛇。溪月雙清映緑林，仙家白晝長陰陰。寒虹咽斷支祈泣，丹崖深鎖松鼯吟。石鼎瑶梯在何處，徜徉願借漁樵路。鶴背乘來緱嶺風，作賦不愁山易暮。

從龍閣　　　　邑人朱文盛

數弓甌脱地，竹樹植成陰。信得閑中趣，偏多方外心。菟裘堪自老，羊仲閑相尋。課讀莳花罷，白雲深復深。

又　邑人黄國龍

憑欄時極目，野趣較偏多。雨後山光潤，風前鳥語和。捲簾雲自入，泛竻客能過。卓矣柴桑士，清貞寄薜蘿。

談笑蓮花幕，歸來鬢尚元。大饒栽竹興，賸得買山錢。樽酒嘉賓洽，琴書俗事蠲。一經行有託，池上看聯翩。

又　四明劉志棟

縹緲樓開傍覆螺，覆螺無雨白雲多。不緣山潤留雲住，指日蛟龍起碧波。

又　邑人黄德微

稽古斑斑指上螺，寒牕夜雨集英多。眉端電劃蟄龍起，咫尺三千擊水波。

又　邑人朱家瓚

簇簇如來頭上螺，宛然爾我得朋多。三尊立地能成佛，色相俱空般若波。

尊經閣成恭賦十八韻　邑令湯顯祖

君子猶名地，周〔六〕公即有源。平昌開舊館，前令作新門。朱雀何飛舞，靈蛇太伏蹲。或爲開地理，爰築見天根。遂爾升層棟，因兹賁複垣。山川夾户牖，日月倒懸軒。氣脉宜龍舉，階梯此駿奔。

鐘球縣聖作，鼓篋付司存。似謁河宗帝，如招洛誦孫。橫經將史事，直道倚君恩。未覺絃歌冷，粗知色笑暄。自公垂勝賞，于役動高騫。掌故登堂禮，諸生避席言。弁星趨北斗，册玉候西崑。入國傳經語，觀風展德論。射堂樽俎合，文圃竹書翻。嶺借游蘭馥，池紆來〔七〕碧溫。苐令周士貴，始識漢儒尊。

春日登尊經閣

同知 許國忠

崇經開傑閣，佳麗擅名區。制作遵昭代，章儀藉碩儒。巍基奠磐石，勝地備堪輿。勢壓平昌里，尊臨君子嵎。重軒錯陵谷，層棟俯城隅。藻井凌霄起，雕墻遶檻迂。典章盈二酉，載籍富三都。册并西崑府，文聯北斗樞。何年存舊址，此日建新櫨。儼令崇文教，真人圖聖謨。經傳西裔盡，吟和郢中孤。才是洪鑪縱，天將大鐸需。鑄顏流令緒，御李挹芳瑜。璧署明奎聚，詞林樹羽模。琴鳴山鳥下，烏振野雲紆。士習登群品，人倫啓正途。青藜燃秘館，絳帳接蓬壺。宸翰窺周製，圭璋見夏瑚。春深龍欲化，日曉鳳將雛。禮樂從今盛，衣冠較昔殊。芝蘭叨夙雅，桃李羡春敷。行紀傳詩卷，論心對酒壚。登樓同作賦，千載見吾徒。

前題

四明 屠隆

元化洩胚渾，溟涬釀炙轂。太和日鬱蒸，庶類繁以育。二五紛綸轉，太極秉樞軸。形骸苞靈光，鎮以無名璞。方寸湛靈明，六合相照燭。民遵大道趣，坦夷絶畛域。一自隳形氣，鑿智宣嗜慾。邪徑從此開，靈府日以牿。戎夷接車軫，戈矛伏堂皇。人心罔底極，横流誰爲坊。斯道不淪蝕，天迺生素王。偉哉封人言，木鐸振四方。大冶鑄群士，斐然咸成章。删述經鉅手，六經何煌煌。昏淙啓泰煴，安事爝火光。鬱儀與結璘，萬古照八荒。良宰先教化，講道明五常。尊經此名閣，東壁輝文章。藐彼二酉度，安用宛委藏。庶其追步趨，時時見羹墻。

相圃書院　邑令湯顯祖

禮樂在平昌，諸生立射堂。山形君子似，地脉聖人旁。四獸風雲合，三龜日月良。天門馳直道，星舍翼廻廊。半壁新泉煖，成帷舊木蒼。嘗聞殷曰序，如見孔之墻。遠憶桑蓬色，清歌蘋藻香。修容隨抗耦，射策擬穿楊。有鵠求臣子，爲侯應帝王。同科非爾力，得雋迺吾祥。

平昌射堂再葺，喜謝掌教烏程孫見元先生　湯顯祖

緊予爲射堂，精華氣相迫。列宿亘環互，三垣烱可摘。時來風候清，如窺月岩隙。宫墻及諸子，樓觀滿六籍。空知朋好求，誰爲我躬惜。猗歟孫夫子，三嘆撫陳迹。摅精動維斗，决胷開震澤。章甫越人路，絲竹靈光宅。相于絃誦晨，晤彼文尊夕。同人習坤静，大壯晞乾闔。井逕虹蜺生，户牖風雲積。徒用感斯文，無因佐于役。戢戢魯諸生，何時謝鄒嶧。

相圃書院　郡守任可容

南浦雲呈彩，臨川筆有花。文章光射斗，氣節直凌霞。豈效轅駒促，寧同伏馬譁。朝陽鳴鳳鳥，

窺井笑蝦蟆。道爲投荒重，名緣折檻誇。政期還上國，何幸其天涯。白晝閑琴席，青山到縣衙。春風吹杜若，秋水映蒹葭。共道河陽令，來尋勾漏砂。新民除陋習，問俗起婍窊。多士歸金冶，諸生列絳紗。論文清晝永，校射夕陽斜。相圃依山麓，經樓鬬物華。藏書名并美，觀德事非遐。此日求龍種，他年羨兔罝。育才方植李，報政已逾瓜。五斗憐元亮，朱絃過伯牙。祥鸞棲枳棘，良驥伏鹽車。合浦還明月，延津會莫邪。弓旌應不遠，遷客漫興嗟。

又　　同知許國忠

并轡游鍾阜，同官寄栝蒼。憐予牛馬走，羨爾鳳鸞翔。門第推江表，聲名冠豫章。英姿深藴藉，意氣絶倫常。混迹長安里，披肝走馬塲。倏忻知己貴，轉覺世途長。抗疏輕祠部，投荒出海洋。賜環歸百粤，綰綬令平昌。閉閣懷民切，褰帷問俗忙。春風歌化雨，寒谷發勾芒。象德開元圃，傳經闢講堂。飛泉明几案，積翠暗芸牕。華館分星位，青藜射斗光。一人張正鵠，多士欲勝驤。禮樂還三代，蓬弧志四方。延賓過勝地，列席攬群芳。喜接登龍會，慚悲倚馬郎。菁莪將獻叶，桃李滿門墻。

又　　荆溪胡世定

野蔓離離覆短墻，書烟秖聚半空廊。傷心花縣徒千古，珍重先生玉茗堂。

空嘯閣三首　　邑令許啓洪

有魏王喬令，敢云飛舄居。偶然成小築，終自笑蘧廬。醉我煙來際，親人月上初。孫登誰共嘯，霞落四山餘。

閣借雲爲護，雲流閣作郵。十松排鶴徑，萬壑隱龍湫。寂歷煙千縷，凄清月半鈎。何須阮家屐，一嘯萬山頭。

和月和煙閣，惟琴惟鶴官。三撾鼓欲碎，五柳夢初殘。梅福心原熱，元龍氣不寒。卧游登百尺，栝嶺一泥丸。

又空嘯閣夜宿　許啓洪

鉏雲無半畝，夜色滿空庭。遣興看陶句，驅魔誦道經。蛩聲和露冷，燈影帶烟青。此意憑誰語，梅邊月一亭。

別梅舫　許啓洪

不須十月報先開，雲度靈槎幾樹梅。香雪有心留月護，玉魂無恙怕風催。嘯回孤鶴林逋句，夢斷霜禽何遜杯。連夜美人吹楚笛，好憑青鳥粤東來。

登聚奎亭　邑令鍾宇淳

闌干北斗夜珠明，華氣微薰酒力平。高處不勝凉似水，冷然清露濕金莖。

啓明樓　邑令湯顯祖

舊有金輪地，樓傾怯曙鐘。自他施抖擻，於此寄春容。以下雲平壑，爲高翠遶峰。聲聞懸十里，色界抵三重。霽晚千椎迴，霜霄九乳濃。空中靈響落，世上耳根逢。沸海翻晴鶴，霧雷隱夜龍。花臺遙箭刻，鐙拾閃芙蓉。去逐香螺吼，來參法鼓鼕。無因報宏願，長睡一惺忪。

又

四明 屠隆

大地欲曙重昏坼，火輪忽涌海氣赤。萬國猶在微茫中，神光隱隱扶桑側。先有一星名啟明，前行似報東方白。炯炯盡奮列宿光，孤朗幾堪敵兔魄。天雞咿喔飛蟲鳴，玉漏銅壺不復滴。此時鐘聲出麗譙，羲和得令初駕鑣。九關啟鑰容宵度，三殿傳籌放蚤朝。征衣殘月催機杼，旅騎清霜滑板橋。平昌山城俗朴茂，百事向來從簡陋。野鹿時窺長吏衙，清猿手代壺人漏。昏曉天上無常期，寒暑山中有氣候。出門起視明星爛，夙夜只恐陰雲覆。四面蒼烟高插天，亭午日始出岩岫。湯君分符宰此城，平昌更漏始分明。鐘聲縹緲聞空界，樓勢嵯峨接太清。畫棟雲霞生莽蕩，虛欄河漢切縱横。使君欲眠來登眺，把酒聊舒萬古情。

啓明樓晚眺

邑令 湯顯祖

可憐城市欲紛紛，直上層樓勢入雲。獨樹老僧歸夕照，一山棲鳥報斜曛。初驚梵唱凌空静，還隱鐘聲入定聞。忽怪夜來星劍曉，諸天於此震魔軍。

獨山

蘭谿 徐應亨

崚嶒見獨山，鼓楫向西灣。噴雪灘聲急，留雲石色斑。峰廻頻指點，徑仄斷躋攀。轉憶湞陽峽，徘徊積翠間。

登黄塘廟横樓　邑令湯顯祖

山空流火亂螢飄，池上風清酒氣消。四顧沉林雨初歇，平昌令尹聽吹簫。

又次前韻　邑人葉澳。

碧水蓮香霧雨飄，黄塘廟裏篆烟消。晚風乍入南園竹，散作城間百玉簫。

吴皋道堂又名明善堂　邑人鄭還

吴皋山下悄禪闍，竹木扶疏繞四村。春盡不知千佛冷，煙消惟見一峰尊。鐘聲隔水過吴泊，雲氣尋幽度石門。黄鳥已催花落去，有階衹上碧苔痕。

吴僕射廟　武林張翼

沉沙鐵戟皆消歇，愚智猶瞻僕射祠。欲識精英千載色，石屏雲斷葉殘時。

寓報願寺二絶　宋狀元沈晦

久厭官居車馬喧，乍投禪榻喜安便。起來卻面青山坐，静聽風林一曲蟬。

平生野性便林麓，假榻僧窗清意足。飄然踪迹似孤雲，後夜不知何處宿。

又　沈晦

古寺蕭蕭六月秋，綸巾羽扇對滄洲。四圍樹帶衹園色，一道泉分石竇流。堂上客星明似斗，山中雲氣白于鷗。何時整頓乾坤了，有酒如澠寫我憂。

又　齊鼎名

懶性偏宜静，禪房獨掩扉。迎窗新筍出，繞砌落花飛。夜月聞僧梵，煙嵐灑客衣。心清宜有悟，春盡亦忘歸。

廣仁院　邑人王景夔

不到僊峰二十年，山光水色尚依然。一官凛凛逾堅操，古佛如如待説禪。冠上塵纓何日濯，枝頭明月有時圓。可堪六六金麟健，我欲乘風騎上天。

又　邑人翁錡

只道山窮路亦窮，青山斷處路還通。源泉出水潭潭碧，野果經霜樹樹紅。乞食不嫌僧舍遠，尋幽更羡僕夫同。明朝籃筍歸城市，歷歷峰巒在夢中。

又二絶句　邑人周池

石泉飛玉出雲端，剪剪輕風掠地寒。寄語籃輿須緩進，欲留山色静中看。

委蛇細路入蒼煙，萬壑松聲響夜泉。怪得詩情清到骨，尚餘殘雪隱山巔。

又　縣丞張咸

三年客宦事何補，兩入招提春又來。麥隴層層翠浪起，桃溪艶艶紅雲堆。勸農好語自令尹，佐邑徒勞慙不才。喜與老癃相對語，不知身亦在春臺。

惠衆院　　邑人翁高

昔日嘗爲惠衆游，芙蓉花發正清秋。重來不覺流年度，僧與吾儂俱白頭。

午風吹雨過招提，催促山花次第開。游客不歸心正樂，禪牕卧榻白雲隈。

保寧院　　邑人鄭還

不遂平生十載前，曾攜萬卷向東泉。靈林日静開茅塞，禪榻時閑擬草元。轉眼風光成夢寐，委形身世累塵緣。依然事業今如許，愧我星霜欲滿顛。

香嚴院　　邑人王景夔

晚入招提路，山風冷透裳。寒鴉互分合，霜稻半青黄。習訟傷囂俗，思閑慰故鄉。牧童如有感，扣角唱斜陽。

又　　邑人王鎡

地爐煨火栢枝香，借宿寒寮到上方。山近白雲歸古殿，風高黄葉響空廊。敲門僧踏梅花月，入夜猿啼楓樹霜。夢醒不知牕日上，時逢經磬出松堂。

翠峰院　　邑人尹廷高

乘風長嘯翠峰頭，唤醒當年老貫休。境界高寒多得月，松筠瀟洒密藏秋。蜀尼曾禮空中刹，吴越難添句裏州。劫外有家人不識，白雲千古意悠悠。

又　邑人王養端〔八〕

奇觀出天維，高凌拊雲岡。盤空際飛鳥，曠蕩極扶桑。乘閑一眺覽，憑虛寄昂藏。戀彼仙人迹，渺然嘆荒唐。衣傳禪月衲，寺古貫休堂。蜀尼既好道，豈復懼梯航。不謂萬峰寂，乃能見懸光。梵語落秋壑，天空元鶴翔。經壇生象樹，天花散幽香。物變景猶昔，時和遇自良。慕此聽法者，有懷從龔黄。修修立萬仞，吁吁見四疆。望岱不在魯，記峴還思羊。古人重感遇，不以風物傷。所資豁塵況，毋爲世徬徨。歸路出松檜，林深留夕陽。山翠不可挹，蒼蒼照衣裳。惕然際斯遇，解帶命霞觴。佩以瓊瑤管，寫之雲錦章。願言駕靈鷟，扶搖行諸方。

無相院　武林張翼

相相原無相，相從相者生。能知相相因，相即是無相。

資壽院　邑人鄭還

峰巒圓轉密林間，一半禪房一半閑。雨過泉流春白石，雲來天上接青山。追尋勝迹千年古，看遍名花萬樹殷。不覺平生諸慮息，頓令名利不相關。

紫極壽光宮　邑人龔原

經年法力直通幽，乘輿還爲帝里游。符篆共傳神水妙，服章新學紫雲浮。上清地勝猶能到，温浴身輕肯暫留。歸去爲言梁范客，故情長憶好溪頭。

又　　錢端禮

尋師莫更待餘年，大用縱横識善權。朥喜四禪超物外，斷無一語落聲前。嵬嵬道價初無意，藉藉高名不泛傳。他日九霄雲路穩，願陪游戲恐無緣。

又答章思廉　　邑人周綰

少年恥點龍頭額，曾向楓宸同發策。宧途轉足异雲泥，虚作梁園曳裾客。兵戈契闊幾星霜，萍蓬各遇天一方。我已賦歸厭束帶，公亦肥遯思栝囊。忽聞羽客詢安否，珠玉燦然欣入手。西風漫漫庾公塵，舉扇誰能免汙人。路長想像不可越，淵涉浩渺碧無津。金堂玉室知誰住，流水桃花在何處。冷然安得御風行，長逐飛鳧天外屨。

又　　邑人王養端

眠牛峰抱壽光宫，紫極宏開緑樹中。脱屣不逢章道士，揮毫猶説宋徽宗。丹爐火伏龍初卧，碧海書遲鶴未逢。欲拂風塵了踪迹，負〔九〕苓煮石待黄公。

又　　邑人朱應鐘

仙境通靈室，林香落斷霞。鳥啼丹洞竹，人掃玉壇花。上士譚元秘，名山貯法華。塵居如可脱，從此覔丹砂。

太虚觀　　邑人尹廷高

路入煙蘿别有天，我來散髮坐風軒。玉壺積翠花香潤，石洞藏丹雲氣温。水影倒棲松頂鶴，谷聲遥答嶺頭猿。個中妙趣誰能畫，寫入篇章當草元。

贈本觀常道士　　盧襄

兒時腦滿膽力壯，欲挫萬象窮經騷。江山老大費彈壓，煅煉雖工心匠勞。今直造化一剩物，黄帽赤藤隨所遭。絜如樸面胭花軟，遂挽鄰翁俱出遨。僊官樓臺青突兀，猿聲鶴意相扳招。雖無木客與木耳，日有土銼煮溪毛。長松嘯風醉石冷，夢去颼颼聞海濤。我生自少足靈氣，日思采秀來山椒。中年雖被世緣誤，巾屨過從皆老樵。果然閑健得蕭散，把方竹杖懸詩瓢。願爲初平叱白石，不學曼倩偷蟠桃。

過處士朱陽仲基　　邑人黄中

江關詞賦舊凌雲，何事深山早築墳。天上豈真無李賀，人閑猶自説劉蕡。西風歸鶴空留憾，落日啼猿不可聞。三十年前交誼在，獨來披草薦溪蘋。

題廣仁院畫孩兒　　邑令湯顯祖

曾爲娥眉斬畫師，千秋能此畫孩兒。自慚繞佛無飛乳，滿縣兒啼似不知。

又和韻　邑人葉澳

欲問當年好畫師，何從滿縣止啼兒。琴堂願得如君手，畫出慈心百姓知。

讀追魂碑歌　四明屠隆

尊師傳法勤修煉，功成顯化真人現。出無端兮入無倪，手握風雲駕雷電。粉碎空虚神已冥，揮斥入極色不變。吞刀吐火何足奇，倒海移山未爲幻。李侯才名何籍籍，雙眼睥睨盡辟易。曾爲師成有道碑，五色光芒横相射。但許屬文不許書，一時二絶何庸得。夢中不復能自堅，慨然便爲命楮墨。只道夢幻起想因，醒來豈知却是真。師也持至舉手謝，淋漓隃麋迹尚新。吁嗟乎！神仙道高術甚秘，至人往往好游戲。少君招魂漢武悲，劉根召魂太守悸。左慈匿影入罌瓶，薊子分形散都市。欒巴噀酒雨滿空，麻姑擲米珠在地。廣陵觀燈月府游，師也向能爲狡獪。已作天上控鶴人，復羡世間雕龍技。北海名與天壤齊，平居意氣凌虹霓。惜哉線索不在手，傀儡却被他人提。醒時倔强夢受役，精魂石上三生迷。師乎師乎好揑怪，播弄文士〔一〇〕太無賴。所以古者許葛流，文成弃之如菅蒯。願燒筆硯修大丹，翻然跳出陰陽外。

山居五首　釋貫休

誰是言休即便休，高吟静坐碧峰頭。三間茅屋無人到，十里松林獨自游。明月清風宗炳社，夕陽秋色庾公樓。修心未到無心地，萬種千般逐水流。

五嶽煙霞連不斷，三山洞穴去應通。石窗欹枕疏疏雨，水碓無人浩浩風。童子念經深竹裏，獮猿拾虱夕陽中。因嗟往事抛心力，六七年來楚水東。

翠竇煙霞畫不成，桂花瀑沫雜芳馨。撥霞掃雪和雲母，掘石移牀得茯苓。好鳥似花窺玉磬，嫩苔如水没金瓶。從他人嘆從他笑，地覆天翻也只寧。

自古浮華能幾幾，游波終日去滔滔。漢王廢院生秋草，吴主荒宫入夜濤。滿屋黄金機不息，一頭白髮氣猶高。豈知物外金仙子，甘露天香滴毳袍。

自休自了自安排，常願居山事偶諧。僧採樹皮臨絶壑，猿争山果落空階。閑擔茶器緣青嶂，静納禪袍坐緑崖。虚作新詩反招隱，出來多與此心乖。

立春　　邑人葉澳

見説迎春日較遲，東風送暖太平時。兒童竊學紅樓勝，乾插梅花三兩枝。

好對春牛共着鞭，生涯無可不耕田。從今休惹公門事，便是民間大有年。

君子堂　　邑令湯顯祖

君子堂前煙樹齊，山炊水碓畫橋西。庭中有狀多蕉鹿，市上無喧少鬬雞。

送處州杜同知　　邑人鄭元祐

見説吾家光禄墳，長松萬個入青雲。子孫爲庶航頭住，應立車塵候使君。

含輝天上少微星，曾照蒼蒼故栝城。山水高深民俗儉，不忘辛苦事耕耘。誰知別駕杜侯賢，純吏心腸鐵石堅。山坂高低時雨足，郡齋篝火有畬田。

尹緑坡山間吟所　邑人王鎡

苔痕分路見人家，犬護籬根卧落花。一片林塘詩境界，四時花菓隱生涯。鋤山揀日春栽藥，汲水和雲夜煑茶。耕録有文須點看，旋摇松路入硃砂。

何橋縱囚觀燈　邑令湯顯祖

遶縣笙歌一省囹，寂無燈火照圓扃。中宵撤斷星橋鎖，貫索從教漏幾星。

除夕遣囚　湯顯祖

除夜星灰氣燭天，酴酥消憾獄神前。須歸拜朔遲三日，溘見陽春又一年。

唐山　邑人包萬有

平昌淪隱處，結屋向唐山。誰惜春秋景，爲憐冬夏間。門邊陟岵屺，夢夏挹容顔。寺後有五葉蓮花地，爲先靈窀穸。霜雨時濡降，瞻雲咫尺間。

眠牛積翠　荆溪胡世定

一嶂横青兜，煙飛几案間。躬耕嘶月倦，首蹐踏雲還。吐霧驚羌嶺，凌溪鑰紫關。桃林疑放後，即此幻青山。

飛鵠回嵐　　童志禺

一嶺抗青紫，群峰争羽翰。向溪應飲瀣，浸月伴驂鸞。翠滴元裳濕，松鳴露響寒。雙溪樓上望，儼籟正珊珊。

相圃書聲　　邑令徐治國

五夜文光徹太清，半牕掩映月華明。憑君滿腹精神語，不比尋常句讀聲。

儼局雲深　　邑人項宗堯

饌客青精飯一瓢，素雲白鶴兩相招。個中可寓雲通枕，那必柯山度夕朝。

清華古閣　　徐治國

鴛閣巍巍俯碧涯，浮青挹翠果清華。西山佳氣朝來爽，北斗奎光夕倍賒。煙補竹疏先月到，雪添梅瘦帶雲斜。行行且止閑登眺，天外風高送晚霞。

又　　荆溪胡世定

倚天積翠屹崩沙，曲檻盤空古道斜。控制兩溪屯屬玉，瀠洄千嶺立丹霞。宜招黄鶴來芳樹，恰稱珠簾捲落花。小植竹籬容我卧，幾聲煙磬即爲家。

又　　邑人朱家瓚

岧嶤古閣簇雲封，翠矗清華擁貝宫。呼吸已知通帝座，樓臺了不礙虚空。水流檐影晴江上，波浸山容暮靄中。忽憶坡翁禪味語，欲追寒拾問崆峒。

雩九峰岩　朱家瓚

敢言呼吸我通帝，何幸甘霖滿翠微。知是神功邀普澤，雲興風騎自猶夷。

君子山　邑人包蒙亨

春暖扶輿日日晴，柳條送色到山城。雲開嶂列朝陽鳳，風囀簧流出谷鶯。東井熒熒稱德聚，訟庭隱隱有琴鳴。平昌自此多佳話，内外門屏盡友生。

從龍閣　邑人朱九綸

飛閣遠塵埃，登臨一快哉。地偏車馬寂，野静鷺鷗來。竹徑依山轉，柴門不浪開。會心處處是，何必説蓬萊。

頌繆明府勖岳善政十韻　刑部主政吴門顧熹

蜚聲京洛重，贏得廣寒蟾。出宰攜琴鶴，烹鮮試鼎鹽。山高對君子，棠滿蔭窮檐。奮武魍魎盡，崇儒道德漸。壠畦開赤地，村酒漾青帘。午夜〔一二〕鐘常醒，名賢迹豈淹。輸將真恐後，讞訟那惟嚴。澗水清堪掬，民風適以恬。更看膏雨徧，偏喜客途沾。召杜歌遐邇，屏題指日占。

東義學二首　程定

作人争羡舊臨川，無那齋荒寂管絃。文運頃開三載内，德教克嗣百年前。牕臨溪水涵機活，地接黌宮志道堅。爲問談經風雨夜，可曾藜火照青氈。

世事難言閲世留，在人統緒自悠悠。生因共里源無异，官以同鄉志亦投。雨過盈門滋苔蓿，月來隔岸讀春秋。學興眠牛山麓，臨夫子廟相對。宗風丕振高樓上，驚看光芒貫年牛。

聞東義學書聲　　邑令繆之弼

斯道仰彌高，彌綸天地小。欲令眼界寬，樓飛入縹緲。在昔書聲寂，今已徹昏曉。側望瑞山陰，遥見翠髮窅。石齒激波寒，此派何時了。處静明秋毫，息機絶衆擾。追風連籟至，逐月尤清矯。傾耳立河橋，安知過魚鳥。

卜築南義學成紀事　　繆之弼

别開孤館豈徒然，隔却塵囂市與塵。但許橋通千嶂靄，方知水印一輪圓。書聲夜徹牛眠醒，筆陣秋排雁字連。着意取材惟大木，無能歸寄買山錢。

西義學新築落成志喜　　繆之弼

僻地構書屋，堂開納彩霞。葉稀千百樹，隣近兩三家。烟火浮清氣，心源吐异葩。人人得自淑，不放晚歸衙。

重建湯臨川先生祠　　繆之弼

里居原壤接，食禄又同方。我固蹇而拙，先生久彌彰。如何尋射圃，草蔓共煙荒。僑處高樓上，真機足徜徉。俛首念疇昔，奔走薦馨香。炎凉似丸轉，徒令後人傷。君不見，獨存魯國殿靈光。又不見，沿堤召伯植甘棠。于今亦復委滄桑，惟山屹立水流長。百餘歲後築斯堂，千載芳踪志不忘。

勸農即事　繆之弼

國惟民食重，俯仰望田疇。麥秀高分穗，蒿平緑刺眸。惰勤原有别，憂樂適相酬。慰勞興東作，輕騎月一鈎。

偕程子於一鐘樓晚眺得山字　繆之弼

幾叠高樓幾叠山，憑虚赢得半朝閑。炊烟隔樹鳥拖去，樵唱沿溪月送還。人醉有年新稻酒，霞添不定晚花顔。回首身在畵圖裏，薄宦天涯慮盡删。

九日北義學登高。有小引　永豐程定

北義學原名樂此堂，明中丞項元芝先生退休處也。樓銜遠山，闌引活水，轉屬於人間久矣。兹勛岳繆明府喜得之，新爲義學以造士，庶不愧於此堂也夫。

年年把菊醉重陽，今佩萸來酒更香。樹近朝看霜信早，樓空夜讀水聲凉。偏宜觴咏酬佳節，最絃歌度短牖。作賦不才同樂此，雲山相對倍蒼蒼。

苦雨　邑令，三韓人陳思濬

日月避商羊，風雲起八荒。鷙鳥難施猛，燭龍不爲光。野人臨蓬户，太息呼蒼蒼。去年轉軍糓，租稅缺輸倉。今年幸無役，霪雨苦吾秧。健吏索租頻，鞭笞多成瘡。里老舍妻兒，蹣跚之他鄉。主上欵垂問，有司奏不詳。請看豪門飯，本是農夫糧。豪門厭粱肉，農夫不飽糠。入口號原野，粟穀腐公墻。寧論窮黎血，川谷流洋洋。

僑居山莊二首　　邑人包蒙亨

古樸高風木石居，悠然吾暫作吾廬。入簾明月隨來去，出岫游雲任卷舒。數畝青山千個竹，一壺清酒半牀書。村人莫話塵中事，聊爾偷閑樂歲餘。

外峰突兀内峰平，環室皆山列翠城。殘雪未消春日麗，寒梅初過谷蘭生。牀高留得元龍氣，裘敝餘將季子情。長嘯一聲天地老，禽魚草木暗魂驚。

游三岩洞　　包蒙亨

步入三岩爽氣鮮，驚看飛瀑望中懸。明珠萬斛傾三峽，匹練千尋瀉百川。潭裏泉奔簾外月，岩前石蔽洞中天。坐來不覺渾消暑，薄暮忘歸緩着鞭。

梅花咏。一東起，每韻一首，僅載首尾　　邑人項世臣非喬

欲將芳信問江東，曉角吹開玉幾叢。香滿一庭風澹蕩，影横三徑月朦朧。霓裳對舞寒光下，縞帶相酬野色中。可惜春鶯渾未到，倩誰銜入上陽宫。

梅花咏。十五歲　　項世臣

飄芬幾度出寒岩，瀟洒瓊姿總不凡。自縱精神從白髮，誰憐冷落濕青衫。鮫人漫泣珠千粒，雁使難傳香一函。應作明堂梁棟配，花開早已壓松杉。

續梅花咏。一東，亦每韻一首，僅載首尾　　項世臣

暖起孤根賴化工，皎然玉立許誰同。仙人跨鶴來雲府，帝子乘鸞自雪宫。色動陽春簾半捲，香飄午夜曲三終。丰姿不與紅塵合，東閣西山韻未窮。

續梅花咏。十五咸　　項世臣

薜荔叢中草未芟，誰將芳色到巉岩。娟娟粉頰光如拭，點點檀心香不緘。繡入帳中迷夜枕，折來馬上拂青衫。到頭勝似無鹽女，結菓調成鼎味醎。

讀樊遲從游章悚然自省　　邑人王錫

古人遏人欲，猶或暗相侵。賢哉樊氏子，隱憂切悃忱。上達善成性，下流惡匿心。修心不修慝，愈匿將愈深。獨行常愧影，獨眠常愧衾。嗟悔復何及，攻之可及今。無庸謝不敏，敏鈍判人禽。天心頻剥復，福善禍其淫。蕩滌良非易，内疚痛砭鍼。一息難自恕，悚然撫膺吟。

作文要法　　王錫

輝煌宇廟屬文人，落筆生花日日春。傳世名編燈下課，合時精選袖中珍。句虚句實參開闔，題後

題前察主賓。理順脉清辭更秀，機圓袖足色常新。自然熟極旋生巧，縱使奇來也是醇。會得一篇元妙意，無分今古總超塵。

鞍山即景得仙字　　鄭士楨

萬仞奇峰抹翠烟，學眠新柳艷陽天。花明近砌迷蝴蝶，木蔭平林泣杜鵑。小澗流清孫楚耳，方塘草入謝公篇。洞簫一曲晴光下，彷彿瓊吹緱嶺僊。

不用尋凉水石邊，緑蘿分影幕堦前。風清枕上羲皇侶，雲黑齋頭詩酒僊。淡墨描牕幾個竹，浮香入座一渠蓮。草茵坐久忘煩暑，始信山中别有天。

示同學諸子　　邑人華啓濂

古人夜秉燭，誠惜此光陰。今人晝則寢，所以分古今。愧予學未成，嗟予質復魯。心口不忘吟，鑒今且法古。願作雲端月，長照讀書樓。若等能不違，我心復何求。

不息樓　　邑人葉舒

南澗書樓三兩尋，安知平步入雲深。春風樂事誰固异，孺子行歌自古今。雨過前山山列畫，月摇近水水調琴。欲知物類何飛躍，即此悠悠天地心。

北義學成　　邑人項世楨

清白先人志，猶存一畝宫。水明方沼月，花落曲臺風。勝迹開陶冶，良材貯藥籠。咿唔樾蔭裏，君子澤無窮。

北義學示及門諸子　　邑人項世溥

君子山高翠欲流，須知點點露經秋。月來窗白塵無累，桂散金黃粟盡收。冲舉是入皆健鶴，大成在爾暫眠牛。寸陰失却誰尋及，枉教薪蘸化六州。

北義學成志喜　　邑人童國柱

幾度芳隣繫所思，重開奎壁映清池。牕虛樹引晴嵐入，樓迴花凴曉露垂。鳥伴書聲皆益友，瀾迴塔影是嚴師。北方學者今非昔，頃沭菁莪解咏詩。

門頭嶺　　邑人毛桓

古以門名嶺，往來小有天。路從雲裏去，人在樹頭旋。靜聽呼林鳥，喧聞落石泉。山巔遺破刹，莫咽望梅涎。

妙高山遠望　　邑人朱楷

在麓但言高處妙，登高衆妙一齊收。半天墨潑孤城雨，群樹紅添萬壑秋。山勢西從姑蔑起，溪聲東繞栝蒼流。人家四顧安耕讀，不是當年百里侯。〔一二〕

龍山　　教諭陳灝

龍峰奇幻片雲腥，孤壑淙然風雨泠。岩竹叢依抱磴石，澗流雙合過山亭。一天雲霧寒霄近，萬里烟嵐秋色冥。漫把霜威驚落葉，好將仙露醉山靈。

又　　訓導朱永翼

五龍山下曉雲開，走霧飛烟拂面來。漫道香泉分太液，誰知陽氣徹重垓。半泓凝碧胎鱗甲，萬畝流春絶草萊。攜屐登臨閑眺望，詩箋錯落倒瓊杯。

至遂偶題寓壁　　郡守劉廷機

散盡浮雲忽放晴，沿溪水與板橋平。經過一路無人迹，方近荒村有碓聲。叠石爲門常不鎖，依山結縣久無城。行春漫道尋常事，敢以荒殘廢此行。

遂邑勘灾　　郡守曹掄彬

爲求民瘼赴平昌，風景凄然觸目傷。千頃腴田沙作稻，幾村蛙室水支墻。悲號婦子憔偏劇，捍禦官僚計鮮良。要使澤鴻安輯永，端須消息礦徒狂。

頌繆明府宰遂美政　　邑人華文津

名世宏才爲國楨，西豐華胄紹簪纓。龍門躍浪原無敵，鳳閣頒綸早有聲。實水雲生牛女界，昌山靄接少微城。花光滿縣咸推岳，鵲集高車競識荆。化雨濡涵沾兑谷，惠風和暢拂西明。乘時布穀忙攜饁，夾道提壺緩督耕。

聖諭宣條觀虎渡，桑田駐足聽蜩鳴。列侯禋祀因時舉，夫子廟堂不日成。查熟均荒蘇舊累，茹冰飲水洽與情。鐘披曉月開聾聵，斧厲寒霜奏治平。力補地維崇永濟，閣燃藜火表鄉評。竚看丹詔徵仙舄，清肅三臺佐帝京。

繆明府下鄉徵糧紀事六韻　邑人李瓊藻

循良推异政，職守重催科。籌國計云善，繩民法弗苛。野田微碩鼠，露積足嘉禾。竹馬兒童集，祥麟郊藪過。勞心如有疾，報最應無訛。竚聽歌風起，龔黄澤不磨。

賦得我公七章呈繆大夫子　邑人朱宗濂

不溢維海，無饜維民。匪實飽德，不知其仁。豈乏賢宰，我公實肫肫。

昔之疆，群鼠爲狼。今之崗，有虎亦尨。遍萑苻澤，爲菽粟塲。孰馴化之，不盗而良。我公至止，奠此一方。

昔之郊，鬼哭嗷嗷。今之野，鬼笑啞啞。其哭繄何？踐我骸也。其笑繄何？收我埋也。我公至止，澤及泉下。

昔之土，弗播禾黍，而獲箠楚。今之林，禾黍森森，賦税則均。孰闢弗播土？孰蠲弗獲税？我公至止，夙興夜寐。

昔者孔顔，蔬食無簞。今者俎豆，肅陳匪幼。聖域洵美，賢巷弗陋。我公至止，聿新其舊。

昔者泮水，黽鳴于几。今者窮谷，輟耕則讀。孰養以田，而居之塾。我公至止，是教是育。

肫肫我公，何以報之？是用作歌，萬世道之。播入帝鄉，寵命召之。公赴寵召，兆民誰覆冒之？

繆夫子重修瑞仙橋平政橋告成紀事　邑人潘宗河

十丈仙橋鎖鷺洲，淺深厲揭樂蒙休。梁成瑞氣連雲度，岸映高山共水幽。蔭廣有棠毋剪伐，官清何事弗遺留。政平萬户人懷澤，歌徹堤邊不息樓。

賦呈邑侯繆勖岳先生　邑人華萃德

十載頹風一夕振，抱冤人向鏡中伸。管絃忽奏三冬候，錦繡旋鋪十月春。入境存心消簿俗，設樓省氣洗風塵。公甫下車，即設省氣亭以息民訟。賢良自古推邢伯，撫字如今有信臣。

將至西鄉郊行口號　邑令羅秉禮

漫理雙旌入翠微，嫩寒天氣雨霏霏。一灣溪水經春漲，幾處梅花作雪飛。地僻鳥聲喧隔樹，山高竹影掩朝暉。催科撫字慚吾拙，撿點情懷事半非。

雪晴過東鄉道上即事　邑令許鼎

天公似亦憐勞吏，忽放晴光分外明。一路鵲喧晴旭上，千峰雪净彩霞生。岩迴徑斷危橋續，水挾沙流怪石鳴。處處官梅洩春意，帶烟含霧笑相迎。

靈溪散步　邑訓朱廷荃

山勢東來見瑞牛，千年丹氣白雲浮。我來何處尋遺迹，楓葉蘆花兩岸秋。

人文矼石泉亭八咏之一　　教諭陳世修

人文筆圖書，萬古啓河洛。於此溯其源，一字莫穿鑿。

天琢橋石泉亭八咏之二

石梁渡咫尺，流駛目尚亂。我欲煩六丁，駕此達銀漢。

漱玉崖石泉亭八咏之三

水漱崖欲飛，山噏泉成咽。一片石堪語，時時飛玉屑。

立春署中曉起　　邑令耿址

南山聳翠正當衙，五色雲開見日華。淑氣偏宜長善地，協風亦到小臣家。先勞顧我原無倦，富教因民漸有加。最喜河陽官署潤，呼童遍種四時花。

梭溪　　邑人王雲路

行行谿逕晚，白石滿滄洲。樹影高低亂，泉聲斷續流。板橋楓落葉，茅店雨鳴鳩。客路千峰外，青樽暫此留。

畬民　　邑人周應枚

盆陀之後亦編氓，百畝夫妻事并耕。人不壓居無力役，田從主賃省官征。麻衣麤織神農製，繡幘高妝帝嚳甥。來自蠻方今已久，謳歌仍自作南聲。

負耒爲氓自遠來，相傳舊姓有藍雷。茅居偏向隴頭結，佃種無辭荒處開。九族推尊緣祭祖，一家珍重是生孩。人人自有羲皇律，不識官司與法臺。

己丑紀寇　　　　邑人毛桓

白雉方重譯，金甌慶萬全。鼠藏憑隙地，烏聚欲彌天。羽檄兼岩户，軍輸括石田。萑苻誰致此，十栝半騷然。

賊聲堪破膽，賊勢正焚舟。裹飯潛深谷，扶兒涉亂流。荆叢不自擇，虎穴也相投。風鶴多疑慮，時時不住愁。

村原羅壁壘，鼙鼓震晴暉。四鎮分銅虎，千峰耀鐵衣。干城誰可寄，梳櫛每同譏。時有賊梳兵櫛之語，言兵之害更甚也。一日邀天幸，傳聞奏凱歸。

卵以千鈞壓，須臾妖氣清。山氓争獻馘，軍士半投生。燐走添新火，鴻飛集舊城，大兵有凶歲，誰爲請常平。

入遂學署，歲云暮矣。燕閑無事，賦近體四律，粘樂育堂壁，兼勗同學諸子録二　　　　教諭趙金簡

古邑環山勝百城，俗崇禮讓樂勤耕。衣冠能奮詩書氣，山澤寧私天地精。爆竹聲長空谷應，豐年人慶四隅平。鴻鈞探得真消息，東轉青陽萬類榮。

閑來六籍譜笙簧，輸墨何人雅擅長。名士風流書尚左，宰官星散夢爲郎。雙龍溪滙波旋玉，飛鶴

梁空月吐霜。此地儘多吟賞處，漫言毛穎老辭章。

文昌山　　邑令王憕

山城鬱律紫翠圍，西北山勢尤崔巍。妙高迥立烟霧表，約束群岫如指揮。西風喚我蠟吟屐，黄葉颯颯飄人衣。捫蘿引葛恣攀陟，豁落萬象窮遐晞。絶巔少下忽夷坦，泉清草潤土脉肥。岩巒四面互環抱，松枯蔭蔚張屏幃。野僧結廬倚崖广，荆莽没砌藤侵扉。荒凉蕭澹太孤絶，四顧寥闃生歔欷。呼邀相與謀結構，欲使岩壑生光輝。庠髦里彦争贊決，度材庀事無稽違。傑閣中居屹雲闕，岑樓對起開星闈。戴匡列座布華彩，旋杓運斗羅璿璣。緣崖傍塢築亭榭，高下一一隨心機。深潭演漾貯夜月，疏檻敞豁延晨暉。落成正值朱夏首，南薰卉木餘芳菲。邦人相率追勝賞，共詫盛事從來稀。憑闌極目天宇廓，翠黛點點浮烟霏。置身頓覺拔塵壒，如歷大赤游清微。此邦文運久翳塞，衿佩坐困衬翁譏。今朝氣象忽軒闢，林谷隱隱騰英徽。天時人事有會合，靈傑千載相因依。易名文昌兆嘉瑞，自我作古誰云非。群心快忭我亦樂，彷彿魯泮觀旌旂。停杯矯首望天外，想見鶩鵠排空飛。

望遠亭　　邑令王憕

山中萬景集，勝處在玆巘。我從東坡言，於此著庭穩。憑高攬衆妙，如室得關鍵。千岩競奔赴，不復愁偃蹇。脚健身更輕，眼寬心益遠。浮嵐劃開豁，元氣含虚渾。勁松立森森，何必蒼蓋偃。好風颯然至，清籟叶琴阮。平生林壑志，對此增繾綣。徙倚翠陰中，長吟不知返。

翰墨池　　邑令王憕

飛泉出山頂，曲折穿翠靄。漱玉鳴琮琤，隨風答松籟。引之繞屋流，縈抱若衣帶。紆徐經稻田，泱泱成畎澮。樓前瀦爲池，宛轉百脉會。泓涵得展拓，瑩潔出澄汰。初觀泉疏蒙，漸喜澤成兑。碧深含太清，緑净絶纖壒。嫋嫋牽荇絲，團團倚荷蓋。聲喧雜蛙黽，影密亂杉檜。誰言岩岫裏，思逸江湖外。掬弄興未闌，清宵夢嚴瀨。

東關橋　　邑令王憕

南溪如奔螭，西溪如怒虬。合會東郭外，奮迅無停流。昔人梁其上，蕩激不可留。屢作輒復壞，日喚招招舟。我來俯溪湍，相度懷良籌。橋當順水性，勿與争仇讎。築土爲長隄，宛宛虬蜺修。中開五石竇，磊磊魚鱗稠。甃叠互參錯，毋使高下侔。前後鋪坦水，導迓如相疇。覆版遂成梁，侹侹通遨游。不假瑞鵲填，安用神鼉浮。奔湍洶然來，注瀉得自由。詼諧釋憤門，一笑投戈矛。始悟逆順理，用剛不如柔。大哉隨時義，動悦行歸休。春來桃花漲，浩瀚迷沙洲。驚波冒隄去，無復衝齧憂。乘閑步橋隄，景趣圍寸眸。右睨揭飛鶴，左顧呼眠牛。邦人共扶攜，謠舞喧道周。競説令尹功，惠利難匹儔。令尹亦何能，天造從人謀。琢珉勸勿壞，敢用誇經猷。

朝暾山　　邑令王憕

跨溪作橋締構初，溪邊積壤須爬梳。輦沙畚土累萬簣，突兀數仞如浮圖。橋成兩溪得關鎖，佐以兹山高磊砢。屹然屏障壓東流，勢與群峰争結裹。振衣直上凌天風，題作朝暾氣象雄。萬家煙火山郭曉，海霞一抹扶桑紅。山頭更營補陀宅，常與邦人施利益。此山不朽此土存，父老無須懷蜀客。

賞析亭　　邑令王憕

余闢文昌山，招諸生肄業於其間，延章北亭太史主講席，而講堂未具，乃構亭於文昌閣之左偏，命曰賞析，而系以詩。

山城學澤湮，授受失文印。出登戰藝場，沮衄卷戈刃。我嘗思其由，流塞源未濬。開山啟蕪昧，黽勉育髦俊。英英王堂伯，老年横筆陣。招延主兹山，如用木鐸徇。爰謀講畫區，爲彼闢墙仞。卜築星閣西，規模頗宏峻。仰分岩嶺秀，旁帶雲本潤。莘莘巾笈徒，從此拾級〔一三〕進。微言勤討繹，妙義精體認。薰陶固有術，占畢漫多詢。培沃芳吐蘭，雕磨光發瑾。勒銘山亭陰，他日作符信。

乙酉初夏，督諸生課藝於文昌山，暮同章太史飲翰墨池上　　邑令王憕

妙高山頭聚詞客，滿眼山光照吟席。神凝思苦不知疲，曖曖烟霏日將夕。松濤澗瀑聲颼飀，似與群彦相賡酬。我來程督亦忘倦，促唤廚傳飛觥籌。池風澹蕩荷香發，清風蕭蕭動林樾。一杯敬屬蓬萊仙，願出神丹换凡骨。更闌課就筆罷揮，炬火歷亂催人歸。娟娟缺月出岩罅，露草千點凉螢飛。

環邑十二景之二　　邑人徐來章

皓魄當空碧水平，凌雲虚閣映雙清。撩人最是深秋候，冰貯玉壺一色明。清華夜月。

有犢東來不記年，養成毛色碧芊芊。一眠試問何時起，扣角長歌思渺然。眠牛積翠。

秋日西林晚眺　　邑人華一嵓

清秋紫翠滿晴巒，躡蹬穿林路幾盤。白鳥一雙林外度，青螺十二座中看。藍輿西社來元亮，絲竹東山想謝安。不盡此時游眺〔一四〕意，斜陽萬樹碧烟寒。

秉澗亭　　邑人鄭家紱

巉岩初絶逕，秉澗有亭封。簾捲千峰雨，風酣萬壑鐘。花光紅冉冉，樹影碧重重。持贈紛蘅社，幽人何處逢。

王明府建文昌閣落成十二韻　　西湖李元鼎

昌運興君子，相連有君子山。文光顯妙高。原妙高山今改文昌。有梯攀露桂，隨徑發山桃。飛鶴岑頭月，眠牛樹裏濤。旁有飛鶴、眠牛二山。松杉諸路集，荊莽一時薅。閣迥通霄漢，池深刷鳳毛。茅茹連彙拔，鴻鵠入雲翱。磴草迎朱履，岩花映彩袍。佇看多吉士，雅重在英豪。吐繡心雖苦，懷珍目不逃。門開觀躍鯉，海濶競登鰲。秀麗盈城野，精華出彥髦。永瞻神貌在，長記邑侯勞。

夜過愛蓮書屋有作　　邑人華明樓

南塾自辛巳之夏，生徒星散，廣漢王侯莅任，錫租賜額，樹澤深矣。月夜過此，感深今昔，爰題數語志喜，并呈司教。

陰霾消盡景星懸，長照南城古塾前。從此乘風知有自，相期共着祖生鞭。

研田是處長蒿萊，前輩風流付劫灰。幸得我公施化雨，好教桃李出滋培。

引亭　　劉霞

引人入勝處，新構小亭幽。清景殊堪玩，深情獨此留。多栽桃李樹，遠作棟梁謀。寄語雞䆉客，無忘父母憂。

望遠亭　　劉霞

俗見從來近，嘉謨自古深。淵衷知有托，肇錫意堪尋。鵬看風雲上，槎驚河漢侵。他年棠蔭下，長憶福星臨。

天然池　　劉霞

環山如案復如弓，碧沼全由造化工。片月乍臨清淺水，一泓疑浸廣寒宮。乘時應得飛鵬化，有本何難學海通。自此千秋資麗澤，都人小大樂從公。

妙高山文昌宫落成，更名文昌山，恭志一律　　邑人徐培

仙闕初成氣象光，嘉名端合錫文昌。山間俎豆瞻台座，雲裏樓臺接漢章。桃李滋公新雨露，詩書啓我舊宫墻。從今域樸應與咏，滿院春風翰墨香。

又

邑人徐台位

文昌新廟貌，高插碧霄中。日麗瞻□□，雲開見帝宮。檐階星可摘，恨漢路還通。製錦才何富，栽花興不窮。荒城得仙令，化雨樂神工。長此沾膏澤，歌吟愧小蟲。

甲申夏，五章伊明府二兄邀登文昌山，索詩以紀，即席成歌 銅梁王汝璧

千山蜿蜿如鬥龍，鬱勃跌蕩不可蹤。山城如斗坐〔一五〕井底，石湍日夜驚碚礱。童童頑礦少意思，有玉不琢金不鎔〔一六〕。神靈歆獻苦坌蔽，夸蛾賈勇難爲功。山雲遮我十日住，心腸蓊翳多粤夆。鑾風瘴雨日搜攪，紙牕墨色號栝樅〔一七〕。有時躡屐踏蹯风，自笑却走如駏蛩。吾家大令具勝槩，好事不減玉局翁。謂言文章此薈蔚，繁星粲粲烟濛濛。尋幽一逕入鳥道，手扳幾朵青芙蓉。孤雲四角自融結，環中得此一畝宮。權輿意匠費經畫，分俸度木爲鳩工。已聞栽竹逾萬个，更喜拓地規百弓。剗磢雲露焕金碧，遮羅星斗歸房櫳。元精炳焜照下界，邦人自此開屯蒙。松花被逕山霧曉，寒衣士女争昌丰。我來適值新雨後，山田日煖啼鶻鵃。畲人朴陋自力作，官蛙鼓吹相于喁。陂陀登頓蹋錦石，小鱗五粒青蒙蘢。振衣直上一千仞，羊角料峭摩蒼穹。遠招近揖不暇給，泠然兩腋搏天風。一溪無聲掣飛電，千家聚落屯深巃。頹雲欲雨且不雨，殷雷山腹驅豐隆。流泉瀅濴繞堦甃，尺地恐與天池通。由來人事有窮達，神物顯晦將毋同。茲游澹泊致足樂，後之視昔情何窮。作詩紀勝復録别，歸雲天外猶萍蓬。薄寒日夕感游子，新月皎皎流天東。

平昌縣署緣筠亭晚坐，同王鎮之作　重慶袁文明

日落群峰暝，翛然滿院陰。牕虛常帶月，竹密自來禽。一笑融心迹，高談鑄古今。子猷慣乘興，天壤有知音。

和竹坡韻　銅梁王汝璧

少紆萬里足，同憩一庭陰。獨往念歸客，相呼聞宿禽。江山自終古，夢想記從今。明日攜琴去，難忘海上音。

同前　嘉善章愷

種竹一萬个，繞庭生翠陰。初無褦襶客，時有間關禽。浪迹忽來此，幽尋方自今。獨游已清絶，况聽瑶華音。

文昌山　上杭傅繩武

山勢縈紆曲磴長，披雲便想接文光。亭開半嶺如留憩，松繞層巒自作行。嵐翠霏微和淡靄，樓臺掩映帶斜陽。共蒙明府恩膏渥，桃李年年競吐芳。

引亭　慈谿王旭齡

磴道盤紆曲岫隈，大觀須向此中來。松篁似喚韻情發，嵐靄遥瞻仙路開。便想丹梯通月窟，好攜彩筆上星臺。引君直到超然處，豁盡塵襟賦快哉。

四照亭

慈谿王旭齡

閑登四照亭，極望無遺象。爽氣滿虛空，攬之不盈掌。

文昌閣

王隆相

華閣巍峨氣象崇，攀躋景物麗晴空。日懸松頂文光遍，露泫花稍教澤融。縱目宛超塵世外，置身恍在玉壺中。浩歌不惜當風立，快頌菁莪樂育功。

開官陂溝紀事二首

徐台年

疏鑿初成碧影沉，官陂舊迹喜重尋。試看繞舍瀠洄處，長憶賢侯德澤深。

其二

徐台年

清流虢虢注東郊，高壠今休嘆沃焦。溶漾紆徐田事足，開池種樹買魚苗。溝下注東郊，灌田一頃有奇，愚潛齋別業在焉。

東學栽桐

徐台年

本是龍門種，新移學舍栽。朝陽欣寄托，化雨荷滋培。東學幾廢者屢矣，新荷王侯振興，故云。葉嫩珪初剪，柯高鳳欲來。甫薰方解愠，留作舜琴材。

聽泉亭，年素餐東學，於今三年，蒙王侯賜以修脯，愧不獲辭。因游文昌山，得佳境焉。峰回路轉，泉聲淙淙。余顧而樂之，爰築池蓄泉，建小亭以助山中之勝　徐台年

偶然構得小亭幽，爲愛泉聲日夕留。淥凈無痕休搊弄，水光山色兩悠悠。

其一　徐台年

仰瞻飛閣影流丹，觀水何妨即此觀。莫笑澄泓纔數尺，秋風也解作微瀾。

東關橋落成　徐台年

東澗春流急，西山夕照明。江河方日下，砥柱忽中撑。兩岸蒼煙合，雙溪素練縈。魚鱗知石密，虹影覺隄平。勝造如神助，奇功不日成。但欣遵路穩，休卜涉川亭。淮堰譏梁武，溱輿惜鄭卿。招招今輟響，緩轡入山城。

文昌山　童澍霖

環城皆峻山，西望尤峕客。虛谷寄岩巔，奇境賢侯闢。中創帝君宮，爲祈丹桂籍。寶像肅清嚴，威靈壯地脉。雲霞手可披，牛斗光常射。青霄路雖遥，神力助羽翮。氣運從此回，林巒增秀色。登臨萬象開，千載仰侯澤。

朝暾山　童澍霖

朝暾勢嵯峨，屹峙溪之滸。雙流合而東，以此爲砥柱。碧波相縈洄，遙望疑島嶼。煙樹匝青郊，

關鎖固門户。問誰築此山，位置出神父。輔相得地宜，長闕於今補。士庶愛甘棠，并愛此山土。甘棠頌不忘，此山自千古。

文魁二閣　童汝礪

昔年梵刹久荒凉，今日文魁頓焕章。盡剔蓁蕪成爽塏，遍施藻采啓堂皇。蒼松掩映朱闌外，丹桂扶疏碧檻旁。一片深心誰得會，幾回指引步高岡。

王公隄　童汝礪

溪濤衝溯勢難當，畚築初成舉步康。正喜虹隄成坦道，漫愁蟻穴失疏防。千家自此歸安堵，八月何須嘆望洋。試繞北城閑送目，我公恩與碧流長。

文昌山　毛儀熿

秀氣協天文，山名鎮不改。福星即文星，盛事賴賢宰。

朝暉亭　俞天珽

翔步山亭上，如懷捧日心。容光被草木，照曜遍山林。雲霧無須撥，烟霾幸不侵。負暄慚未獻，聊自表葵忱。

文昌山　王隆周

孤峰咫尺接遥天，霞蔚雲蒸氣象千。夾徑松篁高拔地，盤空樓閣迥凌烟。層岑影帶文星麗，曲沼波涵化雨鮮。久鬱山林今煥發，振衣從此快翔騫。

望遠亭　王隆周

何處舒遐眺，新亭迥不同。憑虛如出世，快意欲乘風。岫影浮天外，嵐光落檻中。舉頭星斗近，彌望豁塵蒙。

恭頌王邑侯重興義學　王隆榜

思樂崇文治，昔人誰得過。琴堂風調古，花縣露華多。登俊佇超邁，譽髦先琢磨。從公觀盛事，小大聽弦歌。

又　尹國梅

昌山福耀自西來，講舍重新氣象恢。千載林巒增秀麗，一時桃李荷滋培。錦江傾瀉詞源遠，劍閣縈紆學仞開。文治於今占景運，出群詎復嘆無才。

四照亭　王式堯

山亭供遠眺，極目興無窮。朗耀千岩月，清虛四面風。雲生青嶂外，人倚畫欄東。最愜游觀意，峰巒處處通。

登文昌山　朱鐸

迤邐上層岡，峰迴路轉藏。乾坤雲樹裏，宮殿斗牛旁。排闥雙山秀，歸池曲水長。鍾靈知有异，從此發思皇。

題東関橋

訓導王世芳

遠溪雙滙注城東，橫鎖長橋似卧虹。坦砌斜坡舒水性，亹開五洞任波通。奠安無恙桃花雨，鞏固何愁颶母風。此是吾家賢令德，碑留岸畔紀豊功。

朝暾山創建武廟擬古一首

邑人徐台年

古治善宜民，時勢恒相輔。因俗化以成，因端功就緒。智者行無事，遥遥誰踵武。憶昔武聖廟，舊在牛山渚。曾不數十年，神奇化朽腐。門廊鞠茂草，殿庭荒宿莽。頽檐瓦半飄，剥蝕幾風雨。運會會當亨，一旦逢召父。百廢已具興，豐美難悉數。東關鎖蜿虹，朝暾亘屺岵。巋然氣象雄，休哉秀靈聚。感彼神何依，顧此欣得所。僉謀歸獨斷，諏日興百堵。勿亟遹觀成，未煩勸鼛鼓。抑似有神工，鉅麗甲中土。旿旿赫敞宏，□□焯天宇。雙溪□若帶，環山如忭舞。造化功無全，全憑人事補。從此固關鑰，平昌頼砥柱。斡旋功何遠，兩得此一舉。工不役三農，懽乃騰萬户。民曰侯之績，侯曰予何與。冥漠或相予，寔維民之祜。篤祜仰神庥，廻涵侯作主。神府始自今，侯□自振古。

校注

〔一〕咿唔：道光《遂昌縣志》卷十一作『呻吟』。

〔二〕西作陶家酒米田：雍正《處州府志》卷二十作『留與陶家灑秫田』。『西』，道光、光緒《遂昌縣志》

卷一、卷二均作『酣』。

〔三〕該詩原刻漫漶不清，據雍正《處州府志》卷二十補。

〔四〕來試：原刻漫漶不清，據《玉茗堂全集》卷十四補。

〔五〕碎輯：光緒《遂昌縣志》卷二作『醉帽』。

〔六〕周：《玉茗堂全集》卷十一作『問』。

〔七〕來：《玉茗堂全集》卷十一作『采』。

〔八〕邑人王養端：原刻本脱字，據光緒《遂昌縣志》卷四補。

〔九〕負：雍正《處州府志》卷二十、道光《遂昌縣志》卷四均如字。光緒《遂昌縣志》卷五作『斸』。

〔一〇〕弄文士：原刻漫漶，據乾隆《宣平縣志》卷十五補。

〔一一〕夜：道光《遂昌縣志》卷十一作『飯』。

〔一二〕最末兩句，光緒《遂昌縣志》卷二作『北辰非遠何由覲，安得青雲載夢游』。

〔一三〕級：原刻作『殺』，據道光《遂昌縣志》卷十一改。

〔一四〕眺：原刻作『跳』，據光緒《遂昌縣志》卷四改。

〔一五〕坐：《芸簏偶存》卷二作『落』。

〔一六〕有玉不琢金不鎔：《芸簏偶存》卷二作『其不獝劣皆龍鍾』。

〔一七〕該句之後，《芸簏偶存》卷二尚有『峭風侵肺作寒熱，黍嵐染面成盲聾』二句。

書目

易講義十卷。 續解易義十七卷。

周禮圖十卷。 孟子解十卷。

文集七十卷。 潁川唱和集三卷。俱宋龍原著。

元祐建中列傳譜述一百卷。宋龔敦頤著。 易統。宋劉贊著。

韻略補遺。 九經圖述。

詩説三十卷。 泮林講義三卷。俱張貴謨著。

綱目發明五十九卷。宋尹起莘著，有序。 月洞詩。宋王鎡著，有序。

玉井樵唱集。元尹廷高著，有序。 遂昌山人雜録。

山居文集。俱元鄭元祐著。 澹泊軒遺稿。明黄鐸著。

蘭軒詩稿。明朱泗著。 介庵文集四卷。明吴志著。

介庵詩稿二卷。明朱仲忻著。 理氣管見。明鄭還著。

春壑詩稿。明應果著。 慎獨録。

警庵書疏六卷。大明律釋義三十卷。有序。

兩廣總制軍門志。俱應檟著，有序。西臺奏議三卷。

西野文集三卷。南窗紀四卷。俱明黄中著，有序。

陽仲詩選。明朱應鐘著，有序。震堂集。有序。

山居論。遂昌三賦。

六擬。俱明王養端著。宋儒語録抄釋。明包憘著，有序。

學邵窩迂談。有序。求我齋稿。俱明朱景和著。

古泉詩略。明王養度著，有序。秋水齋什二草。明黄九章著，有序。

擬古詩。有序。七二草。

湖山百咏。俱明黄九鼎著，有序。擊壤閑録。華彦民著，有序。

耕餘録。明王廷贊著，有序。振世希聲。明吴孔雍著，有序。

岳立軒稿。明黄一陽著。昌岩藏稿四卷。有序。

士林正鵠四卷。俱明徐應乾著，有序。醯雞齋稿七卷。

國策膾。問夜草七卷。俱明項應祥著，有序。

滄濂奏疏文集。明鄭秉厚著，有序。鳳棲岡吟稿。明黄九斗著。

星槎草。明黃九淳著，有序。　淇筠志感。有序。

四書註翼。有序。　志感吟部。

易通。俱明葉澳著。　東壁圖書稿。明黃九方著。

就閑草。　丹崖草。

浦陽草。　虛室草。

石羊草。俱明王季禕著。　四禮損益。有序。

範數贊辭。有序。　小學遺書。

食貧録。　月旦會簿。

書院約言。　五經同异二百卷。有序。

編年合録八十卷。有序。　史編餘言。有序。

正蒙集解。　唐山寤歌。俱明包萬有著。

梅菊百韻。明葉繼康著。　包氏古史補二百卷。明包蒙吉輯，有序。

獺雲窩集。　庭訓格言。俱明朱九綸著，有序。

閩中吟。明項天衡著。　淑世語。明鄭一豹著。

隱城小草。明黃國用著。　碧峰樵唱。明王紀著。

清淹禁疏。明鄭九炯著。　五木公傳。明鄭秉鐸著。

蓬藁稿。明王季皋著。　清白齋稿。明鄭一課著。

香雲集。明鄭九州著。　古今异苑。明貞烈王氏手輯。

螺青漚言四集。　螺青蛩鳴二集。

四書述十卷。　燕游草四集。俱明朱家瓚著，有序。

敬聚堂稿。明項宗堯著。　甬上吟。

卧竹亭稿。　飛鴻閣詩略。俱明葉茂林著，有序。

心葵堂詩稿。明王之臣著。　易經解。

四書講義。俱清劉應時著。

卷十二

雜事志

靈异、仙釋、祥异、災眚

惟怪與神，夫子不語。然宇宙大矣，理所不有，事所不無，靈异幻渺，愈以徵兩儀浩瀚二氣變化也。若夫葆真全神，扶正驅邪，亦足輔世教焉。至災之降，不符人事，尤關一方利害云。志雜事。

靈异

石棊子　在邑東牛頭山，世傳葉法善與道侶奕局終，擲棊於地，化爲石。後人於其地得石，每一拳石中有小石棊子，團滑紺白，初出土尚温軟，就擘取，可足一局。張貴謨有賦，載藝文。

畫孩兒　宋慶仁院舜殿有邑人毛會者，潛畫一婦乳兒於壁，每夜有兒啼聲，衆皆怪之。一日會至院，僧語及。會笑曰：若欲止啼甚易。乃以添乳入口，自後啼聲遂絶。人以會之畫爲神仙筆。邑令湯顯祖、邑人葉澳有詩，載藝文。

城隍靈籤　萬曆戊午秋，鹽臺李公宗著爲孝廉時，北上訪友遂昌，少佐資斧。叩之神，獲籤于叩左，乃有『此去化龍知有日』句，轉而問來春消息，依然前籤。公竊心喜，茀有『磨鍃苦煎』之句。又竊自疑，爰發一願以求解脱。至杭，果爲病魔所困，夢神來庇廕，頓有起色，竟爾淹留。迨壬戌，公始得第，方悟知有『日爲遲之』之辭也。及奉簡書入越，乃遣官設醮以畢前願，題排律以紀不朽。詩載藝文。

龍邱夜夢　萬曆己亥，知縣段宏璧莅任，抵龍邱，夜夢有遂昌姓尹者來謁。及下車，過尹起莘先生祠，見神像恍與夢符，遂捐俸葺之。

滅虎紀异　萬曆癸巳，遂昌多虎患，知縣湯顯祖禱于城隍之神，夢有神告曰：觀樞密公意何如？因立滅虎祠于報願寺之内。初疑樞密公見夢，必平昌有此神也。簡志張公貴謨起家教授，後以吏部郎升樞密參院，樞密公殆是耶？欲追祀之社會，有言其曾論朱紫陽僞學而止。嗟夫，人亦各是其見爾，何必同□之滅完，其亦社之意與？公宦游所至，爲其民已災，爲鄉里滅虎，不亦可乎？後止稱樞密公，而不以張實之。湯記見藝文。

保嬰顯佑　萬曆末年，痘疹流行，患者恍惚見一女子曰：我馬夫人，祀我即吉。因遞相供奉，無不獲福，競捐資建廟于五龍山祀焉。下有祓麟橋，凡祈禱輒應，遂皆以馬名其子云，即景寧鸕鷀村之護國夫人也。

岱廟效靈　天啓丁卯，知縣胡順化子孝廉懷北上，至都病劇，夢五人力爲救。問之，言在遂昌縣前。公聞子病，亦詣廟祈禱，得吉兆，慨然許新廟。不數月而好音至，甫下令鳩材。是日廟忽崩頽，四闈榱桷盡折，獨神像巋然，因就舊址式廓之。

華表异驗　宋周哲，字孔曾，原籍揚州江都，任遂昌學，升處州府學教授，因疾復居遂昌西郭。與异人章思廉善，既歿，思廉囑停棺東廂，閉門七日啓之，而黄蟻哺泥護棺，隨壘爲坟。思廉斜插華表于墓，倒地懸虚尺許，摇而動，且曰：華表直，我當復出。康熙丙寅洪水後，華表漸直，邑人异之。

蔡相公旗　關川石練獨山，舊祀蔡相公之神。康熙己丑，彭子英賊起，流寇鄉里。將至，鄉人禱于神，忽空中有黄赤幟旗隱見，賊疑爲官軍，懼奔去，得免蹂躪。時鄉人多有見者，互相傳述爲神奇。

縣城隍廟　原建于縣治最遠處。明季來，香烟冷落，人迹罕到。康熙元年，大著靈异。邑有惡人，怙終不悛，夢攝其魂於殿中受杖。及覺，兩腿腫爛。月餘，又兇徒宰牛，杖責亦然。時後殿初建，塑像土坯方立，細泥初上，現出花紋如織。迨丙寅大水，殿當其衝，上下前後民居俱没，獨横倒大樹一根欄截，本殿巋然無恙，靈應猶昔。

仙釋

隋尹真人，大業中，煉丹百丈崖溪西山巔。丹成，舉家上昇，今勝因院其故宅也。迨宋龔侍郎原作《勝因院記》，頗詳其事。後原守揚州時，有道人謁原，題疏欲得錢萬貫，原如數與之。道人至和州創宅，買田置器具交易，標記悉作龔侍郎名字。後原謫和州，道人來請入宅，云：田土器具皆公揚州捨錢所置。或云道人即尹真人，報其作《勝因院記》云。

唐葉法善，字道元，松陽人。年三十〔二〕，游紫極觀，得煉丹辟穀導引胎息之法，後道益顯。高宗召方士化金爲丹，法善上言：丹未可遽就，徒費財耳。初，神龍間，叔祖静能爲尚衣奉御，遷國子祭酒。至先天中，法善拜鴻臚員外，封越國公，黄冠以爲榮。善又請追贈父惠明銀青光禄大夫、歙州刺史。會李邕爲處州刺史，以文章翰墨名世，善求邕爲其祖有道先生國重作墓碑。文成，并求書，邕不許。一夕，夢法善請曰：向辱雄文，光賁泉壤，敢再求書。邕從之。書未竟，鐘鳴夢覺，至丁字下數點而止。善刊畢，持墨本往謝，邕驚曰：始以爲夢，乃真耶？世謂之追魂碑。開元八年卒，距生年百有七歲。元宗詔贈越州都督，并御製碑文。至宋宣和二年，加封靈虚見素真人。

五代貫休，號禪月大師，常結廬于唐山。居十四年，夢异人授以寫梵相十八尊者像，獨一像未就，异人復教以臨水爲之，師即此像後身也。及應吴越王召，獻詩有云：滿堂花醉三千客，一劍霜寒十四州。王請改爲四十州，師曰：詩亦不改，州亦不添。蓋先知所據止十四州也。後去蜀，蜀孟氏二女尼欲游天台，師教之來唐山謁尊者，至則衆尊者皆現身，尼乃告其故。及返蜀見師，述所見，師曰：信爲諸佛之母，汝能信則種種應期而現，宜再往勿憚。後三年復至，獻袈裟鉢盂盞橐各十六事而歸。休著《山居詩》，載藝文。

五代劉□静，字道游，沛國彭城人。其先避地，家遂昌。唐肅宗時，與丞相李泌爲友，遇异人授以吐納之術。肅宗召見，賜緋衣，退居仙都，結廬金龍洞側。咸通十四年六月解化，自撰《元虚志》。後數十年，有鄉人見於襄漢間，弟子啓其墓，惟存劍履。

五代游道者，名善幽，受業於邑之重光院。與人無忤，犯之未嘗失色。每晨摘野蔬，以腐薪烹之，不用常住寸薪粒米。一日，無疾趺坐而逝，納之棺，趺坐如故。吴越錢氏聞之，爲莊嚴真身，建殿祀之。寇亂院毁。

宋劉應真，字從道，少有逸氣。既長，隸紫極觀，禮吴若容爲師。壯年受業於龍虎山張虚白，傳法於汪惟德。元祐間，被召至京師，主上清儲祥宫，賜紫衣，號靈寶虚應師。有《道德經解意》若干卷。

宋章思廉，名居簡，以字行。少業儒，經學名播三舍。既有悟，遂棲迹於壽光宫。終日默坐，蓬頭垢面，出則步履如飛，動作言語皆寓禍福，時皆以神人目之。高宗聞其名，遣黄門董御藥賫香致禱，大書『慎乃在位』授之。未幾，孝宗名慎，受内禪。每以隱語告人疾病吉凶，如響應。或授之履而人殂，覆其藁而疾愈之類。乾道丙戌，郡守錢公等通舍郡齋，兩月不粒食，惟日飲醇酒。忽出游，半日而歸。因問：吕洞賓今何在？答曰：正在張公橋洗紙被。即命駕往謁之。至則若有聞，曰：此思廉小兒饒舌矣。一日，語守曰：吾欲歸。乃端坐而逝。舁至天慶觀，七日顔澤不改。越八日，瘗麗水少微山。後有人見其持隻履在東陽洞邊釣魚，發其瘞，惟存隻履。嘗作詩云『得太極全體，見本來面目。先天一點真，後天却是屋』云云。見《金丹大要》。

宋范叔寶，字子珉，年十六爲道士，有神仙風骨。宣和間，隨師適京師，遇長髯道人，授以畫牛術，由是得名。言人禍福，無不立應，行步若飛。每歷處、温、台、明、越、婺、三衢，率三日而周。至青田，畫一橋三虜人於劉氏壁間，衆莫喻意。未幾，金亮稱兵淮南，乃信其爲异人。隆興間，錢郡守招之，寓天慶觀。一日，自郡醉歸，夜平坐逝，瘞少微山。後有人數見於茶肆，或一時數十處皆見之。

宋項舉之，字彦昇，七歲爲紫極觀道士。大觀庚寅，往汴京九成宫，會金明池旱涸，應詔符召池中龍。舉之挺劍結步，池水即湧溢，有七巨魚浮水上，如北斗之次，雨隨沾足。詔改觀爲紫極壽光宫，賜御書額及田畝。政和丁酉，召赴闕，授紫虛大夫、葆光殿校籍，爵秩視朝散大夫。父禮，年百歲，亦蒙恩授宣教郎。

宋董得時，理宗時充御前祈禱符木道士。咸淳丁卯冬，祈雪大應，特賜修真通元演法法師。龍翔宫全真齋高士。

宋静空禪師，閩人，有戒行。嘗創精廬於邑之大棲岩，翌日徙居龍安。洞有第四泓，號龍井。師振錫其側，有黄龍出受戒。至其巔，虎狼蹲踞。師斥之曰：亟去，吾欲此居。遂結廬其中存息。後往弋陽白花岩寺，未幾入寂。寺塑其身，置大殿。一夕，假夢其徒欲還本寺，乃迎以歸。迄今遇水旱，舁像出禱，願往則輶如一羽，否則數人莫能舉。鄉人敬信，悉繪像供之。

宋明慧，婺州人。政和初，祝髮於邑之興覺院，學天台教。續更衲子衣，參四明天童山宏智禪師，頓悟性宗，爲首座。衆請主報願法席。未幾，往南明山建大緣事，以禪衲犇湊，遂挈囊鉢之永嘉江心龍翔，挂西堂。郡守知之，亟請領院，力辭，復還南明。乾道丙戌冬，結跏趺坐，白衆而逝。

宋馴鼠和尚，字明宗，新安人。武林赤佛寺僧，善書畫。後駐錫於關川興善庵，以衾被蔬粥濟行路。常徹夜不眠，終日不食。佛座旁有大鼠數十頭，其出入跳躑，一聽和尚指揮，人咸稱爲馴鼠和尚焉。居二十年，復返武林。一日，飲酒大醉，坐江干化仙橋而逝。

祥异

宋

嘉定癸未夏，有蓮呈瑞，一柄雙花。秋粟纍纍，有一本發十八莖，莖生八九穗。時司馬掀典邑，撫字教化，有仁愛及民，故和氣響應。

明

靖國元年，壽光宫殿西柱生靈芝，九莖連葉，色如粟。

崇禎五年冬，天雨粟，形如黑黍，惟西鄉近三衢有之。

崇禎六年七月六日午時，五色祥雲見西北方。

崇禎九年，儒學教諭廳前地產紫色靈芝一株，時舉人陳士瓚在任，次年丁丑登進士。

國朝

雍正七年，泮池産并蒂蓮二。

雍正十一年，重構文廟，見楝梁其理异甚，削之，中爲鳳凰蟠舞狀，首尾翼足具備。考舊志，萬曆十八年，知縣萬邦獻重建文廟，得巨材爲梁，斲之，龍翔鳳翥，脉若天成。張瀚作記載其事，今但見鳳凰耳。

雍正十三年，明倫堂西階下産靈芝，色紫。

災眚前無考

明

嘉靖八年，大水，二蛟并出，壞橋堰民居，溺者甚衆。

天啓五年七月二日夜，有大星自西流入東，尾長二十餘丈，光芒如月，須臾有聲如雷。是月，每夜流星如織。

國朝

順治四年，西鄉民生一子，眼圓而多白，口濶有牙而遼，遍體青黑，大倍凡兒。民懼爲怪，溺之。

順治六年，西鄉民生子三歲死，埋園中，雷擊而蘇，取歸養之。有隙者危之，曰：此雷震子也，不聞於宮，當有罪。民懼，斃之。

康熙四十八年四月初七日，雨天花，有形無迹。是年，壽光宮火。

校注

〔一〕三十：原刻作『十三』，據道光、光緒《遂昌縣志》卷十二改。